数据管理实务译丛
中国人民大学中国调查与数据中心

基于STATA的数据分析流程

[美] 斯考特·隆恩（J. Scott Long）/ 著

唐丽娜　　王卫东 / 译

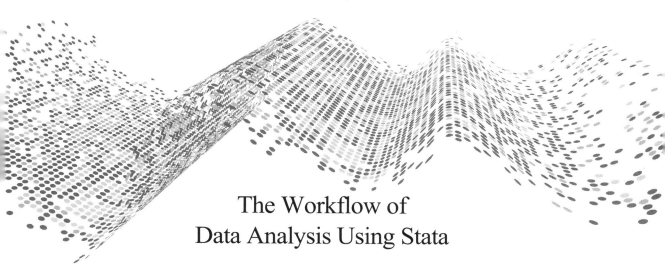

The Workflow of
Data Analysis Using Stata

中国人民大学出版社
· 北京 ·

前 言

　　本书旨在介绍若干种方法，以便读者能够更加高效精准地分析数据。本书并不涉及具体的统计分析技巧，而是探讨所有数据分析过程中都要有的步骤。这些步骤包括制订工作计划、保存工作内容、构建和检查变量、进行统计分析、展示分析结果、复制研究发现以及对所有做过的工作进行存档。我将这些事项统称为数据分析的工作流程。对于研究结果的可复制性来说，一个好的流程是必不可少的。而可复制性，恰为科学研究所不可或缺的性质。

　　在多年的教学、科研、咨询和合作过程中，我逐渐萌生了写这本书的想法。我看到越来越多的人被淹没在数据中。廉价的数据计算和存储让创建新的文件和新的变量比管理它们更加容易。随着数据文件变得越来越复杂，数据管理的过程也变得越来越有挑战性。在接受他人咨询时，我的大部分时间花在了这些事情上：数据管理问题、一组分析结果是如何得出的。在与他人合作时，我发现了成倍的与工作流程有关的问题。另一个动力来自我与杰里米·弗里兹（Jeremy Freese）编写 Stata 程序包 SPost 的工作。去年，这个程序包的下载次数超过了 20 000 次，数以百计的用户与我们联系。在回复这些用户提出的问题时，我了解到不同领域的研究者们如何管理他们的数据分析工作，以及他们的管理工作是怎么崩溃的。我在帮助别人解决一些看似与 SPost 命令有关的问题时，经常发现这些问题与他们的工作流程有关。当大家问我有没有与工作流程有关的资料可供参考时，我没有任何可建议的。

　　写作这本书的最后一个动力来自布鲁斯·弗雷泽（Bruce Fraser）的《Adobe Photoshop CS2 的真实世界相机》（*Real World Camera Raw with Adobe Photoshop CS2*）这本书（2005）。数码摄影的一大诱人优势在于可以拍摄大量照片。其隐藏的问题在于需要掌握成千上万张照片的信息。影像专家们已经意识到这个问题很长时间了，并把它叫作"工作流程"——追踪工作的整个过程，从各阶段到最终产品。渐渐地，当我花在寻找照片上的时间超过了拍照的时间时，显然我需要接受弗雷泽的建议，为数码摄影建立一套流程了。弗雷泽的这本书启发我从工作流程的角度出发，重新审视数据分析。

　　在酝酿多年之后，我花了两年时间完成了本书的写作。起初，我认为我的工作流程非常好，写书很简单，就是把自己的经验记录下来。但随着写作的深入，我发现自己的工作中还存在着诸多不完善、不方便、不一致之处。有时这些不足之处来自我明知某种流程存在着缺陷，但从来没有花时间去寻找一种更好的解决办法。有些问题是由于我的疏忽，我没有意识到完成它或不能完成它可能产生的后果。在一些情况下，我发现自己用多种方法完成了同一项工作，却没有从中选出一种最佳方案。本书的写作过程促使我在工作中更加前后一致、更加高效。在修改两篇已被接收发表的论文时，改善后的工作流程的优点显而易见。这两篇文章的数据分析过程，一个是在写作本书之前完成的，另一个是在本书初稿已基本成型时完成的。让我高兴的是，用本书中的工作流程来修改文章中的数据分析是那么容易。这种提高部分归因于找到了一种更好的做事方法。同样重要的是我用了一种前后一致且有记录的做事方法。

我从未幻想过本书建议的流程是最好的或者唯一的做事方法。事实上，我希望能从读者那里听到有关更好的工作流程的建议。读者的建议会被放在本书提供的网站上。但是，我提供的这些方法是行之有效的，并且能够避开一些隐患。就一个有效的工作流程而言，重要的一点是找到一种做事方法并坚持使用。在工作开始之初，统一的工作程序能够让你提高工作效率，而且在工作后期，如果你想回头看前面的工作，这种一致性能够帮助你清楚地知道已经完成的工作。一致性也能让研究团队中的工作更容易开展，因为合作者能更容易地跟进他人的工作进度。建立一套成文的工作流程的好处还有很多，与使用同样流程的人一起工作的优点也有很多。希望读者能够从本书中发现这样的流程。

虽然本书应该对所有从事数据分析的人员都有帮助，但写作还是有一些局限。首先，书中主要的计算机语言是 Stata，因为我发现 Stata 是最好的、通用的数据管理和统计分析软件。虽然几乎所有用 Stata 完成的工作，用其他软件也能实现，但本书不使用其他软件包。其次，书中大部分示例使用的数据来自社会科学领域，这是因为我本人主要从事社会科学研究。但是，书中讨论的原则同样适用于其他领域。最后，本书的分析主要在 Windows 系统中进行。这不是因为我认为 Windows 系统比 Mac 系统、Linux 系统更好，而是因为我工作时主要用的就是 Windows 系统。书中提供的方法和程序在其他操作系统中也可顺利运行，当程序在不同的操作系统中有差异时，我会尽可能地提醒读者注意。

我想感谢很多人，他们要么给本书的初稿提出了意见，要么解答了与工作流程有关的一些问题。我要特别感谢泰特·莱恩费德·密第那（Tait Runfeldt Medina），科蒂斯·查尔德（Curtis Child），纳丁·瑞博令（Nadine Reibling）和肖那·L. 柔曼（Shawna L. Rohrman），他们详尽的意见和建议使本书的内容更加完善。我还要感谢艾伦·阿科克（Alan Acock），麦伦·古特曼（Myron Gutmann），帕特里夏·麦克马纳斯（Patricia McManus），杰克·托马斯（Jack Thomas），利亚·万威（Leah Van Wey），里奇·沃特（Rich Watson），特瑞·怀特（Terry White）和里奇·威廉斯（Rich Williams），我在与他们探讨有关工作流程的问题时获益良多。StataCorp 公司的许多同人也通过不同方式向我提供了许多帮助。我尤其要感谢的是本书的出版人丽萨·吉尔摩（Lisa Gilmore）、编辑詹妮佛·内韦（Jennifer Neve）以及封面设计者安妮特·费特（Annette Fett）。Stata-Corp 公司的大卫·M. 德鲁克（David M. Drukker）先生帮助我解答了许多问题，使本书得以日臻完善，而且与他的友谊也为我的写作增添了乐趣。书中部分资料来自基金号是 R01TW006374 的研究，该研究由福格蒂国际中心、美国国家精神健康研究院、印第安纳大学布鲁明顿分校行为与社会科学研究办公室提供资助。其他工作由一个匿名基金会和拜耳集团（The Bayer Group）提供支持。我由衷地感谢印第安纳大学艺术与科学学院提供的支持和帮助。

如果没有我亲爱的朋友弗雷德（Fred）无意中的鼓励，我可能不会开始写作本书。如果没有我亲爱的妻子瓦莱丽（Valerie）的大力支持，我更是无法将本书完成。我谨将本书献给亲爱的瓦莱丽，作为一份姗姗来迟的礼物。

斯考特·隆恩
2008 年 10 月于印第安纳州布鲁明顿

本书体例说明

本书的排版印刷采用的是 Stata 标准字体格式。以打字机字体输出显示的条目是 Stata 的命令语句和命令选项。例如，use mydata, clear。斜体字代表的是需要用户自行添加的信息。例如，use *dataset-name*, clear 表示用户需要指定数据文件的文件名。当我提供某一个命令的语法时，通常只列出该命令的某些选项。要想了解该命令的所有信息，可以通过在命令窗口输入 help *command-name* 或者查阅参考手册来获取。参考手册的名称采用 Stata 软件通用的符号来表示。例如，［R］logit 指的是《基础参考手册》（*Base Reference Manual*）中的 logit 条目，［D］sort 指的是《数据管理参考手册》（*Data Management Reference Manual*）中的 sort 条目。

在书中的某些地方，部分示例的命令语句或者输出结果的右端会超出页面无法正常显示，此乃我有意为之，目的在于向读者阐明不控制命令语句和输出结果的列宽会带来的后果。

书中包含了大量示例，我建议读者在阅读的同时要试着运行一下这些示例。所有以 wf 开头的文件均可下载。书中使用（文件 *filename*. do）字样来表示与示例相对应的 do 文件名。有极少的例外情况（例如，一些 ado 文件），如果文件名不是以 wf 开头（如 science2. dta），则无法下载这类文件。读者可通过查阅本书提供的文件包中的索引来查找下载的某一文件在书中出现的位置。

要下载示例文件，必须在联网的 Stata 环境中进行。Stata 10 和 Stata 9 各有两个可供下载的工作流程软件包。Stata 10 的两个软件包是 wf10-part1 和 wf10-part2，Stata 9 的两个软件包是 wf9-part1 和 wf9-part2。在 Stata 命令窗口中输入 findit workflow 来查找并安装这些软件包。在选择所需软件包后，可根据提示完成安装。由于本书示例文件过多，我将其分成两个文件包以供下载，但在书中会将其统称为工作流程软件包。在尝试运行这些示例文件之前，请确保已按照 ［GS］20 Updating and extending Stata-Internet functionality 中的提示更新了自己的 Stata 软件。读者可登录网站 http：// www. indiana. edu/～jslsoc/workflow. htm 获取更多与本书内容相关的信息。

目　录

第 1 章　引言

本书旨在介绍若干种方法，以便读者能够更加有效、高效、精准地分析数据。这些方法被统称为数据分析的工作流程。工作流程涵盖了数据分析的整个过程，包括制订工作计划、记录工作内容、清理数据、创建变量、进行统计分析、实现分析过程的可复制性、展示研究发现以及工作归档。其实你已经有了一个工作流程，只是你尚未把它看成工作流程。这些工作流程可能是经过精心设计的，也可能只是临时建立的。由于很难找到专门探讨数据分析工作流程的书籍，也没有正式讲授这项技术的课程，所以研究者通常只有在遇到难题时才想到建立工作流程，听从的都是同事们的非正式的建议。举例来说，当你发现自己有两个同名但内容不同的文件时，就想建立文件命名的规程（例如，一个工作流程）。更普遍的是，一种好的数据分析方法经常是通过低效率的反复试错法来习得的。因此，希望本书能够帮助读者缩短学习过程，从而能够把更多的时间用于自己真正想做的事情上。

对本书初稿的反馈使我坚信，无论是初学者还是数据分析专家，都应该更加正式地思考一下自己是如何进行数据分析的，这个思考的过程会使他们受益良多。实际上，当我开始写书时，曾经认为自己的工作流程很好，只需要把自己平常的工作流程写出来即可。但当我把这些问题都系统地思考一番，并与其他研究者交流之后，又惊又喜地发现自己的工作流程水平有了很大的提高。每个人都可以轻而易举地改进自己的工作流程。虽然更改流程意味着时间的投入，但是这些投入会得到回报，那就是在日后工作中节省的时间和规避数据分析过程中的很多错误。

虽然书中提出了很多和工作流程有关的具体建议，但大部分我建议的事情可以用其他方法完成。我对某一特定问题的最好解决方案的建议基于我与数以百计的研究者和学生的合作，他们供职于不同的产业部门，涉及的领域从化学到历史学。这些建议对我个人的工作而言是行之有效的，而且大部分在广泛的实践应用中也得到了进一步的完善。但这并不意味着完成指定任务的方式只有一种，也不是说我有最好的办法。和任何一种复杂的统计软件一样，在 Stata 里有多种方法可以用于完成同一件任务。有些方法只能在有限的条件下完成任务，而且这些方法要么容易出错，要么效率低。在诸多行之有效的方法中，你就需要选择自己喜欢的方法。为帮助你做到这一点，对某一指定任务，我通常会讨论多种解决办法。与此同时，我还给出了一些低效率做事方法的案例，因为对读者来说，亲眼看到错误方法所造成的后果远比耳闻正确方法之优越性更令人印象深刻。这些案例都是真实的，来源于我曾经犯过的诸多错误和在帮助他人做数据分析时遇到的问题。读者需要做的就是选择一种能够与自己的项目特点、拥有的资源和自己的习惯爱好相匹配的工作流程。可以说，有多少做数据分析的人，就有多少种工作流程，没有哪一种工作流程是适合所有人或适用于所有项目的。关键是读者需要全面考虑问题，选择自己的程序并且严格执行，如果没有好的理由，就绝不随意修改。

在本章的剩下部分，我提供了一个用来理解和评估工作流程的框架。首先要讲的就是可复制性这一基本原则，该原则应该指导工作流程的各个方面。无论你如何做数据分析，都要确保结果的可证性和可复制性。接下来要介绍的是在所有类型的数据分析中都不可缺少的四个步骤：清理数据、进行分析、报告结果和保存文件。在每个步骤中都有四项主要任务：规划工作、组织管理资料、记录所做的工作、执行这些工作。如果工作中任何一个特定方面都有若干种解决办法，那么该如何判定工作流程的高下优劣呢？对此，书中提供了评估工作流程的若干标准。这些标准可以帮助读者决定使用哪种程序，也正是这些标准促成了书中有关最佳实践方法的建议。

1.1　可复制性：工作流程的指导原则

能够把已发表或出版的研究结果完整地复制出来是所有工作流程的基础。科学要求可复制性，一个好的工作流程能够提高你重复得到同样研究结果的能力。制订项目计划、保存工作、写程序以及保存分析结果都应该考虑到可复制性的需要。在多数情况下，研究者直到自己的工作遇到巨大挑战时才开始担心可复制性的问题。这并不是说他们都在走捷径、在分析中做假，或者做出了错误决定，而是说他们需要完成几个必要的步骤，以便将来可以毫不费力地重复之前已经完成的工作。举例来说，设想一个同事想要扩展你之前的某项研究，于是向你索要已发表的论文中使用的数据和命令。这时，你肯定不想手忙脚乱地复制出研究结果。虽然要找出以前的分析结果可能要花好几个小时（例如，我自己的很多资料保存在自己的笔记本中，这些笔记本都堆放在储物间），但这应该是一个检索工作记录的过程，而不是去回忆以前做了哪些工作，更不是发现自己的记录和报告的研究结果根本不匹配。

在整个工作流程中都应该始终牢记可复制性原则。在完成每一阶段的工作之后，如有必要，应该拿出一小时或一天的时间来回顾一下已经完成的工作，检查工作程序是否已经被记录，确认所用资料已经存档。当一篇要发表的文章的初稿写完时，需要回顾所有的文件记录，检查用过的文件是否均已保存，确认 do 文件是否仍然可以运行，并再次确认论文中的数字与结果中的数字是否一致。最终，确认整个过程都已记录在自己的研究日志中（详见第 37 页）。

如果你想在分析工作完成了几个月之后再来重复这项工作，或者试图只用一篇文章及其使用的原始数据就来重复某个作者的分析结果，就会发现复制有多么困难。要知道实现工作的可重复性有哪些要求的一个很好的方法是考虑一下有哪些使复制变得不可能的因素。这些因素中的大部分会在后文中得到详细的讲解。最开始，要找到原始文件，但随着时间的推移，要找到这些原始文件会变得越来越难。在找到这些文件之后，看一下文件格式是不是当前统计软件能分析的格式。如果能打开这个数据文件，那么，你是否确切地知道数据中的变量结构或者数据中的案例是如何被选出来的？你知不知道每个回归模型中包含哪些变量？即使这些信息你都有，你也有可能发生现在使用的分析软件和当时用来分析的原始软件在计算方式上有不同之处。一个有效的工作流程可以使复制变得更容易。

一个最近出现的例子说明，即使是很简单的分析结果也可能很难复制。我从一个同事发表的论文中选取了一些数据，希望能够复制其结果并拓展该研究。但由于驱动故障，该同事的部分资料遗失了。我与该同事都无法再准确地计算出论文中的分析结果。计算结果很接近，但始终不能达到完全一致。这是为什么呢？假设在构建变量和选取分析样本时共做了 10 个决定。很多时候，这些决定是在两个正确的选项中做选择。举例来说，究竟是保留原研究结果的平方根呢，还是在原研究结果加上 0.5 之后取对数？10 个这样的决定就会产生 $2^{10} = 1\ 024$ 种不同的结果。这些结果都能导向相似的研究发现，但不完全相同。如果在构建数据的过程中偏离了某些决定，就会发现很难重复执行之前做过的事情。顺便提一下，另一位使用该数据的研究者成功地复制出了论文中的分析结果。

即使已经有了原始数据和分析文件，复制研究结果还是很困难。对于已发表的论文来说，通常很难获得原始数据和数据分析过程的详细记录。弗里兹（Freese，2007）提出了一个很有说服力的论点，针对的是为什么不同学科都要制定一些规则来管理信息的可获取性，因为这些信息是复制结果的必要条件。我完全赞同他的论点。

1.2　工作流程的步骤

数据分析包括四个主要步骤：清理数据、进行分析、报告结果以及保存文件。虽然这些步骤之间存在逻辑顺序，但是一个有效的工作流程的机制是灵活的，且主要取决于特定的项目本身。在理想情况下，一次前进一步，从开始一直做到项目完成。但我从来都没有按这个逻辑顺序做过。实际上我通常是根据工作的进展情况，在这几个步骤中来回穿梭：可能在分析时发现变量存在问题，就需要返回到清理数据这一步；或者分析结果提供了没有预计到的发现，于是就要修改研究计划。但是，我认为让这四个步骤互相独立是有益的。

1.2.1　清理数据

在开始实际分析之前，必须确认你的数据是准确无误的，数据中的变量已被加上了变量名并且加上了合适的标签。也就是说，你已经清理过数据了。一开始，需要把数据导入 Stata。如果你收到的数据格式是 Stata 格式，就很简单，只需要用 use 命令就能把数据直接导入 Stata。如果你收到的数据是其他格式，则需要确保数据被准确地导入 Stata。同时，需确认变量名和标签无误。不恰当的变量名会让数据分析起来更加困难，并会导致错误。同理，不完整或者不恰当的标签也会让分析结果阅读起来更加困难，而且同样会产生错误。变量的取值是否正确无误？有没有给缺失数据做合理的编码？数据是否具有内部一致性？样本量是否正确？变量的分布类型是否与预期的分布类型一致？在确认这些问题后，就可以根据分析需要选取样本并构建所需变量。

1.2.2 进行分析

在数据清理完成后，为论文或著作构建模型、绘制图表其实是工作流程中最简单的一个环节。实际上，书中和这部分有关的章节也相对简短。虽然这里不探讨具体的分析类型，但我在后文中会讲述确保结果精确性的几种方法，以便将来无论使用何种统计方法都能够复制分析过程，并有助于妥善保存好 do 文件、数据文件和 log 文件。

1.2.3 报告结果

数据分析一旦完成，就要把结果呈现出来。这里会探讨一些与报告流程有关的几个问题。首先，需要把 Stata 的输出结果导到论文或报告中。一个有效的工作流程可以自动完成大部分的导出工作。其次，记录下报告中所有分析结果的出处。如果报告中没有保存结果出处，日后（例如，其他研究者想复制出你的研究结果，或者你必须回复评审人）将很难追溯这些分析结果的来源。最后，还可以做很多简单的事情让报告更有效。

1.2.4 保存文件

在清理数据、分析数据和写作时，需要妥善保存各种文件，以免因为硬盘损坏、文件崩溃或者误删之类的原因而造成文件遗失。没有人喜欢在数据遗失之后重做分析或者重写论文。有很多简单的方法让自动保存文件变得更容易。随着备份软件越来越容易找到和硬盘存储成本越来越低，文件备份工作中最困难的部分是记录所做的一切。存档与备份相互独立，而且存档比备份更加困难，因为它需要在很长的一段时间内保存文件，以便在若干年之后还能找到这些文件。而且必须考虑到使用的操作系统（现在已经很难读取 CP/M 操作系统保存的数据了）、存储介质（你能读取 20 世纪 80 年代的 $5\frac{1}{4}''$ 容量的软盘或者几年前的 ZIP 压缩磁盘中存储的数据吗？）、自然灾害和黑客。

1.3   每个步骤中的任务

在四个主要步骤的每一步中，都有四个主要任务：规划工作、组织管理资料、记录所做的工作以及执行这些工作。尽管在每个步骤中，这四个任务的重要性是不一样的（例如，在做规划时，组织管理更重要），但在工作流程的四步骤中每一项任务都是重要的。

1.3.1   规划

大多数人在规划上花的时间太少，在工作上花的时间太多。在将数据导入 Stata 之前，应该对想做的事情草拟一个计划，并评估一下这些工作的优先排序。要思考：需要哪些类型的分析？如何处理缺失数据？需要创建哪些新变量？随着工作的推进，应在已完成的工作的基础上修正工作目标和分析策略，阶段性地调整工作计划。一个小小的计划，就能起到事半功倍的效果，而且我几乎总是发现制定规划能节省时间。

1.3.2   组织管理

精心的组织管理有助于加快工作速度。查找文件和避免重复工作的需要推动了组织管理工作。好的组织管理有助于避免寻找已遗失的文件、重建丢失的文件等工作。如果很好地记录下了已做的工作，却找不到工作中用过的文件，那就等于做了无用功。组织管理需要系统地思考如何给文件和变量命名，如何管理硬盘中的文件目录，如何记录哪台电脑里存储了哪些资料（如果有不止一台电脑的话），以及研究资料保存在什么地方。当你离开某个项目一段时间后或急需什么东西时，组织管理的问题就会出现。本书给出了一些如何组织管理资料的建议，而且讨论了一些让查找和工作更容易的工具。

1.3.3   记录

没有充分的记录，就不可能实现工作的可复制性，且更容易出错，通常工作时间也会更长。工作记录包括研究日志和编码表，研究日志记录已做的工作，编码表记录已创建的数据集和数据集中所包含的变量。完整的工作记录还应包括 do 文件中的注释、数据文件中的标签和注释。虽说写工作记录是一项很麻烦的工作，而且是整个数据分析过程中最无聊的一部分，但我发现做好工作记录在后期会相应地节省几周的工作时间，减少失望沮丧。虽然在记录上花时间是不可避免的，但本书给出了一些能更快且更有效地记录工作的建议。

1.3.4　执行

执行包括完成每步中的具体任务。有效的执行需要合适的工作工具。一个简单的例子是写程序时用到的编辑器。掌握一个好的文本编辑器在写程序时能节省好几个小时的时间，而且写出来的程序质量更高。另一个例子是学习 Stata 中最有效的命令。花几分钟的时间掌握 recode 命令的用法会节省用在写命令 replace 上的几个小时的时间。本书中的很多章节包含了如何为工作选择正确工具的内容。在探讨这些工具的过程中，需要强调的是对工作进行标准化和自动化。之所以要标准化，是因为通常用以往工作中用过的方法来做事情会比用新的方法更快。如果给日常工作建立了一套模板，工作就会变得更加统一，这样就更容易进行查找工作，也更容易避免出错。有效的执行需要在花时间学习新工具、新工具所能带来的工作精确程度以及节省的时间三者之间进行权衡取舍，以便更有效地工作。

1.4　选择工作流程的标准

在执行工作流程每个步骤中的不同任务时，有各种不同的做事方法可供选择。如何确定使用哪个程序呢？本章介绍了几条评估正在用的工作流程以及从可供选择的程序中进行选择的标准。

1.4.1　准确性

一个好的工作流程的必备要素是能够得出正确的答案。对于这一点，奥利韦拉和斯图尔特（Oliveira，Stewart，2006，30）说得非常好："如果程序不对，那么其他的一切都没有任何意义。"在工作的每个步骤中，都必须确认结果是正确的。结果是否回答了你提出的问题呢？结果是你想要的吗？一个好的工作流程也会出错。不变的是，错误永远会出现，而且有时会很多。一个有效的工作流程可以减少错误，也应该能够帮助你快速地找到错误和改正错误。

1.4.2　高效性

兼顾精确性和可复制性之后，你想尽快完成数据分析工作。完成工作和认真工作二者之间总是矛盾的。一方面，如果花费了太多时间在确认和记录所做的工作上，就会永远无法完成项目，那么这样的工作流程就是不可行的。另一方面，项目完成，但公布的是错误的研究结果，对你和你所在的研究领域都是有害的。你想要一个这样的工作流程——在不牺牲结果准确性的前提下尽可能快地完成工作。事实上，在不牺牲工作精度的前提下，好的工作流程会减少你必须做的工作的时间。

1.4.3　简易性

简单的工作流程比复杂的更好。工作程序越复杂，越有可能犯错误或放弃整个计划。但是对一个人来说简单的流程，对另一个人来说可能就不简单了。本书中推荐的许多工作流程中包含了一些对你来说可能是新的编程方法。如果你从未用过循环，你可能会发现，与对多个变量重复执行同一个命令相比，使用我的循环建议更复杂。但是，对有经验的人来说，这些循环就是最简单的工作方法。

1.4.4　标准化

标准化让事情变得更简单，因为不需要重复确定做事方法，而且使人熟悉工作流程。在使用标准化的格式和程序时，你会更容易发现什么是否出错了，并确保下一次能正确地做事情。举例来说，我在写 do 文件时，总是用同一套结构来组织命令。因此，在检查 log 文件时，我就能更容易地找到想要的内容。无论何时，当做的是重复工作时，可以考虑创建一个模板，建立规范，并将其纳入日常工作流程中。

1.4.5　自动化

自动化的工作流程更好，因为能降低犯错的可能性。相比用程序自动导入数字而言，将数字手动输入 do 文件中更容易出错。在 do 文件中多次输入同一串变量，结果本应是一致的，但往往不是这样的。自动化能解决这个问题。在本书提出的诸多建议中，自动化是核心。

1.4.6　可用性

工作流程反映的是你喜欢的工作方式。如果你建立了一个工作流程，然后又将其置之不理，那就是你没有一个好的工作流程。任何能够维持工作流程的东西都是有用的。有时，选择一个效率更低但更令人愉快的工作方法更好。举例来说，我喜欢尝试各种软件，我会花很长时间去研究一个新的软件来完成工作，而不是用一种老方法来更快地完成。但是，我的一位同事更喜欢用熟悉的工具，即使这样会花费更长的时间才能完成工作。对好的工作流程来说，这两种做法都可行，因为它们符合不同研究者的个人工作风格。

1.4.7　可扩展性

有些工作方式只适用于小规模的项目，对更大的项目而言它们就不起作用了。举一个简单的例子，根据作者姓名的首字母顺序对 10 篇文章进行排序。最简单的方法就是把这些文章摆在桌子上，然后依序把它们拿起来。对 10 篇文章来说可以这样做，但如果是 100 篇文章、1 000 篇文章，这样处理就会极其慢。这类问题被叫作"可扩展性"——当工作程序被应用于处理更大的问题时是否依然可行呢？在建立工作流程时，需要考虑的是：开发出的工具和工作方式在被应用于更大的项目时，在多大程度上有效？对一个只有一人的小项目有效的工作流程，对由多人组成的大型项目而言可能就不适用。对一个包含了 80 个国家的 25 项发展指标的数据库而言，你可以把其中每条记录的每个变量都查看一遍；但是对包含成千上万个样本和成千上万个变量的全国性纵向调查而言，这种方法就不适用了。你应该尽量建立一个适用于不同类型项目的工作流程。几乎没有程序能完美地扩展，因此根据项目的复杂程度可能需要不同的工作流程。

1.5　改进工作流程

本书中包含数以百计的建议。应确定哪些建议对你最有帮助，并将其应用到你的工作方法中。对工作流程进行微调的那些建议随时都可以被运用到你的工作流程中。举例来说，学会 note 命令的使用方法只需几分钟，然后你马上就能从该命令中获益。其他建议需要对工作流程做大改动，只有当你有时间彻底重新整合全部工作时才应该进行这类更改。在截止日期临近时做大改动是不明智的。此外，要确保有时间改进工作流程。从长远来看，花时间改进工作流程应该能节省时间，并能提高工作质量。一个行之有效的工作流程应该是这样的：随时间的推移而不断改进，能反映你的工作经验、技术的改进、个性特征以及当前研究的性质。

1.6　本书结构

对想要学习完整的数据分析过程的人而言，本书的组织结构让你可以从头读到尾。我也希望本书能够成为遇到难题或想要具体解决办法的人的一本实用参考书。为此，我尽量让索引和图表的内容广泛些。在阅读开始前，先了解本书的整体结构也是有益的。

第 2 章 "规划、组织管理和记录" 讨论的是如何规划你的工作、如何组织管理你的文件以及已经做完的工作。当然，跳过这章你能直接进入后面章节中的 "重要" 细节，但你要避免这样的诱惑。

第 3 章 "编写和调试 do 文件" 讨论的是在 Stata 中如何最大限度地使用 do 文件。本书提供了如何写出更有效的 do 文件的知识，也提供了如何调试无法工作的程序的知识。初学者和高级用户应该都能从本章找到有用的知识。

第 4 章 "让你的工作自动化" 是编程入门，讨论的是如何创建宏、运行循环，以及如何写精短的程序。这章不打算教你怎样在 Stata 中写出复杂的程序（尽管它可能是一个好的入门），而是要讨论所有数据分析员都会觉得有用的工具。我鼓励每个读者在阅读第5～7 章之前都来学习这章的内容。

第 5 章 "命名、注释和标签" 讨论的是创建名称和标签的基本原则和工具，这些名称和标签清楚明确且前后一致。即使你拿到的数据已经加上了标签，还是应该考虑下完善数据中的名称和标签。这章很长，包含了很多技术细节，你可以跳过这些细节，需要的时候再看。

第 6 章 "清理数据" 讨论的是如何检查你的数据是否准确，如何创建新的变量，以及如何检验这些变量是否是被正确创建的。在数据分析中，至少 80％的工作是准备数据，因此这章很重要。

第 7 章 "分析数据并展示结果" 讨论的是如何记录报告和文章中使用过的分析、报告结果时需要考虑的事情，以及让复制更简单的方法。

第 8 章 "保护文件" 讨论的是如何把你的工作做备份和存档。这项看起来简单的工作通常困难得令人沮丧，它包含很多容易被忽略的小问题。

第 9 章 "总结" 对工作流程做了一个总结。

附录 A：回顾了一下 Stata 编程的工作原理；考虑用网络版 Stata 工作，在很多计算机实验室能找到类似的版本；解释了如何安装用户写的程序，如 Workflow 软件包；展示了如何自定义 Stata 的工作环境。

更多有关工作流程的内容，包括其他软件的示例和讨论，可以从网站 http：//www.indiana.edu/～jslsoc/workflow.htm 上找到。

第 2 章　规划、组织管理和记录

本章讲述的是在数据分析的每个步骤中都会出现的三个重要工作：规划工作，组织管理资料，记录做过的工作。这三项任务是工作流程的基本组成部分，三者密切相关，而且对很多人而言，它们还同样令人生厌。规划是战略性的，关注的是更宏观的工作和工作之间的优先顺序。组织管理是战术性的，为了完成工作计划而建立相应的结构和工作程序。它包括确定哪些资料保存在哪里、给文件起什么名以及如何找到它。记录包括簿记，记录做过的事情、为什么做这些事情、这些事情是什么时候做的以及把它们存放在哪里。没有记录文件，就不可能有效地实现可复制性。

所有的分析人员都会做规划、组织管理和记录工作（Plan，Organize，Document，PO&D），但在一定程度上会有差异性。开始分析的时候，你至少会对想做的事情有一个基本的想法（规划），知道要做的事情将存放在哪里（组织管理），至少会做一些笔记（记录）。如果用一种更加正规的方式来完成这些工作，大多数研究者会从中受益。虽然对所有的研究而言都是如此，但随着项目复杂程度、项目数量以及中断频次的增加，PO&D 的重要性也会增加。

经常会有这种巨大的冲动——直接跳到数据分析工作中，把规划、组织管理和记录放在后面再做。与撰写计划、分类存放文件及记录做过的工作相比，分析数据显然更吸引人。但是，即使是初步的、探索性的分析也需要有一个计划，也能从组织管理中获益，而且必须做好记录。在这些工作上花时间，会让你成为一名更好的数据分析员，能加快你的工作进度，并帮助你避免犯错。重要的是，这些工作让你能更容易地复制自己的工作。

用 20 世纪 60—80 年代的大型计算机来工作的优势很少，其中一个优势是：卡片穿孔机一次只能使用 10 分钟，要排队提交程序，推迟安装磁带，等待数据分析的输出结果要花几小时甚至几天时间，这些都激励你要高效且要有计划。虽然你需要等待结果，但这样你就有时间规划自己的下一步，把做完的事情记录下来，并组织管理好前面的输出结果。重要的是，你还有机会看看经验丰富的研究员是如何做事的。因为进程会被延误，所以你不想忽略程序中的重要步骤，不想输错命令，不想丢掉已被算完的所有分析，不想用错变量，不想把不必要的步骤加到分析中，也不想忘记自己已做完的事情。由于在那个年代计算非常昂贵（用实实在在的美元来支付计算的费用），所以当天要规划出最高效的方法来推进和提交自己的程序，让它能运行一整晚。廉价计算的一个始料未及的代价是计算再也不会产生延迟。延迟能鼓励你去规划、组织管理和记录。虽然制订计划仍然是有益的，但诱惑没有之前那么显而易见了。随着个人电脑的普及，观察和学习他人工作方式的机会变得更少了。

在规划方面，我所知道的最令人印象深刻的一个例子当数布劳和邓肯的杰作《美国的职业结构》（1967）。在前言中，作者们写道：

> 这里需要注意的是，我们从来没有拿到最原始的调查记录文件或存储个人记

录的计算机磁带……因此，在无法检查"原始"数据的情况下，对分析中需要的统计图表，有必要提供详细的概要，而且考虑到图表送达的时间，我们最好能提前 9～12 个月提供这些概要……我们不得不提前说明在无数做好的统计图表中我们需要哪些，并必须做好准备以便能最大限度地利用这些图表。诚然，价格因素限制了我们能申请的图表数。在无法得知图表的基本情况之前，我们不得不提前设想一下我们想要做的大部分分析。因此，在数据分析真正开始的前一年或更早的时候，就要制定出数据分析的总体规划……一开始的规划可能会忽略掉我们非常感兴趣的关系，我们非常清楚很有可能会有这种风险。但是，我们会花几个月的时间，通过各种数据来源做出大概的估计，以便尽可能地预测出图表将会是什么样的。

如果两位作者能够拿到所有数据并能完全控制一台大型计算机，我想这部定量社会科学研究的典范也许能被更快、更好地完成。

2.1　数据分析的周期

在理想情况下，规划、组织管理、计算和记录以图 2-1 所示的顺序发生。从制订数据分析的初步计划开始，给数据和 do 文件建立一个文件夹，用一周的时间拟合模型，并在这个过程中做一些记录。在实际中，你可能会把这个周期重复多次，并以任意顺序在不同任务之间来回切换。面对一个大型项目，你通常从一个总体规划开始（例如：申请书、博士论文开题报告），建立一个初始架构来组织你的工作（例如：笔记本、文件和磁盘中的目录结构），检查数据集的基本特征（例如：样本量多大、数据哪里有缺失）。一旦意识到数据的复杂性和数据中的问题（例如：缺失值编码不一致、无法将数据转换成 Stata 格式），你就能制订出更细致的计划来清理数据、选取样本以

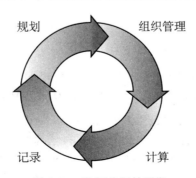

图 2-1　数据分析的周期

及建构变量。随着分析工作的推进，你可能需要重新组织文件，以便更容易地找到它们。此时，你可以拟合更多的模型。从初期的分析结果中，你可能会发现变量中的问题，需要返回去清理数据，还可能需要创建新的变量。这样就再次开始了一个周期。

有效的工作流程包括在不同层面上、用不同方式进行规划、组织管理和记录工作。总体规划在已有文献的基础上考虑你的研究，确定你的研究有什么贡献。更具体的规划考虑的是提取哪些变量、如何选取样本、构建什么样的量表。当提取数据和选取变量完成后，需要制订一个计划来拟合模型、做统计检验、制作图表以总结概括分析结果。与此同时，你需要管理好有关资料，包括数据集、复印件、输出结果和财务预算表。务必确定从哪里能找到文件以及把它们保存到哪里。在数据分析的过程中，要管理好所有的 do 文件以便需要时能快速找到需要的东西，在文件中要按照一定的逻辑顺序来组织所有的命令。在很多层面上需要做记录。研究日志记录了你做过的工作以及时间。编码表、变量和取值标签记录的都是变量。do 文件中的备注提供了分析过程中必不可少的记录。在写论文、写书或者写报告时，需要记录下每一个数字的出处，以备日后不时之需。

规划、组织管理和记录工作贯穿整个项目的始终，对项目的各个方面都有影响。当数据管理和统计分析进入一个新阶段时，应该重新审视并拓展你的工作计划，确定如何把新的工作纳入既存的组织管理体系中，并更新你的记录。所有这些对工作质量和工作效率都大有裨益。在阅读本章时，你需要记住 PO&D 不会占用很多时间，反而通常会节省时间。比如说，我发现与创建一个能够防止文件丢失的目录结构相比，搜索一个已经丢失的文件需要花费的时间更长。例如，当我建议你"确定如何把新的工作纳入既存的组织管理体系中"时，你可能只需要简单地浏览一下已有的目录，确定一切都好，或者可能需要迅速地加入一个或两个目录来保存新的分析。

2.2 规划

在项目之初就制定好规划能够节省时间并减少错误。一个规划始于对整个项目的总体思考和整体目标，预计将要完成的工作，考虑如何最有效地完成这些工作。数据分析通常包含一些无法避免的问题和意外发现，需要采取临时措施应对它们。好的规划能使你驾驭好你的工作。有史以来最伟大的科学家之一迈克尔·法拉第（Michael Faraday）似乎非常清楚关注所做项目的重要性，而且要一直关注到项目完成。他的实验室里有一块牌子写得很简洁（Cragg，1967）："工作、完成、发布"。规划是一个提醒，提醒你保持在工作的轨道上，提醒你要完成项目，提醒你要发布研究结果。

虽然在所有类型的研究中规划都很重要，但是我发现在某些特定类型的项目中规划尤其重要。首先，在合作中，不充分的规划会导致误解，不知道谁负责哪部分工作。这样就会导致工作的重复，还会导致两个人朝着相反的目标工作，在数据获取和著作权方面也会引起误会。其次，项目越大，分析工作越复杂，规划就越重要。例如，在写学位论文或著作时，即使分析是探索性的且项目不大，你也会从规划中获益。再次，项目周期越长，规划和记录工作的重要性就越大。最后，同时参与的项目越多，越需要有书面的规划。

在本章剩下的部分，会列举出一些在制定规划时应该考虑的事项。这个清单是建议性的，而不是决定性的。清单里包含了一些可能和你的工作无关的主题，且排除了一些可能重要的话题。这份清单建议的事项范畴应该视你的规划而定。最终，最清楚需要解决哪些问题的是你。

总体目标和发布计划

从研究的总体目标出发。计划好写什么文章以及把这些文章投到哪里。从打算写的文章出发考虑，是安排工作优先顺序的有效方法。对工作进行排序后，初期写作就不会因为数据收集或数据管理没有完成而被耽搁。

时间安排

规划里应该包含一个时间表，这份时间表里包含了完成项目的每个关键步骤（例如，数据收集、数据的清理和存档、初步分析）的目标日期。虽然可能会没有完成目标，但是根据时间表对照一下已经完成的工作对规划的评估是有帮助的。如果跟不上规划，考虑一下修改它。但你还是要注意截止日期。如果你想在会议上报告你的研究结果，那么提交的截止日期是哪天？如果是外部资助，呈交报告有没有截止日期？经费使用有没有最后时限？

规模和周期

项目的规模和周期与项目所需的结构和细节要求有关。如果写一个研究要点，那么一个简单的结构安排就足够了。如果是一篇论文，就需要更多的规划和组织管理工作。然而，如果是一本书或一系列的文章，考虑一下你建立的架构如何能随着研究的变化而做出改变就变得更加重要了。

劳动分工

在团队中工作需要一些特别的考虑。谁负责哪些工作？谁负责协调数据管理？如果多人有使用数据的权限，那么如何确保一次只能有一个人可以修改数据？如果数据分析开始了，但同时数据收集工作正在进行中，如何确保大家使用的是最新版的数据？谁负责备份以及更新记录？团队成员有哪些合作协议和联合著作权的协议？无论是项目的成功还是良好的人际关系的形成，都依赖于对这些问题的考虑。

执行者

在合作中，需要在记录存档和组织管理策略上达成一致，这些策略包括了第 5~8 章中讨论的很多事项。即使每个成员都同意，也容易假定（或期望）其他人负责 PO&D，而你来负责拟合模型。当注意到了某些问题时，此时解决这些问题需要的时间会比提前想到并解决它们所需的时间更长。在合作研究中，应该确定好由谁来负责推行这些与记录、组织管理和存档有关的策略。这个人不必是做项目的人，但是这个人必须把项目当成自己的责任并能优先考虑这个项目。

数据库

要使用什么样的数据？需不需要申请有限制的数据的使用权？例如：全美青少年健康追踪调查要使用哪些变量？需要几年的面板数据？需要国家的哪些数据？预估数据库的复杂性可以防止做出后期会导致问题的决定。如果是从一个大的数据库中提取变量，就要检查成千上万个变量，然后决定需要抽取哪些变量，这样才能防止不停地回到数据库中提取那些被忘记的变量。如果研究中包含很多变量，可以考虑对变量进行分组，分成不同的数据库。举个例子，一项关于工作、健康和劳动力参与的研究使用的是全美纵向调查数据，我们确定把所有的变量都放在一个文件中是无效的，因为一次只有一个人可以创建新变量。我们把这些变量分成几组，并给每种类型的变量都建立了一个独立的数据库（例如，人口背景特征、健康测量和工作史）。我们通过对这些数据文件做合并，建立分析所用的数据库（关于数据合并的详细内容请参阅第 262 页）。

变量名和变量标签

应该从总体规划开始给变量命名和添加标签，而不是随便选择变量名和标签。在由随意的变量名和标签导致的各种问题中，有一个发生在调查中的简单的例子：在调查初期和后期都问了同一道问题，不幸的是，给这两个变量添加的名称分别是 ownsex 和 ownsexu，标签分别是 "How good own sexuality?" 和 "Own sexuality is…"，无论是变量名还是变量标签都不能清楚地表明哪个变量对应一开始问到的那个问题，因此为了求证，花费了几个小时的时间。在规划变量名时，需要预估将来会添加哪些新的变量。例如，如果希望把未来完成的面板数据加进来，需要能够把不同面板调查中的变量区分开的变量名（例如，第 1 次面板调查中的健康状况和第 2 次面板调查中的健康状况）。如果你用的软件对变量名的长度限制为最长 8 个字符，那么你应该对此有所准备。第 5 章对变量名（5.6 节）和标签（5.7 节）做了深入的讨论。

数据收集和调查设计

在收集数据的时候，很多事情会出错。在开始收集数据之前，建议建立一套编码表并写好创建变量和取值标签的 do 文件。这样当你处理这些事情时，就有更多的机会来发现问题。在另一个调查中，研究者给了受访者一些百分比的选择，询问受访者时间分配的百分比，选项包括 0～10％、20％～30％、40％～50％等。在收集完数据后，负责添加取值标签的人发现 11％～19％、31％～39％等几个区间被遗漏了。

缺失数据

在数据分析中会遇到哪些类型的缺失数据？如何对这些缺失类型进行编码？是对所有的缺失值都用一个编码，还是需要多个编码来说明数据为何是缺失的（例如，样本耗损、拒绝回答或跳答）？尽量对所有的变量都用同一套缺失值编码。例如，在一个变量中用 .n 代表"无应答"，而在另一个变量中用 .n 代表"不适用"，这样势必引起混乱。更多关于 Stata 中缺失数据的详细内容请参阅 6.2.3 节。

数据分析

预计使用什么类型的统计分析方法？需要什么样的统计软件？本地有没有可用的统计软件？考虑一下统计软件能帮助你规划数据格式、命名规则和数据结构。比如说，如果你计划使用的统计软件把名称限定为最大 8 个字符，你就想要一个更简单的命名架构，而 Stata 允许更长的变量名。

记录

需要什么样的记录文件？谁来做记录？用什么格式做记录？有一个关于如何记录项目的规划，将来更有可能把事情记录下来。

备份与存储

谁来定期给文件做备份？还应该考虑到长期的保存。如果研究是资助性的，资助机构对数据存储有哪些要求？它们希望记录哪些文件和使用什么数据格式？如果研究没有接受资助，当完成调查时就公开数据不是一个好主意吧？工作的同时做好记录会让记录工作简单很多。更多有关备份和存档的内容请参阅第 8 章。

2.3　组织管理

组织管理包含的是确定哪些东西放在哪里，给它们起什么名，以及将来如何找到它们。好的规划更容易创建出一个合理的结构来组织你的工作。关于总体目标的规划能帮助你确定需要何种复杂程度的组织管理。关于更加具体的事项的规划，例如如何给文件命名，能够帮助你准确快速地完成工作。考虑周密的组织管理还会让工作记录变得更简单，因为组织管理中的逻辑清楚，使人更容易解释它们是什么文件以及它们被放在哪里。

2.3.1　组织管理的原则

这里给出了几条关于如何进行组织管理工作的指导原则。这些原则适用于研究工作的方方面面，包括预算表、复印件、电脑文件等等。因为这是一本关于数据管理的书，所以这里关注的都是和数据分析有关的事项。

尽早开始

项目开始时越有组织性，项目结束时就越有组织性。组织管理工作具有传染性。如果事情没有组织好，你就会产生对其放任不管的冲动，因为把它们整理好需要花费很多时间。如果事情一开始就有条理，那么保持这种条理几乎不需要花时间。

简单，但不要过分简单

精心设计出来的组织管理体系不一定会更好。目标是让工作有组织性且尽可能简单地实现这种组织性。大型项目需要一个复杂的目录或文件夹结构，但是对简单项目来说，这么做反而会让事情变得更加困难。比如，如果只有一个数据库和几十个 do 文件，那么一个目录应该就刚好。如果有成百上千个 do 文件和几十个数据库，在一个目录中找东西就会很困难。因为我发现大多数项目在结束时会变得比预期的更复杂，我更倾向于在开始时就有更精细的组织。也可以从一个简单的结构开始，根据需要让这个结构发展得更复杂。2.3.2 节中给出了如何组织管理目录的示例。

一致性

一致性与统一性在组织管理和记录工作中都发挥着积极的作用。如果所有的项目用的都是同一个组织管理计划，那么花在思考组织管理上的时间就会更少，因为你可以利用已知的经验。例如，如果所有项目的编码表都保存在一个名为"\ 记录"的目录中，那么你永远都知道从哪里能找到这类信息。如果用不同的方法组织管理不同的项目，那么你必定会糊涂，而且需要花费时间来查找。

你能找到它吗？

要时刻记住怎样能找到东西。这件看似显而易见的事情却很容易被忽略。例如，如何找到一个原本应该在目录中，但实际上不在里面的文件？搜索文件的软件可以帮助你找到它，但是如果你计划好文件名和文件内容以便搜索程序更有效的话，这些程序搜索起来就会更有效。例如，假设你有一篇关于工作和健康方面的同期群效应的文章，你把它叫作 CWH。为了利用通过名称搜索的功能，文件名必须包含正确的信息（例如，缩写 cwh）。用搜索程序时，你可以查找一个带有具体名称的文件（例如，cwh＊.do 会寻找以 cwh 开头并以 .do 结尾的所有文件）。用内容搜索时，必须包含文件中的关键词。例如，假设所有和项目有关的 do 文件中都包含字母"CWH"。如果丢失了一个文件，可以设定搜索程序，让它工作一整晚，找到所有包含 .do 扩展名和"CWH"字样的文件。如果忘记把"CWH"放在一个文件中，就无法找到这个文件。又或者，把有相同名字的不同文件放在不同的目录中（例如，两个项目同时使用了一个名为 extract-data.do 的文件），用文件名搜索就会跳出多个文件。

记录组织管理工作

你如果记录下工作过程，就更有可能保持工作的组织性。书面记录能够帮助你找到东西——假如在项目中期，你忘记了最初的计划，书面记录能防止你改变工作规范，并提醒你坚持自己的组织管理计划。在合作中，书面程序也是必不可少的。

2.3.2　管理文件和目录

创建一个新文件总是比找到一个文件要容易。找到一个文件又比弄清文件中的内容更容易。随着硬盘存储变得如此便宜，人们很容易去创建大量的文件。

你对以下情形熟悉吗？

- 同一个文件有多个版本，但你不知道各个版本之间的差别。
- 你无法找到某个文件并且认为自己可能已经将其删除。
- 你和同事都不确定文章的哪个草稿是最新的，又或者找到了两个不同的"最新"版的草稿。
- 你想找到最终版的问卷，但不确定是哪个文件，因为两个版本的问卷名里都包含"最终版"字样。

上面这些问题及类似的问题很普遍。一个解决办法就是记录下研究日记中每个文件的名称、内容和位置。在实际中，这么做会花费很长的时间。相反，记录文件的关键是要多留意文件名和对文件位置的管理。

管理项目文件最简单的办法是从一开始就遵循一套精心设计的目录结构。在创建文件的时候，就把它们放在合适的目录中。例如，如果确定把与项目有关的所有阅读性的 PDF 文件，包括第一次下载放错地方后又重复下载的文件都放在目录"\阅读"中，那么就不大可能把 PDF 文件散放在硬盘的各个位置。如果一个文件被放在目录 \CWH的二级目录 \Proposal 中，你就知道该文件和 CWH 项目的研究报告有关。2.3.3 节讨论的是目录结构的创建。给文件命名的方法在第 5 章中有讲述。在继续后面的内容前，需要记住的是：如果你精心创建了一个详细的目录结构，但是没能一以贯之地使用它，那么你只会让事情变得更糟糕。

文件名称中能使用哪些字符？

并非所有文件名在所有操作系统中都有效。如果把用来命名的字符限定在 a～z、A～Z、0～9、下划线"_"、连字符"-"的范围内，那么文件名最有可能在所有的操作系统中都有效。Mac 系统中的文件名可以包含除了冒号":"之外的所有字符。Windows 系统中的文件名限制较多，不可包含"/""［""］""；""＝""'""\"":"" | ""＊""，"。在 Linux 系统中，文件名可以包含数字、字母以及符号".""-""_"。虽然可以在文件名和目录名中使用空格，但是有些人强烈认为应该永远不要用空格。例

如，他们更喜欢用 \ My-documents、 \ My_documents 或简单的 \ Documents 给目录命名，而不是用 \ My Documents。空格会让查找文件变得更困难。例如，假设把 auto. dta 保存在 c: \ Workflow \ My data \ auto. dta。要使用这个数据就必须用双引号：use "c: \ Workflow \ My data \ auto. dta"。如果忘记用双引号，就会收到一条错误信息：

```
. use d:\Workflow\My data\auto.dta
invalid 'data'
r(198);
```

同样地，如果一个 do 文件的名字是 my pgm. do，你要搜索这个文件，就需要用 "my pgm. do"来搜索，而不是简单地用 my pgm. do 搜索。我的一个基本原则就是避免文件和目录名里包含空格，但是如果空格能够让我更容易地知道目录里的内容，或者加入空格看起来更好，那么我会在目录名里加入空格。因此，在下面我建议的目录名称里，尽管大部分常用的目录名里没有空格，但有些目录名是包含空格的。如果想避免用空格，可以用连字符（-）或下划线（_）来替代空格，又或者就简单地把空格从名字里去掉。

为每个项目建立一个助记符

给文件和目录命名的第一步是为项目选一个助记符。例如，cwh 代表关于工作和健康方面的同期群效应的文章，sdsc 代表科研事业的性别差异这个研究项目，epsl 代表我与伊莉莎·帕瓦尔科（Eliza Pavalko）的合作。这样就很容易在文件名和目录名中加入项目标识符。在选择助记符时，挑的字符串要简短，以免名称太长。避免把单词的一部分作为助记符，或使用在其他情况下也常见的助记符。比如，不要选"the"作为助记符，因为"the"在很多情况下都有，而且不要用"ead"，因为在很多常见单词中有这几个字母。

2.3.3 创建自己的目录结构

目录可以用来整理很多文件，就像文件柜和文件夹能用来管理纸质资料一样。实际上，一些操作系统就用"文件夹"这个词来代替目录。当说到目录或文件夹时，我用斜线" \ "作为名字的开头，如 \ Examples。目录本身可以包含目录，后者被叫作*次级目录*，因为它们在当前目录的"下面"。和项目有关的所有工作都应该被放在一个目录中，我把它叫作*项目目录*或 0 级目录。比如， \ Workflow 是本书的项目目录。项目目录可以是其他某个目录的子目录，可以放在网上或本地硬盘、外部硬盘、闪存盘中。在项目目录下，可以创建次级目录来管理你的文件。*次级*这个词指示一个目录在项目目录下的位置。1 级目录是项目目录下的第一级。比如， \ Workflow \ Examples 表示 1 级目录 \ Examples 包含在 0 级目录 \ Workflow 下。1 级目录里可以包含 2 级目录。

例如，\ Workflow \ Examples \ SourceData 中加入了 2 级目录 \ SourceData。当说到目录时，可能指的是所有层级的目录（例如，\ Workflow \ Examples \ SourceData），也可能简单地指感兴趣的次级目录（例如，\ SourceData）。知道了这些术语后，本书提出了几个目录结构以供使用，它们随着项目的复杂程度的增加而变得越来越复杂。

小项目的目录结构

假设一个小项目，它只用到一个数据源，只有几个变量和有限的统计分析方法。这个项目可能是一个关于劳动力参与的研究纪要。从创建项目目录 \ LFP 开始，这个目录将会包含所有和项目有关的东西。在项目目录下，有五个 1 级目录。

目录	内容
\ LEP	项目名称
\ Administration	沟通联络、财务预算等
\ Documentation	研究日志、编码表以及其他记录文件
\ Posted	已发布的文稿、数据集、do 文件和 log 文件
\ Readings	与项目相关的 PDF 文件
\ Work	正在进行的写作和分析

为了更方便查找，把所有文件都放在某一个子目录下，而不是直接存在项目目录下。

\ Work 和 \ Posted 目录

我认为 \ Work（进行中的工作）和 \ Posted（已发布的工作）是工作流程中至关重要的两个目录。\ Work 保存的是正在进行的工作。例如，正在写的一篇文章的草稿就要放在这个目录下，正在调试的 do 文件也要放在这个目录下。到某个时刻确定该草稿已经能和同事分享了，在分享文章前，先把文本文件移到 \ Posted 目录下。又或者，在确定一组 do 文件能正确运行且想和其他人分享运行结果时，就把这些文件移到目录 \ Posted 下。下面是关于已发布文件的两条基本原则。

● 分享原则：只有在相关文件均已完稿之后才能将结果拿出来与他人分享。
● 不改原则：一旦文件发布，就永不改动它。

这些简单的原则能够避免许多问题，并有助于确保已发布的研究结果能够被复制。遵循这些原则，就可以避免出现"同一"篇文章或研究结果的多个副本，但是它们的内容不一样，因为在被分享后又被做了修改。如果确定分析中出现了错误，或确定想修改一篇已经分享的文章，就建立一个新的文件，给它分配新的名字，但不要修改已经发布的文件。\ Work 和 \ Posted 这两个目录的区别也有助于记录尚未完成的工作（例如，还在修改一篇文章的草稿，正在调试程序来建立新的量表）和已经完成的工作。当项目中断后，再返回该项目时，检查目录 \ Work 就能看到有没有需要完成的工作。关于发布以及为什么它在工作流程中如此重要的详细内容，请参阅第 120 页。

拓展目录结构

随着工作的推进，do 文件可能会积累到几十个乃至上百个。此时，可以在 \ LFP \ Posted 目录下新建多个 2 级目录，用于不同方面的数据管理和统计分析。例如：

目录	内容
\ LFP	项目名称
\ Posted	数据库、do 文件、log 文件和文本文件
\ Analysis	与数据分析相关的 do 文件和 log 文件
\ DataClean	用于数据管理的 do 文件和 log 文件
\ Datasets	数据库
\ Text	论文草稿

当无法管理一个目录下的文件或管理起来有困难时，可以用添加子目录的方法来解决该问题。添加子目录的原则与在一个文件柜中增加复印件是一样的。首先，有 A～F、G～K、L～P 和 Q～Z 这些分区。如果在 L～P 这个文件夹中有很多文章，可以把它分成 L～M 和 N～P 两个文件夹。又或者，如果有很多 R. A. 费希尔的文章，可以给他的文章单独创建一个新的文件夹。

大型且只有一个人的项目的目录结构

更大规模的项目便要求更加精细的结构。假设一个人单独负责一篇文章、一本专著或者一项受资助的研究工作（下面会讨论到合作项目），项目目录结构可以从下面这样的结构开始：

目录	内容
\ Administration	与行政事务相关的文件
\ Budget	财务预算表与票据情况
\ Correspondence	信函与电子邮件
\ Proposal	申请资助的研究计划及相关资料
\ Posted	数据库、do 文件、log 文件和文本文件
\ DataClean	清理数据与构建变量
\ Datasets	数据库
\ Derived	由源数据派生出的数据
\ Source	原始且未经改动的数据源
\ DescStats	描述性统计分析
\ Figures	绘制图表的程序
\ PanelModels	区分的面板模型
\ Text	论文草稿
\ Documentation	项目记录（如研究记录、编码表）
\ Readings	文献副本或参考书目
\ Work	正在进行的写作和分析

本节的后半部分还介绍了一些你可能想增加的其他目录结构，但首先来讨论一下在合作项目中需要做的改动。

合作项目的目录

给合作项目建立一个清晰的目录结构特别重要。在这样的项目中，事情很快就会变得没有条理。除了上面提到的目录之外，这里又介绍了一些。

邮件目录结构

需要找到一种方法，在不同研究者之间进行文件交换。以附件的形式传输文件不仅会用完你邮箱的存储空间，而且也不够。这里建议用一个邮箱目录。假设伊莉莎、方（Fong）和斯考特在共同执行一个项目。邮箱看起来是这样的：

目录	内容
\ Mailbox	传送的文件
\ Eliza to Fong	伊莉莎给方的文件
\ Eliza to Scott	伊莉莎给斯考特的文件
\ Fong to Eliza	方给伊莉莎的文件
\ Fong to Scott	方给斯考特的文件
\ Scott to Eliza	斯考特给伊莉莎的文件
\ Scott to Fong	斯考特给方的文件

通过把文件放在合适的目录中来传送文件。

私人目录

这里还建议建立私人目录，用来存放尚未准备好与他人分享的工作内容。一种方法就是建立一个 1 级目录 \ Private（私人），并在该目录下分别为每个成员建立子目录：

目录	内容
\ Private	
\ Eliza	伊莉莎的私人文件
\ Fong	方的私人文件
\ Scott	斯考特的私人文件

当项目组只有几个成员时，可以不必建立 \ Private 目录，可直接在项目目录的第一个层级中建立私人目录。在上面的例子中，可以直接在项目目录下建立以每个人的名字命名的 1 级目录，例如：\ espl \ Eliza 或者 \ espl \ Scott。每个成员可以自行决定在各自的私人文件夹中如何组织文件。

数据管理与转换目录

即使每个人对文件应该被放在哪里在原则上达成了一致，还是需要一名数据管理者来负责执行达成的协议。否则，系统就会慢慢失序，进而就会出现丢失文件、有些文件会有多个副本、不同的文件有同样的名字等问题。数据管理者要确保文件都被放在正确合理的位置上。原则和图书馆中的一样，在图书馆里是图书管理员而不是借书者负责整理书籍。团队中的每个成员都需要一个把文件传送给数据管理员的通道。为实现这一点，建议用一个名为 \ -To file（要整理的文件）的数据传送目录，在该目录下给团队的每个成员都建立一个次级目录。目录名以连字符"-"开头，这样在一份排好序的文件列表和目录列表中，它就能在最顶端显示。本书为自己的项目建立了这样的结构：

目录	内容
\ -To file	数据管理者重新归置的文件
\ -To clean	归档前需要重新评估的文件
\ From Eliza	伊莉莎想重新归置的文件
\ From Fong	方想重新归置的文件
\ From Scott	斯考特想重新归置的文件

在把文件移到合适的位置前，数据管理者需要检查每个文件。目录 \ -To clean（待清理）是为这些文件准备的，没有人确定是谁建立了这些文件，也没有人知道这些文件的内容是什么。

限制获取权

在合作中，你可能会选择使用局域网（LAN），这样每个团队成员都能够拿到文件。如果成员把项目文件存储在个人本地硬盘中，数据就会散乱在多个电脑中，这样就很难找到想要的东西，也很难备份。尽管局域网能解决这个问题，但是你可能会有一些不想让每个人都能拿到的文件。例如，你想把预算资料限定在 \ Administration \ Budget（\ 行政工作 \ 预算）目录中。又或者为了避免意外改动数据的情况发生，你可能只想让部分人能读取数据。你可以和网络管理员合作建立多级文件权限，用它来限制哪些人有什么样的权限来使用文件和目录。

局域网能备份吗？

在使用局域网时，除非局域网管理员确认，否则不应该假定对它备份。确定局域网备份的频率，备份能够保存的时间，备份被放在哪里，从备份中找回一份丢失的文件有多容易。第 8 章就这些事情做了讨论。

特殊用途的目录

我还会用几个特殊用途的目录来存放需要完成的工作或文件的备份。虽然我的文件名以连字符"-"开头（例如，\ -To do），但如果你不喜欢，可以把连字符去掉（例如，\ To do）。

\-To do 目录

\-To do 目录是 \ Work 目录下的一个子目录，用来存放尚未开始的工作。这些文件实际上就是一个 to do 列表。如果我想到什么需要做的事情，如需要阅读的复印件、需要修改的 do 文件等等，这些事情就要被放在这个目录里，等我有时间就可以做。我用连字符作为名字的开头，是为了在一个排好序的目录列表中，它能在最顶端显示。

\-To clean 目录

在工作中不可避免地会积累一些这样的文件：不确定应该把它们归入哪个目录。为这些文件建立一个专门的目录，就不太可能由于粗心而把它们放在错误的目录中。在某个时候，我会重新查看这些文件并把它们移到合适的位置。这个目录可以直接放在项目目录的下面或作为一个次级目录放在其他地方。

\-Hold then delete 目录

该目录保存两种类型的文件，一是最终将要删除的文件，二是为了防止不小心删除或更改而保留的原始文件的副本。例如，如果决定删除一组无法正常运行的 do 文件和 log 文件，此时便可将这些文件放于此处。这样当改变主意想要重新使用这些文件时，便可轻松将其恢复。再假设正在写一系列的 do 文件来进行指标的构建、样本的选取、数据集的合并等工作。这些程序可以正常运行，但在最终定稿之前还需写一些命令来添加标签和备注，而且可能需要调整命令，使其更合理顺畅。做这些改进是不应该造成 do 文件运行结果的改变的，但是有可能会犯错，导致程序不能正确运行进而要中断程序。在这种情况下，有时最简单的办法就是重新找回修改前的那个能够运行的版本，然后重新开始工作，而不是调试那个出了错的版本。出于这种考虑，在修改程序之前，先从 \ Work 中把它们复制到 \-Hold then delete 中。可以建立一些用备份日期做名字的次级目录。例如：

目录	内容
\ - Hold then delete	文件的临时副本
\ 2006 - 01 - 12	2006 年 1 月 12 日备份的文件
\ 2006 - 02 - 09	2006 年 2 月 9 日备份的文件

还可以根据备份文件的目的和内容来命名次级目录。例如：

目录	内容
\-Hold then delete	文件的临时副本
\ Varconstruct	在构建变量时用到的文件
\ REmodels	在构建随机效应模型时使用的文件

当完成项目的某个重要环节（例如，向期刊提交了一篇论文）后，可能需要把所

有重要的文件都复制到 \ -Hold then delete 文件夹中。例如：

目录	内容
\ -Hold then delete	文件的临时副本
\ 2007 – 06 – 13 submitted	提交文章时的 do 文件、log 文件、数据和文本
\ 2008 – 04 – 17 revised	提交修改版时的 do 文件、log 文件、数据和文本
\ 2008 – 01 – 02 accepted	文章被接收时的 do 文件、log 文件、数据和文本

重要的文件应该已经被存放在 \ Posted 目录中，但在发布文件之前，我通常会把自己认为不再需要的文件删除。通过保存文件的临时副本，可以在误删文件后轻松恢复该文件。很多时候这个文件夹的作用类似于 Windows 系统中的回收站或者 Mac OS 系统中的垃圾桶。把自己认为不再需要的文件放置于此，如果改变主意，就能轻易恢复这些文件。如果不记录被删掉的文件，最终可能会有你不清楚能用来干什么的文件（听起来是不是很熟悉?）。当需要磁盘空间或项目已经结束时，就可以删掉 \ -Hold then delete里的文件了。

\ Scratch 目录

在学习数据分析的新命令或新方法时，我通常会做些练习来确定自己已经掌握了这些新知识。例如，如果要导入数据，我需要确认缺失值的编码是否按照期望的方式做了转换。如果要尝试一个新的回归命令，我会利用已发表文章中提供的数据来测试这个命令，因为我知道该回归分析的结果。这些分析很重要，但并不需要保存其结果。对于这类工作，我会建立 \ Scratch（草稿）目录。在通常情况下，\ Scratch 目录是 \ Work目录下的子目录，但无论将其放置于何处，我都知道它所包含的内容不是至关重要的。

记住目录里的内容

你需要找到一种方法来记住每个文件夹建立的目的以及哪些文件该被放在哪里。可以给每个目录一个很长的名字，这个名字能够描述该目录的内容，例如 \ Text for workflow book。但是，如果每个目录名都很长，最终会导致某些程序无法运行该文件。长文件名也会让输入变得烦琐。为了记住一个目录里的内容，建议综合使用下面这些方法。

第一，确定一个命名简洁的目录结构，而且你做的所有事情都要用同一套目录结构。最终，它会变成一种习惯。例如，如果每个项目的目录中都有一个次级目录 \ Work，那么当你再回到项目时，就知道你正在做的事情被放在哪里。你可以选择用不同的名字来替换 \ Work，但你所有的项目都要用一样的名字。

第二，在每个目录下建立一个文本文件，用来说明目录中所包含的内容。例如，工作流程的目录 \ Workflow \ Posted \ Text \ Submitted（ \ 工作流程 \ 发布 \ 文本 \

提交）可包含一个名为"Submitted. is"的文件，其内容为：

项目:数据分析的工作流程
目录:\Workflow\Posted\Text\Submitted
内容:提交给 Stata 公司的文件
作者:Scott Long
创建于:2008－06－09
备注:这些提交给 Stata 公司的文件用于编辑和排版. 此前的草稿存储在:\Workflow\Posted\Text\
　　Drafts.

这个命名文件，你想让它多长就多长。因为必须打开该文件才能阅读其中的信息，因此这不是一种有效的、快速提示的方法。

第三，可以建立一个命名目录，它的目的就是提醒你上一级目录中包含的内容。例如：

目录	内容
\ Private	私人文件
\ -Private files for team members（团队成员的私人文件）	对"\ Private"文件夹的描述

通常，我用这种方法来管理包含备份文件的目录。命名目录告诉我们哪个外部驱动装置中存储的是备份文件。例如：

目录	内容
\ -Hold then delete	备份文件
\ 2006－01－12	放在这个目录中的数据文件
\ -Copied to EX02	备忘：文件存储于外部驱动装置"EX02"
\ 2007－06－03	放在这个目录中的数据文件
\ -Copied to EX03	备忘：文件存储于外部驱动装置"EX03"

第四，本书用一个名为 \ -History（历史）的文件夹来保存包含项目相关文件的重要信息的命名目录。例如：

目录
\ -History
\ 2006－01－12 project directory created（项目目录建立）
\ 2006－06－17 all files backed up to EX02（所有文件备份至 EX02）
\ 2007－03－10 initial draft completed（初稿完成）
\ 2007－03－10 all files backed up to EX04（所有文件备份至 EX04）

在将某个项目搁置一段时间又重启它时，这些提示就十分有用。它还记录了备份文件的存储位置（例如，EX02 就是某个外部驱动装置的硬盘卷名）。

规划个人目录结构

本书倾向于使用书中建议的各种不同的目录名。使用对自己有意义的文件名是一种优势，但是使用已经有记录的文件名也是一种优势。我相信这是个很好的理由来坚持使用书中建议的文件名，或者把这些名字中的空格用连字符或下划线代替。如果有人加入你的项目中，他们可以通过阅读本章来找到各个目录的内容。但是，即使你用的是书中建议的名字，还是需要自定义一些事情。电子表格是一个规划个人目录结构的便捷工具。例如，文件 wf2-directory-design. xls[①]，参见图 2 - 2。

项目目录	1 级	2 级	3 级	目标
\ AgeDisc				项目目录
	\ -To file			要检查和移到合适的位置上的文件
	\ Administration			行政事务
		\ Budget		预算表
		\ Correspondence		书信和电子邮件
		\ Proposal		申请资助报告及相关资料
	\ Documentation			项目的记录文件
		\ Codebooks		原始和新建变量的编码表
	\ Hold then delete			项目完成时要删除的文件
		\ 2007 - 06 - 13 submitted		提交文章时的 do 文件、数据和文本
		\ 2008 - 04 - 17 revised		提交修改版时的 do 文件、数据和文本
		\ 2008 - 01 - 02 accepted		文章被接收时的 do 文件、数据和文本
	\ Posted			已经完成且不能做改动的文件
		\ -Datasets		数据库
			\ Derived	由原始数据库派生出的数据库
			\ Source	没有改动的原始数据库
		\ -Text		完成的文章草稿
		\ DataClean		数据清理和变量创建
		\ DescStats		描述性统计分析和样本选取
		\ Figures		数据图
		\ PanelModels		原始的面板模型
	\ Readings			与项目有关的文章、参考书目
	\ Work			工作目录
		\ -To do		尚未启动的工作
		\ Text		文章草稿的存档

图 2 - 2　规划目录结构的电子表格

应该把该电子表格保存在 \ Documentation（\ 建档）目录下。

---

① 这是第一个可从本书网站下载到的文件。在本书中，以 "wf" 开头的文件均可从网站下载。详见*前言*中的具体说明。

给文件命名

在目录结构建立之后，就应该开始考虑如何给目录下的文件命名。正如目录需要一个逻辑结构一样，在给文件命名时同样需要一个有逻辑的结构。例如，如果把一些文件副本放入 \ Readings 目录下，但没有给这些文件建立一致的文件名，就会难以查找。我的 PDF 副本就是一个很好的反面示例。尽管我会根据作者姓名定期归置文件柜中的纸质版的文献资料，但我经常下载一些文件并且保留这些文件的原名。下面就是从我的 \ Readings 目录中截取的一部分：

```
03-19Greene.pdf
OOWENS94.pdf
12087810.pdf
12087811.pdf
Chapter03.pdf
CICoxBM95.pdf
cordermanton.pdf
faiq-example.pdf
gllamm2004-12-10.pdf
long2.pdf
Muthen1999biometrics.pdf
```

虽然不值得花时间给这些文件重命名，但是对于新文件，我采用了第一作者姓氏＋发表年份＋期刊缩写＋关键词的命名方式（例如，Smith 2005 JASA missingdata. pdf）。对于 do 文件和数据库来说，命名的事情更加重要。有关命名的问题将在第 5 章中详细讨论。

批处理文件

在创建目录结构时，我倾向于用 Windows 系统中的批处理文件或者 Mac OS 系统、Linux 系统中的脚本文件，而不是单击右键选择"新建文件夹"，然后键入名称。批处理文件是一个包含了命令语句的文本文件，该文件可以命令操作系统完成诸如创建文件夹之类的工作。使用批处理文件的第一个优势在于，如果我改变想法了，就可以轻松编辑批处理文件来重新建立目录。第二个优势是，可以用一个项目的批处理文件作为模板，为另一个项目建立目录结构。例如，我用下面这个文件给我和伊莉莎合作的一个项目创建目录结构（参见文件 wf2-dircollab. bat）：

```
md "- Hold then delete"
md "- To file\Eliza to data manager"
md "- To file\Scott to data manager"
md "- To file\- To clean"
md "Administration\Budget"
md "Administration\Correspondence"
md "Administration\Proposal"
md "Posted\Datasets"
md "Documentation\Codebooks"
md "Mailbox\Eliza to Scott"
md "Mailbox\Scott to Eliza"
md "Private\Eliza"
md "Private\Scott"
md "Readings"
```

在给不同项目建立目录结构时，我只需对批处理文件做一些修改即可。关于批处理文件的详细知识不在本书范围内，读者可向当地计算机技术人员寻求帮助。

2.3.4 移到一个新的目录结构（高阶）

在理想情况下，在项目开始时就应创建一个目录结构，并定期把新文件放在适当的目录下。但是，即使经过最细心的规划，几年后你还是有可能创建了一些孤立的文件，这些文件被散乱地存放在不同的计算机中。此时，这些文件需要被整合到一个项目目录中。又或者本章能够说服你考虑重新整理这些文件。这部分讨论的是如何把不同文件夹里的文件合并到一个目录结构中。重新整理文件是困难的，特别是如果有很多文件的话。如果你开始了某项工作又没做完，就有可能让事情变得更糟。如果你要开始重新整理文件但没有一个周密的计划，那么也可能会让事情变得更糟，甚至会弄丢有价值的数据。

应用程序

在处理大量文件时，应用程序既能节省时间又能减少错误。首先，第三方文件管理程序在移动文件和复制文件方面往往比操作系统内置的程序更有效率。其次，在复制文件时，大多数程序并不能确保副本与原件完全一致。例如，在 Windows 系统中，用浏览器复制的文件，只能确保能够被打开，但无法确保新文件与源文件完全一致（和你有时读到的相反）。强烈建议读者使用这样的程序：通过把源文件中的每个字节和目标文件中的每个字节比对，确认副本和源文件一模一样。这就是所谓的比特验证。许多文件备份程序和文件管理软件都能实现这一点。最后，在将存储于多个位置的文件合并到一起时，很可能会遇到重复的文件。检验两个文件名相同的文件是否具有完全一致的内容以及两个文件名不同的文件是否在内容上确实不同是一件浪费时间且烦琐的工作。建议用应用程序来查找重复文件。本书提供的网站探讨了文件管理程序的有关问题。

移到新目录结构的示例

为了让移入新目录结构的讨论具体些，我用一个我做过的名为 epsl（以两位研究者姓名的首字母缩写命名）的多人合作项目来进行讲解。

第 1 步：通知合作者

在开始重新整理文件前，我会让每个使用这些文件的人都知道我要干什么。他们仍然可以在自己现在的存储位置来使用这些文件，但是他们不能在现有目录结构中添加、修改或删除文件。相反地，我创建了一些新目录（例如，\ epsl-new-files \ eliza 和 \ epsl-new-files \ scott）。直到新的目录结构完成，这时新的或修改过的文件才可以保存在这些新目录中。

第 2 步：列出清单

接下来列出一份与项目有关的所有文件的清单。清单十分重要，因为我不希望在完成重组后又发现有一部分文件被遗漏了。我在这些地方找到了与项目有关的文件：局域网目录 \ epsl、伊莉莎家里、办公室里的电脑和笔记本电脑、我家里的电脑和两台工作电脑。我创建了一个清单，列出了每个文件及其存放位置。这个清单用来记录文件重组前每个文件的位置并有助于制定新的重组规划。我可不想没有一个好的规划就开始重置 10 000 多个文件。大多数操作系统有列出文件的功能，详情可参考本书提供的网站。

第 3 步：从所有源位置复制文件

我会在某个外部驱动装置上建立一个控制目录，并在其中为每个源位置建立一个子目录。例如：

目录	内容
\ epsl-to-be-merged	控制目录：存放待合并的文件副本
\ Eliza-home	来自伊莉莎家电脑中的文件
\ Eliza-laptop	来自伊莉莎笔记本电脑中的文件
\ Eliza-office	来自伊莉莎办公室电脑中的文件
\ LAN	来自局域网中的文件
\ Scott-home	来自斯考特家电脑中的文件
\ Scott-officeWin	来自斯考特的 Windows 系统电脑的文件
\ Scott-officeMac	来自斯考特的 Mac 系统电脑的文件

用比特验证法，我把每个源位置的文件复制到 \ epsl-to-be-merged 下的某个文件夹中。在整个文件结构重组全部完成之前，不要删除源位置中的任何文件。

第 4 步：为已合并的文件再次备份

当所有文件都已复制到外部设备后，我会为这些文件副本再建立一个备份。如果文件数量不多，可将文件复制到 CD 或 DVD 光盘中，虽然我更倾向于使用另一个外部设备，因为硬盘毕竟比光盘容量更大而且速度更快。这些副本都是与原件逐字校对过的。便携硬盘用来把文件移动到新的存放位置，备份副本被放在一个安全的位置，作为项目备份的一部分。

第 5 步：为已合并的文件创建一个目录结构

接下来创建目标目录结构，用来存储合并的源文件。例如：

目录	内容
\ epsl-cleaned-and-merged	包含清理后的文件的目标目录
\ -Hold then delete	可删除的文件
\ -To file	有待归档到合适文件夹中的文件
\ -To clean	归档前须清理的文件
\ From Eliza	
\ From Scott	
\ Administration	行政事务相关材料
\ Budget	
\ Correspondence	
\ Documentation	项目记录文档
\ Codebooks	
\ Mailbox	交换文件的地方
\ Eliza to Scott	
\ Scott to Eliza	
\ Posted	发表的数据集、do 文件等
\ Datasets	完整的数据库
\ Derived	
\ Source	
\ Text	已完成的论文初稿
\ Private	私人文件
\ Eliza	
\ Scott	
\ Readings	与项目相关的 PDF 资料

尽可能地让目录结构完整。例如，如果有很多数据分析文件，可以给每个类型的数据分析文件建立子目录。创建新的目录结构需要精心规划，但要高效率地完成工作，这是必不可少的。

第 6 步：删除重复文件

某些文件可能有多个副本。例如，伊莉莎和我可能同时都有资助申请书或关键数据库的副本。又或者我在办公室的电脑和笔记本电脑中同时保存了很多相同文件的副本。我们还可能有一些文件名不同，但内容相同的文件。更糟糕的是，我们还可能保存了文件名相同，但内容不同的文件。我需要删除这些重复的文件，但问题在于如何快速找到这些文件。为此，我会用专门查找重复文件的应用程序。

第 7 步：把文件移至新的目录结构中

接下来我会把文件从 \ epsl-to-be-merged 移到 \ epsl-cleaned-and-merged 下的新位置。因为是在移动文件，所以不可能意外地把同一个文件复制到两个位置，最终的文件数量也不会比移动前的多。把文件移到新位置要花大量时间，可能会遇到不确定的文件，我把这些文件放在目录 \ -To file \ -To clean 中以便日后再重新归置。

第 8 步：备份并公布新文件及其目录结构

在把文件移动到了新位置之后，我会给目录 \ epsl-cleaned-and-merged 中的新合并的文件做备份。如果用于给目录 \ epsl-to-be-merged 做备份的外部设备仍有空间，我会将该备份存于此。随后我会把目录 \ epsl-cleaned-and-merged 移到位于局域网中的新位置，并开始按照新的程序来保存文件。

第 9 步：清理文件并告知相关人员

现在，我要么把原始文件删除，要么将其移动到目录 \ -Hold and delete epsl 中。有必要让我的同事们不再使用手中的旧文件，否则要再次重复整个过程，但是下次就需要处理刚被清理过的文件。我会通知合作者新的目录结构已经能用了，让他们把所有创建的新文件都放在目录 \ -To file 中。

第 10 步：记录文档

重新回到第 2 步中的文件清单，并把文件被移到何处的具体信息添加进来。我还列出了遇到的困难及我做的一些假设（例如，我假设 mydataxyz.dta 是最新版本的数据，即使它的更新日期较早）。我还会在研究日志中简要记录我如何重新归置这些文件以及把原始文件的存档副本存储在哪里。

2.4　记录存档

我的记录法则：当天做好记录总会比第二天做更快些。

记录存档归根到底就是把自己做过和想做的事情都记录下来。它能让你想起做过的决定、完成的工作和将来的工作计划。没有记录，就无法显示工作的可复制性。不幸的是，写出好的记录文档是一项辛苦且没有乐趣的任务。通过分析数据发现新的东西比记录如何测量变量、文件的存储位置或如何处理缺失数据更吸引人。但是，从长远来看，花时间记录工作会有助于将来节省时间。在写文章或回复评论时，我经常会用到数月前甚至是几年前就做完的分析。当这些决定和分析已经有了清晰的记录时，就会非常容易被找到。比如说，一位评论人要求我和我的一位合作者重新拟合我们的模型，用的数据是家庭中年龄在 18 周岁以下的孩子数，而不是我们之前使用的年龄在 6 周岁以下的孩子数。用记录文档和保存的 do 文件附件，新的分析只需要几个小时就能完成。没有认真细致的记录和存档，我们就会花费更长的时间——也许是几天的时间。

如果不记录工作，规划和组织管理的很多优势就没有了。如果忘记了哪些东西保存在哪里，那么一个很棒的目录结构也没什么帮助。如果忘记了规划的内容或没有记录它，那么最有效的存档计划也没有价值。为确保记录文档的同步，需要把记录作为工作流程的一部分。可以在日历中加上这项任务，就像在日历中加上一个会议一样，虽然这种方法在我身上不起作用。相反，我通过把记录文档和项目的关键步骤的完成连在一起来保持同步记录。举个例子，在把一篇文章送交评审时，我会检查该文章中用到的数据分析的记录情况，把缺失的东西加进去，组织管理好文件，并确认文件已经存档。在完成数据清理并准备好开始分析时，我会确保数据库和变量的记录文档是最新的。

讽刺的是，从一个项目几天、几周甚至几年中获得的想法会让记录变得更加困难。当你沉溺在数据分析中时，就很难认识到现在对你来说已经习以为常的细节对其他人而言可能是晦涩难懂的，而且将来你也有可能会忘记这些细节。"同期群 1"是最年轻的还是最年老的同期群？哪一个是最新版本的变量？对缺失数据做的假设是什么？JM指的是杰克·马丁（Jack Martin）还是珍妮丝·麦凯布（Janice McCabe）？在做项目时，你在不断积累隐性知识，你需要把这些知识具体化。不要认为记录只是你自己用的笔记，而要把它当成一个其他人也可以跟进的公共记录。印地安纳大学的研究员特里·怀特（Terry White）把它叫作"被公共汽车撞到"测验。如果你"被公共汽车撞到"，你的同事能不能根据你的记录重现你正在做的项目并推进项目？

虽然在某些领域中记录文档是培训的核心，但在其他领域，记录文档几乎被完全忽视了。在化学领域中，大量的精力被用来记录在实验室中做了什么，出版商甚至出售专门用于此目的的笔记本。美国化学协会曾出版了一本名为《撰写实验室笔记》的书（Knanare，1985），此书的内容都是关于这个主题的。在网上搜索能找到很多很好的关于化学家如何记录自己的工作的示例。比如，俄勒冈州立大学特色馆藏就维护了一个网站，该网站上有诺贝尔奖得主莱纳斯·鲍林（Linus Pauling）写的 46 卷本的研究日记的 7 680 页扫描页（http：//osulibrary. oregonstate. edu/specialcollections/rnb/index. html）。用谷歌搜索会出现工作说明，其中包含如下陈述："参与正在进行且要公开实验结果的化学研究。像青年科学家一样工作，而不是把自己当成一个经验丰富的技术员。做好研究日志，参加每周（晚）的小组会议，非正式地报告自己的研究成果。"（http：//ilearn. syr. edu/pgm_urp_project. htm。）

根据我的经验，在应用统计学的课程中很少会讨论记录文档（如果你知道有例外，请告诉我）。这并不是说熟练的数据分析员没有做研究记录，而是说这种培训是随意的，而且很多数据分析员是在经过一番艰难之后才知道了记录的重要性。

2.4.1 你应该记录什么？

需要记录的内容随研究性质的不同而变化。判断应不应该记录一件事情的终极标准是该内容对于复制研究结果是否是必要的。不幸的是，有些事情的必要性并不那么

显而易见。例如，你可能没想到要记录用来拟合模型的 Stata 软件的版本，但这个信息十分重要（详见 7.6.2 节）。希望以下清单能够给你提供一个记录范围，让你知道哪些资料需要被包括进来。

数据来源

如果你用的是二手数据，需要记录从哪里拿到的数据以及所用数据的版本。有的数据库会定期更新来更正错误、添加新信息或修正缺失值插补。

数据决策

如何创建变量及如何选择样本？谁来做这个工作？这个工作是什么时候做完的？如何编码以及为什么这么编码？如何用数据建立指标，以及有没有考虑过其他方法？如果是用二分法做的指标，那么你这么做的理由是什么？对关键性的决定，还要记录为什么决定不做某些事。

统计分析

数据分析分为几步？这些步骤的顺序是什么？什么指导这些分析？如果尝试用一种方法来拟合模型，但后来决定不用它了，同样要做好这方面的记录。

软件

软件的选择可能会影响到分析结果。随着近期统计技术的发展，更是如此。在这些统计技术中，互相竞争的软件包可能会使用不同的算法，而这些算法会导致不同的分析结果。而且，用同一个软件包的新版本有可能会计算出不同的结果。

存储

分析结果存储在哪里？当完成一个项目，或者暂时搁置某一项目而处理其他项目时，记录下项目文件和其他资料的存放位置。

想法与计划

对未来研究的一些想法和需要完成的任务要加在记录文件中。对未来分析的计划当下看起来是清楚的，但日后可能会被忘记。

2.4.2　记录文档的层次

记录文档分不同的层次，各层次之间相互补充。

研究日志

研究日志是记录文档的基础。研究日志记录的是基于项目的想法、已完成的工作、已做的决定以及数据建构每步背后的逻辑。研究日志包括工作完成的时间、负责人、用过的文件以及文件存储的位置。作为记录工作的核心环节，研究日志应该指明有哪些其他记录文件可以被拿到、这些文件保存在哪里。在 2.4.4 节中有我的一个研究日

志的一个片段，并提供了一个模板，以便你更容易地做日志。

编码表

编码表概括了数据库中各变量的基本信息。研究日志记录的是采取的步骤以及执行这些决策所用的计算机程序，而编码表记录的是数据收集和变量构建过程中的最终决策。编码表中信息量的大小是由多种因素决定的。多少人将会使用该数据？研究日志包含多少信息？有多少记录，如变量标签、取值标签和备注已经存在于数据库中？2.4.5 节提供了有关编码表的其他知识。也可参考 8.5 节中为存档准备数据的相关知识。

数据库记录

如果你有多个数据库，就可能想要一个数据库的登记表。它能帮助你找到某个特定的大数据库，也有助于确保你用的是最新的数据库。也可以用 Stata 的 label 和 note 命令给数据库添加诠释数据，详见 2.4.6 节和第 5 章。

记录 do 文件

虽然研究日志中应当包含 do 文件的有关信息，但 do 文件自身也包含一些详细注释。这些内容在 log 文件中会再现，有助于解释清楚输出结果的含义、来源以及该如何解读这些结果。需要根据实际情况来平衡研究日志和 do 文件中包含的信息量大小。通常，我的研究日志中包含的 do 文件的信息是有限的，更加全面的信息都被放在 do 文件里。实际上，对小项目而言，你会发现包含了数据库中的变量标签、取值标签和注释的 do 文件，提供了项目所需的所有记录。但是，这种方法要求 do 文件中包含非常详细的注释，而且重新按顺序运行 do 文件能够完全复制你的研究结果。

文件内部的标注

每个记录都应该包含作者姓名、文件名（以便当手中有某份纸质版复件并想编辑它时，能够找到它）以及创建文件的日期。我认为最常出现且易被修补的问题之一就是记录文档中没有这类信息。更糟糕的是，有人修改了一个文件，但是没有修改文件内部的日期，也没有修改文件的名字。（你有没有遇到过这样的情况：在一个会议中，所有的与会者都在讨论哪个版本的文件是最新版的？）在合作项目中，很容易没有记录文件的哪个版本是最新版的信息。如果在每个记录的最后都加上一个部分用来记录文件的修改信息，就能避免出现这类问题。应该在每个版本中，都加入一条新的记录，用来标明该版本的作者、时间和名称。也许你好奇为什么不用操作系统中的文件日期来确定文件被创立的时间。不幸的是，即使文件本身并没有改变，这个日期也会被操作系统修改。更保险的方法就是用文件内部的日期。

2.4.3 撰写记录文档的建议

虽然撰写记录的方法很多，并且我鼓励你找到最适合自己的方法，但有几条基本

原则值得记住。

当天事当天毕

当事情在你头脑中是鲜活的时候，你能更快且更准确地撰写记录。

事后检查

如果是一边工作一边记录，你很容易忽视那些现在看来显而易见的信息，但这些信息应该被记录下来以备将来参考。理想的状况是，在工作完成后就开始撰写记录。然后过段时间要么找其他人来检查记录文档，要么你自己检查它。

记住记录文档的存储位置

确定把记录文档保存在哪里。如果找不到它，它对你而言就没有任何意义！我把电子版的记录文档放在每个项目的 \ Documentation 目录中。通常我会在项目的笔记本中保留一份打印版的复件，在项目的每一步完成时我都对其进行更新。

包含完整的日期和姓名

谈到日期时，年份很重要。在 2 月 26 日时，看起来项目不可能持续到明年的这个时候，但即使是简单项目的日志也可能要几年才能完成。记录要包含全名。现在看来"Scott"或首字母"sl"的含义是清楚的，但是过段时间后，可能会出现多个"Scott"或两个人的名字首字母缩写一样的情况。

评估记录文档

为了评估记录文档是否充分，这里有一个思维实验。考虑一个在项目早期就完成了的变量决定或数据决定。在一个有关老龄化的研究中，它可能是如何确定被访者的年龄。想象一下你已经完成了一篇文章的草稿，然后发现对年龄的计算出错了。这个示例看似牵强，但全美纵向调查已经多次修改过被访者的出生年份。创建一个修正好的数据库并重新运行数据分析需要花多长时间？其他研究者能不能足够好地理解你的记录文档并能修正你的程序来修改变量及重新进行所有后续的数据分析？如果不能，那么该记录文档就是不充分的。在教授统计时，我要求学生做研究日志。这个日志模仿的是写研究文章时应该记录的信息。下面是评估日志充分性和文件组织管理好坏的标准。在课程的最后一周，假设返回到第二次作业中，去掉数据库中的前三个样本（例如，drop if _n<4），并重新运行数据分析。如果有充分的记录文档和文件组织管理，不到五分钟的时间就能完成这项工作。

2.4.4 研究日志

研究日志是记录的核心，作为一个工作日记，记录项目中已完成的工作。研究日志应该能实现以下三个目标：

● 研究日志使你的工作保持在正轨上。研究日志中包含研究计划，它帮助你设定工作的优先顺序，并用一种有效的方法来完成工作。

● 研究日志帮助你处理中断。理想状态是，启动一个项目，然后没有中断地一直做完这个项目。但在实际中，你可能需要转移到其他项目。当返回中断的项目时，研究日志能够帮助你重新把中断的工作拾起来，而不需要花费很多时间来回忆以前做过哪些工作、现在有哪些工作需要做。

● 研究日志便于复制研究结果。通过记录已完成的工作和用过的文件，研究日志在复制研究结果的过程中发挥着关键的作用。

只要能实现这些目标，你的研究日志就是一份好的日志。

研究者会用不同的形式来记日志（如精装本、活页本或电子版文件），并给它们起不同的名字（如项目笔记、想法笔记、项目日记、工作簿等）。在写作本书时，我询问了多名研究者有关他们记录研究的方式。我发现有很多风格和方法，它们无一例外地都能够实现记录的基本目标——日后能够复制研究结果。有几个人还讲述了他们的故事：他们的研究日志之所以变得更加详细，是因为吸取了过去研究记录不充分造成的惨痛教训。毫无疑问，撰写研究日志包含大量细致的工作。因此，找到一种对你有吸引力的做记录的方法很重要。如果你更喜欢用手写的方式而不是打字的方式来记日志，就用硬皮本；如果你宁愿输入而不是用字迹难以辨认的手写，就用文字处理器。关键是找到一种能够让你保持同步记录的方法。

我的研究日志记录的是已做的事情、为什么做这些事情以及我是如何做这些事情的，还记录了我决定不做的事情以及为什么不做。最后，它记录了我正在想的下一步要做的事情。为完成这些事情，日志中包含了数据来源、遇到的问题以及解决问题的办法、合作者邮件的片段、会议纪要、和当前分析有关的想法以及需要做的事情清单。在开始一个项目时，我一般从研究规划开始。研究规划列出了接下来几周或几个月的工作。随着工作的推进，规划记录了已经完成的工作。同样地，计划就变成了一个待办事项表，研究日志就变成了对如何完成这些事项的记录。

我的研究日志节选示例

为了告诉你我的研究日志看起来是什么样子的，图 2-3 是数年前我为完成一篇论文而创建的研究日志的片段。

这部分研究日志记录了数据清理和变量创建工作完成后的数据分析过程。从 f2alt01a. do 到 f2alt02c. do 这几个 do 文件完成了该论文主要的数据分析。在检查分析结果时，我发现其中一个累加量表是错误的，因为它两次包含了同一个变量。do 文件 f3alt_qflim07. do 修正了这个问题，并创建了新的数据集 qflim07. dta。do 文件 f3alt∗. do 与 f2alt∗. do 是一样的，除了前者使用了正确的量表。时隔四年，在重新阅读这份研究日志时，我发现有很多含糊不清的地方。但是，因为该日志详细记录了所使用的 do 文

First complete set of analysis for FLIM measures paper

f2alt01a.do - 24May2002

Descriptive information on all rhs, lhs, and flim measures

f2alt01b.do - 25May2002

Compute bic' for each of four outcomes and all flim measures.

```
**   Outcome: Can Work                   global lhs "qcanwrk95"
**   Outcome: Work in three categories   global lhs "dhlthwk95"
**   Outcome: bath trouble               global lhs "bathdif95"
**   Outcome: adlsum95 - sum of adls      global lhs "adlsum95"
```

f2alt01c.do - 25May2002

Compute bic' for each of four outcomes and with only these restricted flim measures.

```
*    1.   ln(x+.5) and ln(x+1)
*    2.   9 counts: >=5=5  >=7=7   (50% and 75%)
*    3.   8 counts: >=4=4  >=6=6   (50% and 75%)
*    4.   18 counts: >=9=9  >=14=14   (50% and 75%)
*    5.   probability splits at .5; these don't work well in prior tests
```

f2alt01d.do - 25May2002

bic' for all four outcomes in models that include all raw flim measures (fla*p5; fll*p5); pairs of u/l measures; groups of LCA measures

f2alt01e.do - all LCA probabilities - 25May2002

:::

f2alt01j.do - use three probability measures from LCA - 29May2002

:::

f2alt02c.do - 29May2002

use three binary variables, not just LC class numbers.
: dummies work better than the class number;
: effects of lower and severe are not significantly different.

Redo f2 analyses - error in adlsum - 3Jun2002

ARGH! adlsum is incorrect -- it included going to bed twice.
All of the f2alt analyses need to be redone using the corrected dataset.

f3alt_qflim07.do: create qflim07.dta 3Jun2002

1) Correct aldsum: adlsum95b
2) Add binary indicators of Lmaxp5: LmaxNonep5, etc.

f3alt01a (redo f2alt01a.do) - 3Jun2002

f3alt01b.do (redo f2 job) - 3Jun2002

图 2-3　研究日志的示例页

件名称，所以可以通过检查那些 do 文件来弄清楚含义不明确的地方。因此，为了让日志有效，do 文件中的备注是关键的。重点是研究日志不需要面面俱到地记录下所有的信息，而是要提供足够详细的信息以便能找到需要的信息。

研究日志模板

如果使用模板，做研究日志就更容易。比如，我用 Word 格式的 research-log-

blank. docx（如图 2－4 所示）来创建一个新的研究日志（该模板可以从本书提供的网站上下载）。

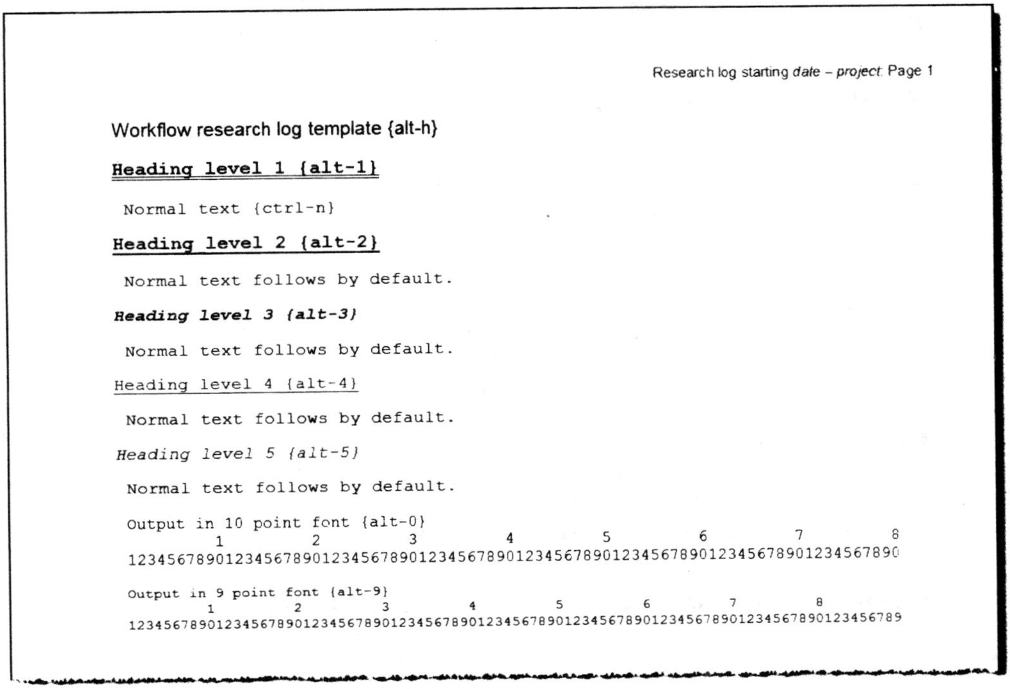

Research log starting *date* – *project*: Page 1

Workflow research log template {alt-h}

Heading level 1 {alt-1}

```
Normal text {ctrl-n}
```

Heading level 2 {alt-2}

```
Normal text follows by default.
```

Heading level 3 {alt-3}

```
Normal text follows by default.
```

Heading level 4 {alt-4}

```
Normal text follows by default.
```

Heading level 5 {alt-5}

```
Normal text follows by default.

Output in 10 point font {alt-0}
         1         2         3         4         5         6         7         8
12345678901234567890123456789012345678901234567890123456789012345678901234567890

Output in 9 point font {alt-9}
         1         2         3         4         5         6         7         8
12345678901234567890123456789012345678901234567890123456789012345678901234567890123456789
```

图 2－4　研究日志模板

下载该文件，根据项目把文件的页眉和标题改好，删除文件中保留的其他行。模板中保留的这些行是为了提醒我记录文件中使用的键盘快捷键。比如：要添加一级标题，用 Alt＋1；要将输出结果设置为 9 号字体，用 Alt＋9；等等。记录文档的主体用的是一种固定的字体，我发现这样做是最容易的，因为我可以粘贴输出结果且能实现自动对齐。我修改了文件名并把它保存在项目目录 \ Documentation 里。

2.4.5 编码表

编码表是对数据库的描述。如果自己收集数据，那么需要给所有变量创建一个编码表。如果用的是已经有编码表的现成数据，则只需给自己增加的新变量创建编码表。

《社会科学数据准备和存档指南：基于数据生命周期的最佳实践》(*Guide to Social Science Data Preparation and Archiving*：*Best Practice Throughout the Data Life Cycle*)（ICPSR，2005）这本书能够给编码表的创建提供很好的指导，它可从 ICPSR 的网站上以 pdf 格式下载下来。这里只强调几点关键内容。本指南建议首先给创建编码

表制订一个计划，并考虑如何用软件的输出结果帮助你创建编码表。例如，Stata 软件中的 codebook 命令可能已经包含了你希望在编码表中记录的大部分信息。对于每个变量，建议记录以下信息：

- 变量名，如果该变量来自一项调查，那么还要加上它的题号。
- 收集该数据在调查中所用的原始问题的文本表述，或收集该变量数据所用的方法方面的细节。要包含数据文件中使用的变量标签。
- 如果收集该数据所用的调查问卷包含跳答（例如：如果受访者选择了 A，则回答第 2 题；如果受访者选择了 B，则跳答第 7 题），就要把跳答逻辑设置包含进去。
- 对于分类变量，要记录下包含取值标签的描述性统计结果。
- 要记录下出现缺失值的可能原因以及各类缺失值的编码方式。
- 如果有重新编码或插值，要记录下与此有关的详细信息。如果某个变量是通过该调查问卷中的其他变量（如一个量表）构建的，也应记录下与此有关的详细信息，同时要把如何处理缺失数据包括进来。
- 构建一个关于缩写和其他惯用语的附录。

基于测量工具的编码表

如果你正在收集数据，那么通过编辑原始调查工具来创建编码表是一种快速且高效的方法。例如，图 2-5 是 SGC-MHS 研究（Pescosolido et al，2003）中用到的调查工具的修改版。变量名和变量标签加粗显示。其他有关编码规则、跳答规则等的信息记录在别处。

	Not at all Important									Very Important
Q43. Turn to family for help	1	2	3	4	5	6	8	9	9	10
tcfam　Q43 How Important: Turn to family for help										
Q44. Turn to friends for help	1	2	3	4	5	6	8	9	9	10
tcfriend　Q44 How Important: Turn to friends for help										
Q45. Turn to a minister, priest, Rabbi or other religious leader	1	2	3	4	5	6	8	9	9	10
tcrelig　Q45 How Important: Turn to a Minister, Priest, Rabbi or other religious leader										
Q46. Go to a general medical doctor for help	1	2	3	4	5	6	8	9	9	10
tcdoc　Q46 How Important: Go to a general medical doctor for help										
Q47. Go to a psychiatrist for help	1	2	3	4	5	6	8	9	9	10
tcpsy　Q47 How Important: Go to a psychiatrist for Help										
Q48. Go to a mental health professional for help	1	2	3	4	5	6	8	9	9	10
tcmhprof　Q48 How Important: Go to a mental health professional										

ALLOWED DEFINITION – PSYCHOLOGIST, THERAPIST, SOCIAL WORKER, OR COUNSELOR

INTERVIEWER NOTE: CODE "DON'T KNOW" AS 98 ABOVE SEQUENCE.

The next few questions deal with the government's responsibility to help people like NAME. For each statement please tell me if you think the government definitely should, probably should, probably should not, or definitely should not be responsible for helping people with situations like NAME.

图 2-5　用 SGC-MHS 研究中的调查工具创建的编码表

2.4.6　数据库的记录文档

研究日志中应该包含每个数据库被创建的详细信息。例如，研究日志中标明 cwh-data01a-scales.do 使用的数据是 cwh-01.dta，创建了新的量表，并保存为新的数据文件 cwh-02.dta。这里还建议把数据库的内部信息包含进来。使用 Stata 的 label data 命令可以给数据添加标签，该标签在每次运行数据时都会显示。例如：

```
. use jsl-ageism04
(Ageism data from NLS \ 2006-06-27)
```

圆括号中的数据标签提醒我该数据文件是用来分析年龄歧视问题的，使用的是 NLS 数据，并且该数据创建于 2006 年 6 月 27 日。Stata 的 notes 命令让你可以把更多的信息嵌入数据库。在创建数据集时，我会用 notes 命令，将创建该数据集时所用的 do 文件的文件名记录于其中。当更新或合并数据文件时，这些注释还会保存在新的数据文件中。这意味着在数据中保存着与数据创建过程相关的历史记录。例如，jsl-ageism04.dta 来自与伊莉莎·帕瓦尔科合作并已进行了 5 年的项目。该项目使用了数十个数据集、数千个变量和数百个 do 文件。如果在 jsl-ageism04.dta 中发现了问题，可以用 notes 命令来追溯问题的根源。例如：

```
. notes _dta
_dta:
  1.  base01.dta: base vars with birthyr and cohort \ base01a.do jsl 2001-05-31.
  2.  base02.dta: add attrition info \ base01b.do jsl 2001-06-29.
  (output omitted)
 38.  jsl-ageism04.dta: add analysis variables \ age07b.do jsl 2006-06-27.
```

由上可知，创建该数据集一共用了 38 步。如果发现某个变量有问题，那么第二条注释说明该变量是 base01b.do 文件在 2001 年 6 月 29 日创建的。可以检查那天的研究日志，或者到 do 文件中找到该问题。内建记录的优点是它可以追踪数据集，而且可以省掉通过搜索研究日志来锁定问题的时间。我基本上都是用 notes 命令来检索研究日志的。在 Stata 里给数据加标签和注释的详细内容请参见第 133 页。

对于大型项目来说，你可能需要给所有数据集建一个登记表。例如，我正做的一个项目将要收集来自 17 个国家的数据，每个国家的数据都包含若干个文件。我建立了一个登记表来记录数据集的情况。数据登记表可以保存在如图 2-6 所示的电子表格中（参见文件 wf2-data-registry.xls）：

	A	B	C	D	E	F
1						
2		Data Registry for <project-name> Data Files				
3		Created by: <name>				
4						
5						
6		Dataset #	File name	Date created	do-file	Comments
7		1				
8		2				
9		3				
10		4				
11		5				
12		6				
13		7				
14		8				
15		9				
16		10				
17		11				
18		12				
19		13				
20		14				
21		15				

图 2 - 6　电子表格形式的数据登记表

2.5　本章小结

　　规划、组织管理和记录是数据分析中的基本任务，也是本章的关键内容。制定规划能节省时间。组织管理让查找东西变得更加容易。记录文档是实现可复制性的基础，而可复制性是研究事业的根本。虽然我希望本章的讨论能帮助你更有效地完成这些工作，并让你相信这些工作的重要性，但是不管从什么角度看，PO&D 都是件苦差事。在你想推迟这些工作的时候，记住早做这些工作总是比晚做更容易。把这些任务当成你工作中的一个常规部分。在你的工作中养成检查记录文档的习惯。如果发现了模糊不清的事项（例如，记不起某个变量是怎样被创建的）或查找某个东西有困难，当下就要拿出时间来改善你的文档记录和组织管理工作。在考虑 PO&D 时，想一下最糟糕的情况就是当事情出错且时间有限时，而不是理想的状况——你有充足的且不会被打扰的时间来从头到尾把一个项目做完。当你发现跟不上自己的进度时，才开始制定规划、组织管理文件、记录工作，这时通常要花费更长的时间。如果你一开始就从这些工作入手，那么之后花费的时间会更少。

　　接下来的两章要讨论的是在 Stata 软件中建立高效工作流程的一些关键特性。第 3章讲述的是 Stata 的一些基本工具以及一些便捷的工作技巧。第 4 章将介绍在 Stata 软件中与工作自动化有关的特性。用在学习这些工具上的时间会让你在使用 Stata 时获益。

第 3 章　编写和调试 do 文件

　　在探讨如何用 Stata 软件完成工作流程中的具体任务之前，我想先谈论一下如何用 Stata 软件。高效工作流程的一个部分就是要充分利用软件自身的强大功能。虽然你在一小时之内就能学会 Stata 软件的基本使用方法，但是要有效地使用 Stata 开展工作，则需要了解它的某些更高级的功能。这里讨论的不是转换数据格式或拟合模型的具体命令，而是程序的操作界面、编写 do 文件的基本原则以及如何实现工作自动化。当你把这些工具用到你的实际工作中时，用在学习这些事情上的时间很快就能节省回来。而且，每个工具都有助于确保工作的准确性、高效性和可复制性。本章讨论的是编写和调试 do 文件。第 4 章介绍的是实现工作自动化的强大工具。第 5～7 章会讨论数据分析流程的不同部分，第 3 章、第 4 章中的工具和技巧在第 5～7 章中都会被用到，而且会被扩展。

　　首先，从运行命令的三种方式开始本章的讨论，这三种方式是：从命令窗口提交程序、用对话框构建程序，或者在 do 文件中写程序。这三种方式各有优势，但我坚持认为最高效的工作方式是用 do 文件。因为本书后面章节中的示例都用的是 do 文件，所以在第 3.2 节中要讨论的就是如何编写更高效且更易懂的 do 文件，并使 do 文件能够在不同的计算机环境中、不同版本的 Stata 软件中以及更改了文件存储路径后都能顺利运行。虽然这些指导能够帮助你避免很多问题，但有些时候你的 do 文件还是会无法运行。第 3.3 节讲述的是如何调试 do 文件，第 3.4 节讲述的是在 do 文件无法运行时如何获取帮助。

　　这里假设你之前用过 Stata，但不假定你精通 Stata。如你之前没有用过 Stata，鼓励你阅读一下《Stata 快速上手》（*Getting Started with Stata*）和《用户指南》（*User's Guide*）的一些章节，它们看起来是最有帮助的。附录 A 讨论的是如何让 Stata 程序运行，Stata 使用哪些目录，如何使用网络环境中的 Stata 以及自定义 Stata 的方法。即使是有经验的用户也能从中找到一些有用的知识。

3.1　运行命令的三种方式

　　在 Stata 中，有三种运行命令的方式。可以通过命令窗口提交命令，在尝试新命令或者浏览数据时，这是一种理想的方法。可以用对话框来创建和提交命令，当尝试用新命令并需要查找新命令的选项时，这种方法特别有用。还可以运行 do 文件，它是包含了 Stata 命令的文本文件。每种方法都有自己的优势，但是我认为重要的工作需要用 do 文件，对于其他方法我只用来帮助我编写 do 文件。

3.1.1 命令窗口

在命令窗口中，可以一次输入一条命令。在输入命令后按回车键就能运行命令。当实验某个命令如何工作或查看数据的某个方面时，会经常用到这种方法。在运行某个命令后，通过上翻页键可以让该命令重新在命令窗口中出现，并可对其进行修改，然后按回车键再次运行修改后的命令，如此循环。在交互界面工作的弊端在于，不易于日后重新运行该命令。

在使用命令窗口时，Stata 软件有一些非常有用的特性。

回顾窗口

所有在命令窗口中输入的命令都会显示在回顾窗口中。单击回顾窗口中的某条命令，该命令便会重新显示在命令窗口中，你可以对其进行修改，然后提交，按回车键重新运行一遍。双击回顾窗口中的某条命令，该命令会被返回到命令窗口并自动运行。

上翻页键和下翻页键

用上翻页键和下翻页键能在回顾窗口中的若干条命令间上下滚动。多次按上翻页键可以移动到多个命令之前的命令。按下翻页键可以移动到更下面的命令，也就是时间上更近的命令。当某个命令显示在命令窗口时，可以编辑该命令，然后按回车键运行它。

复制和粘贴

可以从命令窗口或结果窗口中选中并复制某个命令。复制的信息可以被粘贴到其他应用程序中，如文本编辑器。这样你就可以用交互的方式来调试命令，然后再把调试好的命令复制到 do 文件中。

变量窗口

变量窗口把当前数据集中的所有变量都列出来了。如果在该窗口中单击某个变量名，该变量名就会被粘贴到命令窗口中。通常，这是构建一个变量名列表的最快方法。然后你可以把变量名列表复制粘贴到 do 文件中。

用 log 文件和 cmdlog 文件做记录

如果想复制用交互方式获得的结果，你应该用 log using 命令把这段工作保存在一个 log 文件中。然后你可以通过编辑 log 文件来创建一个 do 文件，之后再次运行这些命令。假设你从下面这个命令开始了一段交互式的工作：

```
log using datacheck, replace text
```

在该段工作结束后，用 log close 命令关闭已创建的 log 文件 datacheck. log。为了

建立一个能够生成同样的分析结果的 do 文件，你可以把 log 文件复制到 datacheck. do 文件中，去掉每条命令前面的圆点 "."，并删掉输出结果。这种方法虽然枯燥烦琐，但有时非常有用。一个替代的办法就是用 cmdlog 命令来保存在交互界面操作的命令。例如，命令 cmdlog using datacheck. do, replace 会把命令窗口中的所有命令都保存成一个名为 datacheck. do 的文件，你可以用它来创建自己的 do 文件。你可以用命令 cmdlog close 关闭一个 cmdlog 文件①。

3. 1. 2　对话框

你可以用点击的方法打开对话框来构建命令。通过选中你想完成的工作，在 Stata 的菜单中打开一个对话框。比如，要绘制一个散点图矩阵，选择 Graphics（Alt＋G）＞ Scatterplot matrix（s, Enter），接下来用鼠标选择选项。在选完选项后，点击 Submit 按钮就能运行命令。提交的命令会被反馈在结果窗口，这样你就能看到如何从命令窗口或用 do 文件来输入命令。如果按上翻页键，通过对话框生成的命令就会出现在命令窗口，在这里可以编辑、复制或运行该命令。

虽然对话框简单易学，但用起来很慢。当你在选择某个复杂命令的某个选项时，用对话框非常有效。在绘制图表的时候我会经常用到它们。选择我需要的选项，点击 Submit 按钮运行命令，然后从结果窗口把命令复制到我的 do 文件里。

3. 1. 3　do 文件

在用 Stata 时，我 99％以上的工作是用 do 文件完成的。do 文件其实就是包含了命令语句的文本文件。下面是一个名为 wf3-intro. do 的 do 文件，它是一个简单的示例。

```
log using wf3-intro, replace text
use wf-lfp, clear
summarize lfp age
log close
```

这个程序载入了一个有关劳动力参与的数据，并计算了两个变量的描述性统计量。如果你已经在工作目录下安装了本书的程序包，可以通过输入 do wf3-intro. do 来运行这个 do 文件。扩展名 .do 不是必须输入的，所以可以只输入 do wf3-intro②。在提交命令之后，你便可得到如下结果：

① 在打开用 cmdlog 生成的 do 文件之前，需要用命令 cmdlog close 先关闭 cmdlog，否则无法打开这个 do 文件。——译者注
② 附录解释了工作目录这个概念。前言中介绍了如何下载本书程序包的资料。

```
      log:   e:\workflow\work\wf3-intro.log
 log type:   text
opened on:   3 Apr 2008, 05:27:01
. use wf-lfp, clear
(Workflow data on labor force participation \ 2008-04-02)
. summarize lfp age
    Variable │      Obs        Mean    Std. Dev.       Min        Max
─────────────┼────────────────────────────────────────────────────────
         lfp │      753    .5683931    .4956295          0          1
         age │      753    42.53785    8.072574         30         60
. log close
      log:   e:\workflow\work\wf3-intro.log
 log type:   text
closed on:   3 Apr 2008, 05:27:01
```

运行 do 文件就是这么简单。如果你过去避开了 do 文件，那么这是一个学习的好时机，不妨花一个小时的时间学习一下 do 文件如何工作。这一个小时在将来会帮你节省出很多个小时。

我用 do 文件有两个主要的原因。第一，用 do 文件，可以对运行过的命令有一个记录，这样将来在想复制分析结果或想修改程序的时候就可以重新运行这些命令。回想一下前面第 39 页的研究日志，它记录了一个与变量如何创建有关的问题。如果没有用 do 文件，那么你需要重做几周以来的工作来解决这个问题，而无法通过修改几行代码然后重新按顺序运行 do 文件来解决这个问题。第二，用 do 文件，可以用到文本编辑器的一些强大功能，包括复制、粘贴、全局改变及其他更多的功能（参见本书提供的网站中有关文本编辑器的内容）。有几种方法可以打开 Stata 的内置编辑器：运行命令 doedit，从 Stata 窗口的菜单栏选择 Do-file Editor，或者点击 Do-file Editor 图标。有关 Stata 文本编辑器的详细内容可以通过输入 help doedit 来查看，或查阅［R］doedit。

3.2 编写有效的 do 文件

接下来，除了偶尔用命令窗口来测试命令或者用对话框来了解某些选项，默认你是用 do 文件来运行命令的。本节将要介绍的是如何编写稳健且易读的 do 文件。首先解释一下这两个概念：

稳健的 do 文件：指的是 do 文件被创建之后，过了一段时间再运行它或在其他电脑上运行它，都能得到与之前一模一样的分析结果。

易读的 do 文件：是被记录且有一定格式的文件，这样便于理解该文件要处理的是什么事情。

这两项标准都很重要,因为这两项标准让复制并正确解读分析结果成为可能。作为回报,稳健且易读的 do 文件更容易编写和调试。为了说明 do 文件的这些特点,下面我使用了包含 Stata 基本命令的示例。虽然你可能会遇到以前从来没有见过的命令,但即使你不能理解具体的细节,你也应该能理解我要讲的要点。

3.2.1 让 do 文件稳健

如果一个 do 文件在不同电脑上运行出的结果一样,那么它就是稳健的。编写 do 文件的关键是要确定分析结果不依赖于内存中的信息(例如,来自另一个 do 文件或从命令窗口提交的命令)或电脑的设置(例如,你用的目录结构)。为执行这一标准,假设在运行完一个 do 文件后,你把该文件和所有的数据集都复制到一个 U 盘中,把这个 U 盘插到另一台电脑上,对它不做任何改动,再次运行该 do 文件。如果你不能实现这一点,也不能得到相同的分析结果,就很难或根本不可能实现分析结果的复制。以下是我的一些用来让 do 文件稳健的建议。

让 do 文件独立

do 文件不应依赖于内存中留下的信息——之前某个 do 文件的运行结果或从命令窗口中运行的命令留下的信息。do 文件中不应用到数据集,除非它自身能加载数据集。它不应该计算某检验的系数,除非它本身做了系数估计。如此种种。为了理解为什么这样做很重要,思考一个简单的示例。假设 wf3-step1.do 创建了新的变量,wf3-step2.do 拟合了模型。第一个程序加载了数据并创建了两个变量,分别用来表示一个家庭里有没有幼儿(6 岁以下)和一个家庭里有没有大一点的儿童(6~18 岁):

```
log using wf3-step1, replace text
use wf-lfp, clear
generate hask5 = (k5>0) & (k5<.)
label var hask5 "Has children less than 5 yrs old?"
generate hask618 = (k618>0) & (k618<.)
label var hask618 "Has children between 6 and 18 yrs old?"
log close
```

程序 wf3-step2.do 以 lfp 为因变量,以 7 个变量为自变量,拟合 logit 模型,自变量中包括由 wf3-step1.do 创建的 2 个变量:

```
log using wf3-step2, replace
logit lfp hask5 hask618 age wc hc lwg inc, nolog
log close
```

如果这两个程序按顺序运行,中间不插入其他的命令,就不会出问题。但如果程序没有按顺序运行呢?例如,假设先运行 wf3-step1.do,然后运行了其他 do 文件或在命令窗口执行了其他命令。又或者我后来可能决定模型中不应包含 age 这个变量,所以我修改了 wf3-step2.do,此时是在没有先运行完 wf3-step1.do 时就再次运行修改后的

wf3-step2. do。不管什么原因，如果在没有先运行 wf3-step1. do 的情况下就运行了第二个 do 文件，就会得到如下错误提示：

```
. logit lfp hask5 hask618 age wc hc lwg inc, nolog
no variables defined
r(111);
```

出现这个错误的原因在于内存中没有数据集。可以修改 do 文件，让它加载上原始数据集：

```
log using wf3-step2, replace
use wf-lfp, clear
logit lfp hask5 hask618 age wc hc lwg inc, nolog
log close
```

此时的错误提示变成了：

```
. logit lfp hask5 hask618 age wc hc lwg inc, nolog
variable hask5 not found
r(111);
```

出现这个错误的原因在于 hask5 这个变量在原始数据中并不存在，它是在运行 wf3-step1. do 时产生的。

为了避免这类问题，可以把这两个程序修改成独立的程序。修改第一个程序，让它把生成的新变量的数据保存成一个新的数据集（参见文件 wf3-step1-v2. do）：

```
log using wf3-step1-v2, replace
use wf-lfp, clear
generate hask5 = (k5>0) & (k5<.)
label var hask5 "Has children less than 5 yrs old?"
generate hask618 = (k618>0) & (k618<.)
label var hask618 "Has children between 6 and 18 yrs old?"
save wf-lfp-v2, replace
log close
```

修改第二个程序，让它加载第一个程序生成的新数据集（参见文件 wf3-step2-v2. do）：

```
log using wf3-step2-v2, replace
use wf-lfp-v2, clear
logit lfp hask5 hask618 age wc hc lwg inc, nolog
log close
```

虽然 wf3-step2-v2. do 的顺利运行仍然要求先运行 wf3-step1-v2. do 来创建新的数据集，但它已经不需要在后者运行之后立即运行，甚至也不需要与后者在同一个 Stata 窗口中运行。

有一些特殊的 do 文件必须按顺序运行。例如，假设我需要对某个模型中的系数进行事后估计分析，而这个模型需要很长时间才能拟合出来（如 asmprobit 模型），我不想在调试事后估计的命令时不断重复地拟合模型。我会用一个 do 文件来拟合模型，用另一个 do 文件来做事后估计分析。这样第二个 do 文件只有在前一个 do 文件已经运行

的前提下才能正常运行。为了确保我能记住这些程序需要按顺序运行，我在第二个 do 文件中加入了一条注释：

```
// Note: This do-file assumes that program1.do was run first.
```

在完成第二个 do 文件的调试之后，我再把这两个 do 文件合并到一起，从而创建一个独立的 do 文件[①]。

用版本控制

有时候你过了一段时间又运行 do 文件——也许是想验证某个分析结果，也许是想修改程序的某个部分——这时你可能会用一个更新的 Stata 版本。有时候你和一个同事共享一个 do 文件，也许她想用一个不同版本的 Stata。有时新版本的 Stata 会改变一个统计量的计算方法，也许能够反映出计算方法上的进步。当这些情况发生时，同样的命令在不同版本的 Stata 中运行会产生不同的结果。更新版本的 Stata 也许会改变某个命令的名字（例如，在 Stata 9 中的 clear，在 Stata 10 中被改成了 clear all）。解决这类问题的办法就是在你的 do 文件中使用 version 命令。比如，如果你的 do 文件中包含 version 6 这个命令，你在 Stata 10 中运行这个 do 文件，就会得到和在 Stata 6 中运行完全一样的结果。即使 Stata 10 用不同的方法计算某个特定的统计量，运行结果也不受影响（例如，在一些 xt 命令中，Stata 6 和 Stata 10 的计算是不一样的）。除此之外，如果你的 do 文件中包含了 Stata 10 中的命令，但你想在 Stata 8.2 中运行这个程序，就会得到如下错误提示：

```
. version 10
this is version 8.2 of Stata; it cannot run version 10.0 programs
    You can purchase the latest version of Stata by visiting
    http://www.stata.com.
r(9);
```

此时，你可以把命令 version 10 改为 version 8.2，再重新运行程序。但是不能保证在新版 Stata 中写的程序一定能够在旧版软件中运行。

排除路径信息

我几乎从来不在读取数据或写数据的命令中添加目录位置。这样即使我修改了电脑中的目录结构，我的 do 文件仍能运行。例如，假设我的 do 文件用下面的命令来调入数据：

```
use c:\data\wf-lfp,clear
```

过段时间后，当我在一台把数据保存在 d：\ data \ 的电脑上再运行这个程序时，

---

① 在 Stata 10 中，我通常用新命令 estimates save 来保存第一个 do 文件的运行结果，然后在开始运行第二个用来做事后估计分析的 do 文件时，把保存的运行结果加载其中。这样可以保证两个 do 文件都是独立的，即使在调试第二个 do 文件时也是如此。详细信息请参考［R］estimates save。

会得到如下的错误信息：

```
. use c:\data\wf-lfp,clear
file c:\data\wf-lfp.dta not found
r(601);
```

为了避免这类问题的出现，我从不在命令中包含文件的存储路径。例如，要调入数据 wf-lfp.dta，用的命令是：

```
use wf-lfp,clear
```

在没有指定文件存储路径的情况下，Stata 会在当前工作目录中查找该文件。

工作目录指的是启动 Stata 时所在的目录。在 Windows 系统中，用户可以用命令 cd 来确定工作目录。例如：

```
. cd
e:\data
```

在 Mac OS 系统或 Unix 系统中，用户用的命令是 pwd。例如，在 Mac 系统中：

```
. pwd
~:data
```

也可以用命令 cd 来更改工作目录。例如，在测试本书所用命令时，我用的目录是 e：\ workflow \ work。要使该目录成为工作目录，输入以下命令：

```
cd e:\workflow\work
```

如果目录名中包含空格或特殊字符，需要给名字加双引号。例如：

```
cd "c:\Documents and Settings\jslong\Projects\workflow\work"
```

在 do 文件中排除文件目录位置的优势在于，在其他电脑上运行 do 文件时无须做任何改动。虽然你可以说"那就把数据都保存在同一个位置（如 d：\ data）"，但这是不太可能的，有以下几条原因：

（1）在更换电脑或者在电脑上安装了新的硬盘驱动装置后，原来的盘符会发生改变；

（2）如果把数据保存在外部驱动，包括 USB 闪盘中，操作系统不会每次都给驱动分配相同的名字；

（3）如果重新组织了你的文件，目录结构就可能会发生变化；

（4）当你从存档中恢复文件时，可能已经不记得原来用的目录结构是什么样的了。

如果你和一个合作者或帮你调试程序的人共享 do 文件，他们可能会有一个和你不一样的目录结构。如果对目录进行硬编码，那么收到你文件的人必须要么创建一个相同的目录结构，要么改变你的程序，以便能从不同的目录中加载数据。当合作者发给

你修改后的 do 文件时，你就不得不让之前做的目录修改失效，如此循环往复。考虑到所有这些事情，我认为最好的办法就是在写 do 文件的时候不要给数据指定一个特殊的目录结构或存储位置。有两种特殊情况例外，在这两种情况下指定存储位置是有用的。第一，如果你从网站上下载数据，就需要指定文件的特定位置。例如，use http：//www. stata-press. com/data/r10/auto, clear。第二，可以指定相对路径。假设在你的工作目录中有一个子目录 \ data。为了让事情井然有序，你把所有的数据集都放在这个目录下，但是你的 do 文件和 log 文件都保留在你的工作目录中。你可以通过指定子目录来获取数据集，例如，use data \ wf-lfp, clear。

包含随机数的种子

在数据分析中，随机数有着广泛的应用。例如，在启动标准误差计算时，Stata 会重复抽取随机样本。如果要复制一个使用了随机数的分析结果，需要使用相同的随机数，否则会得到不同的分析结果。Stata 用的是伪随机数——用一个公式来生成随机数，在这个公式中通过转换一个伪随机数来生成下一个伪随机数。通过做这种方式的转换，生成的数字的顺序看似真的随机。用伪随机数，如果用同一个数字开始，就会重新生成相同的数列，这个开始数字被叫作*种子*。因此，在重新运行一个用到伪随机数的程序时，想运行出完全一样的分析结果，需要从同一个种子开始。用下面这个命令来设定种子：

```
set seed #
```

"＃"是你选的数字。例如，set seed 11020。更多详细信息和示例，请参考第 7. 6. 3 节。

3.2.2 让 do 文件清晰易读

我用清晰易读这个术语来描述内部做了详细说明且认真调整过格式的 do 文件。在写 do 文件的时候，特别是在写那种用来做复杂统计分析或数据操作的 do 文件时，很容易被遇到的逻辑上的问题卡住，并且会忘记给工作做记录，也会忘记调整文件的格式以便让内容看起来清晰易读。对你的 do 文件执行统一标准的记录并格式化程序能够更容易调试程序，也能帮助你和你的合作者理解你做过的事情。有很多方法能够让 do 文件更容易被看懂。如果你不喜欢我建议的风格，可以根据自己的喜好创建自己的风格。重要的是建立一个你和其他人都能读懂的风格。在合作项目中，尽量在 do 文件的写作格式上达成一致，这样分享程序和分析结果就更简单。清晰且有良好格式的 do 文件对高效工作而言非常重要，我在帮其他人调试程序时，要做的第一件事就是重新对他们的 do 文件进行格式化，让代码更清晰易读。

多用注释

在每次打开以前的 do 文件时，我从来没有因为里面的注释过多而后悔过，反倒经

常希望当时应该添加更多的注释。那些在写的时候看起来很清楚的命令，后来可能会变得含糊不清。当开始写 do 文件时，我至少会添加一些注释。当程序能按我的希望运行后，我会添加更多的注释。这些注释既被用来标注数据结果，又被用来解释那些后期可能会变得含义不清的命令和选项。

Stata 提供了三种添加注释的方法。前两种方法创建的都是单行注释，而第三种方法让你很容易就能添加多行注释。用哪种方法在很大程度上是一个个人偏好问题。

以星号 " ＊ " 开头的注释

写程序时，如果以一个星号 " ＊ " 开始一行，那么这一行后面的所有内容都会被当作注释。例如：

```
* Select sample based on age and gender
```

或者：

```
* The following analysis includes only those people
* who responded to all four waves of the survey.
```

用这种方法，可以暂时停止某个命令的运行：

```
* logit lfp wc hc age inc
```

以斜线 " // " 开头的注释

可通过输入两条斜线 " // " 的方式添加注释。例如：

```
// Select sample based on age and gender
```

此种注释信息也可添加在某行命令的后面。例如：

```
logit lfp wc hc // includes only education, add wages later
```

在 " ／＊ " 和 " ＊／ " 之间的注释

在 " ／＊ " 和 " ＊／ " 之间的所有信息都会被当作注释。这种方式在添加多行注释时特别有用。例如：

```
/*
   These analyses are preliminary and are based on those countries
   for which complete data were available by January 17, 2005.
*/
```

用作分隔的注释

可以用注释把程序的不同部分分隔开。例如：

```
***************************************
** Descriptive statistics by gender
```

或者：

```
// ======================================================
// = Logit models of depression on genetic factors
```

语意模糊的注释

只有精确、清晰的注释信息才是有用的。在编写复杂的 do 文件时，我经常用注释来提醒自己需要做哪些事情。例如：

```
* check this. wrong variable?
```

或者：

```
* see ekp's comment and model specification
```

在程序写完后，应该删掉这些注释，因为后期它们会让人困惑不解。

使用对齐和缩进

如果内容排列整齐，就更容易检验命令。例如，这里用两种方法对同一组命令格式化，这组命令用来给变量重新命名。用哪一种格式更容易发现错误呢？是下面这种吗？

```
rename dev origin
rename major jobchoice
rename HE parented
rename interest goals
rename score testscore
rename sgbt sgstd
rename restrict restrictions
```

还是下面这种呢？

```
rename   dev        origin
rename   major      jobchoice
rename   HE         parented
rename   interest   goals
rename   score      testscore
rename   sgbt       sgstd
rename   restrict   restrictions
```

大多数的文本编辑器，包括 Stata 的 Do-file Editor，可以使用制表符，用它更容易把内容排列整齐。

当一条命令超过一行时，我会把第二行及之后的几行做缩进处理。我发现这样处理更易读，下面是一个示例：

```
logit y var01 var02 var03 var04 var05 var06  ///
        var07 var08 var09 var10 var11 var12  ///
        var13 var14 var15
```

上面这种比下面这种没有缩进的更易读：

```
logit y var01 var02 var03 var04 var05 var06 ///
var07 var08 var09 var10 var11 var12 ///
var13 var14 var15
```

包括 Stata 在内的部分文本编辑器是支持自动缩进的。这就意味着如果你在某一行做了缩进后，接下来的一行会自动缩进。如果你发现 Stata 的 Do-file Editor 不能自动缩进，需要打开 Auto-indent 这个选项。在编辑器中，按 Alt＋E 然后按 F 键就能打开对话框，可以在这里设置该选项。也可以在 Do-file Editor 中选中要缩进的行，然后通过按 Ctrl＋I 做整体缩进，或通过按 Ctrl＋Shift＋I 整体取消缩进。

用短语句

如果不能看到完整的命令或所有的输出结果，就很容易出错。可以用截短或折叠的方式来避免这种问题。我让我的命令行保持在 80 列以内，并且把每行的长度设置成最大 80（set linesize 80），因为这样的设置对大多数打印机或电脑有效。说明为什么这么做很重要，这里给出了一个我在帮助别人调试程序时遇到的一个问题，用的命令是 listcoef，该命令是 SPost 的一部分。我收到的 do 文件看起来是这样的，mlogit 所在行的长度是 182 个字符，该行的右边有一部分被截掉了（参见文件 wf3-longcommand. do）：

```
use wf-longcommand, clear
mlogit jobchoice income origin prestigepar aptitude siblings friends scale1_std demands interestlvl
listcoef
```

由于结果包含三个类别，listcoef 命令应该列出输出结果中 1 对 2、2 对 3 以及 1 对 3 中每个变量之间比对的系数。对一些变量来说，情况是这样的[①]：

```
Variable: income (sd=1.1324678)
```

Odds comparing Alternative 1 to Alternative 2		b	z	P>|z|	e^b	e^bStdX
2	-3	0.49569	0.825	0.409	1.6416	1.7530
2	-1	0.68435	2.483	0.013	1.9825	2.1706
3	-2	-0.49569	-0.825	0.409	0.6092	0.5704
3	-1	0.18866	0.377	0.706	1.2076	1.2382
1	-2	-0.68435	-2.483	0.013	0.5044	0.4607
1	-3	-0.18866	-0.377	0.706	0.8281	0.8076

对另一些变量而言，一些比对会缺失：

```
Variable: female (sd=.50129175)
```

Odds comparing Alternative 1 to Alternative 2		b	z	P>|z|	e^b	e^bStdX
2	-1	1.25085	1.758	0.079	3.4933	1.8721
1	-2	-1.25085	-1.758	0.079	0.2863	0.5342

---

① 真实的例子是 6 个类别做比对，输出结果会有几十页。

起初，我并未发现模型有问题，而是一开始就在 listcoef 命令的编码中查找问题。最终，我做了我一开始就应该做的工作——我重新调整了 do 文件的格式，让它看起来是下面这样的：

```
mlogit jobchoice income origin prestigepar aptitude siblings friends    ///
    scale1_std demands interestlvl jobgoal scale3 scale2_std motivation ///
    parented city female, noconstant baseoutcome(1)
```

在修改格式后，我马上就发现，问题是由 noconstant 这个选项造成的。虽然对于 mlogit 来说，noconstant 选项有效，但在设定的这个模型中是不合适的。由于在 mlogit 模型的输出结果中这个问题没有暴露出来，所以在运行 listcoef 命令时才会导致误导性的结果出现。

让输出结果行太长也会带来问题。因为能在 do 文件中控制输出结果的行长度，所以这里是讨论它的一个好时机。假设把行的长度设置为 132，并创建一个表格（参见文件 wf3-longoutputlines. do）：

```
set linesize 132
tabulate occ ed, row
```

当输出这些结果的时候，它们的右边会被截短：

```
+------------------+
| Key              |
|------------------|
| frequency        |
| row percentage   |
+------------------+
```

Occupation	3	6	7	Years of education 8	9	10	11	12
Menial	0 0.00	2 6.45	0 0.00	0 0.00	3 9.68	1 3.23	3 9.68	12 38.71
BlueCol	1 1.45	3 4.35	1 1.45	7 10.14	4 5.80	6 8.70	5 7.25	26 37.68
Craft	0 0.00	3 3.57	2 2.38	3 3.57	2 2.38	2 2.38	7 8.33	39 46.43
WhiteCol	0 0.00	0 0.00	0 0.00	1 2.44	0 0.00	1 2.44	2 4.88	1 46.34
Prof	0 0.00	0 0.00	1 0.89	1 0.89	0 0.00	0 0.00	2 1.79	13 11.61
Total	1 0.30	8 2.37	4 1.19	12 3.56	9 2.67	10 2.97	1 5.64	109 32.34

根据你如何输出 log 文件，结果可能会堆叠，看起来像下面这样：

```
                                                   Years of education
Occupation |        3           6              7            8          9         10
      11         12         13 |    Total

    Menial |        0           2              0            0          3          1
     3          12          2 |       31
           |     0.00        6.45           0.00         0.00       9.68       3.23
   9.68      38.71       6.45 |   100.00

    BlueCol |       1           3              1            7          4          6
     5          26          7 |       69
           |     1.45        4.35           1.45        10.14       5.80       8.70
   7.25      37.68      10.14 |   100.00

    Craft   |       0           3              2            3          2          2
     7          39          7 |       84
           |     0.00        3.57           2.38         3.57       2.38       2.38
   8.33      46.43       8.33 |   100.00
```

（省略输出结果）

我经常会看到从堆叠的输出结果中获取的错误数字。如果你的输出结果出现了堆叠，要马上修复，可以把行的长度改成 80，然后再重新运行一遍即可。

限制缩写

变量名缩写

在 Stata 中，可以用最短的缩写来代表一个变量，只要这个缩写是唯一的。举一个极端的例子，假设有一个名为 age_at_1st_survey 的变量，这个名字有效但看起来很笨拙。如果数据中没有其他以 a 开头的变量，就可以把这个长的名字缩写成一个简单的 a。虽然这样输入很方便，但是如果在数据中加入了另一个以 a 开头的变量，程序就无法运行了。比如，假设加入了一个变量 agesq，这个变量是 age_at_1st_survey 的平方，于是缩写 a 就会导致如下错误：

```
a ambiguous abbreviation
r(111);
```

出现这样的错误提示是因为 Stata 无法分辨出 a 指的是 age_at_1st_survey 还是 agesq。

缩写还会导致其他复杂的问题。这里这个示例是我最近遇到的一个问题。数据中有四个二分类变量 bmi1_1019、bmi2_2024、bmi3_2530 和 bmi4_31up，这四个变量测量的是受访者的体质指数（BMI）。我已习惯用缩写 bmi1、bmi2、bmi3 和 bmi4。事实上，我已经忘记了它们就是缩写。后来，我想要用 svy:mean 这个命令来检验不同种族的 bmi1 均值是否有差异：

```
svy: mean bmi1, over(black)
test [bmi1]black = [bmi1]white
```

svy:mean 命令可以运行，但 test 命令报错如下：

```
equation [bmi1] not found
r(303);
```

我由于不常用 svy 命令，所以认定在用 survey means 时，一定有其他计算统计检验的方法。我觉得问题与变量名 bmi1 一定没有关系，因为我"知道"它就是正确的变量名。最终，我意识到问题出在缩写上。虽然 svy:mean 这个命令允许用缩写（例如，用 bmi1 代表 bmi1_1019），但命令 test 要求用变量的全名：

```
test[bmi1_1019]black = [bmi1_1019]white
```

用缩写节省的时间远远抵不上用于解决因缩写导致的问题的时间。

虽然用变量名缩写很诱人，但是不用缩写会更好。如果发现变量名太长不便输入，就考虑改变变量名（参见 5.11.2 节）或通过在变量窗口点击变量名的方法来输入变量，然后从命令窗口把这些变量复制到 do 文件中。为防止 Stata 用变量名的缩写，可以用这个命令把该功能关掉：

```
set varabbrev { on|off },permanently
```

命令缩写

许多命令和命令选项也可以被缩写，这些缩写也容易引起混乱。例如，可以把下面的命令名称和变量名：

```
summarize education
```

缩写为：

```
su e
```

我发现这种缩写方式过于简洁以致含义不清。一个折中的办法是用下面的缩写：

```
sum educ
```

或者用：

```
sum education
```

看看下面这个例子。这是别人发给我的一个 do 文件中的命令，我对它做了小小的改动：

```
l a l in 1/3
```

我发现把命令写成下面这样更易读：

```
list age lwg in 1/3
```

但是长一点的缩写并不一定比短一点的缩写更好。例如，在最近一篇用了 Stata 的文章中，我看到了这样一条命令：

```
nois sum mpg
```

因为我从未接触过 nois 这个命令，所以查阅了手册。最终，我发现 nois 是 noisily 的缩写。但对我来说，缩写 noi 比 nois 更加清晰。

如果用命令的缩写，我建议缩写不能少于 3 个字母。在本书接下来的部分中，只有少量命令我用的是缩写，因为此时用缩写既清楚又方便，特别是表 3-1 中列出的这些。

表 3-1　　　　　　　　　　　　　　**本书使用的命令缩写**

完整的变量名	缩写
generate	gen
label define	label def
label values	label val
label variable	label var
quietly	qui
summarize	sum
tabulate	tab

在一般情况下，命令缩写会让其他人在读你的代码时更困难。如果你希望别人能完全看懂你的代码，就不要使用命令缩写。

保持一致

在其他条件相同的情况下，如果你找到一个标准化的方法来做事情，那么你将会犯更少的错误，而且能更快地开展工作。写 do 文件时也是如此（下面有更多相关内容），在调整格式、选择运行命令的顺序以及用哪些命令时都要设定一个标准化的方法。例如，当我用 generate 生成变量时，我会紧跟着加上变量名标签、注释和取值标签（如果有的话）。

```
generate incomesqrt = sqrt(income)
label var incomesqrt "Square root of income"
notes incomesqrt:  sqrt of income \ dataclean01.do jsl 2006-07-18.
```

3.2.3　do 文件模板

do 文件的格式越统一，出错的概率就越小，输出结果的可读性也就越高。因此，我建议你创建一个模板。可以把模板文件载入文本编辑器，然后进行修改，并用新的文件名把文件保存好。这样做有很多好处。第一，模板中包含了在所有 do 文件中都会用到的命令（例如，capture log close），这样你就不用输入这些命令了。第二，你不会忘记把模板中的这些命令加进来。第三，有一个标准的结构，你更容易在不同的项目中保持工作统一。

每个 do 文件中都应包含的命令

在展示两款 do 文件模板之前，我想先讨论一些命令，我建议在每个 do 文件中都应包含这些命令。这里有一个简单的 do 文件，它的名字是 wf3-example. do，注意左侧的数字编号用来指示的是哪行，不是 do 文件的内容：

```
 1>   capture log close
 2>   log using wf3-example, replace text
 3>
 4>   //  wf3-example.do: compute descriptive statistics
 5>   //  scott long 03Apr2008
 6>
 7>   version 10
 8>   clear all
 9>   macro drop _all
10>   set linesize 80
11>
12>   * load the data and check descriptive statistics
13>   use wf-lfp,clear
14>   summarize
15>
16>   log close
17>   exit
```

打开 log 文件

在讲完第 1 行的所有命令后，第 1 行就会得到最好的解释。第 2 行打开了一个 log 文件用来记录输出结果。我建议 log 文件的名字和创建的 do 文件的名字一样（只要前缀一样即可，后缀 .do 不一样）。因为我没有指定一个目录，因此 log 文件是在当前工作目录中被创建的。选项 replace 告诉 Stata 如果 wf3-example. log 已经存在，就用现在这个替换掉之前的那个。在调试时，如果需要重新运行 do 文件，这个选项就很方便。如果不加 replace，在第二次运行程序的时候就会得到如下错误提示：

```
. log using wf3-example,text
log file already open
r(604);
```

选项 text 用来规定输出结果的格式是纯文本格式而不是 Stata Markup and Control Language（SMCL）格式。虽然 SMCL 格式的结果看起来更美观，但这种格式只能在 Stata 中显示，因此我不用这种格式。第 16 行语句关闭了 log 文件，这就意味着 Stata 停止向 log 文件中传送输出结果。

空行

第 3、6、11、15 行是空行，这么做是为了提高程序的可读性。如果你觉得空行没有用，可以不用。

关于 do 文件内容的注释

第 4、5 行解释了该 do 文件所完成的工作内容，因此这些信息将会被保存在 log 文件中。我建议把 do 文件的文件名、作者、创建时间以及该 do 文件的工作内容概况都写进来。

设置 Stata

第 7~10 行会影响到 Stata 的运行方式。第 7 行指出要用的 Stata 版本。因为文件中写的是 version 10，所以如果在更高版本的 Stata 中运行这个 do 文件，应该会得到和 Stata 10 一样的结果。因为 version 命令位于 log using 命令后，所以 version 10 会出现在 log 中，这样你就能用它来确认是哪个版本的 Stata 输出的结果①。第 8、9 行重设了 Stata 以便 do 文件在运行时看起来是启动 Stata 后做的第一件事。为了让 do 文件稳健，这一点很重要。很多命令在内存中留下了信息，你不会想让这些信息影响到你的 do 文件。clear all 能把数据、取值标签、矩阵、标量、保存的结果以及更多的信息从内存中全部清除。关于这个命令的全面描述，请参考 help clear。Stata 9 用的是命令 clear 而不是 clear all。奇怪的是，clear all 能把内存中的所有信息都清除掉，除了宏。用 macro drop _all 可以清除宏。第 10 行把输出结果的行长度设定为 80 列。即使我的 Stata 版本缺省的行大小为 80 个字符（参见附录 A 中如何设定缺省行大小），我还是想在 do 文件中清楚地设置行的大小，以便在设置不同的缺省行的 Stata 中运行时能得到同样格式的输出结果。为了理解这一点的重要性，你可以试着在不同的行宽下，对有很多取值类的变量做 tabulate。

命令主体部分

命令主体部分从第 12 行开始，其中包含了用来描述要做的事情的注释。

结束 do 文件

第 17 行至关重要。只有遇到回车符②时 Stata 才能执行命令。如果在第 16 行的结尾处没有回车，命令 log close 就不会运行，log 文件就仍处于打开状态。虽然第 17 行的内容不重要，可以是一个空格，但我更倾向用 exit 命令。这个命令让 Stata 终止运行 do 文件（例如，在 do 文件中不再运行其他更多的命令）。例如，可以在 exit 命令之后继续输入备注和命令语句，如下所示：

---

① 过去我常常把 version 命令直接放在第 1 行，正如我和弗里兹（Long，Freese，2006）所建议的。在写这本书时，一位同事给我看了一个问题，如果在他重复运行时，version 命令能作为输出结果的一部分，那么应该很简单就能解决这个问题。

② 计算机语言中充斥着落伍的事物。过去在打字机上，用一个滑块来存纸，这种机制被叫作回车。当输入到行尾时，"返回到滑块"就能进入下一行。即使我们再也不会用一个滑块进入下一行，我们仍把按 Enter 键后产生的这个符号称作"回车符"。

```
exit
1) Double check how the sample is selected.
2) Consider running these commands.
      describe
      summarize
      tab1 _all
```

Stata 会忽略掉 exit 后面的所有内容。

capture log close 命令

现在就能解释为什么需要第 1 行了。假设在第一次运行 wf3-example. do 时，由于某个错误，程序还没有运行到第 16 行的 log close 语句时就停止了。这样，log 文件就会处于打开状态，这就意味着新的运行结果会被发送到该 log 文件中。假设现在没有第 1 行的命令，当我重新运行该程序时，第 2 行语句会引起错误 r(604)：log file already open，因为我想打开的是一个已经打开了的 log 文件。为了避免这种错误，可以在命令 log using 之前加上一个 log close 命令。如果这么做，在第一次运行 do 文件时，log close 命令就会产生错误 r(606)：no log file open，因为在没有任何 log 文件处于打开状态时我试图关闭一个 log 文件。第 1 行中 capture 命令的意思是"如果这行命令产生了错误，忽略它并继续运行后面的命令"。即使你无法完全理解上述解释，也不必担心，只需养成这样一个习惯——以 capture log close 命令作为一个 do 文件的开头即可。

简单的 do 文件的模板

基于上述讨论的几项原则，这里给出了一个简单的 do 文件的模板（参见文件 wf3-simple. do）。

```
capture log close
log using _name_, replace text
//  _name_.do:
//  scott long _date_
version 10
clear all
macro drop _all
set linesize 80
* my commands start here
log close
exit
```

我把这个模板文件保存在工作目录下，或者保存在电脑桌面上，文件名不妨就叫 simple. do。当我需要新建一个 do 文件时，就会把 simple. do 加载到我的编辑器中，修改_name_和_data_两处信息，然后编写程序。之后，用新的文件名把该文件保存好，假设文件名是 myprogram. do，然后在命令窗口中输入命令 run myprogram。

更复杂的 do 文件模板

对我的大多数工作而言，我用的是一个更复杂精细的模板（参见文件 wf3-

complex. do）：

```
capture log close
log using _name_, replace text
//  program:    _name_.do
//  task:
//  project:
//  author:    _who_ \ _date_
//  #0
//  program setup
version 10
clear all
set linesize 80
macro drop _all
//  #1
//  describe task 1
//  #2
//  describe task 2
log close
exit
```

用这个模板就更容易记录 do 文件的内容，特别是里面用带编号的部分来表示分析过程中各步产生的输出结果。通过给各部分加上编号，我更容易在文件内找到想找的东西，而且更容易和其他人讨论输出结果（特别是通过邮件讨论）。当我把一个 log 文件发给他人时，我可能会写道："你觉得♯6 部分的输出结果和我们之前的结果一致吗？"如果你现在开始给 do 文件的各部分加编号，我想你将会发现这样做能节省很多时间，而且能减少很多混乱。

有很多有效的模板可供使用。最重要的是找到一个你喜欢的模板，并能坚持使用它。

关于文本编辑器

　　一个功能齐全的文本编辑器可以说是你拥有的最有价值的数据分析工具。好的编辑器能加快工作进度，让 do 文件更加统一，并有助于调试程序。虽然文本编辑器有成百上千种功能，但这里讲的是一些特别有用的功能。第一，很多编辑器能自动把文本插入文件中。我对自己的编辑器做了设置，按组合键 Alt＋0 插入简单的 do 文件模板（这样我就不必记住我把模板保存在哪里了），按组合键 Alt＋1 插入更复杂的 do 文件模板。编辑器可自动插入当前日期。第二，更复杂的文本编辑器具有文本高亮功能，可以帮助用户查找错误。这类编辑器可以识别预设的字符，并会用不同的颜色来显示这些字符。例如，如果输入一行命令 oloigit warm wc hc age k5，那么 oloigit 便不会高亮显示，因为它不是 Stata 命令名字。如果输入的是 ologit，那么 ologit 就会被高亮显示，因为它是有效的 Stata 命令名字。这一功能有助于在错误出现之前就找到并修正它。本书中的网站提供了更多的相关信息。

3.3　调试 do 文件

理想的状况是，do 文件第一次就能顺利运行，而且每次运行都不出错。但实际情况是，do 文件中会出现错误，而且可能会有很多错误。有时确定错误根源既让人沮丧又耗费时间。虽然用于指导写出清晰易读且稳健的 do 文件的原则能减少出错的概率，而且能更容易地解决 do 文件产生的错误，但是你仍有可能花费比你想象的更多的时间来调试 do 文件。这节要讨论的是如何调试 do 文件出现的简单错误和复杂错误。先从用来找到问题的一些简单策略入手。本节用两个扩展示例结束，这两个示例说明的是如何修复更微小的程序错误（bug）[①]。

3.3.1　简单错误及其修复

首先，我想举例说明一些非常常见的错误。

log 文件已被打开

如果 log 文件已处于打开状态（例如，由于上一个 do 文件出错停止运行而导致 log 文件仍处于打开状况），当你试图打开一个 log 文件时，就会得到这条提示：

```
. log using example1, replace
log file already open
r(604);
```

解决这个问题最简单的方法就是在 do 文件的最顶部添加 capture log close 命令。

log 文件已存在

因为在调试好 do 文件之前，你通常会对其运行多次，因此你想把包含了错误结果的 log 文件替换成修正好的 do 文件的输出结果。如果 do 文件中包含这条命令：

```
log using example2, text
```

并且该 log 文件已存在，你就会收到如下错误提示：

```
file e:\workflow\work\example2.log already exists
r(602);
```

解决办法是加上选项 replace：

```
log using example2, text replace
```

---

①　关于术语 bug 起源的一个说法是，bug 指的是 2 英寸长的蛾，它被记录在葛丽丝·穆雷·霍普（Grace Murray Hopper）写于 1947 年 9 月 9 日的研究日志中。这只蛾导致哈佛大学计算机实验室的马克 II 艾肯继电器式计算机的电路短路（Kanare，1985）。

错误的命令名

命令语句

```
loget lfp k5 k618 age wc hc lwg inc
```

会产生这条错误：

```
unrecognized command:  loget
r(199);
```

这条信息明确告诉我们单词 loget 有问题，你很快就会发现 logit 被拼错了。如果你不能理解 unrecognized command 是什么意思，Stata 提供了更详细的信息。在结果窗口，r(199)显示为蓝色。蓝色表示高亮字体链接了更多的信息。如果单击 r(199)，就会弹出一个包含如下信息的查看窗口：

```
[P] ·   error . . . . . . . . . . . . . . . . . . . . . . . Return code 199
        unrecognized command;
        Stata failed to recognize the command, program, or ado-file name,
        probably because of a typographical or abbreviation error.
```

有时，并不容易识别出 unrecognized command。例如：

```
. tabl lfp k5
unrecognized command:  tabl
r(199);
```

这里的问题是把 tab1 输成了 tabl，而字母 l 和数字 1 在某些字体中非常看起来很相似。当收到和命令名称有关的错误提示时，我通常会重新输入一次命令，我发现第二次我就能把命令输对了。

错误的变量名

在下面这个 logit 命令中，某个变量的变量名不对：

```
. logit lfp k05 k618 age wc hc lwg inc
variable k05 not found
r(111);
```

本应输入 k05（字母 k＋数字 05），结果输入的是 kO5（字母 k＋大写字母 O＋数字 5）。如果你收到这样一条错误提示，但你认为名字是对的，有一些办法你可以试试。假设错误指的是以"k"开头的名字。输入 describe k * 对所有以 k 打头的变量做统计描述。检验 do 文件中列出的变量名。如果名字能对上但还是没找到问题，可以在变量窗口点击变量名，这样就会把变量名复制到命令窗口中。之后，再从命令窗口把变量名复制到 do 文件中。

Stata 一次只报告一处变量名错误。如果把上述命令修改为：

```
logit lfp k05 k618 age wc hc lwg inc
```

假如变量 k618 的名字仍然有误（例如，应是 k0618），那么又会出现一个新的 r(111)

错误提示。

命令选项错误

如果输入的命令选项不正确，会得到如下错误信息：

```
. logit lfp k5 k618 age wc hc lwg inc, logoff
option logoff not allowed
r(198);
```

我本来想通过添加选项 logoff 关掉 logit 命令的迭代对数，但出错了。要找到正确的选项，可以：（1）尝试其他选项名称；（2）在命令窗口中输入 help logit 命令来寻求帮助；（3）打开 logit 命令的对话窗口，查找选项的名称；（4）查阅手册。使用以上几种方法都可得知我需要的选项是 nolog。

命令选项之前缺少逗号

这个问题困扰了很多学习 Stata 的用户，例如：

```
. logit lfp wc nowc k5 k618 age hc lwg inc nocon
variable nocon not found
r(111);
```

问题在于你需要在命令选项 nocon 前面加一个逗号：

```
logit lfp wc nowc k5 k618 age hc lwg inc, nocon
```

3.3.2 解决错误的步骤

上面这些错误都比较容易解决。在其他情况下，要从错误提示中确定问题出在哪里是很困难的。在后面的小节中，我给出了一些通过多步查找问题的示例。在这节中我给出了一些通用策略，如果对遇到的错误你找不到一种明确的解决办法，就应该考虑这些通用策略。

第一步：升级 Stata 及用户扩展程序

在花费大量时间查找程序错误前，要确保所用的 Stata 软件和已安装的用户扩展程序 ado 文件是最新版本。出现错误的原因可能是所用命令出错了，而不是 do 文件中有错误。只要不是在网络环境中使用 Stata，更新 Stata 就很简单。如果在联网状态下使用 Stata，需要和网络管理员联系（更多内容，请参见附录 A）。在运行 Stata 并连上互联网时，运行 update all 命令并根据提示操作，就能更新官方 Stata——包括执行文件、帮助文件和 ado 文件。如果你正在调试的 ado 文件是由第三方写的（例如，listcoef 在 SPost 安装包中），你也应该更新这些程序。首先需要做的是运行命令 adoupdate，Stata 9.2 中介绍了这个命令。输入 adoupdate，用户扩展程序如果已做了更新，就会被检测到。这时要么可以用 adoupdate *package-name* 单独更新这个安装包，要么可以用 adoupdate, all 来更新所有的安装包。为了能自动更新所有的安装包，试着输入

adoupdate, update。不幸的是，这条方便的命令只有在扩展程序的作者使安装包和 adoupdate 兼容时才能运行。如果用 adoupdate 命令不能检测到你的一些扩展命令，可以运行命令 findit *command-or-package*，然后根据收到的指示操作。

第二步：重新开始

当做什么事情都不起作用，而且一开始做的修复问题的尝试都失败时，要确定内存中没有留下任何可能会导致问题出现的信息（例如，一个不应该被保存的矩阵）。可以用以下几种方法来实现。

clear all 命令和 macro drop _all 命令

在命令窗口中输入 clear all 和 macro drop _all，或把这两条命令写入 do 文件中。这两条命令会告诉 Stata 清除启动 Stata 后做的所有工作。在 Stata 9 中，用 clear 命令而不是 clear all。

重启 Stata

如果 clear all 和 macro drop _all 命令也无法解决问题，可以关闭 Stata，再重新打开，然后运行程序。

重启计算机

如果上述方法也无法解决问题，可以重启计算机，然后重新运行程序。在重启计算机之后，尚未运行 Stata 之前，关闭所有程序，包括宏和截屏工具等应用程序。这种做法看起来有些极端，但如果 3 年前我听从了这一建议，我与 Stata 公司的一位非常有耐心的计量经济学家就不会遇到那么大的麻烦。

更换计算机

还是不行？你可以在另一台不同配置的计算机上尝试该程序。如果程序可以运行，那么问题就出在 Stata 的安装方式上。

第三步：用其他的数据

有些错误是由数据内部的问题造成的，例如，变量存在共线性或方差为 0。在其他情况下，具体的名称或标签也可能会导致问题。当取值标签中包含某些字符时，SPost 中的命令 mlogview 过去常常会产生问题。如果用另一个数据集还是会出现同样的错误，就可以确定错误出在命令上。如果用了新数据问题就没有了，就要注意数据本身有什么特点。

第四步：假定任何事情都可能是错误的

很容易忽略掉你"确定"没有问题的程序的某些部分。大多数写过大量程序的人都从惨痛的经历中吸取了这方面的教训。正如后面你将会看到的，一些错误提示指向了一个实际上是正确的程序的某个部分。如果对一个错误来说，解决它的方法很显然，但这个方法就是无效，那么要检查整个程序。

第五步：逐步运行程序

在写程序时，我通常一次只写几行命令，而不是一口气写 100 行。例如，在开始写 do 文件时，我首先写载入数据、进行描述统计的命令语句。如果这些命令能够顺利运行，我就继续写下一组命令，以此类推。如果样本量非常大或者用到的命令在计算上有特别严格的要求（如 asmprobit），这种方法就不可行。在这种情况下，可以用小样本来测试你的程序或把已经测试好的程序隔离开。

随机选择子样本

　　如果需要用一个小样本来调试程序，那么这里展示的是如何从数据中随机选取一个子样本（参见文件 wf3-subsample. do）：

```
. use wf-lfp,clear
(Workflow data on labor force participation \ 2008-04-02)
. set seed 11020
. generate isin = (runiform()>.8)
. label var isin "1 if in random sample (seed 11020)"
. label def isin 0 0_NoIn 1 1_InSample
. label val isin isin
. keep if isin
(601 observations deleted)
. tabulate isin,missing
```

1 if in random sample (seed 11020)	Freq.	Percent	Cum.
1_InSample	152	100.00	100.00
Total	152	100.00	

```
. label data "20% subsample of wf-lfp."
. notes: wf3-subsample.do \ jsl 2008-04-03
. save x-wf3-subsample, replace
file x-wf3-subsample.dta saved
```

　　命令 set seed 11020 给随机数生成器设定了一个种子，如果后期你想得到一样的样本，那么该命令很重要。你可以随意挑选数字作为种子。命令 generate isin ＝ (runiform()＞.8) 生成了一个二分变量，如果随机数大于 0.8，则取值为 1。因为 runiform() 生成的是一个均匀的随机变量，其取值从 0 到 1，所以 isin 大约有 20% 的概率是等于 1 的。如果你想要一个更大的样本，可以把 0.8 换成更小的数字；如果你想要一个更小的样本，就把 0.8 换成更大的数字。程序的最后部分保存了一个数据集，里面包含了大概 20% 的原始样本。

> 注：Stata 10.1 中介绍了函数 runiform()。如果你用的是 Stata 10，但没有更新到 Stata 10.1，而且现在处于联网状态，那么运行 update all 命令然后根据指示操作。如果你用的是 Stata 9，就用函数 uniform() 来代替 runiform()。

第六步：分段测试 do 文件的每个部分

如果一个长的 do 文件中出错了，那么通常一次只运行文件的一部分更有效。用注释就能实现。你可以在不想运行的任何一行的前面加上一个星号"*"。例如：

```
* logit lfp wc hc
```

要想把一系列的行段都变成注释。可以用" / * "和" * /"来实现。当运行 do 文件的时候，在" / * "和" * /"之间的所有东西都会被忽略掉。在这节的后面，这种方法被广泛用于扩展示例中。

第七步：重新编写 do 文件

有时解决问题最快的方法就是重写。你检查了每条命令的语法，点击了每个显示为蓝色的错误提示来试图理解错误是什么；把问题给其他人看，他们也看不出问题在哪，程序还是不停地报错。这是重写的好时机。如果不看原始版本重新再写一遍程序，希望的是，不会出现同样的错误。当然，可能会再次出现同样的错误。但是，如果已经尝试了能想到的所有方法还是不行，那么重写还是值得一试的。

为什么这种方法有时有效呢？有些错误是由微小的输入错误导致的，当你仔细查看代码时甚至都不能发现这些微小的错误。关于阅读的研究显示人们构想的大都是自己认为应该读到的而不是实际读到的。比如，你写的就是 tabl（字母 l）而不是 tab1（数字 1），又或者你想分析的变量是 var0l（字母 O）或 var1 而不是 var01（数字 0）。这个问题可能已经开始很长时间了，但你还没有发现它。如果重写程序，再次输入所有的命令和变量名，就有可能不会犯同样的输入错误。当重写时，要记住下面这些事情。

抛弃所有的原始代码

在重写时，很容易保留下一部分你认为"正确"的原始代码。我曾经用了几个小时的时间来调试一个复杂的程序，直到我发现这个错误很简单，就在我认为"显然是正确的"并跳过没有检查的命令中。

用新的 do 文件

重启一个新的 do 文件，而不是简单地删掉原始 do 文件中的所有东西。为什么要这么做呢？有可能 do 文件中有问题，该问题是由看不见的字符引起的，而且你的编辑器也无法删除这些看不见的字符。也许新程序看起来和老的那个一样，但是在对两个文件按位比较（bit comparison）时就会发现它们是不一样的。

尝试用不同的方法

在重写程序时，我经常会用不同的方法，而不是尽量做得和之前一模一样。比如，如果我认为命令名是 tabl（字母 l）而不是 tab1（数字 1），就会有意输入相同错误的命令。如果不对，我就用一系列的 tab 命令，问题就解决了。

第八步：有时不是你的错

有时有可能是你用的 Stata 或扩展程序有问题。如果你已经尝试了你能想到的所有能解决问题的办法，那么可以尝试把问题放在 Statalist（http：//www. stata. com/statalist/）上，查看 Stata 的常见问题解答（http：//www. stata. com/support/faqs/），或联系 Stata 公司的技术支持（http：//www. stata. com/support/）。在做这些之前，请先阅读 3.4 节中关于如何获取帮助的内容。

3.3.3　示例 1：调试一个微小的语法错误

这节要讲的是当错误提示没有直接指向一种解决办法时，我用来调试程序问题的步骤。我想画出一个人的博士院系的声望和他的第一份学术工作的声望之间的关系图。wf3-debug-graph1. do 中的命令太长了，在一页上放不下，因此我从中截取了一部分。

```
use wf-acjob, clear
twoway(scatter job phd, msymbol(smcircle_hollow) msize(small)), ///
    ytitle(Where do you work?) yscale(range(1 5.)) ylabel(1(1)5, angle(ninety) xtitle
    (Where did you xscale(range(1 5)) xlabel(1,5) caption(wf3-debug-graph1. do 2006 - 03 -
    17, size(small)) scheme(s2man)
```

错误提示是：

```
option 5 not allowed
r(198);
```

因为该错误提示让我迷惑不解，所以我点击了 r(198)，得到的是：

```
[P]     error . . . . . . . . . . . . . . . . . . . . . . . . Return code 198
        invalid syntax;
        _____ invalid;
        range invalid;
        _____ invalid obs no;
        invalid filename;
        _____ invalid varname;
        _____ invalid name;
        multiple by´s not allowed;
        _____ found where number expected;
        on or off required;
        All items in this list indicate invalid syntax.  These errors are
        often, but not always, due to typographical errors.  Stata attempts
        to provide you with as much information as it can.  Review the
        syntax diagram for the designated command.
        In giving the message "invalid syntax", Stata is not very helpful.
        Errors in specifying expressions often result in this message.
```

这条信息帮助不大（Stata 警告过我错误提示不一定很有用!），但它示意问题可能和包含 5 的一个选项有关。

为什么错误提示可能有误导性

错误提示不是总能指向真正的问题。原因在于 Stata 知道如何从语法上解析正确的命令，但不会纠正命令。虽然 Stata 会尽量去理解错误的命令，但是也可能理解不了。把错误提示当成建议，这样的建议可能会指向问题，也可能有误导性。

我调试程序时做的第一件事是重新调整命令的格式，以便让它更容易被读懂（参见文件 wf3-debug-graph2.do）：

```
twoway (scatter job phd, msymbol(smcircle_hollow) msize(small)),   ///
       ytitle(Where do you work?) yscale(range(1 5.))             ///
       ylabel(1(1)5, angle(ninety))                               ///
       xtitle(Where did you graduate?) xscale(range(1 5)) xlabel(1,5) ///
       caption(wf3-debug-graph2.do 2006-03-17, size(small))       ///
       scheme(s2manual) aspectratio(1) by(fem)
```

这样，程序就更易读，但还是会产生同样的错误，因为我只是修改了格式。如果你目光敏锐，且完全理解命令 twoway，也许你会看到错误，特别是因为错误提示示意问题和 5 有关。但还是让我们假设我不知道是什么导致了这个问题。

接下来，我用命令行中的相同的变量绘制了一个简单的图（参见文件 wf3-debug-graph3.do），发现这些变量适用于做这类图：

```
scatter job phd
```

如果用这些变量画图没问题，我就知道了问题和数据没关系。下一步我用分隔符 "/ *" 和 "* /" 把原始命令的一部分当作注释处理。我的策略是把大部分命令当作注释处理并检验程序能否运行。然后我逐步把原始代码的后面部分添加进来，直到我准确地发现了命令的哪个部分导致了问题的出现。通常，这样就能简单地找到导致错误的原因。我下一次运行的程序看起来是这样的（参见文件 wf3-debug-graph4.do）：

```
twoway (scatter job phd, msymbol(smcircle_hollow) msize(small)), /* ///
       ytitle(Where do you work?) yscale(range(1 5.))             ///
       ylabel(1(1)5, angle(ninety))                               ///
       xtitle(Where did you graduate?) xscale(range(1 5)) xlabel(1,5)  ///
       caption(wf3-debug-graph4.do 2008-04-03, size(small))       ///
       scheme(s2manual) aspectratio(1) by(fem) */
```

该程序能运行而且在图中加入了符号。接下来我把优化 y 轴的选项加入运行程序中（参见文件 wf3-debug-graph5.do）：

```
twoway (scatter job phd, msymbol(smcircle_hollow) msize(small)),   ///
    ytitle(Where do you work?) yscale(range(1 5.))                  ///
    ylabel(1(1)5, angle(ninety))                              /* ///
    xtitle(Where did you graduate?) xscale(range(1 5)) xlabel(1,5)  ///
    caption(wf3-debug-graph5.do 2008-04-03, size(small))           ///
    scheme(s2manual) aspectratio(1) by(fem)                        */
```

这个程序也能运行，所以我确定问题不是这部分程序中的 5 导致的。接下来我取消控制 x 轴命令的注释符号（参见文件 wf3-debug-graph6. do）：

```
twoway (scatter job phd, msymbol(smcircle_hollow) msize(small)),   ///
    ytitle(Where do you work?) yscale(range(1 5.))                  ///
    ylabel(1(1)5, angle(ninety))                                    ///
    xtitle(Where did you graduate?) xscale(range(1 5)) xlabel(1,5) /* ///
    caption(wf3-debug-graph6.do 2008-04-03, size(small))           ///
    scheme(s2manual) aspectratio(1) by(fem)                        */
```

这次出现了原始错误，所以我推断问题可能在这部分代码中：

```
xtitle(Where did you graduate?) xscale(range(1 5)) xlabel(1,5)
```

选项 xtitle( ) 看起来没问题。可以把 xscale( ) 和 xlabel( ) 当作注释处理，重新运行程序，就能验证它有无问题。因为用一个简单的 xtitle( ) 选项很难看出问题，我决定先不做这样的验证。我假定问题是由选项 xscale( ) 和 xlabel( ) 导致的。仔细查看，我发现错误在 xlabel(1,5) 上。虽然看起来这是一种用来表示标签从 1 到 5 的合理的方法，但正确的语法是 xlabel(1(1)5)。我修改它，这样程序就能按我想的运行（参见文件 wf3-debug-graph7. do）。

如果我没有看到错误是由 xlabel(1,5) 导致的，就要运行只包含了选项 xtitle( ) 和 xscale( ) 的命令（参见文件 wf3-debug-graph8. do）：

```
twoway (scatter job phd, msymbol(smcircle_hollow) msize(small)),   ///
    ytitle(Where do you work?) yscale(range(1 5.))                  ///
    ylabel(1(1)5, angle(ninety))                                    ///
    xtitle(Where did you graduate?) xscale(range(1 5)) /* xlabel(1,5) ///
    caption(wf3-debug-graph8.do 2008-04-03, size(small))           ///
    scheme(s2manual) aspectratio(1) by(fem) */
```

以上这样也能运行，因此我意识到问题和选项 xlabel( ) 有关。

3.3.4　示例 2：调试意想不到的结果

也许你有一个能运行且不会出错的程序，但得到的是奇怪的或意外的结果。为了举例说明这种类型的问题，我用了一个示例，该示例受到我收到的一位有经验的用户[①]的问题的启发。我有 9 个用来表示机能受限（例如：你站立有困难吗？走路有困难吗？伸腿有困难吗？）的二分变量。在测量这些变量前，我想确定这些变量之间是否会有某

---

① 　克劳迪娅·盖斯特（Claudia Geist）很友好，允许我用这个示例。我对数据和变量做了改动，但出现的问题和她遇到的一样。

种常见的组合。例如：走路困难是否易导致其他身体机能下降？某些机能受限是否易导致问题成对出现，但这类机能受限不常出现？等等。我从查看每个变量的取值为 1 的百分比开始（参见文件 wf3-debug-precision. do）。因为这些变量都是二分变量，所以很容易就能计算出它们的概要统计量：

```
. use wf-flims, clear
(Workflow data on functional limitations \ 2008-04-02)
. summarize hnd hvy lft rch sit std stp str wlk
```

Variable	Obs	Mean	Std. Dev.	Min	Max
hnd	1644	.169708	.3754903	0	1
hvy	1644	.4288321	.4950598	0	1
lft	1644	.2475669	.4317301	0	1
rch	1644	.1703163	.3760248	0	1
sit	1644	.2104623	.407761	0	1
std	1644	.3607056	.4803514	0	1
stp	1644	.3643552	.4813953	0	1
str	1644	.2974453	.4572732	0	1
wlk	1644	.2706813	.4444469	0	1

这 9 个变量各自的分布（或者是 9 个变量两两交互共 72 个交互表）没有告诉我我想知道的机能受限聚合。查看这种聚合的一种看起来很快的方法就是创建一个新的变量，这个新变量把 9 个二分变量聚合到一起。例如，我用变量 str 和 wlk 生成了新的变量 strwlk：

```
generate strwlk = 10*str + wlk
```

如果 wlk 和 str 的取值都为 0，那么 strwlk 等于 0。如果 wlk 的取值为 1 且 str 的取值为 0，那么 strwlk 等于 1。如果 str 的取值为 1 且 wlk 的取值为 0，那么 strwlk 等于 10。如果 str 和 wlk 的取值都为 1，那么 strwlk 等于 11。

```
. tabulate strwlk, missing
```

strwlk	Freq.	Percent	Cum.
0	1 091	66.36	66.36
1	64	3.89	70.26
10	108	6.57	76.82
11	381	23.18	100.00
Total	1 644	100.00	

上面看起来很容易，所以我把这种想法扩展到 9 个变量上：

```
generate flimall = hnd*100000000 + hvy*10000000 + lft*1000000 ///
    + rch*100000 + sit*10000 + std*1000 + stp*100 + str*10 + wlk
label var flimall "hnd-hvy-lft-rch-sit-stp-stp-str-wlk"
```

接下来做 flimall 的频数分布表，表中取值 0 表示所有身体机能都不受限；111111111 表示所有机能都受限；其他的 0 和 1 的组合数反映出某种模式的受限。下面是分析结果：

```
. tabulate flimall, missing
```

hnd-hvy-lft -rch-sit-st d-stp-str-w lk	Freq.	Percent	Cum.
0	715	43.49	43.49
1	5	0.30	43.80
10	8	0.49	44.28
11	2	0.12	44.40
（省略输出结果）			
1100111	1	0.06	54.08
1101100	1	0.06	54.14
1.00e+07	86	5.23	59.37
（省略输出结果）			
1.10e+08	7	0.43	88.56
1.11e+08	15	0.91	91.42
（省略输出结果）			
Total	1 644	100.00	

不幸的是，数值较大的数字用科学计数法显示，这样就丢掉了我想要的信息。为修复这个问题，我创建了一个字符型变量：

```
generate sflimall = string(flimall, "%16.0f")
```

%16.0f 表示我想生成的这个变量包含 16 位数且没有小数（更多详细内容，请参见 help format 或 ［D］format；也可参见 6.4.5 节，这节讨论了如何把数据保存在 Stata 里）。我给这个新变量加上了标签，并做了频数分布表：

```
label var sflimall "hnd-hvy-lft-rch-sit-std-stp-str-wlk"
tabulate sflimall, missing
```

我发现了一些特别的地方：

hnd-hvy-lft -rch-sit-st d-stp-str-w lk	Freq.	Percent	Cum.
0	715	43.49	43.49
1	5	0.30	43.80
10	8	0.49	44.28
100	28	1.70	45.99
（省略输出结果）			
10000000	86	5.23	53.83
100000000	15	0.91	54.74
10000001	4	0.24	54.99
100000096	4	0.24	55.23
（省略输出结果）			
1000001	1	0.06	55.29
10000010	5	0.30	55.60
10000011	5	0.30	55.90
（省略输出结果）			
Total	1 644	100.00	

取值应该全都是 0 和 1 的组合，但有一个取值是 100000096。为查清哪里出错了，我用命令 tab1 hnd-wlk, missing 来验证变量的取值中只有 0 和 1。如果我发现有四个样本的 str 变量值中包含 9，而且 wlk 变量值中包含 6，就说明我的原始数据有问题。但数据看起来没问题。接下来我对编码进行了清理，以便更容易找到拼写错误：

```
generate flimall = hnd*100000000 ///
                + hvy*10000000 ///
                + lft*1000000 ///
                + rch*100000 ///
                + sit*10000 ///
                + std*1000 ///
                + stp*100 ///
                + str*10 ///
                + wlk
```

代码看起来没问题，所以我对四个变量用了同样的方法。在调试程序时，一个好的方法就是看看你能不能用一个相似但更简单的程序来运行。

```
. generate flimall = std*1000 ///
>                 + stp*100 ///
>                 + str*10 ///
>                 + wlk
. generate  sflimall = string(flimall,"%9.0f")
. label var sflimall "std-stp-str-wlk"
. tabulate  sflimall, missing
```

std-stp-str-wlk	Freq.	Percent	Cum.
0	866	52.68	52.68
1	16	0.97	53.65
10	24	1.46	55.11
100	80	4.87	59.98
1000	73	4.44	64.42
1001	13	0.79	65.21
101	8	0.49	65.69
1010	15	0.91	66.61
1011	25	1.52	68.13
11	13	0.79	68.92
110	24	1.46	70.38
1100	72	4.38	74.76
1101	27	1.64	76.40
111	20	1.22	77.62
1110	45	2.74	80.35
1111	323	19.65	100.00
Total	1 644	100.00	

这次的运行结果看起来也没问题。我继续添加变量，到 8 个变量的时候程序仍然有效。而且，无论我选哪 8 个变量，结果都一样。我推断问题出在从 8 个变量增加到 9 个变量的过程中。问题的原因在于在生成 flimall 时产生的 9 位数太大了，以致无法对其进行准确的保存。实际上，这意味着数字 100000096（上面看起来奇怪的数字）只是正确结果 1000001000 的一个近似值。实际上，只要从 1000001000 中减去 4 就得到了这

个数字，这样由此产生的疑问就消失了。解决办法是用双倍精度来保存信息。加上 1
个单词，问题就解决了：

```
. generate double flimall = hnd*100000000 ///
>                           + hvy*10000000 ///
>                           + lft*1000000 ///
>                           + rch*100000 ///
>                           + sit*10000 ///
>                           + std*1000 ///
>                           + stp*100 ///
>                           + str*10 ///
>                           + wlk
```

更多关于变量类型的信息请参见 6.4.5 节。

3.3.5　调试的高级方法

如果还是不行，你可以追踪错误。追踪指的是查看 Stata 在执行程序时的每一步
（例如，追踪程序的步骤）。这样就能让你看到程序在后台做的事情，通常能揭示出导
致问题的具体步骤。要追踪程序，可输入命令 set trace on。Stata 会返回它运行的每一
行代码——既有来自 do 文件的也有来自 ado 文件的。要关掉追踪，输入 set trace off。
更多关于如何使用这一强大功能的内容，可输入 help trace 或参见〔P〕trace。

3.4　如何获取帮助

有时，你需要寻求帮助。这里给出了一些更容易向他人寻求帮助的建议，而且这
些建议有助于增加获得所需帮助的机会。

（1）尝试用上面给出的所有建议来调试你的程序。阅读手册中与你的错误有关的
命令。

（2）确保你用的 Stata 和扩展程序都是最新版的。

（3）写一份简单的描述，用来记录问题以及你做了哪些事情来解决该问题（例如，
更新了 Stata，用不同的数据尝试）。我在构思一封详细的邮件来向他人寻求帮助时，
常常就解决了自己的问题。

（4）用一个小数据集来创建一个能产生错误的 do 文件。不要把很大的数据集作为
附件发送。让 do 文件是独立（比如，它加载数据集）且便携（比如，它不对数据目录
做硬编码）的。

（5）把 do 文件、文本格式的 log 文件以及数据集发送给你求助的人。

在寻求帮助时，你提供的信息越清楚、越详细，别人愿意帮助你的机会越大，别
人能够帮助你的机会也就越大。

3. 5   本章小结

　　本章尽管包含了很多有关使用 Stata 的建议，但仅仅涉及了程序中的很多功能。如果你要花很多时间学习 Stata，手册是值得浏览一下的。你常常会发现一个解决问题的命令或功能。我在写这本书的时候发现了很多我之前没有意识到的、有用的命令。如果你不喜欢看手册，可以考虑 Stata 公司（http：//www. stata. com/netcourse/）提供的网上课程（网络课堂）。从长远看，花时间来学习 Stata 工具通常能节省时间。

第4章 让你的工作自动化

在大量的数据管理和统计分析中，有很多相同的工作需要重复做很多次。例如：生成很多新变量并给它们贴标签，拟合一系列模型以及运行多个检验。让这些工作自动化，既能节省时间，也能防止错误。本章将介绍 Stata 中用于实现自动化的六种工具。

宏（macros）：宏就是一串字符或数字的简单缩写。这种缩写非常有用。

保存的结果（saved results）：许多 Stata 命令可以把结果保存在内存中。可以调出这些运行结果，把它们用于实现工作的自动化。

循环（loops）：循环是一种重复执行一组命令的方法。把宏和循环结合使用，可以加快从创建变量到拟合模型的过程。

include 命令：include 命令可以把一个文件中的文本插入另一个文件中，当同一组命令要在多个 do 文件中使用多次时，该命令很有用。

ado 文件：ado 文件让你能够编写自己的程序，用自己的程序来个性化设置 Stata，实现工作流程的自动化并能加快常规工作的进度。

帮助文件：虽然帮助文件主要被用来保存 ado 文件，但它们也可被用来记录你的工作流程。

宏、保存的结果和循环是学习第 5～7 章的基础。虽然 include 命令、ado 文件和帮助文件也十分有用，但对后面的章节来说它们不是基本的要求。当然，我还是鼓励你看看这几个小节的内容。

4.1 宏

宏是一种实现工作自动化的最简易的工具。它可以用一个缩写来替代一串文本或数字。举个简单的例子。我想拟合这样一个模型：

```
logit y var1 var2 var3
```

我创建了一个宏 rhs，用它来表示自变量的名字，也就是等号右边的变量：

```
local rhs "var1 var2 var3"
```

这样我就可以把 logit 命令改写为：

```
logit y `rhs´
```

"`" 和 "´" 符号表明我想插入的是宏 rhs 所指代的内容。命令 logit y `rhs´ 与 logit y var1 var2 var3 的运行结果完全相同。在下面的示例中，我会向你展示很多使用宏的方法。更专业的技术讨论，请参考［P］macro。

4.1.1 局部宏与全局宏

Stata 有两种宏：局部宏和全局宏。局部宏只能在定义它的 do 文件或 ado 文件中使用。当程序结束时，定义的局部宏就不复存在了。例如，我在 step1. do 中创建了一个名为 rhs 的局部宏，那么当 step1. do 这个文件结束时，这个宏 rhs 就消失了。相比之下，只有当你删除全局宏或退出 Stata 时，全局宏才会消失。全局宏虽然很有用，但也会导致 do 文件无意中就要依赖于另一个 do 文件或命令窗口中创建的全局宏。这样的 do 文件是不稳健的，会导致不可预知的结果。因此，我几乎只用局部宏。

局部宏

包含一串字符的局部宏是这样定义的：

local *local-name* "*string*"

例如：

local rhs "var1 var2 var3 var4"

也可以用局部宏来定义一个数字表达式：

local *local-name* = *expression*

例如：

local ncases = 198

通过输入'*local-name*'可以把宏的内容插入 do 文件或者 ado 文件中。例如，要显示名为 rhs 的宏的内容，可输入：

```
. display "The local macro rhs contains: `rhs´"
The local macro rhs contains: var1 var2 var3 var4
```

或者输入：

```
. display "The local ncases equals: `ncases´"
The local ncases equals: 198
```

开引号"`"和闭引号"´"是不同的符号[①]，但在某些字体中，它们看起来很相似。为确保你使用的是正确的符号，可以从本书提供的软件包中下载 do 文件 wf4-macros. do，然后你自己在键盘上输入这两个符号，与该文件中包含的符号做个比较。

全局宏

全局宏的定义和局部宏非常相似：

global *global-name* "*string*"
global *global-name* = *expression*

---

① 开引号对应的是普通电脑键盘上左上角数字键 1 左边的那个键，闭引号对应的是普通电脑键盘上的单引号和双引号所在的那个键。——译者注

例如：

```
global rhs "var1 var2 var3 var4"
global ncases = 198
```

通过输入 $global-name 插入全局宏的内容。例如：

```
. display "The local macro rhs contains: $rhs"
The local macro rhs contains: var1 var2 var3 var4
```

或者：

```
. display "The local ncases equals: $ncases"
The local ncases equals: 198
```

定义宏时加双引号

在定义包含字符的宏时，可以把字符放在双引号里。例如：

```
local myvars "y x1 x2"
```

也可以不加双引号：

```
local myvars y x1 x2
```

我倾向于加上双引号，因为双引号能清楚地标出字符的起始位置。此外，对语法高亮显示的文本编辑器而言，它可以把引号中的内容用不同的颜色显示出来，这在调试程序时很有帮助。

创建长字符

你可以一步生成一个包含长字符的宏，例如：

```
local demogvars "female black hispanic age agesq edhighschl edcollege edpostgrad"
```

问题在于，在屏幕上显示或打印时，长命令会被截断或折叠。正如在第 56 页显示的那样，这样就更难调试程序。为把每行控制在 80 个字符之内（上面的 local 命令是 81 个字符），我分步建立长的宏。例如，在定义宏 demogvars 时，先纳入前 5 个变量：

```
local demogvars "female black hispanic age agesq"
```

下一行命令把宏 demogvars 现在的内容加上并把新的变量名加到后面。记住用 `demogvars来插入 demogvars 的内容：

```
local demogvars "`demogvars´ edhighschl edcollege edpostgrad"
```

用同样的方法可以把其他变量加进去。

4.1.2 设定多组变量和嵌套模型

可以用宏来保存分析时用的变量名。假设有因变量 lfp，自变量 k5、k618、age、

wc、hc、lwg 和 inc，并且我想对它们做描述统计和 logit 估计。不用宏，输入的命令如
下所示（参见文件 wf4-macros. do）：

```
summarize lfp k5 k618 age wc hc lwg inc
logit     lfp k5 k618 age wc hc lwg inc
```

如果我对变量做了改动，比如说删掉了变量 hc，并增加了变量 agesquared，需要
同时修改两个命令：

```
summarize lfp k5 k618 age agesquared wc lwg inc
logit     lfp k5 k618 age agesquared wc lwg inc
```

换一种方法，我可以把这些变量定义成一个宏：

```
local myvars "lfp k5 k618 age wc hc lwg inc"
```

于是我就这样计算统计量和拟合模型：

```
summarize `myvars´
logit     `myvars´
```

Stata 把 `myvars´ 替换成宏的具体内容。因此，命令 summarize `myvars´ 就等于命令
summarize lfp k5 k618 age wc hc lwg inc。

用宏来指代变量名，就可以通过改动宏来改动分析所用的变量。例如，我可以修
改宏 myvars 中的变量：

```
local myvars "lfp k5 k618 age agesquared wc lwg inc"
```

这样我就可以用与上面相同的命令来分析一组不同的变量：

```
summarize `myvars´
logit     `myvars´
```

用宏来代替变量名的想法可以扩展到用不同的宏来代表多组变量（例如，人口特
征变量组、健康变量组）。可以把这些宏组合在一起来构建一系列的嵌套模型。首先，
把四组自变量定义为四个宏：

```
local set1_age   "age agesquared"
local set2_educ  "wc hc"
local set3_kids  "k5 k618"
local set4_money "lwg inc"
```

为了检查宏是否正确，用 display 命令把它的内容显示出来。例如：

```
. display "set3_kids: `set3_kids´"
set3_kids: k5 k618
```

接下来我设定四个嵌套模型。第一个模型只纳入第一组变量，设定如下：

```
local model_1 "`set1_age´"
```

宏 model＿2 把宏 model＿1 的内容和宏 set2＿educ 中的变量合并到一起：

```
local model_2 "`model_1´ `set2_educ´"
```

以此类推，用同样的方法定义另外两个宏：

```
local model_3 "`model_2´ `set3_kids´"
local model_4 "`model_3´ `set4_money´"
```

接下来检查每个模型中的变量：

```
. display "model_1: `model_1´"
model_1: age agesquared
. display "model_2: `model_2´"
model_2: age agesquared wc hc
. display "model_3: `model_3´"
model_3: age agesquared wc hc k5 k618
. display "model_4: `model_4´"
model_4: age agesquared wc hc k5 k618 lwg inc
```

我用这些宏做了一系列的 logit 估计：

```
logit lfp `model_1´
logit lfp `model_2´
logit lfp `model_3´
logit lfp `model_4´
```

用宏来指定模型有几个优势。第一，在设定复杂模型时，很容易出错。例如，以下是我目前正在做的一项研究中所使用的构建一系列嵌套模型的 logit 命令。发现错误了吗？

```
logit y black
logit y black age10 age10sq edhs edcollege edpost incdollars childsqrt
logit y black age10 age10sq edhs edcollege edpost incdollars ///
    childsqrt bmi1 bmi3 bmi4 menoperi menopost mcs_12 pcs_12
logit y black age10 age10sq edhs edcollege edpost incdollars ///
    childsqrt bmi1 bmi3 bmi4 menoperi menopost mcs_12 ///
    pcs_12 sexactsqrt phys8_imp2 subj8_imp2
logit y black age10 age10sq edhs edcollege edpost incdollars ///
    childsqrt bmi1 bmi3 bmi4 menoperi menopost mcs_12 ///
    pcs_12 sexactsqrt phys8_imp2 subj8_imp2 selfattr partattr
```

第二，用宏能很容易修改模型设定。即使一开始我通过把每个变量逐个输入每个模型的方法成功定义了一组模型，在修改模型的时候也会错误百出。例如，假设我不需要年龄的平方项。用宏，我只需要做一次改动：

```
local set1_age "age"
```

这项修改就会被自动应用于所有模型的设定中：

```
local model_1 "`set1_age´"
local model_2 "`model_1´ `set2_educ´"
local model_3 "`model_2´ `set3_kids´"
local model_4 "`model_3´ `set4_money´"
```

在第 7 章中，我们会把这些想法和循环联合使用来简化复杂的数据分析。

4.1.3　用宏设定命令选项

我经常用宏来指定某一个命令的多个选项，这样就更容易修改多个命令的选项，并有助于管理作图命令中有时会出现的很多复杂选项。

在 tabulate 命令中使用宏

假设我想用 tabulate 命令来计算几个二维表。这个命令包含很多选项，这些选项能控制列联表中显示的内容与计算哪些描述统计量。对于第一个列联表，我想让它在显示单元格百分比时用 cell 选项，在显示缺失值时用 missing 选项，在显示行取值而非行取值标签并显示列标签时用 nolabel 选项，且在进行独立卡方检验时用 chi2 选项。我可以把这些选项放在一个宏里：

```
local opt_tab "cell miss nolabel chi2"
```

我用这个宏来设定两个 tabulate 命令的选项：

```
tabulate wc hc, `opt_tab'
tabulate wc lfp, `opt_tab'
```

我可以让几十个 tabulate 命令都用相同的选项。如果后来我决定增加行百分比并去掉单元格百分比，只需要修改一行：

```
local opt_tab "row miss nolabel chi2"
```

此处修改将被应用于所有使用宏 opt_tab 来设定选项的 tabulate 命令上。

在 graph 命令中用宏

graph 命令的选项非常复杂。例如，图 4-1 比较了获得终身教职的概率与发表论文数量之间的关系在男性和女性生物化学家之间的差异：

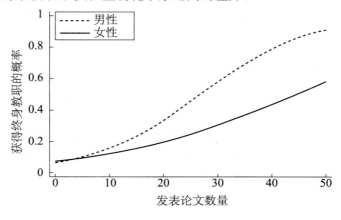

图 4-1　差异比较

虽然这是一个简单的图，但使用的 graph 命令很复杂而且难以读懂（参见文件 wf4-macros-graph. do）：

```
graph twoway ///
  (connected pr_women articles, lpattern(solid) lwidth(medthick) ///
     lcolor(black) msymbol(i)) ///
  (connected pr_men articles,  lpattern(dash)  lwidth(medthick) ///
     lcolor(black) msymbol(i)) ///
  , ylabel(0(.2)1, grid glwidth(medium) glpattern(dash)) xlabel(0(10)50) ///
    ytitle("Probability of tenure") ///
    legend(pos(11) order(2 1) ring(0) cols(1))
```

用宏就更容易指定选项、查看用了哪些选项以及修改这些选项。在这个示例中，我可以创建四个宏来定义男性和女性的线条选项、网格选项和图例选项：

```
local opt_linF   "lpattern(solid) lwidth(medthick) lcolor(black) msymbol(i)"
local opt_linM   "lpattern(dash)  lwidth(medthick) lcolor(black) msymbol(i)"
local opt_ygrid  "grid glwidth(medium) glpattern(dash)"
local opt_legend "pos(11) order(2 1) ring(0) cols(1)"
```

用这些宏，我写了一个 graph 命令，我发现这样更容易读懂这条命令：

```
graph twoway ///
  (connected pr_women articles,    `opt_linF')   ///
  (connected pr_men   articles,    `opt_linM')   ///
  , xlabel(0(10)50) ylabel(0(.2)1, `opt_ygrid')  ///
    ytitle("Probability of tenure")              ///
    legend(`opt_legend')
```

此外，如果我有一系列相似的 graph 命令，可以用同样的宏来设定所有 graph 命令的选项。如果我想做改动，只需要修改宏，而不需要对每个 graph 命令都做修改。例如，如果我决定用不同颜色的线条来区分男性和女性，只需要修改包含线条选项的宏：

```
local opt_linF   "lpattern(solid) lwidth(medthick) lcolor(red)  msymbol(i)"
local opt_linM   "lpattern(dash)  lwidth(medthick) lcolor(blue) msymbol(i)"
```

在这些修改完成后，我就能使用与之前相同的 graph twoway 命令了。

4.2　Stata 命令返回的信息

德鲁克箴言：永远不要输入能从保存结果中获取的任何信息。

在写 do 文件时，你永远都不会想输入 Stata 本身就能提供的数字。幸运的是，Stata 能够提供你需要的任何数字。为了理解这是什么意思，想一个简单的示例，在这个示例中，我想对变量 age 做集中趋势的描述。首先，我算出均值（参见文件 wf4-returned. do）：

```
. use wf-lfp, clear
(Workflow data on labor force participation \ 2008-04-02)
. summarize age
```

Variable	Obs	Mean	Std. Dev.	Min	Max
age	753	42.53785	8.072574	30	60

接下来，我在 generate 命令中就可以用上 summarize 命令计算出的均值：

```
. generate age_mean = age - 42.53785
```

不出所料，新变量的均值几乎等于 0（介于 0 到 0.000001 之间）：

```
. summarize age_mean
```

Variable	Obs	Mean	Std. Dev.	Min	Max
age_mean	753	-1.49e-06	8.072574	-12.53785	17.46215

无须手动输入均值也可完成上述工作。summarize 命令把输出结果既反馈到了结果窗口中，也保存在了内存里。在 Stata 软件术语中，summarize 叫作命令返回信息。用 return list 命令，可以查看最后运行的一个命令返回的信息。例如：

```
. summarize age
```

Variable	Obs	Mean	Std. Dev.	Min	Max
age	753	42.53785	8.072574	30	60

```
. return list
scalars:
                 r(N) = 753
             r(sum_w) = 753
              r(mean) = 42.53784860557769
               r(Var) = 65.16645121641095
                r(sd) = 8.072574014303674
               r(min) = 30
               r(max) = 60
               r(sum) = 32031
```

均值被返回到一个名为 r(mean) 的标量[1]中。我用 age 的取值减去 age 的均值：

```
. generate age_meanV2 = age - r(mean)
```

比较上面两个用均值来描述集中趋势的变量，我发现由 r(mean) 生成的变量的均值稍微更接近于 0 一些：

```
. summarize age_mean age_meanV2
```

Variable	Obs	Mean	Std. Dev.	Min	Max
age_mean	753	-1.49e-06	8.072574	-12.53785	17.46215
age_meanV2	753	6.29e-08	8.072574	-12.53785	17.46215

---

[1]　标量指的是一个单独的数值。

创建一个双倍精度的变量，它的均值会更接近 0：

```
. summarize age
    Variable |      Obs        Mean    Std. Dev.       Min        Max
-------------+--------------------------------------------------------
         age |      753    42.53785    8.072574         30         60
. generate double age_meanV3 = age - r(mean)
. label var age_meanV3 "age - mean(age) using double precision"
. summarize age_mean age_meanV2 age_meanV3
    Variable |      Obs        Mean    Std. Dev.       Min        Max
-------------+--------------------------------------------------------
    age_mean |      753   -1.49e-06    8.072574  -12.53785   17.46215
  age_meanV2 |      753    6.29e-08    8.072574  -12.53785   17.46215
  age_meanV3 |      753    3.14e-15    8.072574  -12.53785   17.46215
```

为什么永远不要输入内存中已保存的信息呢？这个示例给出了第一个原因——和结果窗口中显示的输出结果相比，返回的数值精度更高。第二，手动输入数字可能会出错，用返回的结果能避免这种输入错误。第三，用返回值更稳健。如果输入的均值来自 summarize 命令的输出结果且后期改变了用于分析的样本，那么很容易忘记要修改 generate 命令中输入的均值。用 r(mean) 就可以自动输入正确的数值。

在 Stata 中，大部分计算数值的命令能够返回这些数值，而且通常能返回一些输出结果中没有的额外信息。要查看非拟合模型的命令的返回结果，可以用 return list 命令。对于估计命令，用 ereturn list 可查看返回结果。要找出每个 return 包含的内容，可输入 help *command-name* 命令，查看 saved results 这部分的内容。

在局部宏中用返回结果

在上面的示例中，我在创建新变量时使用了返回的均值。我也可以把返回信息放在一个宏里。例如，如果运行 summarize age，就会返回均值和标准差。我可以把这些数值赋给一个宏：

```
. local mean_age = r(mean)
. local sd_age = r(sd)
```

现在我可以显示这些信息：

```
. display "The mean of age `mean_age´ (sd=`sd_age´)"
The mean of age 42.53784860557769 (sd=8.072574014303674)
```

如果你要用返回结果来计算其他的数值（例如，计算一个变量的集中趋势），那么你可能希望能够保留 14 位小数。如果只是想显示数值，那么你可能想保留更少的小数位。这些可以用函数 string() 来实现。例如：

```
. local mean_agefmt = string(r(mean),"%8.3f")
. local sd_agefmt = string(r(sd),"%8.3f")
. display "The mean of age `mean_agefmt´ (sd=`sd_agefmt´)."
The mean of age 42.538 (sd=8.073).
```

宏 mean_agefmt 和 sd_agefmt 在显示时只有 3 位小数，所以不应被用于计算其他数值。

在后面的章节中，返回结果还有其他许多用途。我鼓励你尝试在定义宏时使用返回结果并用 display 命令来查看。更多有关信息，请参见 help display 和 help return，或〔P〕display、〔R〕saved results 以及〔P〕return。

4.3 循环：**foreach 和 forvalues**

循环可以实现多次运行同一组命令。这里用一个简单的例子来说明循环的关键特性。我有一个包含 4 个类别的定序变量 y，它有 4 个取值，分别是 1、2、3、4。我想创建 3 个二分类变量 y_lt2、y_lt3、y_lt4，如果 y 小于指定的值，则变量值为 1，反之则为 0。我可以用 3 个 generate 命令来创建这些变量（参见文件 wf4-loops.do）：

```
generate y_lt2 = y<2 if !missing(y)
generate y_lt3 = y<3 if !missing(y)
generate y_lt4 = y<4 if !missing(y)
```

if 条件语句! missing(y)可以挑选出 y 为非缺失值的样本。可以用一个 foreach 循环来生成相同的 generate 命令：

```
1>  foreach cutpt in 2 3 4 {
2>      generate y_lt`cutpt´ = y<`cutpt´ if !missing(y)
3>  }
```

下面分别来看一下这个循环的每个部分。第 1 行中的 foreach 命令标志着循环的开始。cutpt 是我给一个宏选的名字，用它来保存 y 的分割点值。在每次循环过程中，cutpt 的取值都会发生改变。in 标志着一系列取值的开始，这些取值会被依次分配给局部宏 cutpt。数字 2、3、4 就是要赋给 cutpt 的值。花括号"｛"表示数值序列到此为止。第二行是我想多次循环运行的命令，注意它用的是第一行中定义的宏 cutpt。第三行终止了 foreach 循环。

下面看看循环运行时发生了什么。第一次运行 foreach 时，赋给局部宏 cutpt 序列中的第一个值。这就等同于命令 local cutpt"2"。然后运行 generate 命令，在这里用分配给 cutpt 的值来替换`cutpt´。第一次循环时，第 2 行命令等同于：

```
generate y_lt2 = y<2 if !missing(y)
```

然后就到了花括号"｝"，于是我们返回到第 1 行的 foreach 命令。在第二次循环过程中，foreach 把数值序列中的第二个值赋予 cutpt，这就意味着此时的 generate 命令等同于：

```
generate y_lt3 = y<3 if !missing(y)
```

继续进行下一次循环，cutpt 赋值为 4。当 foreach 循环结束时，便生成了 3 个变量。

接下来，我想对 y_lt2、y_lt3 和 y_lt4 分别估计二分类 logit 模型[①]。把自变量定义为宏 rhs：

```
local rhs "yr89 male white age ed prst"
```

用下面的命令来运行 logit 模型：

```
logit y_lt2 `rhs´
logit y_lt3 `rhs´
logit y_lt4 `rhs´
```

或者可以用一个循环来做同样的事情：

```
foreach lhs in y_lt2 y_lt3 y_lt4 {
    logit `lhs´ `rhs´
}
```

用 foreach 来拟合 3 个模型可能不值得。假设我又要计算因变量的频数分布，并拟合一个 probit 模型。我可以在循环中加两行：

```
foreach lhs in y_lt2 y_lt3 y_lt4 {
    tabulate `lhs´
    logit    `lhs´ `rhs´
    probit   `lhs´ `rhs´
}
```

如果我想修改一个命令，比如说，在 tabulate 命令中添加 missing 选项，我只需做一处更改，便可将其应用于 3 个结果中。

希望这个简单的例子能让你对 loops 语句的作用有所了解。在下一节中，我将介绍 foreach 和 forvalues 命令的语法构成。foreach 命令可以选择在一系列既存变量、想创建的变量或数字列表中循环。forvalues 命令只能在数字上循环。在了解语法后，我会展示更复杂的循环示例来介绍后面几章中用到的一些技巧。更多内容，可使用 help 命令或参考 [P] foreach 和 [P] forvalues。

foreach 命令

foreach 命令的语法是：

```
foreach local-name { in|of list-type } list {
        commands referring to `local-name´
}
```

local-name 是一个局部宏，它的取值由循环来分配。*list* 包含要赋给 *local-name* 的条目。在 in 选项里，你可以提供一列值或一列变量名，foreach 一次使用其中的一个值

---

① 我用一系列二分类 logit 模型来验证定序 logit 模型中的平行回归假设。详见隆恩和弗里兹（Long, Freese, 2006）。

或变量名。例如：

```
foreach i in 1 2 3 4 5 {
```

foreach 会把值 1、2、3、4 和 5 赋给 i，或者也可以把变量名赋给 i：

```
foreach i in var1 var2 var3 var4 var5 {
```

用 of 选项能指定你要提供的列表类型，而且 Stata 认为列表中的所有元素都合理。命令 foreach *local-name* of varlist *list* { 用于变量列表，可以根据标准的变量缩写原则对 *list* 进行扩展。例如：

```
foreach var of varlist lfp-inc {
```

把 lfp-inc 扩展到 lfp 和 inc 之间的所有变量。在 wf-lfp.dta 中，这个变量列表就是 lfp、k5、k618、age、wc、hc、lwg、inc。Stata 验证了列表中的每个名字都对应着内存数据中的一个变量。如果不是，循环就会因为错误而停止运行。

命令 foreach *local-name* of newlist *newvarlist* 用于新建的一组变量。*newvarlist* 里的名字不是自动生成的，但 Stata 会验证用这些名字来生成的新变量是有效的。命令 foreach *local-name* of numlist *numlist* 用于数值列表，*numlist* 用的是标准的数字列表记法。更多关于如何用 numlist 生成序列数的方法，请输入 help numlist 或参见 [U] 11.1.8 numlist。

forvalues 命令

forvalues 命令在数值中循环。语法如下：

```
forvalues lname = range {
        commands referring to `local-name´
}
```

对 range 的规定如下：

语法	含义	示例	生成的数字列表
#1(#d)#2	From #1 to #2 in steps of #d	1(2)10	1, 3, 5, 7, 9
#1/#2	From #1 to #2 in steps of 1	1/10	1, 2, 3, …, 10
#1 #t to #2	From #1 to #2 in steps of (#t-#1)	1 4 to 15	1, 4, 7, 10, 13

例如，在年龄 40～80 岁之间每 5 岁循环一次：

```
forvalues i = 40(5)80 {
```

或者在 0～100 之间每隔 0.1 循环 1 次：

```
forvalues i = 0(.1)100 {
```

4.3.1 使用循环的方法

循环的用途很多，可以让你的工作流程更快、更准确。本节将用循环完成下面这些任务：

- 列出变量和取值标签
- 生成交互变量
- 用不同的教育测量方法来拟合模型
- 用同样的方法给多个变量重新编码
- 创建一个包含累积信息的宏
- 索回 Stata 返回的信息

下面的示例都很简单，但是能讲明后面章节中的扩展功能。希望你在看这些示例时，能想出其他使用循环的方法，以让你的工作受益。所有的示例都假定已载入了 wf-loops. dta（参见文件 wf4-loops. do）。

循环示例 1：列出变量和取值标签

令人吃惊的是，Stata 里竟然没有一条命令能用来输出只包含变量标签的变量名列表。describe 命令列出的信息通常要比需要的多，而且它包含了一些经常会让人迷惑的细节（例如，byte ％9.0g warmlbl 是什么意思?）。为了创建一系列的变量名和标签，我在一系列的变量中做循环，检索每个变量的标签并在屏幕上显示这些信息。为了检索一个指定变量的变量标签，我用了一个扩展宏函数。Stata 有几十个扩展宏函数可以用来创建包含变量、数据集或其他信息的宏。例如，为了检索 warm 的变量标签，我用了下面这个命令：

```
local varlabel : variable label warm
```

为查看 varlabel 的内容，可输入：

```
. display "Variable label for warm: `varlabel´"
Variable label for warm: Mom can have warm relations with child
```

为多个变量生成这样一个列表，然后我就在一系列变量名中做循环，抽取每个变量的标签并显示结果：

```
1>  foreach varname of varlist warm yr89 male white age ed prst {
2>      local varlabel : variable label `varname´
3>      display "`varname´" _col(12) "`varlabel´"
4>  }
```

第 1 行在七个变量名中开始循环。在第一次循环时，局部宏 varname 用的是变量 warm。第 2 行生成局部宏 varlabel，代表的是 varname 中的变量的标签。第 3 行显示结果。这行的所有东西看起来都很熟悉，除了_col(12)——它指定从第 12 列开始输出标签。下面是这个循环生成的列表：

```
warm        Mom can have warm relations with child
yr89        Survey year: 1=1989 0=1977
male        Gender: 1=male 0=female
white       Race: 1=white 0=not white
age         Age in years
ed          Years of education
prst        Occupational prestige
```

如果想让标签和名字离得更近一些，可以把_col(12)改成_col(10)或其他数值。在 4.5 节中，我会用示例说明如何用这个简单的循环来创建一个新的 Stata 命令，该命令列出了变量名及其标签。

循环示例 2：生成交互变量

假设我需要二分变量 male 和一组因变量的交互变量。用一个循环很快就能实现：

```
1>  foreach varname of varlist yr89 white age ed prst {
2>      generate  maleX`varname´ = male*`varname´
3>      label var maleX`varname´  "male*`varname´"
4>  }
```

第 1 行在一组自变量中循环。第 2 行生成名为 maleX`varname´的新变量。比如，如果 varname 是 yr89，则新变量就是 maleXyr89。第 3 行生成的是变量标签，该标签把用来创建交互项的两个变量名合并在一起。例如，如果 varname 是 yr89，则变量标签就是 maleXyr89。用 codebook 命令来检查新变量及其标签：

```
. codebook maleX*, compact

Variable    Obs Unique      Mean   Min   Max   Label

maleXyr89   2293     2   .1766245    0     1   male*yr89
maleXwhite  2293     2   .4147405    0     1   male*white
maleXage    2293    71  20.50807     0    89   male*age
maleXed     2293    21   5.735717    0    20   male*ed
maleXprst   2293    59  18.76625     0    82   male*prst
```

虽然这样的变量标签能清楚地表示出变量是如何生成的，但我更喜欢用下面这样的标签，它包含了源变量的变量标签。我用示例 1 中介绍的扩展宏函数来创建了这样的标签：

```
1>  foreach varname of varlist yr89 white age ed prst {
2>      local varlabel : variable label `varname´
3>      generate  maleX`varname´ = male*`varname´
4>      label var maleX`varname´  "male*`varlabel´"
5>  }
```

上面的第 2 行索回了`varname´的变量标签，第 4 行用索回的标签生成了新的变量标签。以 maleXage 为例，它的标签是 male * Age in years。还可以创建一个信息量更大的变量标签，通过把第 4 行换成：

```
label var maleX`varname´ "male*`varname´ (`varlabel´)"
```

以 maleXprst 为例，它的标签就是 male * prst(Occupational prestige)。

循环示例 3：用不同的教育测量方法来拟合模型

假设我想用教育和其他五个自变量来预测劳动力参与。我的数据集中包含了五种教育测量项（例如，教育年限，一个是否上过高中的二分指标），但是没有理论支持应该选哪一种测量项。我决定在模型中把每一种测量项都试一遍。首先，我生成了一个包含了五个教育变量名的宏：

```
local edvars "edyrs edgths edgtcol edsqrtyrs edlths"
```

剩下的自变量放在下面这个宏里：

```
local rhs "male white age prst yr89"
```

接下来在教育变量中做循环并拟合五个定序 logit 模型，在每个模型中用不同的教育测量项：

```
foreach edvarname of varlist `edvars´ {
    display _newline "==> education variable: `edvarname´"
    ologit warm `edvarname´ `rhs´
}
```

这个循环就等于运行了下面这些命令：

```
display _newline "==> education variable: edyrs"
ologit warm edyrs male white age prst yr89
display _newline "==> education variable: edgths"
ologit warm edgths male white age prst yr89
display _newline "==> education variable: edgtcol"
ologit warm edgtcol male white age prst yr89
display _newline "==> education variable: edsqrtyrs"
ologit warm edsqrtyrs male white age prst yr89
display _newline "==> education variable: edlths"
ologit warm edlths male white age prst yr89
```

我发现与在一些列重复的命令中找错相比，在循环中找错更简单，也更容易。在第 7 章，这个想法被扩展用于给选择模型收集信息，用的是贝叶斯信息准则统计（参见第 288 页）。

循环示例 4：用同样的方法给多个变量重新编码

我经常会有很多用同样的方法进行重新编码的变量。例如，六个测量社会距离的变量，用的都是四分量表。这些变量是：

```
local sdvars "sdneighb sdsocial sdchild sdfriend sdwork sdmarry"
```

为了用这些变量生成二分变量，我用了一个循环：

```
1>   foreach varname of varlist `sdvars´ {
2>       generate  B`varname´ = `varname´
3>       label var B`varname´ "`varname´: (1,2)=0 (3,4)=1"
4>       replace   B`varname´ = 0 if `varname´==1 | `varname´==2
5>       replace   B`varname´ = 1 if `varname´==3 | `varname´==4
6>   }
```

第 2 行生成了一个等于源变量的新变量。新变量的名字是在源变量名字的前面加了一个 B（例如，Bsdneighb 来自 sdneighb，其中 B 代表二分）。第 3 行加上了变量标签。第 4 行给新变量赋值，当源变量的取值是 1 或 2 时，新变量等于 0，这里符号"｜"的意思是"或者"。同样，当源变量的取值是 3 或 4 时，第 5 行给新变量的赋值为 1。这个循环把同样的再编码原则用于宏 sdvars 中的所有变量。

假设我有一些收入的测量项，它们来自五期的面板数据。变量被命名为 incp1 到 incp5。我给它们每个都加上了 0.5，并把 log 加到变量名里：

```
foreach varname of varlist incp1 incp2 incp3 incp4 incp5 {
    generate   ln`varname´ = ln(`varname´+.5)
    label var ln`varname´ "Log(`varname´+.5)"
}
```

循环示例 5：创建一个包含累积信息的宏

输入列表很乏味，而且经常会产生错误。在上一个示例中，输入五个收入测量项还算简单，但如果有 20 个面板数据的话，输入就很烦琐无聊。这时，可以用一个循环来生成变量名列表。首先，生成一个空的（也就是常说的空字符）局部宏 varlist：

```
local varlist ""
```

我将用 varlist 来保存变量名列表。接下来，我从 1 到 20 做循环来生成所需列表。这里用的是 forvalues，因为它能自动生成 1～20 之间的序列数。

```
1>  forvalues panelnum = 1/20 {
2>      local varlist "`varlist´ incp`panelnum´"
3>  }
```

第 2 行的局部宏可能会让人迷惑，所以接下来从右到左（而不是从左到右）来解读这行命令。在第一次循环时，incp`panelnum´ 等于 incp1，因为 `panelnum´ 是 1。回到左边，`varlist´ 是一个空字符。把 `varlist´ 和 incp`panelnum´ 合在一起，就把宏 varlist 从一个空字符变成了 incp1。在第二次循环时，incp`panelnum´ 就变成了 incp2。把它加到 varlist 里，现在 varlist 里就包含了 incp1 incp2。以此类推。

希望我对这个循环的解释是清楚的。如果你还是不知所云（第一次用宏很容易让人糊涂），可以把命令 display 加进去，这样就能显示出每次迭代循环的局部宏的内容：

```
local varlist ""
forvalues panelnum = 1/20 {
    local varlist "`varlist´ incp`panelnum´"
    display _newline "panelnum is: `panelnum´"
    display           "varlist  is: `varlist´"
}
```

输出结果看起来是这样的：

```
panelnum is: 1
varlist  is: incp1
panelnum is: 2
varlist  is: incp1 incp2
panelnum is: 3
varlist  is: incp1 incp2 incp3
panelnum is: 4
varlist  is: incp1 incp2 incp3 incp4
```
（省略输入结果）

为了验证循环的内容是不是你想让它做的，添加 display 命令是一个好办法。一旦证明循环的运行没问题，就可以把 display 命令作为注释（例如，在每行前面加上一个星号"*"）。作为练习，特别是在某个示例看不懂时，可以提前把 display 加到示例的循环中来检验循环是如何运行的。

循环示例 6：索回 Stata 返回的信息

Stata 在执行命令的时候，几乎总是会在内存中留下一些信息。这类信息的用途很多。例如，我要计算一个变量的概况统计量：

```
. summarize Bsdneighb
```

Variable	Obs	Mean	Std. Dev.	Min	Max
Bsdneighb	490	.1938776	.3957381	0	1

在运行完 summarize 后，输入命令 return list 来查看有哪些信息留在内存里。在 Stata 的术语中，这些信息是由 summarize "返回"的。

```
. return list
scalars:
              r(N) =  490
          r(sum_w) =  490
           r(mean) =  .1938775510204082
            r(Var) =  .1566086557322316
             r(sd) =  .3957381150865198
            r(min) =  0
            r(max) =  1
            r(sum) =  95
```

可以把这类信息放到宏里用。例如，为了索回样本数量信息，输入：

```
local samplesize = r(N)
```

为了计算等于 1 的样本所占的百分比，可以把 r(mean) 中的均值乘以 100[①]：

```
local pct1 = r(mean)*100
```

---

① 因为变量 Bsdneighb 是一个取值为 0 和 1 的二分变量，所以均值其实就是所有等于 1 的样本加在一起的总和除以总的样本量，因此均值乘以 100 就是取值为 1 的样本所占的百分比。——译者注

接下来，把返回的信息用在一个循环中，用这个循环列出所有等于 1 的样本所占的百分比以及每种社会距离测量的样本量：

```
1> foreach varname of varlist `sdvars´ {
2>     quietly summarize B`varname´
3>     local samplesize = r(N)
4>     local pct1 = r(mean)*100
5>     display "B`varname´:" _col(14) "Pct1s = " %5.2f `pct1´ ///
 >         _col(30) "N = `samplesize´"
6> }
```

第 1 行在变量列表中循环。第 2 行每次计算一个变量的描述统计量。在确定循环没问题后，为了压缩 summarize 的输出结果，加入 quietly 命令。第 3 行从 r(N) 中抓取出样本量并放在局部宏 samplesize 里。同样，第 4 行抓取均值并让它乘以 100 以计算出取值等于 1 的样本所占的百分比。第 5 行显示输出结果，显示格式是 %5.2f，它规定占 5 列且有 2 个小数位数（要了解更多详细内容，可输入 help format 或参见［D］format）。这个循环的结果看起来是这样的：

```
Bsdneighb:   Pct1s = 19.39    N = 490
Bsdsocial:   Pct1s = 27.46    N = 488
Bsdchild:    Pct1s = 71.73    N = 481
Bsdfriend:   Pct1s = 28.75    N = 487
Bsdwork:     Pct1s = 31.13    N = 485
Bsdmarry:    Pct1s = 52.75    N = 455
```

第二个示例用 summarize 返回的信息来计算变异系数（CV）。CV 是用比率变量来测量不平等的一种方法，等于标准差除以均值。用下面这些命令可以计算 CV：

```
foreach varname of varlist incp1 incp2 incp3 incp4 {
    quietly summarize `varname´
    local cv = r(sd)/r(mean)
    display "CV for `varname´: " %8.3f `cv´
}
```

4.3.2　循环中的计数器

在很多应用程序中你会用到计数器——你需要计算出循环了多少次。为了实现这种计算，我会生成一个局部宏，用来保存循环的频率。因为尚未开始做循环，所以先设定计数器为 0（参见文件 wf4-loops. do）：

```
local counter = 0
```

接下来，和上面一样，在变量中做循环：

```
1> foreach varname of varlist warm yr89 male white age ed prst {
2>     local counter = `counter´ + 1
3>     local varlabel : variable label `varname´
4>     display "`counter´. `varname´" _col(12) "`varlabel´"
5> }
```

第 2 行增加了 counter。为了理解这个循环是如何工作的，我从右到左来解释。把数字 1 加到 counter 的当前取值中，然后用`counter´索回这个值。第一次循环时`counter´等于 0，所以`counter´ + 1 就等于 1。第 3 行索回变量标签，第 4 行输出结果，并用局部宏 counter 给每行加序号。结果看起来是这样的：

```
1. warm      Mom can have warm relations with child
2. yr89      Survey year: 1=1989 0=1977
3. male      Gender: 1=male 0=female
4. white     Race: 1=white 0=not white
5. age       Age in years
6. ed        Years of education
7. prst      Occupational prestige
```

计数器太有用了，所以 Stata 有一个更简单的方法来增加计数。命令 local ++ counter 等于 local = `counter´+ 1。用这种方法，循环就变成了这样：

```
local counter = 0
foreach varname in warm yr89 male white age ed prst {
    local ++counter
    local varlabel : variable label `varname´
    display "`counter´. `varname´" _col(12) "`varlabel´"
}
```

用循环把结果保存成矩阵

要使用来自统计分析的累积结果，循环是关键。为了用示例说明这个应用，这里对第 97 页的示例做了扩展，让它不把等于 1 的百分比和样本量显示出来，而把它们放在一个矩阵中。首先我生成一个包含了 6 个二分变量名字的局部宏：

```
local sdvars "Bsdneighb Bsdsocial Bsdchild Bsdfriend Bsdwork Bsdmarry"
```

接着，我用一个扩展的宏函数来计算列表中的变量个数：

```
local nvars : word count `sdvars´
```

通过使用这个扩展的宏函数，我能够改变 sdvars 中的变量列表而且不用担心更新分析时用到的对变量个数的计算。让 Stata 输入数值总是比手动输入更好。对每个变量，我需要取值为 1 的样本所占的百分比和取值非缺失的样本量。接下来，我会把这些保存在一个矩阵中，该矩阵让每个变量占据一行和两列。用命令 matrix([P]matrix) 来生成一个 6 * 2 的矩阵，命名为 stats：

```
matrix stats = J(`nvars´,2,.)
```

函数 J() 基于三个参数生成一个矩阵。第一个参数表示的是行数，第二个参数表示的是列数，第三个参数表示的是用来填充矩阵的值。在这里，我想让矩阵初始化的取值为缺失值，因此用英文句号"."来表示。这个矩阵看起来是这样的：

```
. matrix list stats
stats[6,2]
     c1  c2
r1    .   .
r2    .   .
r3    .   .
r4    .   .
r5    .   .
r6    .   .
```

为了记录清楚矩阵中的内容，给行和列都加上标签：

```
matrix colnames stats = Pct1s N
matrix rownames stats = `sdvars´
```

现在矩阵看起来是这样的：

```
. matrix list stats
stats[6,2]
            Pct1s       N
Bsdneighb       .       .
Bsdsocial       .       .
 Bsdchild       .       .
Bsdfriend       .       .
   Bsdwork      .       .
Bsdmarry        .       .
```

下一步，用局部宏 sdvars 中的变量做循环，给每个变量都做 summarize，然后把结果添加到矩阵中。在这里，我让计数器初始化，这个计数器用来表示想放入信息的行：

```
local irow = 0
```

然后，根据变量做循环，计算所需的信息并把取值放在矩阵中：

```
1> foreach varname in `sdvars´ {
2>      local ++irow
3>      quietly sum `varname´
4>      local samplesize = r(N)
5>      local pct1 = r(mean)*100
6>      matrix stats[`irow´,1] = `pct1´
7>      matrix stats[`irow´,2] = `samplesize´
8> }
```

第 1～5 行和 97 页的示例一样。第 6 行把 pct1 的值放在矩阵 stats 的第 irow 行第 1 列中。第 7 行把样本量放在第 2 列中。循环完成后，用选项 format(％9.3f)列出矩阵内容。这个选项规定显示的每个数字都占 9 列且显示到小数点后三位：

```
. matrix list stats, format(%9.3f)
stats[6,2]
            Pct1s        N
Bsdneighb  19.388  490.000
Bsdsocial  27.459  488.000
 Bsdchild  71.726  481.000
Bsdfriend  28.747  487.000
   Bsdwork  31.134  485.000
Bsdmarry   52.747  455.000
```

在第 7 章中会广泛用到这个用于累积结果的方法。

4.3.3　嵌套循环

可以把一个循环放在另一个循环中来实现嵌套循环。考虑前面那个生成二分变量的示例（参见第 90 页），二分的标准是 y 小于一个给定的值。假设我想要对变量 ya、yb、yc 和 yd 都做同样的处理，可以把上面的代码重复运行四次，每次用一个变量。更好的方法是用 foreach 在这四个变量上做循环（参见文件 wf4-loops. do）：

```
foreach yvar in ya yb yc yd { // loop 1 begins
        (中间这部分是循环的内容)
} // loop 1 ends
```

在这个循环中，我又插入了一个之前用来生成二分变量 y 的循环，并对这个循环做了一些修改。我把这个循环叫作循环 2：

```
 1>  foreach yvar in ya yb yc yd { // loop 1 begins
 2>      foreach cutpt in 2 3 4  { // loop 2 begins
 3>          * create binary variable
 4>          generate `yvar´_lt`cutpt´ = y<`cutpt´ if !missing(y)
 5>          * add labels
 6>          label var    `yvar´_lt`cutpt´ "y is less than `cutpt´?"
 7>          label define `yvar´_lt`cutpt´ 0 "Not<`cutpt´" 1 "Is<`cutpt´"
 8>          label values `yvar´_lt`cutpt´ `yvar´_lt`cutpt´
 9>      } // loop 2 ends
10>  } // loop 1 ends
```

在第一次循环中，分配给局部宏 yvar 的是 ya，所以在后面出现`yvar´时，指的就是 ya。循环 2 在 cutpt 的三个取值上做循环。两个循环中的局部宏在后面被合并在一起用。例如，第 4 行生成了一个名为`yvar´_lt`cutpt´的变量。局部宏 yvar 一开始是 ya，cutpt 的第一个值是 2。因此，生成的第一个变量就是 ya_lt2，接着就生成了 ya_lt3 和 ya_lt4。到了这里，循环 2 就结束了，此时循环 1 中 yvar 的值变成了 yb，接着在循环 2 中又生成了变量 yb_lt2、yb_lt3 和 yb_lt4。

4.3.4　找出循环中的错误

循环会产生令人迷惑不解的错误。当发生错误时，在通常情况下，我用 display 命令能找到问题所在，该命令能够显示出循环中创建的宏变量的取值。例如，下面这个循环看起来没问题（参见文件 wf4-loops-error1）：

```
foreach varname in "sdneighb sdsocial sdchild sdfriend sdwork sdmarry" {
    generate B`varname´ = `varname´
    replace  B`varname´ = 0 if `varname´==1 | `varname´==2
    replace  B`varname´ = 1 if `varname´==3 | `varname´==4
}
```

但在运行时，它报出了如下错误提示：

```
sdsocial already defined
r(110);
```

为了找到这个循环中的错误，我先把 sdsocial 从循环中移出，看看是不是这个变量的某个地方导致出错。当我这么做时，我发现另一个变量出现了同样的错误（参见文件 wf4-loops-error1a）：

```
sdchild already defined
r(110);
```

由于列表中的第二个变量出现了同样的问题，所以我怀疑问题与我要重新编码的变量没关系。接下来我在 foreach 命令的后面直接加了一个 display 命令（参见文件 wf4-loops-error1b. do）：

```
display "==> varname is: >`varname´<"
```

这个命令能够显示出 " ＝＝＞ varname is:＞...＜"[①] 的内容，其中 "..." 会被局部宏 varname 的内容替换掉。输入 "＞" 和 "＜" 是为了更容易看出局部宏的开头和结尾有没有空格。这里是结果：

```
==> varname is: >sdneighb sdsocial sdchild sdfriend sdwork sdmarry<
sdsocial already defined
r(110);
```

现在我看出问题了。在第一次循环时，我想让 varname 只包含 sdneighb，但它实际包含了整个变量列表 sdneighb sdsocial sdchild sdfriend sdwork sdmarry[②]。这是因为引号中的所有东西都会被当成一个单独的项目来处理。解决办法就是去掉两个引号：

```
foreach varname in sdneighb sdsocial sdchild sdfriend sdwork sdmarry {
```

循环中的错误经常来源于宏变量中的问题，这些宏变量是由命令 foreach 和 forvalues 创建的。收到什么样的错误提示取决于循环中用到的命令。当遇到一个和循环有关的问题时，我先不考虑错误提示，首先要做的就是用 display 命令把 foreach 或 forvalues 创建的局部宏的取值都显示出来。在绝大多数情况下，这样做能发现问题。

用 trace 命令来找出循环中的错误

另一个用来找出循环中的错误的方法就是追踪程序运行（参见第 74 页）。在循环开始时，输入这个命令：

```
set trace on
```

然后，在循环运行时，你就能看到每个宏是如何被扩展的。例如：

---

① 此命令中，英文原书漏了 "："。——译者注
② 此命令中，英文原书漏了 "sdsocial"。——译者注

```
. foreach varname in "sdneighb sdsocial sdchild sdfriend sdwork sdmarry" {
  2.        gen B`varname´ = `varname´
  3.        replace  B`varname´ = 0 if `varname´==1 | `varname´==2
  4.        replace  B`varname´ = 1 if `varname´==3 | `varname´==4
  5. }
- foreach varname in "sdneighb sdsocial sdchild sdfriend sdwork sdmarry" {
- gen B`varname´ = `varname´
= gen Bsdneighb sdsocial sdchild sdfriend sdwork sdmarry = sdneighb sdsocial sdc
> hild sdfriend sdwork sdmarry
sdsocial already defined
  replace B`varname´ = 0 if `varname´==1 | `varname´==2
  replace B`varname´ = 1 if `varname´==3 | `varname´==4
  }
r(110);
```

在使用 trace 命令后，以"＝"开始的行显示的就是所有宏被扩展后的命令。在这个示例中，你马上就能看到问题是什么。要关闭追踪功能，输入 set trace off 即可。

4.4　include 命令

有时，我需要在同一个 do 文件或多个 do 文件中多次重复同样的代码。例如，在清理数据时，我可能有很多缺失值是 97、98 和 99 的变量，我想把这些取值重新编成 Stata 里的扩展缺失值编码 .a、.b 和 .c，又或者我想用同样的方法在多个 do 文件中选取样本。当然，我可以把相同的代码复制到每个文件中，但如果我确定要修改其中的某些内容，比如说，我想用 .n 而不是 .c 来表示缺失值，我就必须把每个 do 文件中相应的做重新编码的地方都修改过来。做这样重复性的工作既浪费时间，还容易出错。一个替代办法就是用 include 命令。include 命令能够把一个文件中的代码插入另一个 do 文件中，只要你在 include 命令中输入它的位置即可。为了说明如何使用 include，这里提供了两个示例。第一个示例用了一个 include 文件在多个 do 文件中选取样本。第二个示例用了多个 include 文件给数据重新编码。本节结尾部分是一些对可能出错的事情的警告。Stata 在 9.1 版本中添加了 include 命令，并且在 9.1 版本中，help include 是唯一的文档；在 Stata 10 里，也可参见 [P] include。

4.4.1　用 include 文件指定分析样本

我有一系列分析 mydata.data 的 do 文件[①]。为了做这些分析，我想在下面的命令中使用同样的样本：

---

① 　如果一个文件的名字不以 wf 开头，它就不在本书提供的能下载的安装包里。

```
use mydata, clear
keep if panel==1  // only use 1st panel
drop if male==1   // restrict analysis to males
drop if inc>=.    // drop if missing on income
```

我可以在每个 do 文件的开头都输入这些命令。但是，我更倾向于用 include 命令。我生成一个名为 mydata-sample.doi 的文件，这里用后缀 doi 来表示这个是一个 include 文件。你可以根据自己的喜好随意选择后缀，但我建议你一直用同样的后缀，这样更容易找到你的 include 文件。我的分析程序用的 include 文件如下所示：

```
* load data and select sample
include mydata-sample.doi
* get descriptive statistics
summarize
* run base model
logit y x1 x2 x3
```

它就等于这个程序：

```
* load data and select sample
use mydata, clear
keep if panel==1 // only use 1st panel
drop if male==1  // restrict analysis to males
drop if inc>=.   // drop if missing on income
* get descriptive statistics
summarize
* run base model
logit y x1 x2 x3
```

如果为了不同的目的要用到不同的分析样本，可以创建一系列 include 文件，比如说：

```
mydata-males-p1.doi
mydata-males-allpanels.doi
mydata-females-p1.doi
mydata-females-allpanels.doi
```

通过把其中的一个 include 文件加到 do 文件中，你就能够快速选择想用的样本。

4.4.2　用 include 文件给数据重新编码

当我有大量需要做同样改动的变量时，我也会用 include 文件做数据清理。这里有一个简单的示例。假设变量 inneighb 把 97、98 和 99 作为缺失值，而我想把这些缺失值重新编成 Stata 的扩展缺失值。例如（参见文件 wf4-include.do）：

```
* inneighb: recode 97, 98 & 99
clonevar inneighbR = inneighb
replace  inneighbR = .a if inneighbR==97
replace  inneighbR = .b if inneighbR==98
replace  inneighbR = .c if inneighbR==99
tabulate inneighb inneighbR, miss nolabel
```

因为我想对 insocial、inchild、infriend、inmarry 和 inwork 做同样的再编码，所以

我对每个变量用的都是相同的命令：

```
* insocial: recode 97, 98 & 99
clonevar insocialR = insocial
replace  insocialR = .a if insocialR = = 97
replace  insocialR = .b if insocialR = = 98
replace  insocialR = .c if insocialR = = 99
tabulate insocial insocialR, miss nolabel
* inchild:  recode 97, 98 & 99
clonevar inchildR = inchild
replace  inchildR = .a if inchildR = = 97
replace  inchildR = .b if inchildR = = 98
replace  inchildR = .c if inchildR = = 99
tabulate inchild inchildR, miss nolabel
(infriend, inmarry 和 inwork 都是一样的)
```

或者我可以用一个循环来做：

```
foreach varname in inneighb insocial inchild infriend {
    clonevar `varname`R = `varname`
    replace  `varname`R = .a if `varname`R==97
    replace  `varname`R = .b if `varname`R==98
    replace  `varname`R = .c if `varname`R==99
    tabulate `varname` `varname`R, miss nolabel
}
```

我也可以用一个 include 文件来实现相同的效果。我生成一个名为 wf4-include-2digit-recode. doi 的文件，它包含如下信息：

```
clonevar `varname`R = `varname`
replace  `varname`R = .a if `varname`R==97
replace  `varname`R = .b if `varname`R==98
replace  `varname`R = .c if `varname`R==99
tabulate `varname` `varname`R, miss nolabel
```

和用 foreach 循环一样，这些命令假定局部宏 varname 包含被克隆和被重新编码的变量的名称。例如：

```
local varname inneighb
include wf4-include-2digit-recode.doi
```

对剩下的变量：

```
local varname insocial
include wf4-include-2digit-recode.doi
```

以此类推。我给其他类型的重新编码生成了一些其他的 include 文件。例如，wf4-include-3digit-recode. doi 包含的命令是：

```
clonevar `varname`R = `varname`
replace  `varname`R = .a if `varname`R==997
replace  `varname`R = .b if `varname`R==998
replace  `varname`R = .c if `varname`R==999
tabulate `varname` `varname`R, miss nolabel
```

我对这些变量进行重新编码的程序看起来是这样的：

```
// recode two-digit missing values
local varname inneighb
    include wf4-include-2digit-recode.doi
local varname insocial
    include wf4-include-2digit-recode.doi
local varname inchild
    include wf4-include-2digit-recode.doi
local varname infriend
    include wf4-include-2digit-recode.doi
// recode three-digit missing values
local varname inmarry
    include wf4-include-3digit-recode.doi
local varname inwork
    include wf4-include-3digit-recode.doi
```

或者我也可以用循环：

```
// recode two-digit missing values
foreach varname in inneighb insocial inchild infriend {
    include wf4-include-2digit-recode.doi
}
// recode three-digit missing values
foreach varname in inmarry inwork {
    include wf4-include-3digit-recode.doi
}
```

4.4.3　用 include 文件时要注意的事项

　　虽然 include 命令很有用，但需要注意对它们做好保存、记录和修改工作。在给工作备份时，很容易忘记 include 文件。如果你找不到用在 do 文件中的 include 文件，这个 do 文件就不会准确运行。因此，你应该认真给 include 文件命名并做好记录。我给 include 文件选的后缀是 .doi，这样在查看文件列表时很容易就能识别出它们。我用一个前缀把 include 文件和调用它们的 do 文件联系起来。例如，如果 mypgm. do 用了一个 include 文件，但其他 do 文件都不用这个 include 文件，那么我就让这个 include 文件名字的开头和 do 文件名字的开头一样。比如，cwh-men-sample. doi 可能会被加入 cwh-01desc. do 和 cwh-02logit. do 中。我在我的研究日志和文件本身中都对 include 文件做了记录。例如，include 文件中可能包含：

```
// include:    cwh-men-sample.doi
// used by:    cwh*.do analysis files
// task:       select cases for the male sample
// author:     scott long \ 2007-08-05
```

　　include 文件的优势在于很容易就能在多个 do 文件中使用同样的代码或在同一个 do 文件中多次使用同样的代码。如果要改动一个 include 文件，必须确定这一改动对用这个 include 文件的所有的 do 文件都适用。例如，假设在 CWH 项目中 cwh-sample. doi 是用来选取分析所用的样本。do 文件 cwh-01desc. do、cwh-02table. do、cwh-

03logit. do 和 cwh-04graph. do 中都包含 cwh-sample. doi 这个文件。在查看 cwh-01desc. do 的运行结果时，我决定把一开始去掉的那些样本加进来。如果我改动了 cwh-sample. doi，这个改动会影响到其他的 do 文件。最好的方法就是一直遵守这样的规则——一旦完成了一个 do 文件或 include 文件，如果想改动它，就应该给它起一个新的文件名。例如，将 do 文件的名字改成 cwh-01descv2. do，它包含的是 cwh-samplev2. doi。更多关于给修改过的文件重命名的重要细节，请参见 5.1 节。

如果用其他方法能生成更清晰的代码，就不应该用 include 命令。比如，和相应的用 include 命令的代码相比，104 页的 foreach 版的代码更容易理解，因为 include 版的代码隐藏了在 wf4-include-2digit-recode. doi 中做了什么事情。但是，随着 wf4-include-2digit-recode. doi 中包含的代码块越来越大，include 版就变得越来越有吸引力了。

4.5　ado 文件

这部分会对 ado 文件的编写做一个基本的介绍①。ado 文件除了能自动运行外，其他方面和 do 文件很像。实际上，. ado 的意思就是自动运行 do 文件。理解这类文件是如何运行的，有助于你理解 Stata 的一些内部工作原理（更多内容，请参见附录 A）。Stata 在 Windows 下的操作文件是一个名为 wstata. exe 或 mpstata. exe 的文件，该文件里包含着 Stata 的核心编译程序。当你点击 Stata 图标时，操作系统就会启动这个文件。有些命令，例如 generate 和 summarize 包含在执行文件中。剩下的很多命令不是执行文件的一部分，而是属于 ado 文件。ado 文件是为了完成其他的工作任务，而利用执行文件中的一些功能来编写的程序。例如，执行文件中没有用来拟合负二项回归模型的程序。然而，ado 文件 nbreg. ado 能够拟合这类模型。Stata10 有接近 2 000 个 ado 文件。Stata 的一个灵活而又强大的特性是当你在运行一个命令的时候，不必分清该命令是执行文件的一部分还是一个 ado 文件。这就意味着 Stata 用户能够编写新的命令，并可以像用官方 Stata 命令一样使用这些新命令。

假设我已经写好一个 ado 文件 listcoef. ado，并在命令窗口输入 listcoef。因为 listcoef 不是一个内置命令，所以 Stata 会自动搜索名为 listcoef. ado 的文件。如果 Stata 能找到这个文件，这个命令就能运行。这个过程很快，因此你根本就看不出 listceof 是执行文件的一部分，还是官方 Stata 的 ado 文件。

① 当你安装本书提供的安装包时，这部分的 ado 文件和帮助文件都放在你的工作目录中。因为 Stata 能够自动把第三方写的 ado 文件和帮助文件安装到 PLUS 目录中，所以我给这类文件的名字都加了后缀_ado 和_hlp（例如，wf. _ado、wf. _hlp），以便它们能被下载到你的工作目录中。你应该用文件管理器给这些文件重命名以及去掉下划线。

尽管 ado 文件可以非常复杂，但你自己也能写出简单而又很实用的 ado 文件。

4.5.1　修改目录的一个简单程序

cd 命令能改变你的工作目录。例如，关于这本书的工作都放在 e:\workflow\work 中。为了让这个目录成为我的工作目录，我输入如下命令：

```
cd e:\workflow\work
```

因为我还有其他的项目在做，而且每个项目都有自己的目录，所以我需要经常更改工作目录。为了让这部分工作更简单，我写了一个名为 wf.ado 的 ado 文件，它能自动把我的工作目录改成 e:\workflow\work。这个 ado 文件是：

```
program define wf
    version 10
    cd e:\workflow\work
end
```

第 1 行是给新程序命名，最后 1 行表示该命令的代码到此结束。第 2 行表示该程序假设你用的是 Stata 10 或更新版本。第 3 行表示改变工作目录。我把 wf.ado 保存在我的 PERSONAL 目录中（输入 adopath 查找你的 PERSONAL 目录的位置）。要改变工作目录，我只需要简单地输入 wf 即可。

我可以给每个项目都创建一个 ado 文件。例如，关于 SPost 的工作都被放在 e:\spost\work\里。因此我创建了 spost.ado：

```
program define spost
    version 10
    cd e:\spost\work
end
```

对所有的草稿工作，我用的目录都是 d:\scratch。所以这个 ado 文件是：

```
program define scratch
    version 10
    cd d:\scratch
end
```

在 Windows 操作系统下，我经常把文件下载到桌面上。为了能快速查看这些文件，我想在把它们移到永久存储位置前，先在 Stata 里运行它们试试。为把目录改成桌面，我需要输入一个笨拙的命令：

```
cd "c:\Documents and Settings\Scott Long\Desktop"
```

创建一个名为 desk 的命令会使工作简单得多：

```
program define desk
    version 10
    cd "c:\Documents and Settings\Scott Long\Desktop"
end
```

现在，我能很容易地移动不同项目的目录：

```
. wf
e:\workflow\work
. desk
c:\Documents and Settings\Scott Long\Desktop
. spost
e:\spost\work
. wf
e:\workflow\work
. scratch
d:\scratch
```

如果你之前没有写过 ado 文件，这是一个很好的机会，尝试着写一些 ado 文件，用它能把工作目录改成你最喜欢的样子。

4.5.2　载入和删除 ado 文件

在介绍一个更复杂的示例之前，需要进一步解释一下把 ado 文件下载到内存中之后，有哪些事情会发生在 ado 文件上，解释一下如果你需要改变一个已经载入的 ado 文件会发生什么事情。假设在启动 Stata 时你的工作目录中有一个名为 wf.ado 的文件。如果输入 wf 命令，Stata 就会查找 wf.ado 并自动运行该文件。这样将会把 wf 命令下载到内存中。Stata 还会尽可能地把这个命令保存在内存中。这就意味着如果你再次输入 wf 命令，Stata 就会用已经在内存中的这个命令，而不是重新运行一次 wf.ado。如果要改变 wf.ado 来修正一个错误或增加一项功能，需要再运行一次这个程序，此时你会收到这个错误提示：

```
. run wf.ado
wf already defined
r(110);
```

因为内存中已经有了一个版本，所以 Stata 不会再生成一个新版本的 wf 命令。解决办法就是删掉已经保存在内存中的命令。例如：

```
. program drop wf
. run wf.ado
```

在调试 ado 文件时，我通常让文件以命令 capture program drop *command-name* 开头。要调试的命令如果在内存中，就会被删掉。该命令如果不在内存中，而你想删掉它，capture 就会阻止一个错误的发生。

4.5.3　列出变量名和标签

在一个更加复杂的示例中，我会让第 92 页用到的循环自动化，该循环用来列出变量名和标签。首先，创建一个 nmlabel 的命令，该命令的运行很简单。然后通过加入一个选项来引入新的编程功能①。为了让程序自动运行，你需要让这个文件名和命令的名字一样。例如，文件 nmlabel. ado 应该是用来定义 nmlabel 命令的。在下面的示例中，我生成了几个版本的 nmlabel 命令。在下载本书提供的安装包时，名称中的后缀 . _ado（例如，nmlabel-v1. _ado）而不是 . ado 反映这些文件分别是哪个版本的。你需要把后缀是 . _ado 的文件下载到你的工作目录中，后缀是 . ado 的文件就会被放在 PLUS 目录中。在用这些文件前，把后缀都改成 . ado。例如，把 nmlabel-v1. _ado 改成 nmlabel-v1. ado。如果你想让某个特定版本的命令自动运行，需要给这个文件重新命名，例如把nmlabel-v1. ado 改成 nmlabel. ado。在完成重命名后，输入 nmlabel 这个命令就能自动运行了。

版本 1

命令 nmlabel 的第一个版本能列出变量名和标签，该命令没有选项。它看起来是这样的（参见文件 nmlabel-v1. ado）：

```
1>  *! version 1.0.0 \ jsl 2007-08-05
2>  capture program drop nmlabel
3>  program define nmlabel
4>       version 10
5>       syntax varlist
6>       foreach varname in `varlist´ {
7>           local varlabel :  variable label `varname´
8>           display in yellow "`varname´" _col(10) "`varlabel´"
9>       }
10> end
```

它被保存成 nmlabel. ado。第 1 行是一种特殊类型的注释。如果注释以"＊!"开头，你就可以用 which 命令列出这条注释：

```
. which nmlabel
.\nmlabel.ado
*! version 1.0.0 \ jsl 2007-08-05
```

输出结果 . \ nmlabel. ado 告诉我这个文件位于我的工作目录中，". \"即表示该文件在工作目录中。接下来是反馈的注释。如果文件在我的 PERSONAL 目录中，就会生成如下输出结果：

```
. which nmlabel
.c:\ado\personal\nmlabel.ado.
*! version 1.0.0 \ jsl 2007-08-05
```

在写 ado 文件时，可以一开始就把它保存在你的工作目录中。当它能按照你的想法运行时，再把它移到 PERSONAL 目录中，这样即使不考虑当前的工作目录是什么，Stata 也能找到该文件。

---

①　在写完 nmlabel. ado 这个示例后，我发现这个命令太有用了，所以我写了一个类似的程序，命名为 nmlab，并作为我个人 ado 文件收集的一部分。作为本书提供的安装包的一部分，这个文件会被安装到所用电脑上。

返回到刚才的 ado 文件中，第 3 行是给命令命名，第 4 行设定这个程序是给 Stata 10 及以上的版本写的。如果你在 Stata 9 或更老的版本中运行这个命令，就会报错。第 5 行是功能强大的命令 syntax 的一个示例，它能够控制向程序中提供哪些信息、如何提供信息，以及如果提供错误信息就产生警告和错误提示（更多内容，请参考 help syntax 或 [P] syntax）。syntax 的构成因素 varlist 意味着我要给这个程序提供内存数据中的变量名列表。如果输入的变量名不是数据中的变量，syntax 就会报错。第 6~9 行是在 4.3 节中用到的循环。第 10 行的 end 表示这个程序结束。下面是这个程序的运行：

```
. nmlabel lfp-wc
lfp        Paid Labor Force: 1=yes 0=no
k5         # kids < 6
k618       # kids 6-18
age        Wife´s age in years
wc         Wife College: 1=yes 0=no
```

上面，我输入的是缩写的 lfp-wc 而不是 lfp k5 k618 age wc。syntax 命令能自动把缩写替换成变量列表。

版本 2

在检查输出结果时，我想：如果在命令和变量列表之间有一行空行看起来就更好了。为了实现这一点，我加入了一个选项 skip，用它来确定是否要跳过一行。虽然这个选项不是十分有用，但能给你展示如何用功能强大的命令 syntax 来添加选项。这个程序的新版本看起来是这样的（参见文件 nmlabel-v2.ado）：

```
1>  *! version 2.0.0 \ jsl 2007-08-05
2>  capture program drop nmlabel
3>  program define nmlabel
4>      version 10
5>      syntax varlist [, skip]
6>      if "`skip´"=="skip" {
7>          display
8>      }
9>      foreach varname in `varlist´ {
10>         local varlabel :  variable label `varname´
11>         display in yellow "`varname´" _col(10) "`varlabel´"
12>     }
13> end
```

第 5 行的命令 syntax 中被添加了 [, skip]。逗号 "," 表示它后面的内容是选项（在 Stata 里，选项都放在逗号的后面）。单词 skip 是给选项选的名字。中括号 "[ ]" 表示该选项是可选的——也就是说，可以指定 skip 这个选项，但这么做不是必须的。如果输入含有 skip 选项的命令，比如说，nmlabel lfp wc hc, skip，第 5 行的命令 syntax 就会生成一个名为 skip 的宏。把它想成是我在运行下面这个命令：

```
local skip "skip"
```

这样解释有些令人困惑，所以我想对它做更详细的讲解。在指定 skip 选项时，命令 syntax 生成了一个名为 skip 的宏，这个宏里包含字符 skip。如果我不指定 skip 选项，syntax 就会生成一个空字符的局部宏 skip：

```
local skip ""
```

第 6 行检查局部宏 skip 的内容（用"skip"能表明宏的内容）是否和字符 skip 一样。如果一样，第 7 行的命令 display 就会运行，并生成一行空行。如果不一样，命令 display 就不会运行。

为了理解这是如何运行的，可输入 set trace on 来追踪 ado 文件的执行过程。下面是输出结果，我给每行加上了编号：

```
1>  . nmlabel lfp k5, skip
2>  ─────────────────────────────────────── begin nmlabel ───
3>  - version 10
4>  - syntax varlist [, skip]
5>  - if "`skip´"=="skip" {
6>  = if "skip"=="skip" {
7>  - display
8>
9>  - }
```
（省略输出结果）

第 1 行是我在命令窗口输入的命令。第 2 行表示这是对 nmlabel 命令的一个追踪。第 3 行报告命令运行的版本是 stata 10。trace 用命令前面的"-"标明后面的内容都是 ado 文件中代码的精确重复。第 4 行重复的是 syntax 命令，第 5 行重复的是 if 条件句。第 6 行以"＝"开始，标志着等号后面的内容是对 ado 文件中代码的扩展，并把事物的取值插进去了，比如局部宏的值。这里的 skip 被它的取值即 skip 替代。

回到 110 页版本 2 的代码中，第 9~12 行在 nmlabel 命令后面列出的变量之间做循环。为了理解这是如何发生的，可以从追踪中查看结果：

```
- foreach varname in `varlist´ {
= foreach varname in lfp k5 {
- local varlabel : variable label `varname´
= local varlabel : variable label lfp
- display in yellow "`varname´" _col(10) "`varlabel´"
= display in yellow "lfp" _col(10) "In paid labor force? 1=yes 0=no"
lfp      In paid labor force? 1=yes 0=no
- }
- local varlabel : variable label `varname´
= local varlabel : variable label k5
- display in yellow "`varname´" _col(10) "`varlabel´"
= display in yellow "k5" _col(10) "# kids < 6"
k5       # kids < 6
- }
─────────────────────────────────────── end nmlabel ───
```

set trace on 不仅是一种用来查看 ado 文件如何工作的好方法，在调试程序时也是一种非常重要的方法。要关掉追踪功能，请输入 set trace off。

版本 3

下面我想给我的列表加上行号。为了做到这一点，我需要一个新的选项和 4.3.2 节中讲到的计数器。下面是我的新程序（参见文件 nmlabel-v3.ado）：

```
1>  *! version 3.0.0 \ jsl 2007-08-05
2>  capture program drop nmlabel
3>  program define nmlabel
4>      version 10
5>      syntax varlist [, skip NUMber ]
6>      if "`skip´"=="skip" {
7>          display
8>      }
9>      local varnumber = 0
10>     foreach varname in `varlist´ {
11>         local ++varnumber
12>         local varlabel :  variable label `varname´
13>         if "`number´"=="" {                          // do not number lines
14>             display in yellow "`varname´" _col(10) "`varlabel´"
15>         }
16>         else {                                       // number lines
17>             display in green "#`varnumber´: " ///
18>                 in yellow "`varname´" _col(13) "`varlabel´"
19>         }
20>     }
21> end
```

第 5 行的命令 syntax 增加了一个选项 NUMber，它的意思就是有一个名为 number 的选项，该选项可以被缩写成 NUM（大写字母表示能允许的最短缩写）。第 9 行生成了一个计数器，第 11 行增加了计数器的值。第 12～15 行假设：如果没有选 number 选项（例如，"number" 不是 "number"），那么输出结果和之前的一样。第 16 行开始运行的是程序的另一部分，也就是当第 13 行的 if 条件不成立时的程序。第 17 行和第 18 行输出的是包含了行号的信息。第 19 行结束的是第 16 行中的 else 条件。这个新版本的命令产生的结果是这样的：

```
. nmlabel lfp k5 k618 inc, num
#1: lfp     In paid labor force? 1=yes 0=no
#2: k5      # kids < 6
#3: k618    # kids 6-18
#4: inc     Family income excluding wife´s
```

版本 4

虽然版本 3 看起来很好，但如果长的变量名出来，就会挡在取值标签的位置上。我可以把_col(13)改成_col(18)，但为什么不加一个选项来实现这种改变呢？在这个版本的 nmlabel 中，我把 COLnum(integer 10)添加到 syntax 中，生成一个名为 colnum() 的选项，该选项可以被缩写成 col()。integer 10 意味着如果不指定选项 col()，局部宏 colnum会被自动设置成 10。如果我不想在第 10 列开始显示变量标签，就可以用选项

colnum() 来设定，如 nmlabel lfp, col(25)，这时变量标签就从第 25 列开始显示。以下是新的 ado 文件（参见文件 nmlabel-v4. ado）：

```
capture program drop nmlabel
program define nmlabel
    version 10
    syntax varlist [, skip NUMber COLnum(integer 10)]
    if "`skip´"=="skip" {
        display
    }
    local varnumber = 0
    foreach varname in `varlist´ {
        local ++varnumber
        local varlabel : variable label `varname´
        if "`number´"=="" {                            // do not number lines
            display in yellow "`varname´" _col(`colnum´) "`varlabel´"
        }
        else {                                         // number lines
            local colnumplus2 = `colnum´ + 2
            display in green "#`varnumber´: " ///
                in yellow "`varname´" _col(`colnumplus2´) "`varlabel´"
        }
    }
end
```

我鼓励你学习这些改动。虽然有些改动可能不明显，但用第 3 章和第 4 章中的工具，你应该能找到它们。

4.5.4　一个用来修改工作目录的通用程序

现在我们已有足够的工具来写一些更通用的程序来改变工作目录[①]。我不是给每个目录建一个独立的 ado 文件，而是用命令 wd——wd wf 把工作目录改成工作流程项目的目录，wd spost 把工作目录改成 SPost 的工作目录，以此类推。下面是程序：

```
1>  *! version 1.0.0 \ scott long 2007-08-05
2>  capture program drop wd
3>  program define wd
4>      version 10
5>      args dir
6>      if "`dir´"=="wf" {
7>          cd e:\workflow\work
8>      }
9>      else if "`dir´"=="spost" {
10>         cd e:\spost\work
11>     }
12>     else if "`dir´"=="scratch" {
13>         cd d:\scratch
```

---

　　① 　大卫·德鲁克（David Drukker）推荐了这个示例。当你安装 Workflow 包时，命令 wd 及 wd. _ado 会被下载到你的当前工作目录中。后缀 . _ado 是把文件下载到你的工作目录中所必需的；如果后缀是 .ado，那么这个文件就会被放在你的 PLUS 目录里。在使用这个文件之前，你应该把它修改成 wd. ado。

```
 1>  *! version 1.0.0 \ scott long 2007-08-05
 2>  capture program drop wd
 3>  program define wd
 4>      version 10
 5>      args dir
 6>      if "`dir´"=="wf" {
 7>          cd e:\workflow\work
 8>      }
 9>      else if "`dir´"=="spost" {
10>          cd e:\spost\work
11>      }
12>      else if "`dir´"=="scratch" {
13>          cd d:\scratch
14>      }
15>      else if "`dir´"=="" { // list current working directory
16>          cd
17>      }
18>      else {
19>          display as error "Working directory `dir´ is unknown."
20>      }
21>  end
```

第 5 行的命令 args 会从命令行索回一个单独的参数。如果输入 wd wf, args 就会接受这个参数 wf 并把它分配给局部宏 dir。第 6 行检查 dir 是不是 wf。如果是，第 7 行就会把当前工作目录改成目录 e：\ workflow \ work。同样，第 9～11 行检查参数是不是 spost，然后改成合适的工作目录。如果 wf 没有参数就运行，第 18～20 行就会显示一个错误信息。你可以自己定义程序的 else if 条件，用你想用的缩写来改变你指定的工作目录。然后，当你把 wd. ado 保存到你的 PERSONAL 目录里后，就能轻松修改你的工作目录了。例如：

```
. wd wf
e:\workflow\work
. wd
e:\workflow\work
. wd scratch
d:\scratch
. wd spost
e:\spost\work
```

4.5.5 警告

如果你要写 ado 文件，有两件事情需要注意。第一，你必须把这些文件存档。如果你的 do 文件依赖于你写的 ado 文件，当你丢掉了这些 ado 文件时，你的 do 文件将无法运行。第二，如果你改动了 ado 文件，必须确保以前的 do 文件能继续运行。例如，如果我确定我不喜欢选项 number 这个名字（该选项能给变量列表加上序号），于是把这个选项的名字改成 addnumbers，那么使用了带 number 选项的命令 nmlabel 的 do 文件将无法运行。用 ado 文件时，必须注意对它的改进不会让以前能运行的程序中断。

4.6 帮助文件

当你输入 help *command* 时，Stata 会搜索文件 *command*. sthlp 或 *command*. hlp 的

ado 路径①。如果这个文件被找到了，就会显示在查看窗口。在这一节，首先我要向你展示如何给第 4.5.3 节中写的命令 nmlabel 编写一个简单的帮助文件。然后我会向你展示我如何用帮助文件记起我常用的选项和命令。

4.6.1　nmlabel.hlp

为了保存命令 nmlabel，我创建了一个名为 nmlabel.hlp 的文本文件。当我输入 help nmlabel 时，查看窗口会显示出一个文件，参见图 4 - 2。

图 4 - 2　显示 help nmlabel 的查看窗口

---

①　使用后缀 .sthlp 而不是 .hlp 的好处在于，很多邮件系统会拒绝接受包含后缀 .hlp 的附件，因为这类附件可能含有病毒。

这个名为 nmlabel. hlp 的文件是一个文本文件，它看起来是这样的：

```
.-
help for ^nmlabel^ :: 2008-03-07
.-

Create a list of variable names and variable labels
---------------------------------------------------

    ^nmlabel^ varlist^,^[ ^num^ber ^col(^#^)^]^^skip^]

Description
-----------

  ^nmlabel^ lists the names and variable labels for a list of variables
  that you provide.

Options
-------

  ^number^ produces a numbered list.

  ^col(^#^)^ indicates the column in which the variable label will begin.
     By default, the label begins in column 12.

  ^skip^ will skip a line between the echoed command name and the listing
     of names and labels

Examples
--------

  . ^use wf-lfp^
  (Data from 1976 PSID-T Mroz)

  . ^nmlabel lfp k5^
  lfp      In paid labor force? 1=yes 0=no
  k5       # kids < 6

  . ^nmlabel lfp k5, num^
  #1: lfp      In paid labor force? 1=yes 0=no
  #2: k5       # kids < 6

  . ^nmlabel lfp k5, num col(15)^
  #1: lfp          In paid labor force? 1=yes 0=no
  #2: k5           # kids < 6

  . ^nmlabel lfp k5, skip^

  lfp      In paid labor force? 1=yes 0=no
  k5       # kids < 6

.-
Author: Scott Long - www.indiana.edu/~jslsoc/workflow.htm
```

这个文件包含两个缩写，这样做是为了让这个文件更容易写，也更容易在查看窗口阅读。在第一行，".-"被查看窗口解读成一条从左边到右边的实线。插入符号"^"用来切换加粗文本。例如，在显示窗口的最顶端，单词"nmlabel"加粗显示，因为文本文件包含^nmlabel^，又或者看一下序列^col(^#^)^。前 6 个字符"^col(^"让"col("

加粗，♯不加粗，"⌃)⌃" 让中间的 "）" 加粗。如果我想让这个帮助文件更加精致，例如，让它和其他文件链接、自动缩进、显示为斜体及很多其他功能，我可以用 Stata 的 Markup and Control Language（SMCL）语言。更多内容，请参见 [U] 18.11.6 Writing online help 和 [R] help。

4.6.2　help me 命令

我用了一个名为 me. hlp 的文件来帮我快速找到我常用的资料。这个文件里既包含了选项摘要，又包含了能复制粘贴到 do 文件中的代码片段。我把 me. hlp 放在我的 PERSONAL 目录中。然后，当我输入 help me 时，就会打开一个查看窗口（见图 4-3），这样我就能快速找到这个信息（参见文件 me. hlp）：

图 4-3　显示 help me 的查看窗口

4.7 本章小结

自动化是高效工作流程的基础，Stata 提供了很多用来实现工作自动化的工具。虽然本章提供了很多有用的信息，但也只是学习 Stata 编程的第一步。如果你想学习更多相关内容，可以考虑参加 Stata 公司（http：//www. stata. com/netcourse/）的网络课程（NetCourse）。即使你还没有计划学习更高级的编程，网络课程 151-*Introduction to Stata Programming* 也是一种学习如何更有效地使用 Stata 的非常好的方法。网络课程 152-*Advanced Stata Programming* 教你如何在 Stata 中写出复杂的程序。如果你使用 Stata 的时间很多，那么学习如何实现工作自动化将会让你的工作变得更简单，也更可靠，而且会为你节省时间。

第 5 章 命名、注释和标签

这章标志着从第 2 章的一般策略和第 3 章的通用工具的讨论转向第 3 章和第 4 章关于具体工作任务的讨论，这些具体工作任务都是你从一个原始数据集到已发表的研究发现这个过程中会遇到的。第 5 章讨论的是变量、数据集以及 do 文件的命名、注释和标签；这些主题是有效的组织管理和文档记录的基础。第 6 章要讨论的是清理变量、创建变量以及其他在数据管理中常见的工作。对大多数项目而言，你大量的时间花在了准备用于做统计分析的数据。最后，第 7 章会讨论统计分析和报告的工作流程。主题包括组织管理分析、提取用于报告的分析结果以及记录好要报告的结果来自哪里。这三章中包含了我认为在一个有效工作流程中必不可少的两大思想。第一，发布文件的定义是确定文件是最终版而且再也不能改动它。发布文件是关键，因为，如果不发布，就会有无法复制出一致的分析结果的风险。第二，在数据分析过程中应该把数据管理和统计分析区分开。数据管理包括清理数据、创建变量和创建数据集。统计分析包括用描述统计量来检查所用数据的结构、模型估计、假设检验、图表概括以及其他方法。为数据管理和统计分析创建一个二元工作流程能简化撰写文档的工作，更容易修复问题，而且有助于实现可复制性。

5.1 发布文件

发布文件是一个简单的想法，但对数据分析而言是必不可少的。在写 do 文件到了某个时点，你确定这个程序能准确运行时，就应该发布你的工作。发布意味着 do 文件和 log 文件以及由此创建的数据集都要放在你用来保存已完成工作的目录中（例如，c：\ cwh \ Posted）。发布文件的基本原则很简单，但是绝对的：

一旦文件被发布，就应该永远不改动它。

如果要改动一个已发布的文件，就会有产生不一致结果的风险，缘于不同的变量有相同的名字或名字相同的两个数据集其内容不同。我经常会看到这类问题，我知道的唯一有效的避免这类问题的方法就是要有一个严格的规则，即文件一旦发布就不能做改动。这一规则暗指只能与他人分享已发布的文件，只能把已发布的文件合并到文章或报告中。

发布的原则并不意味着在调试过程中不能修改 do 文件。在调试 do 文件时，每次运行程序都会生成相同的数据集，并有可能会改变变量创建的方法。这不会成为一个问题，因为文件尚未被发布，但一旦文件被发布，就一定不能改动它。

发布文件也并不意味着不能纠正已发布的 do 文件中的错误，而意味着你需要创建新的文件，还可能需要新的变量来修复这些错误。比如，假设 mypgm01.do 生成了一个包含变量 var01-var99 的数据集 mydata01.dta。在发布这些文件后，我发现了一个错误，该错误存在于变量 var49 的创建过程中。为了修复这个错误，我生成了一个修正版的 mypgm01V2.do 文件，它能正确创建一个名为 var49V2 的变量，并把这个数据集保存成 mydata01V2.dta。我可以让原始变量 var49 继续留在新的数据集中，也可以删掉它，但是我一定不能修改它。我可以删掉 mydata01.dta，也可以保留它，但我同样一定不能修改它。因为已发布的文件永远不能被修改，所以我永远都不能得到已经被改动的 var49 的结果。同时，我也不可能让两个人分析名字相同但内容不同的数据集。

最后，发布文件的做法并不意味着在确定文件完整且无误后就必须马上发布每个文件。在把事情做成我想要的样子前，我经常会一次用到十几个相关的 do 文件。于我而言，这是最有效的工作方式。在调试某个 do 文件时我会发现一些事情，这些事情会让我去修改另一个 do 文件。到了某个时点，我确定所有的 do 文件和数据集都跟我想要的一样，此时，我会把 do 文件、log 文件和数据集从我的工作目录移到用来保存已完成工作的目录中。也就是说，我发布了这些文件。在这些文件被发布后，而且只能在它们被发布后，我才能把结果放在文章中，并让合作者也能使用这些数据集，或者与同事分享这些 log 文件。

虽然我发现大多数人同意发布这个想法，但在实际工作中他们经常会违背这个规则。我曾经参与过一个项目，在这个项目中，一名研究者发布了一个数据集，但很快发现了一个错误，十分钟后他又发布了一个名字相同但内容不同的文件来替换前面那个数据集。在这十分钟内，我已经下载了这个文件。这就导致我们花了很长的时间才发现为什么我们用名字"相同"的数据集得到的是不同的分析结果。最近我收到了一个数据集，它和之前的那个数据集名字相同，但大小不一样。当我询问这两个数据集是否是同一个时，我被告知"除了对 married 这个变量做了修改以外，其他都一模一样"。

最简单的事情就是在发布文件的规则中不设例外。一旦允许例外，就开始走上一条必然会导致问题的不归路。当数据集被发布后，无论有任何改动，都要给数据集分配一个新的文件名。如果发布的 do 文件被改动了，就要给它一个新的文件名。如此等等。如果在正在进行中的文件和已完成并发布的文件二者之间，你没有一个绝对的区分，那么就有两种风险：生成不一致的结果，有损于复制出结果的能力。

5.2 数据管理和统计分析的二元工作流程

我把用于数据管理的程序和用于统计分析的程序做了区分。我把这样一个流程叫作二元工作流程，正如图 5-1 中所解释的。数据管理程序并不依赖于统计分析程序，从这个意义上讲，两套 do 文件是各自独立的。在操作过程中，这就意味着可以按顺序运行数据管理程序，而无须运行统计分析程序中的任何一个。这是可能的，因为统计

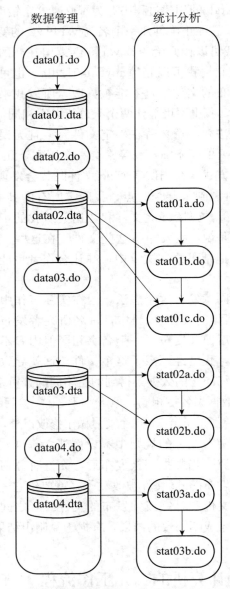

图 5 - 1 数据管理和统计分析的二元工作流程

分析程序永远不能改变数据集（统计分析程序可能会告诉你怎样改变数据集，但它们不会做这些改变）。但是，统计分析程序依赖于数据管理程序生成的数据集。例如，除非 data04. do 已经创建了 data04. dta，否则 stat03a. do 将无法运行。

当错误发生时，用二元工作流程会更容易改正错误。例如，如果我发现data02.dta中的变量 var15 有错误，我只需要在数据管理程序中查找问题，因为统计分析程序从来没有生成已被保存的变量。如果我发现 data02. do 中有问题，就创建一个修改好的名为 data02V2. do的文件，该文件把修改过的数据保存成 data02V2. dta，并改正 data02. dta 中的错误。然后，我对依赖于改动过的数据的 stat＊. do 文件进行修改、重新命名并重新运行。

这个工作流程暗示了你不用在统计分析的 do 文件中创建和保存新变量。例如，我已有一个名为 gender 的变量，编码 1 代表男性，编码 2 代表女性，如果我想要一个变量 female 的取值为 1 和 0，其中 1 代表女性，0 代表男性，我可以创建一个新的数据集并把 female 加进去，而不是在统计分析的 do 文件中创建 female。我更倾向于这种方法，因为我很少会创建一个只会用到一次的变量。我可能认为它只会被用一次，但在实际工作中，我经常会在其他未料到的分析中用到它。搜索早期的 do 文件来查找变量是怎样被创建的既耗费时间也容易出错。我总会忘记创建了某个变量，后期又会创建一个同名但不同意义的变量。把变量保存在一个数据集中更简单也更安全。

数据管理和统计分析之间的区别并不总是很清晰。例如，我可能会用因子分析来生成一个想放在数据集中的量表。指定、拟合和检验因子模型的工作是统计分析的一部分。但是，创建并保存一个量表是数据管理的一部分。在这类情况下，我可能会打破二元工作流程的原则，用统计分析流程中的程序来创建一个数据集。更有可能的是，我会把拟合、检验和完善因子模型的程序当作统计分析工作流程的一部分。一旦我确定用于创建因子分数的模型，就会把这个模型合并到数据管理程序中。这样的二元工作流程不是强制要求，而是一个让你的工作更高效且有助于实现可复制性的原则。

5.3 命名、注释和标签

当记住了发布和二元工作流程的原则后，我们就准备好了讨论这章的主要专题：给变量、数据集和 do 文件命名、加注释和加标签。花费时间来阅读一整章关于类似选名字和加标签的简单事情值得吗？我认为值得。数据分析中很多问题的发生是由于误导性的变量名和不完整的标签。一个模糊不清的变量名会导致模型用错变量，也会导致对结果的错误解读。相比之下，不一致的变量名和不充分的标签会让查找所需变量变得更困难，也会让输出结果更难解释。除此之外，清楚、一致且考虑周到的变量名和标签能加速工作的进展并且能防止错误。你能做到的用来增加数据分析的容易度和精确度的最简单的事情之一就是给名字和标签做好规划。因为选择更好的变量名和添加完整的标签不会花费很长时间，相比由于不做这些事情而丢掉的时间，这样的时间投入是非常值得的。

第 5.4 节描述了一种给 do 文件加标签的方法，这种方法能保持 do 文件整齐有序而且有助于实现可复制性。第 5.5 节描述的是改变数据集的名字以及加入用来记录每次数据集是如何改动的内部注释，不管这种改动有多么微小。接下来的五节关注的是变量。第 5.6 节关于给变量命名，主题从在系统中组织管理名字到如何让名字显示在变量窗口。第 5.7 节描述的是变量标签。这些简短的描述包含在很多命令的输出结果中，而且也是高效工作流程所必需的。第 5.8 节介绍了用来记录变量的命令 notes。这个命令非常有用，但是我发现很多人不知道它。第 5.9 节描述了取值标签和用来记录这些标签的工具。第 5.10 节关注的是 Stata 的一个独特功能——能在一个数据集中建立多种语言的标签。这一功能的明显价值就是能够用很多种语言，如法语、英语和德语，但在用同一种语言的情况下，它也是一种用来包含长变量名和短变量名的简便方法。虽然你无法决定在其他人收集的数据中用到的变量名和标签，但你可以改变这些变量名并创建更好用的新变量。第 5.11 节展示了一个改变变量名和标签的工作流程，里面包含了一个扩展示例，该示例使用了第 4 章中的编程工具。即使你已经对诸如 label variable、label define 和 label values 等命令很熟悉了，我认为这节仍将有助于你更快、更准确地工作。

5.4 给 do 文件命名

一个简单的项目可能需要成百上千个 do 文件。如何给这些文件命名会影响到发现研究结果、记录工作、修复错误和修改分析的难易程度。更重要的是，认真命名的 do 文件能让你更容易地复制你的工作。我给 do 文件命名的建议很简单：

按运行顺序的规则：应该给 do 文件命名，以便在按字母顺序运行它们时，它们能准确地再次生成你的数据集并能准确复制出你的统计分析。

为简单起见，这里的顺序指的是一组 do 文件的运行顺序。根据 do 文件是用来创建数据集还是用来计算统计分析的不同，你需要 do 文件名的原因略有不同，这些原因能够反映运行顺序。

5.4.1 给 do 文件命名以重建数据集

创建一个数据集通常需要几个 do 文件按照一定的顺序运行。如果运行顺序不对，这些 do 文件就无法正确工作。例如，假设我需要两个 do 文件来创建一个数据集。第一个 do 文件把 medical. dta 中的变量 hlthexpend 和 census. dta 中的变量 popsize 合并生成一个新的数据 health01. dta。第二个 do 文件用 generate hlthpercap ＝ hlthexpend/ popsize 生成了一个变量，然后把数据保存成 health02. dta。如果我给 do 文件起的名字分别是 merge. do 和 addvar. do，那么这两个名字没有反映出要创建数据 health02. dta

所需的运行顺序。但是，如果我给它们起的名字分别是 data01-merge.do 和 data 02-addvar.do，运行顺序就很清楚。当然，在这样一个简单的示例中，不管我如何给它们命名，我都能很容易地确定 do 文件的运行顺序。对几十个已经写好的 do 文件而言，在过了几个月甚至几年后，能够表明程序运行顺序的名字是非常有用的。

为了指出运行顺序而给 do 文件命名也能让纠错变得更容易。假设我需要 10 个 do 文件来创建 mydata01.dta，而且程序需要按照 data01.do、data02.do 一直到 data10.do 这个顺序运行。在运行完这 10 个 do 文件并发布数据 mydata01.dta 后，我意识到 data06.do 中错误地删掉了几个观测值。为了修正这个错误，我生成了一个修正 do 文件 data06V2.do，并按照 data06V2.do 到 data10V2.do 的顺序运行这一系列程序。基于我给文件命名的方式，我能准确地知道需要运行哪些 do 文件以及依据什么顺序运行才能创建修改好的名为 mydata01V2.dta 的数据集。

5.4.2　给 do 文件命名以复制统计分析

如果写的是稳健的 do 文件，那么正如第 3 章讨论的（参见第 49 页），结果应该不依赖于程序的运行顺序。但我还是建议你在给用于分析的 do 文件命名时按一定的顺序，这样，序列中最后一个 do 文件生成的就是最新版的分析。假设你要计算描述统计量并拟合 logit 模型，你可能需要 6 个 do 文件来提取所需变量并确定你想要的描述统计量。同样，在探索模型的具体参数时，你可能会写出几个 do 文件。我建议给 do 文件起的名字要与每个工作任务的运行顺序相呼应。例如，有两组 do 文件 desc01.do-desc06.do 和 logit01.do-logit05.do，你知道在这些文件中，desc06.log 和 logit05.log 包含最新运行结果。这样的命名方案能防止找不到最新版的分析。

5.4.3　使用主 do 文件

有时，你需要重新运行一系列 do 文件来复制出与项目某方面有关的所有工作。例如，当我完成了用来创建一个数据集的 do 文件后，在发布文件时，我想检查一下所有的程序是否都能准确运行。或者，我在一系列相关工作的一个程序中发现了一个错误，于是想修复这个错误并检验一下所有的程序能否继续准确运行。一个主 do 文件会让上述工作简单化。一个主 do 文件就是一个简单的能够运行其他 do 文件的 do 文件。例如，创建主文件 dual-dm.do 来运行图 5-1 中左边一栏的所有程序：

```
//  dual-dm.do: do-file for data management
//  scott long \ 2008-03-14
do data01.do
do data02.do
do data03.do
do data04.do
exit
```

要顺次运行这四个 do 文件，我输入命令：

```
do dual-dm.do
```

同样，为了统计分析，我可以创建 dual-sa. do：

```
//  dual-sa.do: do-file for statistical analysis
//  scott long \ 2008-03-14
* descriptive statistics
do stat01a.do
do stat01b.do
do stat01c.do
* logit models
do stat02a.do
do stat02b.do
* graphs of predictions
do stat03a.do
do stat03b.do
exit
```

上述命令可以通过输入如下命令来运行：

```
do dual-sa.do
```

假设我在 data03. do 中发现了一个问题，它影响到了 data03. dta 的创建，进而影响到了 data04. dta 的创建。这个问题也会影响到基于这些数据集的统计分析。我需要为图 5−2 中所示的数据管理和统计分析创建几个 V2 版的 do 文件。

在 do 文件修改后，主 do 文件变成了：

```
//  dual-dm.do: do-file for data management
//  scott long \ 2008-03-14; revised 2008-03-17
do data01.do
do data02.do
do data03V2.do
do data04V2.do
exit
```

和

```
//  dual-sa.do: do-file for statistical analysis
//  scott long \ 2008-03-14; revised 2008-03-17
* descriptive statistics
do stat01a.do
do stat01b.do
do stat01c.do
* logit models
do stat02aV2.do
do stat02bV2.do
* graphs of predictions
do stat03aV2.do
do stat03bV2.do
exit
```

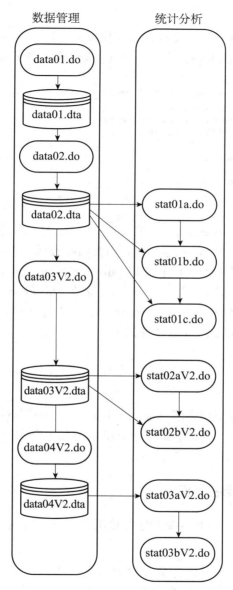

图 5 - 2 修正了 data03.do 中的一个错误后，数据管理和统计分析的二元工作流程

运行下面的命令，就能把所有的工作都纠正过来：

```
do dual - dm.do
do dual - sa.do
```

主日志文件

Stata 允许同时打开多个 log 文件，这就提供了一种把主 do 文件生成的所有 log 文件都合并成一个 log 文件的便利方法。例如（参见文件 wf5-master. do）：

```
 1>  capture log close master
 2>  log using wf5-master, name(master) replace text
 3>  //   program:    wf5-master.do
 4>  //   task:       Creating a master log file
 5>  //   project:    workflow chapter 5
 6>  //   author:     jsl \ 2008-04-03
 7>  do wf5-master01-desc.do
 8>  do wf5-master02-logit.do
 9>  do wf5-master03-tabulate.do
10>  log close master
11>  exit
```

第 2 行打开了 wf5-master. log。选项 name(master)给 log 分配了一个名字，指的就是 "log 名"。当有不止一个 log 在运行时，需要给除最后一个外的所有 log 一个 log 名。如果 master 已经打开第 1 行就关闭它，用 capture 命令的意思是如果没有打开，忽略由 log close 命令产生的错误提示。第 3~6 行被记录在 wf5-master. log 里。此外，第 7~9 行 do 文件的运行结果也被发送到 wf5-master. log 里。第 10 行关闭主 log 文件。当运行 wf5-master. do 时，生成的四个 log 文件如下：

```
wf5-master.log
wf5-master01-desc.log
wf5-master02-logit.log
wf5-master03-tabulate.log
```

文件 wf5-master. log 里包含了其他三个 log 文件中的所有信息。我可以输出一个文件，而不是输出三个文件（或是一组复杂分析中的几十个文件）。如果要把结果放在网上，我只需要发布一个 log 文件即可。

5.4.4 给 do 文件命名的模板

虽然在给 do 文件命名时我主要考虑的是用名字首字母的排序来表示运行顺序，但还有其他因素可供考虑：

● 使用的名字能够提醒你文件中的内容并能帮助你在后期找到这个文件。例如，logit01. do 就比 pgm01. do 更好。

● 预计将会修改 do 文件并加入新的 do 文件。如果在一个 do 文件中发现了一个错误，那么给修改好的文件起什么名字？新的名字保持了原来的运行顺序吗？如果需要在两个 do 文件中加入一个步骤，你的系统能不能允许你加入一个能保持运行顺序的 do 文件名？

● 选择容易输入的名字。要避免用太长的名字或者包含特殊字符的名字。

记住上面这些考虑，我建议使用下面这个给 do 文件命名的模板，在这个模板里，文件名中不包含空格：

project ［*-task*］ *step* ［*letter*］ ［**V***version*］ ［*-description*］.do

例如，文件名 fl-clean01a-CheckLabels.do 或 fl-logit01aV2-BaseModel.do。下面是详细信息：

项目-工作任务：其中，项目名是一个简短的助记符，例如，cwh 是一项关于同期群（cohort）、工作（work）和健康（health）研究的助记符，fl 是一项关于功能受限（functional limitations）的研究，sgc 代表的是一个全球背景项目中的污名（stigma in global contex project）。

步骤编码和字母：在一个项目和工作任务中，两位数的步骤编码表示 do 文件的运行顺序，如 fl-desc01.do、fl-desc02.do 等。如果项目很复杂，我还会加上一个字母，如 fl-desc01a.do 和 fl-desc01b.do。

版本号：如果一个已经发布的 do 文件有版本，就加入一个版本号。例如，如果在发现 fl-desc01a.do 中的一个错误前就已经发布它了，那么替换文件就会被命名为 fl-desc01aV2.do。我用到的版本从来都没有超过 10 个，所以只用一位数就可以了。

描述：用描述更容易记住 do 文件的内容。描述不会影响到排序顺序，而且也不需要让描述名唯一。例如，我不可能记住 fl-desc01a.do 是用来干什么的，但 fl-desc01a-health.do 提醒我这个程序是用来计算健康变量的描述统计量的。当我在我的研究日志中提到 do 文件时，我无须把描述作为名字的一部分。也就是说，我可能指的是 fl-desc01a.do 而不是 fl-desc01a-health.do。

扩展模板

如果有一个很大的项目，它有很多复杂的程序，那么当这些程序需要大量的改动和添加时该怎么办呢？我建议的这个模板很容易做扩展。例如，在 fl-pgm01a.do 和 flpgm01b.do 中，我可以插入 fl-pgm01a1.do 和 fl-pgm01a2.do。在这些工作中，我还可以插入 fl-pgm01a1a.do 和 fl-pgm01a1b.do。

合作项目

在合作项目中，我经常会把作者姓名的首字母加到工作名的前面。例如，我可能会用 jsl-fl-desc01a.do 而不是 fl-desc01a.do。

对复杂分析使用次级目录

正如在第 2 章中所讨论的，我用次级目录来组织管理大项目的 do 文件。用一个示例就能对其做出最好的解释。伊莉莎·帕瓦尔科和我（Long，Pavalko，2004）合写了一篇文章，该文章检查的是：用不同的功能限制测量方法是如何影响到最终的结论的。这些测量方法是为不同问题而创建的，这些问题关注的是一个人做身体活动（比如站立、走路、弯腰或举起）是否有问题。我们用这个问题关注了九个活动，创建了好几百个量表来测量一个人的总体受限情况，这些量表都基于研究文献中使用的各种测量方法。当这篇文章写完后，我们还有接近 500 个 do 文件，这些 do 文件都是用来创建量表和运行分析的。下面我来说明我们是如何记录这些 do 文件的。

项目的助记符是 fl，代表功能受限（functional limitations）。所有项目文件的名字都以 fl 开头并被保存在项目目录 \ flalt 里。发布的文件则被放在 \ flalt \ Posted 及其次级目录中：

目录	内容
\ fl00-data	数据集
\ fl01-extr	从原始文档中提取数据
\ fl02-scal	创建函数限制标准
\ fl03-out	创建结果测量
\ fl04-desc	原始变量的描述统计
\ fl05-lca	拟合潜在-类别模型
\ fl06-reg	拟合回归模型

第一个目录里保存的是数据集，接下来的三个目录都用于数据管理和量表创建，最后三个目录用于统计分析。如果我需要增加一个步骤，比如说，检验这些量表，可以加一个有序号的次级目录以便把它排到序列中的合适位置上（例如，\ fl03-1-verify）。每个次级目录中保存的 do 文件和 log 文件，都是为了完成和 \ fl00-data 中的数据集有关的工作任务。给次级目录中的 do 文件命名，是为了在按字母顺序运行这些 do 文件时，能够复制出能完成这个任务的工作。虽然在开始 \ fl04-desc 之前（例如，当查看描述统计量时，我可能决定要抽取其他变量）我不可能完成 \ fl01-extr 中的任务，但我的目标是组织管理好文件，以便在我按顺序运行这些文件时，能准确地复制出所有的工作：首先是 \ fl01-extr 中的所有工作，接下来是 \ fl02-scal 中的所有工作，以此类推。当你试图复制工作或需要做修改时，这么做很有帮助。

5.5 给数据集命名和在内部记录数据集

给数据集命名的目的是确定永远都不会有两个名字相同但内容不同的数据集。因为数据集会经常被修改，比如添加变量，所以我建议用一个简单的规则。用这个规则很容易就能表示出数据集的版本：

dataset-name ＃＃.dta

例如，如果原始数据是 mydata01.dta，下一个就是 mydata02.dta，以此类推。每次改变当前这个版本时，不管改动多小，我都会让数字递增 1。每次在做完一个修改并创建一个新的数据集时，我遇到的最常见的反对就是"我创建了太多的数据集"和"这些数据集占了太多的空间"。现在存储很便宜，所以很容易就能把数据的很多版本都保存下来，或者你可以删除更早版本的数据集，因为用 do 文件能复制出这些数据集（假设有一个有效的工作流程），又或者你可以在保存这些数据集前对它们进行压缩。例如，数据集 attr04.dta 包含了全美纵向调查中的样本磨损信息。文件的大小是2 065 040字节，但对其进行压缩（参见第 250 页）后，它缩小到了 184 552 字节。当压缩数据集时，我喜欢把数据和用于描述数据的 do 文件以及 log 文件合在一起。do 文件中可能只是简单地包含了：

```
log using attr04-dta, replace
use attr04, clear
describe
summarize
notes
log close
```

当把该数据集解压缩后，我很快就能查出数据集的内容，无须下载数据集，也无须检查我的研究日志。

永远不要把它命名为最终版

虽然很容易给一个数据集命名为最终版（final），但通常这样做会导致混乱。例如，当发现 mydata-final.dta 中有一个小错误后，下一个版本就会被叫作 mydata-final2.dta，然后就是 mydata-reallyfinal.dta。如果名字中有 final，就会存在这样的风险：即使有更新版的数据集，你和其他同事也可能会认为这版数据集就是最终版。最近，我收到了一条信息问道："final2 有对应的日期吗？这样我就知道它是不是最新版的数据了。"

5.5.1　一次性和临时数据集

如果我创建了一个只想用一次的数据集，我给它分配的名字就是创建它的 do 文件的名字。例如，假设 demogcheck01.do 把两个数据集合并到一起来验证来自两个数据源的人口统计学方面的数据是否一致。因为我不打算用这个数据做进一步的分析，但我想保存它以防后期有问题，所以我给它命名为 demogcheck01.dta。这样，数据集的名字中保存了它的来源。

在为分析建立一个数据集时（参见 5.11 节中的一个示例），我经常会创建一些临时数据集。我会把这些数据集保存到项目完成，但不会发布它们。为了提醒我这些文件不是关键性的，我用 x-打头给它们命名。因此，如果我发现一个数据集的名字以 x-开头，我就知道我可以删掉它。例如，假设我正在把 demog05.dta 中的人口统计学信息和 flim06.dta 中的功能受限数据合并在一起。程序 fl-mrg01.do 提取出人口统计学数据并保存在 x-fl-mrg01.dta 中，程序 fl-mrg02.do 把受限数据抽取出来并保存在 x-fl-mrg02.dta 中。接下来 fl-mrg03.do 把数据 x-fl-mrg01.dta 和 x-fl-mrg02.dta 合并在一起生成一个新的数据 fl-paper01.dta。当完成该项目后，我删掉了 x-系列文件。

我还发现用 x-作为文件名开头在合作时能防止一个问题的出现。假设我在创建一个数据集，我和我的合作者计划用这个数据集来做分析。我写了一系列 do 文件来创建这个数据集，最终给它命名为 fl-paper01.dta。一开始，我不确定我是否已经提取出了所有需要的变量，我也不确定是否已经生成了我们计划要用的量表。我没有对名为 fl-paper01.dta 的数据做分布，而是创建了 x-fl-paper01.dta。因为是以 x-开头的，所以我的同事和我都知道这不是一个最终版的数据集，所以不可能用它做正式的分析。当我们都同意数据没问题时，我创建了 fl-paper01.dta 并发布了这个数据集。

5.5.2　更大项目的数据集

在做有很多变量的项目时，我更喜欢把每一类变量分别保存在一个独立的数据集中，而不是把所有的变量都放在一个数据集中。例如，在一个使用全美纵向调查数据的项目中，我们根据内容对变量做了分组，并创建了下面这些数据集：

数据集	内容
attd＃＃.dta	态度变量
attr＃＃.dta	磨损信息
cntl＃＃.dta	控制变量，比如年龄和教育
emps＃＃.dta	雇佣状况
fami＃＃.dta	家庭特征
flim＃＃.dta	健康和身体受限情况

通过对这些变量进行分组，项目组的每个成员都可以用数据的不同部分进行工作，不会受其他小组成员完成的工作干扰。这一点很重要，因为每组变量都有几十个 do 文件并需要花费几周的时间才能完成。当数据的一部分被完成后，新数据集以及相关的 do 文件和 log 文件就会被一起发布了。为了做实证分析，我们从多个源数据中抽取了一些变量，并把它们合并到一个分析数据集中。

5.5.3　数据集的标签和注释

在保存数据集时，你应该用数据集标签、注释和数据签名来添加内部存档信息。

这些就是各种形式的元*数据*——关于数据的数据。元数据的优势在于它内置于数据集中，这样当你拿到这个数据集时，你就有了记录文档。用下面的命令添加数据集标签：

```
label data "label"
```

例如：

```
label data "CWH analysis file \ 2006-12-07"
save cwh01, replace
```

当你使用这个数据时，数据标签就会被反映出来：

```
. use cwh01, clear
(CWH analysis file \ 2006-12-07)
```

我用 notes 命令添加更多的细节：

```
notes: note
```

因为命令中没有指定变量名，所以它被应用于数据集而不是用于变量（参见 5.8 节）。在注释中，可以加入数据集的名字、一个简短的描述，以及关于该数据集的创建人、创建的 do 文件及其创建日期的详细信息。比如：

```
notes: cwh01.dta \ initial CWH analysis dataset \ cwh-dta01a.do jsl 2006-12-07.
label data "CWH analysis file \ 2006-12-07"
save cwh01, replace
```

当我下载这个数据集后，很容易就能确定该数据集是如何被创建的。例如：

```
. notes _dta
_dta:
  1.  cwh01.dta \ initial CWH analysis dataset \ cwh-dta01a.do jsl 2006-12-07.
```

每次与对数据进行更新时（例如，用 cwh01.dta 来创建 cwh02.dta），我都会添加一条注释。列出这些注释就提供了一个关于 do 文件的快速概览，这些 do 文件用于创建该数据集：

```
. use cwh05, clear
(CWH analysis file \ 2006-12-22)
. notes _dta
_dta:
  1.  cwh01.dta \ initial CWH analysis dataset \ cwh-dta01a.do jsl 2006-12-07.
  2.  cwh02.dta \ add attrition \ cwh-dta02a.do jsl 2006-12-07.
  3.  cwh03.dta \ add demographics \ cwh-dta03c.do jsl 2006-12-09.
  4.  cwh04.dta \ add panel 5 data \ cwh-dta04a.do jsl 2006-12-19.
  5.  cwh05.dta \ exclude youngest cohort \ cwh-dta05a.do jsl 2006-12-22.
```

我展示一个关于这样做的好处的例子。在写这本书的时候，我把一个用于创建示例数据集的 do 文件弄丢了。我曾经是有这个数据集的，但需要修改用于创建它的 do 文件以便能加入另一个变量。为了找到这个文件，我把这个数据集下载下来，检查里面的注释以便能找到创建它的 do 文件的名字，并且在我的硬盘上搜索这个丢失的 do

文件。一个好的工作流程能够弥补很多失误！

5.5.4 datasignature 命令

datasignature 命令能保护数据的完整性，你应该在每次保存数据集的时候都用这个命令[①]。datasignature 命令生成的一串数字和符号，被当作*数据签名*，简称签名，它以数据的五个特点为基础。例如（参见文件 wf5-datasignature.do）：

```
. use wf-datasig01, clear
(Workflow data for illustrating datasignature #1 \ 2008-04-02)
. datasignature
  753:8(54146):1899015902:1680634677
```

字符串 753:8(54146):1899015902:1680634677 是 wf-datasig01.dta 的签名（下面我会解释这个字符串来自哪里）。如果我下载了一个没有签名的数据集，无论它的名字是 wf-datasig01.dta 还是其他名字，我都确定数据是不一样的。如果我下载了一个有签名的数据集，我几乎能确定我拿到了正确的数据集（下面我会解释我不完全肯定的原因）。这一命令有很多用处。你和你的同事可以验证你们分析的是不是同一个数据。如果你在修改标签，正如这章后面将讨论的，你可以通过它检查你有没有对数据做出错误的修改，而不是只修改了标签。如果把数据保存在局域网中，在局域网中的其他人都有读写的权利，那么你应该确定有没有人修改过数据却忘记把它保存成一个不同的文件名。签名是一种用来避免很多问题的简单方法。

签名由五个数字构成，被叫作 *checknums*，它对数据集做了描述。对所有拥有同一个数据集的人来说，如果用同样的规则来计算 checknums，就会得到相同的取值。第一个 checknum 是样本数（在上面的例子中是 753）。如果我下载的数据中的观测值更多或更少了，这个数字就不匹配，由此我就知道我的数据是错误的。第二个 checknum 是变量数（在我们的示例中是 8）。如果我下载的数据集中的变量数不是 8 个，这部分签名就对不上。签名的第三个部分基于变量名。为了给你简单解释一下是怎么回事，看看 wf-datasig01.dta 中的变量：

```
. describe, simple
lfp    k5    k618   age   wc   hc   lwg   inc
```

这些变量名的长度是 22（＝3＋2＋4＋3＋2＋2＋3＋3）个字符。如果我下载的数据集中的变量名长度不是 22，我就知道我的数据是错误的。第四个和第五个数字是用来描述变量取值特征的 checknums。

签名背后的思想是：如果你用的一个数据集的签名和你已保存的数据集的签名匹配，那么这两个数据集很有可能是一样的。但是，签名不是完美的。如果你的计算功

[①] Stata 10 中的 datasignature 命令和 Stata 9 中的 datasignature 命令不一样。新版的命令更容易使用。

能很强大，那么你可能会发现签名相同的两个数据集，也有可能内容是不一样的（Mackenzie，2008）。在实际中，这种情况发生的可能性极小，所以你可以合理地假设如果两个数据集的签名能匹配上，数据就是相同的。关于如何计算签名的完整细节，可输入 help datasignature 或参见［D］datasignature。

一个使用了 datasignature 命令的工作流程

我建议你一直都要计算出一个数据签名并把它保存到你的数据集中。当你使用一个数据集时，应该确认内嵌的签名和内存中数据的签名是否完全匹配。命令 datasignature set 可以用来计算签名。例如：

```
. datasignature set
  753:8(54146):1899015902:1680634677          (data signature set)
```

一旦设定了签名，在保存数据集的时候就会自动保存该签名。例如：

```
. notes: wf-datasig02.dta \ add signature \ wf5-datasignature.do jsl 2008-04-03.
. label data "Workflow dataset for illustrating datasignature \ 2008-04-03"
. save wf-datasig02, replace
file wf-datasig02.dta saved
```

当我下载了这个数据后，我能确定内存中的数据集生成的签名和已保存的数据中的签名是一样的：

```
. use wf-datasig02, clear
(Workflow data for illustrating datasignature \ 2008-04-03)
. datasignature confirm
  data have un changed since 03apr2008 09:58
```

因为签名是匹配的，所以我确信我的数据是正确的。

为什么签名会不匹配呢？假设我的同事用的是我在 2008 年 4 月 3 日创建的数据 wf-datasig02.dta。他给一个变量重新命名，改动了数据集标签，而且违反了好的工作流程的原则，给改动过的数据用了相同的名字：

```
. use wf-datasig02, clear
(Workflow dataset for illustrating datasignature \ 2008-04-03)
. rename k5 kids5
. save wf-datasig02, replace
file wf-datasig02.dta saved
```

在保存数据之前，他没有运行命令 datasignature set。当我下载数据并检查签名后，我得知数据集被改动了：

```
. use wf-datasig02, clear
(Workflow data for illustrating datasignature \ 2008-04-03)
. datasignature confirm
  data have changed since 03apr2008 09:58
r(9)<;
```

我马上就知道这里有问题。

datasignature 命令检测不到的改动

命令 datasignature confirm 无法检测出数据中的每一个改动。第一，如果只改标签，签名是不会发生变化的。例如：

```
. use wf-datasig02, clear
(Workflow dataset for illustrating datasignature \ 2008-04-03)
. label var k5 "Number of children less than six years of age"
. datasignature confirm
  (data unchanged since 03apr2008 09:58)
```

签名没有变是因为它里面没有包含基于变量标签或取值标签的 checknums。因为改动的标签会产生很大的混乱，所以我希望把这些信息加到一个新的命令版本中。

第二，如果一个人在保存数据的时候嵌入了一个新的签名，datasignature confirm 是无法检测出这样的改动的。例如，我下载了一个包含签名的数据集：

```
. use wf-datasig02, clear
(Workflow dataset for illustrating datasignature \ 2008-04-03)
. datasignature confirm
  (data unchanged since 03apr2008 09:58)
```

接下来，我对变量 k5 和 k618 重新命名：

```
. rename k5 kids5
. rename k618 kids618
```

现在，我重设签名并改变数据标签：

```
. datasignature set, reset
  753:8(61387):1899015902:1680634677          (data signature reset)
. notes: Rename kids variables \ datasig02.do jsl 2008-04-04.
. label data "Workflow data for illustrating datasignature \ 2008-04-04"
```

由于失误，我用相同的名字保存了这个改动过的数据：

```
. save wf-datasig02, replace
file wf-datasig02.dta saved
```

下一次当下载 wf-datasig02.dta 时，我对签名做了检查：

```
. use wf-datasig02, clear
(Workflow data for illustrating datasignature \ 2008-04-04)
. datasignature confirm
  (data unchanged since 04apr2008 11:23)
```

因此，datasignature confirm 显示嵌入的签名和内存数据集中的签名互相匹配。问题在于我不应该用同样的名字 wf-datasig02.dta 来保存这个改动过的数据。因为我在这个数据里用了 label data 和 notes，所以数据集中包含了能指出错误的信息。数据标签的日期是 2008－04－04，但是原始数据是在 2008－04－03 被保存的。注释也显示出一个问题：

```
. notes
_dta:
  1.  wf-datasig01.dta \ no signature \ wf-datasig01-supportV2.do jsl
      2008-03-09.
  2.  wf-datasig02.dta \ add signature \ wf5-datasig01.do jsl 2008-04-03.
  3.  wf-datasig02.dta \ rename kids variables \ datasig02.do jsl 2008-04-04.
```

考虑到保存数据的工作流程，不应该有两条注释同时表明在不同的时间用不同的 do 文件对同一个数据集做过保存。

5.6 给变量命名

变量名是数据管理和统计分析工作中一切事情的基础。你希望的是变量名清楚、包含信息而且易于使用。挑选有效的变量名需要有计划。不幸的是，给变量名做计划不是一项令人兴奋的工作，这个工作比它首次出现的时候更难，而且看起来是一项吃力不讨好的工作，因为通常回报来得会很晚。每个人在开始分析之前都应该考虑一下如何给变量命名。即使你所用的数据是别人收集的，你也需要为你想添加的变量选择变量名。你也可能想修改原始名字（在 5.11 节会讨论）。在这一小节中，我要讨论的问题从用于组织管理变量名的一般方法到会影响到命名选择的实际问题。

5.6.1 创建变量和给变量命名的基本原则

给变量命名的最基本的原则很简单：
永远不要改变一个变量，除非要用它生成一个新的变量。
如果你有同一个数据集的两个版本，都包含变量 var27，但这两个变量的内容已经因改动而不同了，在这种情况下复制几乎是不可能的。假设你想对 var27 重新编码，把大于 100 的截掉，你就不应该替换掉现存变量 var27 的取值（参见文件 wf5-varname.do）：

```
replace var27 = 100 if var27>100  // do NOT do this!
```

相反，你应该要么用 generate 命令，要么用 clonevar 命令来创建原始变量的一个副本，然后对这个副本进行修改。这些命令的语法如下：

generate *newvar* = *sourcevar* $\big[$*if*$\big]$ $\big[$*in*$\big]$

clonevar *newvar* = *sourcevar* $\big[$*if*$\big]$ $\big[$*in*$\big]$

generate 命令能创建一个新变量，但不会把标签和其他特征传递给新变量。clonevar 命令能创建一个新变量，这个新变量是既存变量的一个完整副本，包含变量标签和取值标签，只是名字会不一样。例如，我创建了变量 lfp 的两个副本：

```
. use wf-names, clear
(Workflow data to illustrate names \ 2008-04-03)
. generate lfp_gen = lfp
(327 missing values generated)
. clonevar lfp_clone = lfp
(327 missing values generated)
```

原始变量 lfp 和新生成的变量 lfp_gen 的描述统计是一样的，但 lfp_gen 中没有取值标签和变量标签。而 lfp_clone 等同于 lfp：

```
. codebook lfp*, compact

Variable    Obs Unique      Mean  Min  Max  Label

lfp         753      2  .5683931    0    1  Paid labor force?
lfp_gen     753      2  .5683931    0    1
lfp_clone   753      2  .5683931    0    1  Paid labor force?
```

```
. describe lfp*

               storage   display     value
variable name   type     format      label       variable label

lfp            byte      %9.0g       lfp         Paid labor force?
lfp_gen        float     %9.0g                   
lfp_clone      byte      %9.0g       lfp         Paid labor force?
```

回到前面的那个示例中，你在创建或复制 var27 后，就可以对副本做改动。用 generate 类型，输入的是：

```
generate var27trunc = var27
replace  var27trunc = 100 if var27trunc>100 & !missing(var27trunc)
```

或者用 clonevar 类型，输入：

```
clonevar var27trunc = var27
replace  var27trunc = 100 if var27trunc>100 & !missing(var27trunc)
```

因为截短变量可能会从根本上影响到后期的分析结果，所以应该用不同的名字创建一个新变量。假设我不是要"真的"改变取值。假设变量 educ 用 99 来表示缺失值，我决定把这些缺失值改成英文句号"."，也就是系统缺失值。我真的需要为这次改动创建一个新变量吗？从某种意义上讲，我没有改变数据——缺失值还是缺失值。但是，你永远都不想冒这样的风险：改动过的变量和原始变量之间混淆不清。最简单的做法就是不管改动有多小，都创建一个新变量。在这里我用到了这些命令：

```
clonevar educV2 = educ
replace  educV2 = . if educV2==99
```

如果你要打破这一规则，结果可能是这样的：很难或不可能复制研究结果，在研究中发现不清楚之处或是错误。

5.6.2　变量命名体系

给变量命名有三种基本的体系：顺序命名体系、源命名体系和助记符命名体系[1]。三种体系各有所长，在实际中可以把三种结合起来使用。

顺序命名体系

顺序名用的是一个存根，存根后面是连续的数字。例如：2002 年国际社会调查项目（http://www.issp.org）用的变量名是 v1、v2、v3、…、v362。全美纵向调查用的变量名都以 R 开头，以七个数字结尾，如 R0000100、R0002203 和 R0081000。一些顺序名用的是填充数字（如 v007、v011、v121），其他则不是（如 v7、v11、v121）。Stata 的 aorder 命令（参见第 148 页）按字母顺序对名字做排序，实际上就是用 0 来填充它们，即使它们没有被填充。

顺序名中使用的数字可能对应的是问题被问的顺序，也可能对应的是数据的某个其他方面，也可能是无意义的。虽然通常是大数据集需要顺序命名，但这些名字不适合用来做数据分析。因为这样的名字不能反映其内容，很容易用错变量，也很难记住需要的变量的名字，还很难解释输出结果。例如，命令应该是这样的吗？

```
logit R0051400 R0000100 R0002203 R0081000
```

还是应该这样？

```
logit R00541400 R1000100 R0002208 R0081000
```

因为在用顺序名字时有用错变量的风险，所以我经常会参考一个关于变量名、描述统计和变量标签的打印列表，如 codebook,compact 的输出结果。

源命名体系

源变量名的信息来自原始变量名的一部分。一项调查中的前三个问题可能被命名为 q1、q2 和 q3。如果一个问题包含多个部分，变量就可能是 q4a、q4b 和 q4c。在更老的数据中，变量名能检索变量所在的卡片以及所在列（如 clc15）。用源变量名，可能会有一些不适用模型的变量，这就需要用一些不基于数据源的变量名。例如，也许有些变量里包含了数据收集地点的信息，也许有些变量来自询问的问题，这些问题没有被编号，不是调查工具的一部分。如果要用源变量名创建一个数据集，就一定要确保对要用到的所有变量做好命名计划。

和纯粹基于序列的变量名相比，基于源问题的名字更有用，因为这样的名字中涉及了问卷里的内容。但是，还是很难查看使用了源变量的模型设定，也很难确保选择的是正确的变量。

---

① 这里的讨论以 ICPSR（2005）的部分内容为基础。

助记符命名体系

助记符变量名用的是缩写，该缩写中包含了变量中的内容（如 id、female、educ）。我更喜欢用这样的命名体系，因为变量名中记录了部分命令和输出结果。像下面这个命令

```
logit lfp age educ kids
```

用起来会比这个

```
logit R0051400 R0000100 R0002203 R0081000
```

更容易，也比这个

```
logit q17 q31 q19 q02
```

更容易。

虽然助记符变量名有很多优点，但你要认真选择名字，因为要找到简短、清楚且有意义的变量名很难。匆忙创建的助记符变量名可能会有误导性，而且会很难用。

5.6.3 给命名做计划

如果你是自己收集数据，那么你应该在创建数据集之前计划好变量名。如果你是从一个数据集中抽取一部分变量，那么在抽取数据开始之前，你应该计划好需要哪些变量以及想怎样给这些变量重新命名。像全美纵向调查（NLS，http：//www. bls. gov/nls）或全美少年健康追踪调查（http：//www. cpc. unc. edu/addhealth）这样的大型数据集有成千上万个变量，你可能想从中抽取几百个变量。例如，伊莉莎·帕瓦尔科和我（Long，Pavalko，2004）用的就是全美纵向调查数据中有关功能受限的变量。我们抽取出用来测量九种功能受限的变量，每一种有四个模式和两个同期群，这样就有 200 多个量表。我们用了反复考虑才想出来的清楚且一致的变量名。

在给命名做计划的时候，要考虑到你将来要如何使用数据。项目越复杂，就需要把计划做得越细致。这个项目会持续几周还是几个月？你预计进行少量的分析还是复杂且详细的分析？你是唯一使用该数据的人还是会和其他人共享数据？你会添加新的数据或其他国家的数据进去吗？关于这些问题及类似问题的答案需要你在给命名做计划的时候就预先考虑好。

当关于如何给变量命名的总决策定好后，建议创建一个电子表格来帮助你做计划。例如，在一项关于污名（http：//www. indiana. edu/~sgcmhs）的研究中，我们收到了来自 17 个国家的调查中心的数据。每个中心给大部分变量用的是源变量名。为了创建助记符变量名，我们首先列出原始变量和问题。然后我们对所有的变量做了分类（例如，治疗问题、人口背景变量、社会距离测量）。之后，研究团队中的一名成员就把这

套助记符变量名发布了，并征求大家的意见，这套变量名马上就开始在成员间流通。经过几次反复后，我们提出了大家一致同意的变量名。图 5 – 3 是我们用过的大的电子表格的一部分（参见文件 wf5-names-plan. xls）：

	A	B	C	D
1	Question	Question ID	Proposed name	Variable Category
14	Question stem: What should NAME do about this situation:...			
15	...Talk to family	q2-1	tofam	treatment_option
16	...Talk to friends	q2-2	tofriend	treatment_option
17	...Talk to a religious leader	q2-3	torel	treatment_option
18	...Go to a medical doctor	q2-4	todoc	treatment_option
19	...Go to a psychiatrist	q2-5	topsy	treatment_option
20	...Go to a counselor or another mental health professional	q2-6	tocou	treatment_option
21	...Go to a spiritual or traditional healer	q2-7	tospi	treatment_option
22	...Take non-prescription medication	q2-8	tonpm	treatment_option
23	...Take prescription medication	q2-9	topme	treatment_option
24	...Check into a hospital	q2-10	tohos	treatment_option
25	...Pray	q2-11	topray	treatment_option
26	...Change lifestyle	q2-12	tolifest	treatment_option
27	...Take herbs	q2-13	toherb	treatment_option
28	...Try to forget about it	q2-14	toforg	treatment_option
29	...Get involved in other activities	q2-15	toothact	treatment_option
30	...Get involved in a group	q2-16	togroun	treatment_option

图 5 – 3　给变量名做计划的电子表格示例

5. 6. 4　选择名字的原则

虽然选择一种给变量命名的体系是第一步，但在选择变量名时还要考虑到其他的因素（参见文件 wf5-varnames. do）。

预计将来会查找变量

在确定变量名（和标签，在 5.7 节中会讨论）前，考虑一下将来如何在分析中查找变量。对大型数据集来说这一点尤为重要。在查找变量时，有两个方面需要考虑。第一，这些变量名和 Stata 中的 lookfor 命令怎么配合使用？第二，将来如何把这些变量名呈现在一个有序列表中？

命令 lookfor *string* 列出了所有变量名或变量标签中包含 *string* 的变量。当然，只有当你用的变量名和标签中包含了你可能要查找的内容时，lookfor 才有用。例如，如果我把三个代表 race 的指标命名为 raceblack、racewhite 和 raceasian，lookfor race 就会找到这些变量。例如：

```
. lookfor race
                 storage   display        value
variable name    type      format         label      variable label
racewhite        byte      %9.0g          Lyn        Is white?
raceblack        byte      %9.0g          Lyn        Is black?
raceasian        byte      %9.0g          Lyn        Is asian?
```

如果我用的名字是 black、white 和 asian，那么 lookfor race 就找不到它们，除非 race 是变量标签的一部分。需要在名字的简短性和可查找性之间做权衡。例如，如果我把 race 缩写成 rce 来创建一个更简短的名字，我必须记住用 lookfor rce 来查找这些变量，因为 lookfor race 是找不到它们的。

你可以给变量排序，这样它们在变量窗口中就会按照字母顺序排列显示（参见第 148 页关于 order 命令和 aorder 命令的讨论）。对查找变量来说，这样做会很方便，特别是当你想通过点击变量窗口的变量名把名字插入命令中时。当选择名字时，考虑一下在对这些名字排序后它们看起来会是什么样子。例如，假设我有几个用来测量一个人对与精神病患者的社会距离的偏好的变量。这些问题是关于各种不同类型的接触的，例如：把这个人当成朋友，让这个人和自己的亲戚结婚，和这个人一起工作，让这个人做自己的邻居，等等。我可以选择 friendsd、marrysd、worksd 和 neighbsd 做变量名。如果我给这些名字排序，变量就不是一个挨一个的了。如果我把这些变量命名为 sdfriend、sdmarry、sdwork 和 sdneighb，在一个按字母顺序排列的列表中，这些变量就会在一起显示。同样，raceblack、racewhite 和 raceasian 比 blackrace、whiterace 和 asianrace 更好用。如果有一些是关于教育获得的二分指标（例如，高中毕业、大学毕业），那么变量名 edhs、edcol 和 edphd 比 hsed、coled 和 phded 更好用。

使用简单、无歧义的名字

需要在名字的长短和它的清晰度之间做权衡。名字 1Q_23v 虽然简短，但很难记住也很难输入。像 socialdistancescale2 这样的名字很详细，但它太长了不好输入，而且在输出结果或把它转成其他格式时容易被截短。在一个大的数据集中，不可能找到能完全符合你的期望的名字，即看起来清楚，用起来方便。保持名字简短经常与让名字能被 lookfor 找到相冲突。但是，有了计划，就可以选择出比在没有预计后期使用情况的情况下创建的变量名更好用的名字。下面是在寻找简单有效的名字时要考虑的几件事情。

（1）使用更简短的名字。Stata 允许的变量名长度最大是 32 个字符，但在列出结果时，经常会截短长变量名。你不仅要考虑到一个名字的清晰度，而且要考虑到在输出时被截短后它还能有多清晰。例如，我生成了三个名字长度都是 32 个字符的变量，用 runiform() 函数把统一的随机数字分配给这些变量（参见文件 wf5-varnames.do）：

```
generate a2345678901234567890123456789012 = runiform()
generate a23456789012345678901234567890_1 = runiform()
generate a23456789012345678901234567890_2 = runiform()
```

在做分析时，这些名字就会被截短，截短后它们看起来很混乱：

```
. summarize

    Variable |       Obs        Mean    Std. Dev.       Min        Max
-------------+--------------------------------------------------------
  a23456789~12 |       100    .4718318    .2695077    .0118152   .9889972
  a234567890~1 |       100    .4994476    .2749245    .0068972   .9929506
  a23456789~_2 |       100    .4973259    .3026792    .0075843   .9889733
```

因为大多数的 Stata 命令至少能显示出名字中的 12 个字符，所以建议遵循下面的指导原则：

使用不超过 12 个字符的变量名。

对一个数据集中的原始变量而言，最好把变量名控制在 10 个字符以内，这样如果要修改变量，还有 2 个字符能用来表示版本。例如：

```
generate socialdistV2 = socialdist if socialdist>=0 & !missing(socialdist)
```

有些统计软件是不允许用长变量名的。例如，当我把上面的变量转成 LIMDEP（http：//www.limdep.com）格式的数据集时，变量名就会被改成 a2345678、a2345670 和 a2345671。检查这些转化后的变量名如何映射源变量名的唯一方法就是查看原始数据。如果我计划使用的软件把名字限定在 8 个字符以内，在 Stata 里我要么把变量名控制在 8 个字符以内，要么创建一个新的 Stata 数据集，在这个数据集中把变量名缩短。在对一个变量重新命名后，要修改该变量的标签以便能记录下原始变量名。例如：

```
rename socialdistance socdist
label var socdist "socialdistance \ social distance from person with MI"
```

或者：

```
rename socialdistance socdist
label var socdist "social distance from person with MI (socialdistance)"
```

现在如果要转换数据，我就能控制用过的变量名。

（2）使用清楚且一致的缩写。因为较长的变量名更难输入，而且有可能会被截短，所以我经常会用缩写作为变量名的一部分。例如，我可能会用 ed 作为 education 的缩写，生成的变量就是 ed_lths 和 ed_hs，而不是 educationlths 和 educationhs。但是，缩写本身就容易含糊不清。为了尽量让缩写清楚，要对缩写做好计划，而且在确定这些缩写前要听听同事的反馈。然后，要一直使用这些缩写，并把缩写列表当作项目记录文档的一部分。一个方便的办法就是用 5.8 节中讲到的 notes 命令。

（3）使用能传达内容的变量名。在其他条件相同的情况下，能传达内容的变量名和那些不传达内容的变量名相比更容易使用。像 educ 或 socdist 这样的变量名更容易使用，而且与诸如 q32part2 和 R003197 这样的名字相比出错的可能性更小。有一些其他的方法能让名字更有意义。对二分变量，建议名字代表的是编码为 1 的那个类别。例如，如果 0 是男性，1 是女性，那么最好命名为 female 而不是 gender。（当你查看关于性别的一个回归系数时，它反映的是男性还是女性的影响呢？）如果有很多量表用的是不同方向的编码（例如，scale1 的编码是 1＝不同意、2＝中立、3＝同意，但是 scale2 的编码是 1＝同意、2＝中立、3＝不同意），建议用能表示量表方向的名字。例如，我可能会使用的变量名是 sdist1P、sdist2N 和 sdist3N，这里的 N 和 P 代表负向编码（negative）和正向编码（positive）。

（4）小心大写。Stata 能区分出字母相同但大小写不同的名字。例如，educ、Educ 和 EDUC 是三个不同的变量。虽然在 Stata 里这样的名字是有效且不同的，但它们有可能会导致混淆。而且，一些统计软件是不区分大小写的。更糟糕的是，在不同格式间转换的程序可能会简单地把"多余"的变量删掉。当我把一个包含 educ、Educ 和 EDUC 变量的数据集转换成另一种不区分大小写的格式时，转换程序会删掉其中的两个变量，没有警告也没有说明保留的是哪一个变量！但是，我确实会用大写来强调信息。例如，我用 N 来表示负向编码量表，用 P 表示正向编码量表。因为大写能够强调这一点，所以我更喜欢用 scale1N 和 scale2P 而不用 scale1n 和 scale2p。我永远不会生成一对这样的变量：scale1n 和 scale1N。我用表 5－1 里的大写作为变量名中的标准缩写：

表 5－1 给变量命名时用大写字母的建议

字母	含义	示例
B	二元变量	highschlB
I	指标变量	edIhs，edIgths，edIcol
L	用于多个变量的取值标签	Lyesno
M	缺失数据的指标*	educM
N	负向编码量表	sdworkN
O	几乎等于 0，所以不用它	
P	正向编码量表	sdkidsP
S	未被改动的原始变量	educS；Seduc
V	给改动过的变量分配的版次号	marstatV2
X	临时变量	Xtemp

* 这些是二分变量，如果源变量缺失就等于 1，否则就等于 0。例如，如果 educ 缺失，educM 就等于 1，否则就等于 0。

在确定之前先试试这些变量名

选择有效的变量名和标签是一个反复的过程。在第一次做出选择后，检查一下这些变量名能不能被很好地用在预计会用到的 Stata 命令中。如果在 logit 的输出结果中变量名被截短或含混不清且你打算运行很多 logit 模型时，就要考虑用不同的变量名。

继续修改并试用变量名，直到令你满意为止。

5.7　给变量添加标签

变量标签是不超过 80 个字符的字符串，这些字符都与变量有关。很多命令的输出结果会列出这些标签，以便记录被分析的变量。变量标签很容易创建，而且可以减少大量混乱。关于变量标签，我的建议很简单：

每个变量都应该有一个变量标签。

如果你收到一个没有变量标签的数据集，就要把标签加上。在创建新变量时，一定要加上变量标签。很容易忘记给确定后期不会用到的变量添加标签。更常发生的情况是，这类变量都在保存好的数据集中（例如，创建变量的时候生成了一个临时变量，但后来忘记删除这个临时变量）。① 当你后来遇到这些没有加标签的变量时，可能已经忘了它们代表的是什么，而且也不愿删除它们。下面这种快速添加的标签能避免这类问题：

```
label var checkvar "Scott´s temp var; can be dropped"
```

在合作项目中，如果几个人都能添加变量，而且你不想删掉其他人需要的变量，这些零散变量的累积就会是一个更大的问题。从长远看，与花在弄清楚变量内容上的时间相比，用在加标签上的时间更少。

5.7.1　列出变量标签和其他信息

在考虑如何添加变量标签和选择标签的原则前，我想先看看用来检查变量标签的几种方法。为什么会需要带标签的变量列表？原因有很多——为一篇文章生成描述统计量表，为了让你想起计划用于分析的变量的名字，或者为了帮你清理数据（参见文件 wf5-varlabels.do）。

codebook, compact

命令 codebook,compact 能列出变量名、标签和一些描述统计量。语法是：

```
codebook [varlist] [if] [in], compact
```

限定符 *if* 和 *in* 让你能选择用于计算描述统计量的样本。这里是一个输出结果的示例：

---

① 避免保存临时变量的一种方法就是用 tempvar 命令。更多详细内容，请参见 help tempvar 或 [P] macro。

```
. codebook id tc1fam tc2fam tc3fam vignum, compact

Variable     Obs Unique       Mean   Min   Max  Label

id          1080  1080      540.5     1  1080  Identification number
tc1fam      1074    10   8.755121     1    10  Q43 How important is it to turn ...
tc2fam      1074    10   8.755121     1    10  Q43 How Impt: Turn to family for...
tc3fam      1074    10   8.755121     1    10  Q43 Family help important
vignum      1080    12   6.187963     1    12  Vignette number
```

如果变量标签的右边部分被截短，那么可以增加行的长度。例如，用命令 set line size 120。不幸的是，codebook 没有用来选择显示哪些统计量的选项，也没有方差测量。

describe

describe 命令能列出变量名、变量标签和变量的一些特征。语法是：

describe [*varlist*] [*if*] [*in*] [, simple fullnames numbers]

如果没有给出 *varlist*，就会列出所有变量。如果变量名很长，缺省的是在列表中截短的变量名。加上 *fullnames* 选项，就会列出完整的名字。选项 *number* 给变量加上了序号。要了解其他选项，请用 help describe。下面是一个缺省输出结果的示例：

```
. describe id tc1fam tc2fam tc3fam vignum
              storage  display    value
variable name  type    format    label     variable label

id            int      %9.0g                Identification number
tc1fam        byte     %21.0g    Ltenpt     Q43 How important is it to turn
                                              to family for help
tc2fam        byte     %21.0g    Ltenpt     Q43 How Impt: Turn to family for
                                              help
tc3fam        byte     %21.0g    Ltenpt     Q43 Family help important
vignum        byte     %35.0g    vignum   * Vignette number
```

storage type 告诉你用来保存该变量的小数位精度（更多详细内容，请参见第 249 页的 compress 命令）。显示格式非常合理地描述了一个变量被显示的方法。我从来都不担心这一点，因为 Stata 看起来能够弄清如何显示才好。但是，如果你对此很好奇，详细内容请参见 [U] 15.5 Formats：controlling how data are displayed。取值标签这一列列出了和每个变量有关的取值标签的名字（更多关于取值标签的内容，请参见 5.9 节）。星号"*"表示该变量中有一条注释（更多详细内容，请参见 5.8 节）。如果只想要变量名列表，加上 simple 这个选项。例如，要给你的数据集创建一个包含所有变量的列表，输入：

```
. describe, simple
id            tc1fam        tc2mhprof     Ed       var14
vignum        tc2fam        tc3mhprof     ED       var15
  （省略输出结果）
tcfam         tc1mhprof     ed            var13
```

或者，如果你要快速找到一个变量列表的简化符号中的所有变量，如 id-opdoc，输入：

```
. describe id-opdoc, simple
id        female    opnoth    opfriend  opdoc
vignum    serious   opfam     oprelig
```

nmlab

在 Stata 里，没有只列出变量名和变量标签的命令。因为我发现这样的列表很有用，所以把第 4 章的一个示例中用到的代码改编成了 nmlab 命令。简而言之，就是输入：

```
. nmlab id tc1fam tc2fam tc3fam vignum
id        Identification number
tc1fam    Q43 How important is it to turn to family for help
tc2fam    Q43 How Impt: Turn to family for help
tc3fam    Q43 Family help important
vignum    Vignette number
```

选项 number 给输出列表加上序号，选项 colnum(♯)能改变变量标签的开始列。正如下面讨论的，选项 vl 能加上取值标签的名字。只输入 nmlab 列出的是数据中的所有变量。

tabulate

这个命令能显示出变量标签和取值标签（参见 5.9.3 节）：

```
. tabulate tcfam, missing
```

Q43 How Impt: Turn to family for help	Freq.	Percent	Cum.
1Not at all Impt	9	0.83	0.83
2	4	0.37	1.20
3	11	1.02	2.22

（省略输出结果）

虽然 tabulate 命令不会截短长标签，但和更短的标签相比，更长的标签更难以理解：

```
. tabulate tcfamV2, missing
```

Question 43: How important is it to you to turn to the family for support?	Freq.	Percent	Cum.
1Not at all Impt	9	0.83	0.83
2	4	0.37	1.20
3	11	1.02	2.22

（省略输出结果）

变量窗口

因为变量标签会显示在变量窗口，所以我还要确认变量标签在这里也能正常显示。例如：

Variables	
Name	Label
id	Identification number
vignum	Vignette number
female	R is female?
serious	Q01 How serious is Xs problem
opnoth	Q02_00 X do nothing
opfam	Q02_01 X talk to family
opfriend	Q02_02 X talk to friends
oprelig	Q02_03 X talk to relig leader
opdoc	Q02_04 X see medical doctor
sdchild	Q15 Would let X care for children

如果变量标签在窗口中显示或者在变量名和标签开始位置之间有一大段空白，那么你需要改变标签的起始列。缺省是第 32 列，这就意味着你需要一个更宽的变量窗口，否则就看不到标签。在 Windows 系统和 Macintosh 系统中运行的 Stata10，可以用鼠标来调整列的大小。在 Unix 系统中，你可以用下面这个命令来改变分配给变量名的空间大小：

```
set varlabelpos #
```

这里的#表示最多可以显示多少个字符的变量名。一旦改变这个设置，后续这种改变会继续存在。因为我特地把变量名限制在 12 个字符以内，所以我把变量标签的位置设定为 12 个字符。

改变变量在数据集中的顺序

像 codebook、describe、nmlab 和 summarize 这样的命令是按照变量在数据中的顺序列出它们的。通过查看变量窗口或浏览数据（输入 browse 可以打开一个电子表格形式的数据视图），可以查看变量是怎样排序的。如果创建了一个新变量，它会被放在列表的最后。可以用命令 order、aorder 和 move 来改变变量的顺序。通过改变变量顺序能把常用的变量放在最前面，以便更容易通过变量窗口来点击它们。为了更容易找到变量，可以按字母顺序排列这些变量，把相关变量放在一起，还可以做一些其他类似的事情。aorder 命令把 *varlist* 中的变量按字母顺序排列。语法是：

```
aorder [varlist]
```

如果你没有指定 *varlist*，上述命令就会对所有变量按字母顺序排列。order 命令能把一组变量移到数据集中的最前面：

```
order varlist
```

要移动变量，用这个命令：

<u>mo</u>ve *variable-to-move target-variable*

这样，就能把 *variable-to-move* 移到 *target-variable* 的前面。对很多数据集，我都运行过这对命令：

aorder

order *id*

这里的 *id* 是包含 ID 号的变量。这样就能把除了 ID 以外的所有变量都按字母顺序排列，而 ID 会显示在最前面。要知道这些命令是如何运行的，最好的方法就是打开一个数据集，试试这些命令，并看看变量列表在变量窗口中是如何变化的。

5.7.2　给变量加标签的语法

现在我们已经知道如何查看变量标签了，之后就能创建标签。命令 label variable 能给变量赋予一个最多 80 个字符的文本标签。语法是：

<u>la</u>bel <u>var</u>iable *varname* "*label*"

虽然通常我不会用缩写，但我经常会用缩写 label var。它虽然更短，但仍然是清楚的。例如：

label var artsqrt "Square root of # of articles"

要移除标签，用的命令是：

<u>la</u>bel <u>var</u>iable *varname*

例如：

label var artsqrt

5.7.3　变量标签的原则

和变量名一样，通过规划可以创建出最有用的标签。在给标签做计划时，有几件事情需要考虑。

注意截短

变量标签可以长到足以提供基本的信息，但也可以短到让人迅速就能理解内容。虽然变量标签可以长到 80 个字符，但很多变量会截短超过 30 个字符的标签。因此，我建议：

把最重要的信息放在变量标签的前 30 个字符里。

如果用的是典型的、二手数据中的标签会怎么样呢？这里有一个相关示例。我收到的数据中用的标签只对调查问题做了一点压缩。例如，有一组问题问的是如果需要照顾，你会不会求助：

```
tc1fam      Q43 How important is it to turn to family for help
tc1friend   Q44 How important is it to turn to friends for help
tc1relig    Q45 How important is it to turn to a minister, priest, rabbi or other religious
tc1doc      Q46 How important is it to go to a general medical doctor for help
tc1psy      Q47 How important is it to go to a psychiatrist for help
tc1mhprof   Q48 How important is it to go to a mental health professional
```

这些标签太长了，对于从第 30 个字符开始就截短的命令来说，这样的标签是没用的。例如：

```
. codebook tc1*, compact

Variable    Obs Unique      Mean  Min  Max  Label

tc1doc     1074     10  8.714153    1   10  Q46 How important is it to go to ...
tc1fam     1074     10  8.755121    1   10  Q43 How important is it to turn t...
tc1friend  1073     10  7.799627    1   10  Q44 How important is it to turn t...
tc1mhprof  1045     10   7.58756    1   10  Q48 How important is it to go to ...
tc1psy     1050     10  7.567619    1   10  Q47 How important is it to go to ...
tc1relig   1039     10   5.66025    1   10  Q45 How important is it to turn t...
```

一组更好的标签看起来是这样的：

```
. codebook tc2*, compact

Variable    Obs Unique      Mean  Min  Max  Label

tc2doc     1074     10  8.714153    1   10  Q46 How Impt: Go to a gen med doc...
tc2fam     1074     10  8.755121    1   10  Q43 How Impt: Turn to family for ...
tc2friend  1073     10  7.799627    1   10  Q44 How Impt: Turn to friends for...
tc2mhprof  1045     10   7.58756    1   10  Q48 How Impt: Go to a mental heal...
tc2psy     1050     10  7.567619    1   10  Q47 How Impt: Go to a psych for Help
tc2relig   1039     10   5.66025    1   10  Q45 How Impt: Turn to a religious...
```

最终我们选择了更短的标签：

```
. codebook tc3*, compact

Variable    Obs Unique      Mean  Min  Max  Label

tc3doc     1074     10  8.714153    1   10  Q46 Med doctor help important
tc3fam     1074     10  8.755121    1   10  Q43 Family help important
tc3friend  1073     10  7.799627    1   10  Q44 Friends help important
tc3mhprof  1045     10   7.58756    1   10  Q48 MH prof help important
tc3psy     1050     10  7.567619    1   10  Q47 Psychiatric help important
tc3relig   1039     10   5.66025    1   10  Q45 Relig leader help important
```

考虑到我们很熟悉调查工具，所以这些标签能告诉我们想知道的所有信息。

虽然我发现短变量标签对分析来说最好用，但有时我想看看原始的标签。例如，我可能想验证一道问题是否被准确表达或想确切地了解这些分类是如何被加标签的。Stata 的命令 language 既可以用长且详细的标签来记录变量的信息，又可以用更适合输出结果的短标签。这一点在 5.10 节中会讨论。

在发布文件前检查标签

在创建好一套标签后，应该检查一下这些标签在诸如 codebook, compact 和 tabulate 等命令中的运行情况。如果你不喜欢输出结果中显示的标签，就试试不同的标签。重新运行检测命令，重复这个过程直到你满意为止。

5.7.4　暂时改变变量标签

有时我需要暂时改变或删除一个变量标签。例如，如果一个变量有标签 tabulate，就无法输出变量的名字。但是，在清理变量时，我经常会想知道变量名。为了查看 tabulate 输出结果中的变量名，需要移除变量标签，方法是给它分配一个空字符作为标签：

label variable *varname* ""

我可以用一个循环移除一组变量的标签（参见文件 wf5-varlabels. d0）：

```
. foreach varname in pub1 pub3 pub6 pub9 {
  2.      label var `varname´ ""
  3.      tabulate `varname´, missing
  4. }
      pub1 |      Freq.     Percent        Cum.
  ---------+-----------------------------------
         0 |         77       25.00       25.00
         1 |         75       24.35       49.35
         2 |         36       11.69       61.04
```
（省略输出结果）

另一个要暂时改变变量标签的理由是需要修改统计图中的标签。缺省时，用变量标签作为坐标轴的标签。

5.7.5　创建包含变量名的变量标签

最近，我经常会被问到这个问题："Stata 里有没有命令能把变量名放在变量标签的开始位置？"虽然 Stata 中没有能实现这一点的命令，但是用一个循环和一个局部宏很容易就能做到（参见文件 wf5-varname-to-label. do）[①]。现在是当前的标签：

```
. use wf-lfp, clear
(Workflow data on labor force participation \ 2008-04-02)
. nmlab
lfp    In paid labor force? 1=yes 0=no
k5     # kids < 6
k618   # kids 6-18
age    Wife´s age in years
wc     Wife attended college? 1=yes 0=no
hc     Husband attended college? 1=yes 0=no
lwg    Log of wife´s estimated wages
inc    Family income excluding wife´s
```

---

① 如果你想尝试用 ado 文件来创建自己的命令，我建议你写一个用来把变量名加到变量标签前面的命令。

为了看看为什么我想把变量名加到标签里，想想 tabulate 的输出结果：

```
. tabulate wc hc, missing

   Wife
attended    Husband attended
college?    college? 1=yes 0=no
1=yes 0=no   0_NoCol  1_College      Total

  0_NoCol       417        124        541
1_College        41        171        212

    Total       458        295        753
```

这样做的话，就能很方便地从表里找到变量名。通过把变量名加到变量标签的前面就能实现这一点。我一开始用 unab 给一个数据集中的变量创建了一个变量列表，在 Stata 里，_all 是 "内存中所有变量" 的缩写：

```
. unab varlist : _all
. display "varlist is: `varlist'"
varlist is: lfp k5 k618 age wc hc lwg inc
```

接下来，我在所有的变量中做循环：

```
1>  foreach varname in `varlist' {
2>      local varlabel : variable label `varname'
3>      label var `varname' "`varname': `varlabel'"
4>  }
```

第 2 行是一个扩展的宏函数，用局部宏 varname 中的变量的标签生成局部宏 varlabel。扩展宏函数在 5.11 节中会被广泛用到，它把关于变量、数据集、标签及其他事情的信息调出来，并把这些信息保存在一个局部宏里。这个命令从 local varlabel 开始，表示要创建一个名为 varlabel 的局部宏。冒号 ":" 类似于一个等号，告诉你局部宏的内容就是命令右边描述的内容。例如，local varlabel：variable label lfp 把变量 lfp 的标签分配给局部宏 varlabel。第 3 行创建了一个新的变量标签，该标签的开头是变量名（例如，`varname'），接着是一个冒号，然后是当前的标签（例如，`varlabel'）。下面是新的变量标签：

```
. nmlab
lfp    lfp: In paid labor force? 1=yes 0=no
k5     k5: # kids < 6
k618   k618: # kids 6-18
age    age: Wife's age in years
wc     wc: Wife attended college? 1=yes 0=no
hc     hc: Husband attended college? 1=yes 0=no
lwg    lwg: Log of wife's estimated wages
inc    inc: Family income excluding wife's
```

现在，如果我用 tabulate，就既能看到变量名也能看到它的标签：

```
. tabulate wc hc, missing
```

wc: Wife attended college? 1=yes 0=no	hc: Husband attended college? 1=yes 0=no		Total
	0_NoCol	1_College	
0_NoCol	417	124	541
1_College	41	171	212
Total	458	295	753

我已经改变了变量标签，但没有改变变量名。在通常情况下，我认为这么做是可以的。如果我想保留新的标签，就会把它们保存在一个新的数据集中。

5.8 给变量加注释

notes 命令能给变量附加一些信息，并把这些信息作为元数据保存在数据集中。在记录保存工作内容上，notes 命令非常好用，我强烈建议在创建新变量时添加注释。notes 命令的语法是：

<u>notes</u> [*varname*]: *text*

下面展示的是我在创建新变量时，通常是如何使用 notes 命令的。首先用 pub9 创建一个新的变量 pub9trunc，并给它添加一个变量标签（参见文件 wf5-varnotes. do）：

```
. generate pub9trunc = pub9
(772 missing values generated)
. replace pub9trunc = 20 if pub9trunc>20 & !missing(pub9trunc)
(8 real changes made)
. label variable pub9trunc "Pub 9 truncated at 20: PhD yr 7 to 9"
```

我用 notes 命令来记录该变量是如何被创建的，是用什么命令创建的、由谁创建的以及什么时候创建的：

```
. notes pub9trunc: pubs>20 recoded to 20 \ wf5-varnotes.do jsl 2008-04-03.
```

在我保存数据的时候，该注释也会被保存。后期，如果我想知道这个变量被创建的详细信息，可以运行命令：

```
. notes pub9trunc
pub9trunc:
  1.  pubs>20 recoded to 20 \ wf5-varnotes.do jsl 2008-04-03.
```

我还可以添加更长的注释（在 Small Stata 中注释最长可达 8 681 个字符，在其他版本中最长可达 67 784 个字符）。例如：

```
. notes pub9trunc: Earlier analyses (pubreg04a.do 2006-09-20) showed
> that cases with a large number of articles were outliers. Program
> pubreg04b.do 2006-09-21 examined different transformations of pub9
> and found that truncation at 20 was most effective at removing
> the outliers. \ jsl 2008-04-03.
```

现在，当我检查 pub9trunc 的注释时，就会看到两条注释：

```
. notes pub9trunc
pub9trunc:
  1. pubs>20 recoded to 20 \ wf5-varnotes.do jsl 2008-04-03.
  2. Earlier analyses (pubreg04a.do 2006-09-20) showed that cases with a large
     number of articles were outliers. Program pubreg04b.do 2006-09-21 examined
     different transformations of pub9 and found that truncation at 20 was most
     effective at removing the outliers. \ jsl 2008-04-03.
```

有了这些信息以及研究日志，我就能轻松重现如何创建这个变量以及为什么创建这个变量。

notes 命令有一个用来添加时间戳的选项。在 note 的文本中，被空格包围的字母 TS（代表 time stamp）会被日期和时间替换掉。例如：

```
. notes pub9trunc: pub9 truncated at 20 \ wf5-varnotes.do jsl TS
. notes pub9trunc in 3
pub9trunc:
  3. pub9 truncated at 20 \ wf5-varnotes.do jsl 3 Apr 2008 11:28
```

5.8.1 和 notes 有关的命令

列出注释

要列出一个数据中的所有注释，输入命令：

```
notes
```

要列出指定变量的注释，可以用命令：

```
notes list variable-list
```

如果一个变量有多条注释，这些注释都会被标上序号。要列出从第一个 start-# 到最后一个 end-# 的注释，输入：

```
notes list variable-list in start-#[/end-#]
```

例如，如果 vignum 有多条注释，可以只查看第二条和第三条注释：

```
. notes list vignum in 2/3
vignum:
  2. BGR - majority vs. minority = bulgarian vs. turk
  3. ESP - majority vs. minority = spaniard vs. gypsy
```

也可以用 codebook 命令的 notes 选项来列出注释。例如：

```
. codebook pub1trunc, notes
```

pub1trunc					(unlabeled)

```
                  type:  numeric (float)
                 range:  [0,20]                units:  1
         unique values:  17               missing .:  772/1080
                  mean:  2.53247
              std. dev:  3.00958
           percentiles:         10%      25%      50%      75%      90%
                                  0       .5        2        4        6
pub1trunc:
    1.  pubs# truncated at 20 \ wf5-varnotes.do jsl 2008-04-03.
```

移除注释

要去掉一个指定变量的注释，使用的命令是：

notes drop *variable-name* [in #[/#]]

选项 in # / # 可以指定要去掉哪条注释。例如，notes drop vignum in 2/3。

搜索注释

虽然 Stata 现在还没有用来搜索注释的命令，但是将来的 Stata 版本[1]已经把这个功能列入了计划。到目前为止，搜索注释的唯一方法就是打开一个 log 文件，然后输入：

notes

接着，关闭 log 文件，然后用一个文本编辑器来搜索 log 文件。

5.8.2 用宏和循环添加注释

在创建注释的时候，可以使用宏。例如，如果要给几个变量创建相似的注释，就可以用一个名为 tag 的局部宏来实现，这个局部宏里包含给每个变量的 tag 内容：

```
local tag "pub# truncated at 20 \ wf5-varnotes.do jsl 2008-04-09."
notes pub1trunc: `tag´
notes pub3trunc: `tag´
notes pub6trunc: `tag´
notes pub9trunc: `tag´
```

然后输入：

```
. notes pub*
pub1trunc:
    1.  pub# truncated at 20 \ wf5-varnotes.do jsl 2008-04-09.
pub3trunc:
    1.  pub# truncated at 20 \ wf5-varnotes.do jsl 2008-04-09.
（省略输出结果）
```

---

[1] Stata 12 及更高的版本已经具备了这个功能，搜索注释的命令是：notes search [*sometext*]。——译者注

使用宏的优点是能给每个变量都添加完全一样的信息。也可以用一个循环来添加注释。例如：

```
local tag "wf5-varnotes.do jsl 2008-04-09."
foreach varname in pub1 pub3 pub6 pub9 {
    clonevar `varname'trunc = `varname'
    replace  `varname'trunc = 20 if `varname'trunc>20 ///
        & !missing(`varname'trunc)
    label var `varname'trunc "`varname' truncated at 20"
    notes    `varname'trunc: `varname' truncated at 20 \ `tag'
}
```

5.9 取值标签

取值标签能够给变量的数值取值添加文本标签。添加取值标签的规则是：
除非变量本身具有某种内在的度量标准，否则类别变量都应该有取值标签。
虽然给某些变量（如家庭中的婴幼儿数量）添加取值标签几乎没有什么用处，但是应该给一个表示妻子有没有上过大学的变量添加取值标签。为了理解为什么取值标签很重要，看看 k5 和 wc 这两个变量，k5 代表的是家庭中的婴幼儿数目，wc 代表的是妻子有没有上过大学，编码为 0 和 1。如果没有取值标签，wc 和 k5 的频数分布结果如下（参见文件 wf5-vallabels.do）：

```
. tabulate wc_v1 k5
```

Did wife attend college?	# of children younger than 6				Total
	0	1	2	3	
0	444	85	12	0	541
1	162	33	14	3	212
Total	606	118	26	3	753

虽然在这里假定 1 代表"是"、0 代表"否"是合理的，但是如果输出结果看起来是这样的，又该如何呢？

```
. tabulate wc_v2 k5
```

Did wife attend college?	# of children younger than 6				Total
	0	1	2	3	
1	444	85	12	0	541
2	162	33	14	3	212
Total	606	118	26	3	753

取值标签给每个取值都附上了一个标签。这里用的这个标签既包含了取值，也包含了对类别的描述：

```
. tabulate wc_v3 k5
```

Did wife attend college?	# of children younger than 6				Total
	0	1	2	3	
0_No	444	85	12	0	541
1_Yes	162	33	14	3	212
Total	606	118	26	3	753

5.9.1　创建取值标签需要两步

Stata 通过两步来分配标签。第一步，label define 命令把标签和取值联系在一起，也就是定义标签。第二步，label values 命令把定义好的标签分配给一个或多个变量。

第 1 步：定义标签

在第一步里，定义一套标签，让这套标签和取值联系在一起，但并不指定哪些变量使用这些标签。对"是/否"题来说，其中"是"的编码是 1，"否"的编码是 0，可以这么定义：

```
label define yesno 1 yes 0 no
```

对于五段式的量表题来说，其中小的取值表示的是负面的回答，可以这么定义：

```
label define lowneg5 1 StDisagree 2 Disagree 3 Neutral 4 Agree 5 StAgree
```

对小取值代表正面回答的量表而言，可以这么定义：

```
label define lowpos5 1 StAgree 2 Agree 3 Neutral 4 Disagree 5 StDisagree
```

第 2 步：分配标签

在定义好标签后，用 label values 命令把定义好的标签分配给一个或多个变量。例如，因为 wc 和 hc 都是"是/否"题，所以可以把 yesno 标签用在这两个变量上：

```
label values wc yesno
label values hc yesno
```

或者，在最新版①的 Stata 10 里，可以用一个命令同时把标签分配给两个变量：

```
label values wc hc yesno
```

为什么要分两步？

通过两步来创建取值标签的主要优势就是有助于在多个变量间保持标签的一致性，而且当修改多个变量同时使用的标签时，还能够简化修改工作。举个例子，在调查中

---

①　翻译本书时最新版的 Stata 版本是 14.0。——译者注

经常会有很多的"是/否"变量，很多正向或负向排序的五段式量表。对这三种类型的变量而言，你需要三套标签定义：

```
label define yesno 0 No 1 Yes
label define neg5  1 StDisagree 2 Disagree 3 Neutral 4 Agree    5 StAgree
label define pos5  1 StAgree    2 Agree    3 Neutral 4 Disagree 5 StDisagree
```

如果把标签 yesno 分配给所有的"是/否"题，我们就知道这些题的标签都一模一样。同样的方法也适用于 neg5 和 pos5，可以同时把这两个标签分配给负向或正向的五段式量表。一次性定义标签能更准确地分配标签。

在改变取值标签时，这种两步式的方法也有其优势。假设想缩短标签，并让每个标签都以其对应的取值开头，你只需要用选项 modify 来改变既存的标签定义即可：

```
label define yesno 0 0No 1 1Yes, modify
label define neg5  1 1StDis    2 2Disagree 3 3Neutral ///
                   4 4Agree    5 5StAgree, modify
label define pos5  1 1StAgree  2 2Agree    3 3Neutral ///
                   4 4Disagree 5 5StDis, modify
```

修改后的标签会自动应用于所有使用这些标签的变量。

移除标签

要移除已经被分配的取值标签，可以用不指定标签的命令 label values。例如，要去掉已经分配给 wc 的 yesno 标签，输入：

```
label values wc
```

在 Stata10 里，可以用一个语法，在这个语法里用一个英文的句号来表示将要被去掉的标签：

```
label values wc .
```

虽然已经把标签 yesno 从 wc 里去掉了，但是这个标签定义并没有被删除，你还可以把这个标签定义用在其他的变量上。

5.9.2 创建取值标签的原则

如果你在创建标签之前就对其做好规划，就会节省很多时间，而且会得到更清楚的输出结果。这个计划应该确定哪些变量共享哪些取值标签，如何给缺失值添加标签，以及标签里放什么内容。在规划标签时，要考虑到下面这些事情。

（1）标签要简短

由于某些命令会截短取值标签，最明显的就是 tabulate 和 tab1，所以我的建议是：*取值标签不应该超过 8 个字符*。

这里给出了一个示例，展示的是在使用更长的标签后会发生什么事情。我提前创建了两个标签定义，可以用它们给测量社会距离的变量添加取值标签（参见文件 wfvallabels. do）：

```
. labelbook sd_v1 sd_v2
```
_____
```
value label sd_v1
```
（省略输出结果）
```
    definition
            1    Definitely Willing
            2    Probably Willing
            3    Probably Unwilling
            4    Definitely Unwilling

    variables:  sdchild_v1
```
_____
```
    value label sd_v2
```
（省略输出结果）
```
    definition
            1    1Definite
            2    2Probably
            3    3ProbNot
            4    4DefNot

    variables:  sdchild_v2
```

定义 sd_v1 用的标签和问卷中的措辞完全一样，这些标签被分配给了变量 sdchild_
v1。标签 sd_v2 更短，同时把类别序号加进了标签里，这些标签被分配给了变量
sdchild_v2。在使用 tabulate 命令时，原始的标签定义就毫无意义了：

```
. tabulate female sdchild_v1
      R is  |        Q15 Would let X care for children
  female?   | Definitel  Probably    Probably  Definitel  |     Total
  ----------+-----------------------------------------------+----------
     0Male  |        41         99         155        197  |       492
   1Female  |        73         98         156        215  |       542
  ----------+-----------------------------------------------+----------
     Total  |       114        197         311        412  |     1 034
```

但是，sd_v2 的定义就好很多：

```
. tabulate female sdchild_v2
      R is  |        Q15 Would let X care for children
  female?   | 1Definite  2Probably    3ProbNot    4DefNot  |     Total
  ----------+-----------------------------------------------+----------
     0Male  |        41         99         155        197  |       492
   1Female  |        73         98         156        215  |       542
  ----------+-----------------------------------------------+----------
     Total  |       114        197         311        412  |     1 034
```

（2）要包含类别对应的数字

在查看频数分布结果时，你经常想知道的是数字取值对应的类别。可以用 tabulate
命令的选项 nolabel 查看与标签相关的取值，但这样做就会看不到标签。例如：

```
. tabulate sdchild_v1, nolabel
```

Q15 Would let X care for children	Freq.	Percent	Cum.
1	114	11.03	11.03
2	197	19.05	30.08
3	311	30.08	60.15
4	412	39.85	100.00
Total	1 034	100.00	

更好的解决办法是使用既包含了标签也包含了每个类别取值的标签，就像标签 sd_v2那样。

把取值加到取值标签里

让取值标签中包含数字取值的一个方法是在定义标签的时候就把数字取值加进去（参见文件 wf5-vallabels. do）：

```
label define defnot 1 1Definite 2 2Probably 3 3ProbNot 4 4DefNot
```

如果已经定义了标签，而且定义的标签没有包含取值，可以用 numlabel 命令把取值加进去。假设你使用的是下面这些标签：

```
label define defnot 1 Definite 2 Probably 3 ProbNot 4 DefNot
```

要想把取值加在标签的前面，你可以用下面这个命令：

```
numlabel defnot, mask(#) add
```

在解释这个命令之前，先看看这些新的标签：

```
. label val sdchild defnot
. tabulate sdchild
```

Q15 Would let X care for children	Freq.	Percent	Cum.
1Definite	114	11.03	11.03
2Probably	197	19.05	30.08
3ProbNot	311	30.08	60.15
4DefNot	412	39.85	100.00
Total	1 034	100.00	

命令 numlabel 的选项 mask()控制的是如何添加取值。选项 mask（♯）只能添加数字（例如，1Definite）；mask（♯_）添加的数字后面都跟着一个下划线（例如，1_Definite）；mask（♯.）添加的数字后面跟着一个英文的句号和一个空格（例如，1. Definite）。

可以用选项 remove 移除标签中的取值。例如，用 numlabel defnot, mask（♯ _）remove就能把带下划线的取值从标签中去掉。

在添加数字之前创建新的标签

numlabel 命令改变了既存标签。一旦标签被改动，原始标签就再也不会出现在数据中了。如果想复制之前的结果，这样的改变就会成为一个问题。用 label copy 命令可以解决这个问题，它能够生成原始标签的副本，在 2008 年 2 月 25 日更新的 Stata10 版本中添加了该命令。例如，我可以创建一套新的、名为 defnotNew 的标签定义，该标签是 defnot 的一个完整副本：

```
label copy defnot defnotNew
```

然后，我修改副本，并保持原始标签不变：

```
. numlabel defnotNew, mask(#_) add
. label val sdchild defnotNew
. tabulate sdchild
```

Q15 Would let X care for children	Freq.	Percent	Cum.
1_Definite	114	11.03	11.03
2_Probably	197	19.05	30.08
3_ProbNot	311	30.08	60.15
4_DefNot	412	39.85	100.00
Total	1 034	100.00	

要想把原始标签再分配给变量，可以输入：

```
. label val sdchild defnot
. tabulate sdchild
```

Q15 Would let X care for children	Freq.	Percent	Cum.
Definite	114	11.03	11.03
Probably	197	19.05	30.08
ProbNot	311	30.08	60.15
DefNot	412	39.85	100.00
Total	1 034	100.00	

（3）避免特殊字符

虽然 label define 命令允许标签里包含空格和类似 ".""：""＝""％""@""{""}" 这样的符号，但是某些命令（例如，hausman 命令）在使用这样的标签时会出现问题。为避免出现这样的问题，建议只使用字母、数字、连字符和下划线。如果想包含空格，就必须用引号把标签引起来。例如，这里就需要引号：

```
label define yesno_v2 1 "1 yes" 0 "0 no"
```

但是这样就不需要引号：

```
label define yesno_v3 1 1_yes 0 0_no
```

（4）记录标签被用在哪里

如果记不清哪些标签被分配给哪些变量，这种分两步添加标签的方法会引发问题。假设变量 female 的编码 1 代表女性、0 代表男性，变量 lfp 的编码 1 代表是劳动力、0 代表不是劳动力。可以用 yes 和 no 同时给两个变量添加标签：

```
label define twocat 0 No 1 Yes
label values lfp female twocat
```

在做这两个变量的频数分布时，我得到的就是我想要的表格：

```
. tabulate female lfp
```

R is	Paid labor force?		
female?	No	Yes	Total
No	149	196	345
Yes	176	232	408
Total	325	428	753

后来，我决定给变量 female 分配的标签是 0male 和 1female，这将会更方便。我对标签定义做了修改，但我忘记了 lfp 使用的标签也是 twocat：

```
label define twocat 0 0_Male 1 1_Female, modify
```

这样的改动对变量 female 没有影响，但在变量 lfp 上出现了问题：

```
. tabulate female lfp
```

R is	Paid labor force?		
female?	0_Male	1_Female	Total
0_Male	149	196	345
1_Female	176	232	408
Total	325	428	753

为了记录一个标签是被用在一个变量上还是被用在很多变量上，书中使用的是下面这些规则：

如果一个取值标签只分配给了一个变量，这个标签的名字就应该和该变量的名字一样。

如果一个取值标签被分配给了多个变量，这个标签的名字就应该以 L 开头。

例如，我定义标签 label define female 0 0_Male 1 1_Female，并把标签分配给变量 female。我定义标签 label define Lyesno 1 1_Yes 0 0_No 来提醒自己如果改变了 Lyesno

的定义，就需要验证这种改变对使用了这套定义的所有变量是否都适用。

5.9.3　清理取值标签

有几个命令可以更轻松地检验和修改取值标签。命令 describe 和 nmlab 能够列出变量名及其对应的取值标签。命令 codebook, problems 能够搜索出数据中的各种问题，包括和取值标签相关的一些问题。这里强烈建议使用这个命令（详见 6.4.6 节）。还有两个命令能够提供标签列表。命令 label dir 能够列出所有已经定义的取值标签的名字。举个例子：

```
. label dir
vignum
serious
female
wc_v3
Lyesno
Ldefnot
Ltenpt
lfp
Lyn
```

这个列表中包含了所有已经定义的标签，即使我还没有用 label values 把这些标签分配给变量。命令 labelbook 列出了所有的标签、标签特征以及标签被分配给了哪些变量。例如：

```
. labelbook Ltenpt
```

```
value label ˜Ltenpt
```

values		labels	
range:	[1,10]	string length:	[6,16]
N:	5	unique at full length:	yes
gaps:	yes	unique at length 12:	yes
missing .*:	3	null string:	no
		leading/trailing blanks:	no
		numeric -> numeric:	no
definition			
1	1Not at all_Impt		
10	10Vry Impt		
.a	.a_NAP		
.c	.c_Dont know		
.d	.d_No ansr, ref		
variables:	tcfam tc1fam tc2fam tc3fam tc1friend tc2friend tc3friend		
	tc1relig tc2relig tc3relig tc1doc tc2doc tc3doc tc1psy tc2psy		
	tc3psy tc1mhprof tc2mhprof tc3mhprof		

5.9.4　统一缺失值标签

缺失值的标签需要认真考虑。Stata 用的是系统缺失值"."和 26 个扩展缺失值"."a"～".z"（关于缺失值的更多内容，请参阅 6.2.3 节）。用多种不同的缺失值就能够根据缺失的原因来做编码。例如：

- 调查对象不知道答案。
- 调查对象拒绝回答。
- 因为引导性问题被拒绝，调查对象没有回答这道问题。
- 对调查对象而言，这道题目不适用（例如，问一个小孩子他家有几辆汽车）。
- 没有问调查对象这道问题（例如，随机指派谁来回答哪一道问题）。

为避免混淆，可以用相同的缺失值编码来表示题目中出现的同样的问题。如果是自己收集数据，在制定数据的编码规则时就可以考虑这件事。如果使用的是别人收集的数据，也许能找到数据中使用的相同编码，又或者需要重新分配缺失值以便让所有的缺失值都统一（参见 5.11.4 节中的示例）。在工作中，我通常会根据表 5-2 给不同的缺失原因分配不同的缺失值编码：

表 5-2 　　　　　　　　　　　对扩展缺失值编码含义的建议

字母	含义	示例
.	未指明的缺失值	没有具体缺失原因的缺失值
.d	不知道	调查对象不知道答案
.l	-不要使用这个编码-	l（小写的 L）和 1（数字 1）看起来非常相似，所以避免使用它们
.n	不适用	只问成年人这道问题
.p	预问题被拒答	没有回答某道题目是因为调查对象没有回答引导性问题
.r	拒绝回答	调查对象拒绝回答问题
.s	因为跳答而被跳过	基于对前一题的回答，不用问后一题
.t	技术问题	从问卷中读入数据时出错

5.9.5 分配取值标签时使用循环

在给多个变量添加同一套标签时，foreach 命令非常高效。假设要把四段式变量 sdneighb、sdsocial、sdchild、sdfriend、sdwork 和 sdmarry 都重新编码成二分变量，表示调查对象同意或不同意这道问题。首先，定义一个新的标签（参见文件 wf5-vallabels. do）：

```
label define Lagree 1 1_Agree 0 0_Disagree
```

然后，用一个 foreach 循环创建新变量并添加标签：

```
1>  foreach varname in sdneighb sdsocial sdchild sdfriend sdwork sdmarry {
2>      display       _newline "--> Recoding variable `varname'" _newline
3>      clonevar      B`varname' = `varname'
4>      recode        B`varname' 1/2=1 3/4=0
5>      label values  B`varname' Lagree
6>      tabulate      B`varname' `varname', miss
7>  }
```

第 1 行创建了一个名为 varname 的宏，这个宏里包含了所有要重新编码的变量的名字。对 varname 第一次循环的是变量 sdneighb。第 2 行显示了一个标题，表明正在处理的是哪一个变量（下面将会给出输出结果示例）。指令_newline 用于添加一个空白行来提高可读性。第 3 行创建变量 Bsdneighb，该变量是原始变量 sdneighb 的一个副本；除了变量名，这两个变量的其他方面都一模一样。第 4 行把取值 1 和 2 编成 1，取值 3 和 4 编成 0。第 5 行把取值标签 Lagree 分配给 Bsdneighb。第 6 行做出新变量 Bsdneighb 和原始变量 sdneighb 的频数表。第 7 行结束该循环。第一个循环的输出结果是：

```
--> Recoding variable sdneighb
(20 missing values generated)
(Bsdneighb: 670 changes made)
```

Q13 Would have X as neighbor	Q13 Would have X as neighbor					Total
	1Definite	2Probably	3ProbNot	4DefNot	.c_DK	
0_Disagree	0	0	133	61	0	194
1_Agree	390	476	0	0	0	866
.c	0	0	0	0	20	20
Total	390	476	133	61	20	1 080

信息 20 missing values generated 的意思是在复制变量 Bsdneighb 时原始变量中有 20 个包含缺失值的案例。虽然变量 sdneighb 的取值 .c 有标签 .c_DK，但是重新编码的变量的取值标签里是没有 .c 的标签的。可以修改这套标签定义，把这个标签加进去：

```
label define Lagree 1 1_agree 0 0_disagree .c .c_DK .d .d_NA_ref, modify
```

recode 命令生成信息 Bsdneighb:670 changes made，该信息表明在重新编码的过程中有多少被改动的案例。你可以通过添加注释和变量标签来改进程序：

```
 1>  local tag "wf5-vallabels.do jsl 2008-04-03."
 2>  foreach varname in sdneighb sdsocial sdchild sdfriend sdwork sdmarry {
 3>      display     _newline "--> Recoding variable `varname'" _newline
 4>      clonevar    B`varname' = `varname'
 5>      recode      B`varname' 1/2=1 3/4=0
 6>      label values B`varname' Lagree
 7>      notes       B`varname': "Recode of `varname' \ `tag'"
 8>      label var   B`varname' "Binary version of `varname'"
 9>      tabulate    B`varname' `varname'
10>  }
```

第 1 行创建了一个宏，在第 7 行的注释中用到了这个宏。第 8 行中的变量标签描述了该变量的出处。

5.10 使用多种语言

Stata 里的多种语言设置允许在同一个数据中保存多套标签。最明显的就是可以使用多种语言做标签。例如，我已创建了一个包含西班牙语、英语和法语标签的数据（后面会讨论如何实现这一点）。如果想要英语标签，我就选择这套标签，然后像平时那样运行这些命令即可（参见文件 wf5-language. do）：

```
. use wf-languages-spoken, clear
(Workflow data with spoken languages \ 2008-04-03)
. label language english
. tabulate male, missing
```

Gender of respondent	Freq.	Percent	Cum.
0_Women	1 227	53.51	53.51
1_Men	1 066	46.49	100.00
Total	2 293	100.00	

如果我想要法语标签，那么指定法语标签即可：

```
. label language french
. tabulate male, missing
```

Genre de répondant	Freq.	Percent	Cum.
0_Femmes	1 227	53.51	53.51
1_Hommes	1 066	46.49	100.00
Total	2 293	100.00	

在第一次查看 label language 这个命令时，我以为它只能用像法语和德语这样的语言术语。当我对阿尔弗雷德·金赛（Alfred Kinsey）收集的数据做文书档案管理时，遇到了这样的问题：原始数据中的某些标签或存在不一致的地方，或有一些小错误。我们想解决这些问题，但同时也想保存原始的标签。解决的办法就是使用多种语言。我们让 label language original 里保存之前的标签，而 label language revised 里包含的是改动过的标签。同样，你可以给自己的数据创建一套短标签和一套长标签。长标签里包含的是和调查工具匹配的标签。短标签使用的是分析起来更高效的标签。

5.10.1 针对不同的书面语言使用不同的标签语言

要创建一种新的语言，需要为这种新的语言指定一个名字，然后像平时那样创建标签即可。我用一个简单的示例来展示如何创建这样的标签。首先，载入一个只有英文标签的数据，加入法语和西班牙语标签：

```
. use wf-languages-single, clear
. * french
. label language french, new
. label define male_fr 0 "0_Femmes" 1 "1_Hommes"
. label val male male_fr
. label var male "Genre de répondant"
. * spanish
. label language spanish, new
. label define male_es 0 "0_Mujeres" 1 "1_Hombres"
. label val male male_es
. label var male "Género del respondedor"
```

这样，在保存数据时，标签就会以三种语言的形式被保存下来。据我所知，Stata
是唯一一种可以同时使用多种语言的数据格式。如果要把一个包含多种语言的 Stata 数
据转换成另一种数据格式，必须为每一种语言分别创建一个独立的数据。

5.10.2 针对短标签和长标签使用 label language

要想在与数据来源匹配的标签（如调查工具）和方便分析的标签之间进行权衡，
Stata 的 label language 功能是一个很棒的解决方法。为方便分析，通常更短一点的标
签会更好用，但为了做好文档记录，又需要准确地知道这些问题的具体问法。这里有
一个关于如何用 label language 解决这种两难困境的简单示例。首先，下载一个数据，
把原始问卷中使用的标签作为原始语言（参见文件 wf5-language. do）：

```
. use wf-languages-analysis, clear
(Workflow data with analysis and source labels \ 2008-04-03)
. label language source
```

用命令 describe 查看下面这两个变量：

```
. describe male warm

              storage  display   value
variable name type     format    label    variable label

male          byte     %10.0g    Smale    Gender
warm          byte     %17.0g    Swarm    A working mother can establish
                                          just as warm and secure a
                                          relationship with her c
```

这时，取值标签都以 S 开头，我用 S 来表示这些标签是原始（source）标签。如果
对这两个变量做频数分布表，输出结果中使用的就是原始标签了：

```
. tabulate male warm, missing

         A working mother can establish just as warm
         and secure a relationship with her c
Gender   Strongly    Agree   Disagree   Strongly       Total

Female        139      323        461        304       1 227
Male          158      400        395        113       1 066

Total         297      723        856        417       2 293
```

这些标签都太长了，不好用。接下来我把标签转换到我为了分析数据而创建的标签中：

```
. label language analysis
. describe male warm

              storage   display      value
variable name  type    format      label       variable label

male          byte    %10.0g      Amale       Gender: 1=male 0=female
warm          byte    %17.0g      Awarm       Mom can have warm relations with
                                                  child?
```

这时，取值标签和变量标签已经被改变了。现在做这两个变量的频数分布，输出结果看起来就更加清楚了：

```
. tabulate male warm, missing

  Gender:
  1=male    Mom can have warm relations with child?
  0=female    1_SD      2_D       3_A       4_SA      Total

  0_Women     139       323       461       304       1 227
  1_Men       158       400       395       113       1 066

  Total       297       723       856       417       2 293
```

如果我需要原始标签，那么只需要简单地把命令改成 label language source 即可。

关于变量和取值标签里的解释

在使用多种语言时，变量和取值标签二者之间有一个重要的不同之处。在上面修改为 analysis 语言后，我只需要简单地创建新的变量标签即可。但是对取值标签而言，我必须用与之前不同的名字来定义标签。例如，在数据 wf-language-analysis. dta 里，分配给 warm 的标签名字是 Swarm（这里的 S 表示这是一个原始标签）。在 analysis 语言中，给标签的名字是 Awarm。在使用多种语言时，必须给每一种语言都创建一套新的取值标签定义方可。

5.11 一个关于名称和标签的工作流程

本节给出了一个扩展示例，该示例解释的是如何使用第 4 章中介绍的自动化工具来修改名称和标签。这个示例来自伯妮斯·佩斯科索利多（Bernice Pescosolido）和杰克·马丁做的一个研究，该研究的基础是关于污名和心理健康的 17 国调查。我们收到的数据里的变量名都是非助记符，但变量标签和问卷里的陈述密切相关。初始分析结果显示变量名之间不一致，而且由于在输出结果中标签经常被截短或有不清楚的地方，所以有些标签有一定的误导性。因此，我们对变量名和标签进行了大规模的修改，这次修改花费了几个月的时间才完成①。

因为要修改 17 个国家的数据，这些数据中包含了成千上万个变量，所以我们花费了大量的时间用于该项工作的规划和所用方法的完善。该项工作需要输入成千上万个 rename、label variable、label define 和 label values 命令，为了加快这个过程，我们用自动化工具创建虚拟命令，这些虚拟命令是所需命令的起点。为了能够理解本节的余下内容，你必须理解如何使用虚拟命令。假设我需要下面这些 rename 命令：

```
rename atdis    atdisease
rename atgenes  atgenet
rename ctxfdoc  clawdoc
rename ctxfhos  clawhosp
rename ctxfmed  clawpmed
```

我没有从头开始输入每一条命令，而是创建了一系列虚拟的 rename 命令，如下所示：

```
rename atdis    atdis
rename atgenes  atgenes
rename ctxfdoc  ctxfdoc
rename ctxfhos  ctfxhos
rename ctxfmed  ctxfmed
```

我通过对虚拟命令的修改来创建所需的命令。在开始讨论具体细节之前，我想先讲讲 5 个步骤的概况以及所需的 11 个 do 文件。

第 1 步：为修改做计划

第一步是为新的变量名和标签做规划。我从当前的一系列名称和标签开始：

参见文件 wf5-sgc1a-list.do：列出原始数据 wf-sgc-source.dta 里的名称和标签。

把这些信息导出到一张电子表格中，该电子表格被用于做修改规划。为了确定做哪些修改，我查看了一下当前名称和标签如何在 Stata 输出结果中显示：

参见文件 wf5-sgc1b-try.do：tabulate 用命令来查看变量名和标签。

第 2 步：存档、克隆和重新命名

在修改之前，我先给原始数据做了备份。我由于想在修改过的数据中仍然保留原始变量，所以对原始变量进行了克隆：

———————————

① 每个国家的数据中都包含约 150 个变量，根据不同国家的实际情况，有些变量的内容会有一定的改变。对第一个国家，我们的数据管理员估计要用一个月的时间来修改变量名和标签并完成数据的检验。对后面的国家，我们花费了 4~5 天的时间。用于这个示例的数据是虚构的，但是和真实数据在变量名、标签和内容上是相似的，该真实数据尚未发布。

参见文件 wf5-sgc2a-clone.do：我加入了克隆变量并生成数据 wf-sgc01.dta。

接下来，我创建了一个包含虚拟 rename 命令的文件：

参见文件 wf5-sgc2b-rename-dump.do：生成一个包含 rename 命令的文件。

我对包含 rename 命令的文件做了修改，用它来给变量重新命名：

参见文件 wf5-sgc2c-rename.do：给变量重新命名并生成数据 wf5-sgc02.dta。

第 3 步：修改变量标签

我用原始的变量标签来创建虚拟命令：

参见文件 wf5-sgc3a-varlab-dump.do：用一个循环和一些扩展函数创建一个包含 label variable 命令的文件。

在添加新标签之前，我先把原始标签保存成一个名为 original 的第二语言。之后，我把修改过的标签保存成系统缺失语言：

参见文件 wf5-sgc3b-varlab-revise.do：创建原始（original）语言用来存储原始变量标签，把修改后的标签保存成系统缺失标签，并用其生成数据 wf-sgc03.dta。

第 4 步：修改取值标签

和改动变量标签相比，改变取值标签更加复杂，因为创建取值标签需要两步才能完成。首先，我通过检查既存取值标签来确定哪些变量可以共享同一套取值标签并确定如何处理缺失值：

参见文件 wf5-sgc4a-vallab-check.do：列出既存取值标签供参考。

为了创建新的取值标签，我创建了虚拟的 label define 和 label values 命令：

参见文件 wf5-sgc4b-vallab-dump.do：创建一个包含 label define 和 label values 命令的文件。

用修改过的取值标签命令创建一个新的数据：

参见文件 wf5-sgc4c-vallab-revise.do：把新加的取值标签保存成系统缺失的语言，并保存成数据 wf-sgc04.dta。

第 5 步：检验做过的改动是否正确

在完成修改之前，我会让研究团队中的每个人都来查看一下这些修改过的变量名和标签是否正确，然后再根据需要，把第 2~4 步中的工作再重做一遍。

参见文件 wf5-sgc5a-check. do：用 Stata 里的命令来检查名称和标签。

当所有人都认为新的名称和标签没问题时，我就会发布 wf-sgc04. dta、相关的 do 文件以及数据。

记住这个大概的工作流程，接下来我就要深入细致地讨论这个修改过程。

5. 11. 1　第 1 步：查看原始数据

第 1a 步：列出当前的名称和标签

首先，我下载了原始数据并检查了数据签名（参见文件 wf5-sgc1a-list. do）：

```
. use wf-sgc-source, clear
(Workflow data for SGC renaming example \ 2008-04-03)
. datasignature confirm
  (data unchanged since 03apr2008 13:25)
. notes _dta
_dta:
  1.  wf-sgc-source.dta \ wf-sgc-support.do jsl 2008-04-03.
```

unab 命令生成了一个名为 varlist 的宏，这个宏里包含了所有变量的名字：

```
. unab varlist : _all
. display "`varlist´"
id_iu cntry_iu vignum serious opfam opfriend tospi tonpm oppme opforg atdisease
> atraised atgenes sdlive sdsocial sdchild sdfriend sdwork sdmarry impown imptre
> at stout stfriend stlimits stuncom tcfam tcfriend tcdoc gvjob gvhealth gvhous
> gvdisben ctxfdoc ctxfmed ctxfhos cause puboften pubfright pubsymp trust gender
> age wrkstat marital edudeg
```

有了这个变量列表，我就可以每次循环处理一个变量，并显示该变量的名字、取值标签和变量标签。在生成这个列表之前，我先用命令 set linesize 120 把行宽设置成 120 个字符，这样长的变量标签就不会被隐藏显示。下面是这个循环：

```
1>  local counter = 1
2>  foreach varname in `varlist´ {
3>      local varlabel : variable label `varname´
4>      local vallabel : value label `varname´
5>      display "`counter´." _col(6) "`varname´" _col(19) ///
 >          "`vallabel´" _col(32) "`varlabel´"
6>      local ++counter
7>  }
```

在解释这个循环之前，先看看下面这个输出结果，它有助于理解该循环：

```
1.   id_iu                          Respondent Number
2.   cntry_iu    cntry_iu           IU Country Number
3.   vignum      vignum             Vignette
4.   serious     serious            Q1 How serious would you consider Xs situation to be?
5.   opfam       Ldummy             Q2_1 What X should do:Talk to family
6.   opfriend    Ldummy             Q2_2 What X should do:Talk to friends
7.   tospi       Ldummy             Q2_7 What X should do:Go to spiritual or traditional healer
8.   tonpm       Ldummy             Q2_8 What X should do:Take nonprescription medication
```
(output omitted)

现在返回到程序中。程序的第 1 行启动了一个计数器，用来给变量加序号。第 2 行从宏 varlist 中的变量名开始逐个循环，并生成名为 varname 的宏，这个宏里存储的是现有变量的名字。第 3 行是一个扩展的宏函数，它能生成一个局部宏 varlabel，这个局部宏里保存的是宏 varname 里的变量的变量标签（详见第 152 页）。第 4 行用另一个扩展局部宏来检索现有标签定义的名字。第 5 行显示输出结果，第 6 行让计数器加 1，第 7 行结束该循环。

虽然我可以用这个列表对想做的修改进行规划，但是我更倾向于用电子表格，因为在电子表格里我可以对这些信息进行排序并添加注释。为了把这些信息移到一个电子表格里，我创建了一个文本文件，在这个文本文件里用分隔符（例如，指定一个符号用来表示一个新的数据列）把不同的数据列分开。虽然通常用逗号作为分隔符，但是我用的是分号，因为有些标签里本身就包含逗号。我创建的这个文件的前 5 行，如下所示：

```
Number;Name;Value label;Variable labels
1;id_iu;;Respondent Number
2;cntry_iu;cntry_iu;IU Country Number
3;vignum;vignum;Vignette
4;serious;serious;Q1 How serious would you consider Xs situation to be?
```

为了创建一个文本文件，我需要让操作系统打开一个名为 wf5-sgc1a-list. txt 的文件。写入这个文件的命令引用的一个简短的名字，或你要用的一个外号，被叫作*文件句柄*（file handle）。我选择 myfile 作为文件句柄。这就意味着引用 myfile 和引用 wf5-sgc1a-list. txt 是一样的。在打开 myfile 之前，我需要确认这个文件不是处于打开状态。我用命令 capture file close myfile 来查看，这个命令告诉操作系统关闭所有名为 myfile 的且已经被打开的文件。当试图关闭一个没有打开的文件时系统会报错，capture 的意思就是如果该文件没有被打开，那么忽视由此产生的错误。接下来，我用命令 file open 创建了一个文件：

```
capture file close myfile
file open myfile using wf5-sgc1a-list.txt, write replace
```

选项 write 和 replace 的意思是我想要写入这个文件（不是只读入该文件），如果这个文件已经存在，就替换它。下面是写入该文件的循环：

```
1>  file write myfile "Number;Name;Value label;Variable labels" _newline
2>  local counter = 1
3>  foreach varname in `varlist´ {
4>      local varlabel : variable label `varname´
5>      local vallabel : value label `varname´
6>      file write myfile "`counter´;`varname´;`vallabel´;`varlabel´" _newline
7>      local ++counter
8>  }
9>  file close myfile
```

第 1 行命令写入初始行，在初始行里包含了每列的标签：序号、变量名、取值标签和变量标签。第 2～5 行命令和第 171 页循环里用到的命令一样。第 6 行把 display 换成了 file write，这里的_newline 意思是在文件里开始新的一行。字符" `counter´;`varname´;

`vallabel´;`varlabel´" 把 4 个宏[①]合在一起并用分号将三者隔开。第 7 行给计数器加 1，第 8 行结束这个 foreach 循环。第 9 行关闭这个文件。我把这个文件导入一个电子表格程序里，这里用的是 Excel，导入后的数据如下所示（参见文件 wf5-sgc1a-list. xls）：

	A	B	C	D
1	Number	Name	Value label	Variable labels
2	1	id_iu		Respondent Number
3	2	cntry_iu	cntry_iu	IU Country Number
4	3	vignum	vignum	Vignette
5	4	serious	serious	Q1 How serious would you consider Xs situation to be?
6	5	opfam	Ldummy	Q2_1 What X should do:Talk to family
7	6	opfriend	Ldummy	Q2_2 What X should do:Talk to friends
8	7	tospi	Ldummy	Q2_7 What X should do:Go to spiritual or traditional healer
9	8	tonpm	Ldummy	Q2_8 What X should do:Take non-prescription medication
10	9	oppme	Ldummy	Q2_9 What X should do:Take prescription medication

我用这个电子表格来规划和记录我想要做的改动。

第 1b 步：试试现有的名称和标签

为了判断现有变量名和标签的适用程度，我先从命令 codebook, compact 开始（参见文件 wf5-sgc1b-try. do）：

```
. codebook, compact

Variable    Obs Unique      Mean       Min       Max  Label

id_iu       200    200   1772875   1100107   2601091  Respondent Number
cntry_iu    200      8    17.495        11        26  IU Country Number
vignum      200     12     6.305         1        12  Vignette
serious     196      4  1.709184         1         4  Q1 How serious would you c...
opfam       199      2  1.693467         1         2  Q2_1 What X should do:Talk...
opfriend    198      2  1.833333         1         2  Q2_2 What X should do:Talk...
```
（省略输出结果）

变量 opfam 和 opfriend 的标签显示出变量标签被截短的问题。接下来我使用一个循环对每个变量做 tabulate，这样能够快速显示出取值标签的问题。我先删除了 ID 和 age 这两个变量，因为这两个变量里有太多唯一值以致无法运行 tabulate。然后，我创建了一个包含现存变量名称的宏 varlist：

```
drop id_iu cntry_iu age
unab varlist : _all
```

这个循环很简单：

```
1>  foreach varname in `varlist' {
2>      display  "`varname':"
3>      tabulate gender `varname', miss
4>  }
```

第 2 行显示变量名（因为如果有变量标签，tabulate 命令就不会告诉你这个变量的

---

① 英文原书中此处误为"3 个宏"。——译者注

名字）。第 3 行给出 gender 和当前 foreach 循环中那个变量的交互频数表。我用 gender 作为行变量，因为它只有 2 个类别，这样做出来的频数表很小。该循环生成的频数表如下所示：

```
vignum:
                                       Vignette
       Gender   Depressiv   Depressiv   Depressiv   Depressiv   Schizophr   |     Total

         Male          15          11           3           4           7   |        90
       Female           8          12           9           5          13   |       110

        Total          23          23          12           9          20   |       200
```
（省略输出结果）

显然，变量 vignum 的取值标签需要被改动。下面是类别标签被截短的另一个示例：

```
sdlive:
                        Q13 To have X as a neighbor?
       Gender   Definitel   Probably   Probably   Definitel          .c   |     Total

         Male          39         32         10          4           4   |        90
       Female          45         51          9          5           0   |       110

        Total          84         83         19          9           4   |       200
```

```
                     Q13 To
                     have X as
                     a
                     neighbor?
       Gender            .d        Total

         Male            1           90
       Female            0          110

        Total            1          200
```

其他标签的问题相对而言不是很严重。例如，我可以分辨出下面这个表里每个类别是什么意思，但是标签很难读懂：

```
serious:
                Q1 How serious would you consider Xs situation to be?
       Gender   Very seri   Moderatel   Not very   Not at al          .c   |     Total

         Male          42         37          8          2           1   |        90
       Female          49         38         18          2           3   |       110

        Total          91         75         26          4           4   |       200
```

再看看变量 trust，我发现该变量的标签太长而且取值标签不清楚：

```
trust:
                Q75 Would you say people can be trusted or need to be
                          careful dealing w/people?
       Gender   Most peop   Need to b          .a          .c          .d   |     Total

         Male          14         47         29          0           0   |        90
       Female          13         71         24          1           1   |       110

        Total          27        118         53          1           1   |       200
```

在仔细检查输出结果的同时，我在电子表格中加了一些注释，并给我想做的修改做计划。

5.11.2 第 2 步：生成克隆变量并给变量重新命名

当你在给变量重新命名和重新添加标签时，有些错误可能会出现。为防止丢失关键性信息，我会对数据进行备份，正如第 8 章中将会讲到的。我还会对数据中的原始变量进行克隆，并把克隆变量与修改过的变量名和标签进行比对。例如，假设原始变量是 vignum，生成的克隆变量是 Svignum（这里的 S 表示原始变量）。后期我可以把这些变量都删掉，也可以把它们都保存在最终数据中。接下来，我通过运行一对程序重新给变量命名。

第 2a 步：生成克隆变量

首先，我定义了一个名为 tag 的宏，在给变量添加注释的时候会用到它（参见文件 wf5-sgc2a-clone. do）。宏 tag 只包含了 do 文件名的一部分，因为要唯一识别 do 文件，就必须有这一部分：

```
local tag "wf5-sgc2a.do jsl 2008-04-09."
```

接下来，我载入数据并检查数据签名：

```
. use wf-sgc-source, clear
(Workflow data for SGC renaming example \ 2008-04-03)
. datasignature confirm
  (data unchanged since 03apr2008 13:25)
```

为了生成克隆变量，我用了一个 foreach 循环，与第 1 步中使用的循环类似：

```
1>  unab varlist : _all
2>  foreach varname in `varlist´ {
3>      clonevar S`varname´ = `varname´
4>      notes S`varname´: Source variable for `varname´ \ `tag´
5>      notes `varname´: Clone of source variable S`varname´ \ `tag´
6>  }
```

第 3 行生成了一个克隆变量，该变量的名字以 S 开头并以原始变量的名字结束。第 4 行给克隆变量添加了一条注释，用局部宏 tag 把 do 文件的名字、运行日期以及运行该程序的人名都加入这条注释里。第 5 行给原始变量添加了一条注释。（要检验你对 notes 命令的理解，考虑一下如果在第 2 行的后面直接运行第 5 行会发生什么事情。）剩下的所有命令都用来记录和保存数据：

```
. note: wf-sgc01.dta \ create clones of source variables \ `tag´
. label data "Workflow data for SGC renaming example \ 2008-04-09"
. datasignature set, reset
  200:90(85238):981823927:1981917236          (data signature reset)
. save wf-sgc01, replace
file wf-sgc01.dta saved
```

第 2b 步：创建重命名的命令

rename 命令被用来给变量重命名：

rename *old_varname new_varname*

例如，把 VAR06 改成 var06 的命令是 rename VAR06 var06。为了给 wf-sgc01. dta 中的变量重命名，我先创建了一个可以编辑的包含虚拟 rename 命令的文件。例如，我要创建命令 rename atgenes atgenes，并把它修改成 rename atgenes atgenet。首先，我载入数据并验证数据签名（参见文件 wf5-sgc2b-rename-dump. do）：

```
. use wf-sgc01, clear
(Workflow data for SGC renaming example \ 2008-04-09)
. datasignature confirm
  (data unchanged since 09apr2008 14:12)
. notes _dta

_dta:
  1.  wf-sgc-source.dta \ wf-sgc-support.do jsl 2008-04-03.
  2.  wf-sgc01.dta \ create clones of source variables \ wf5-sgc2a.do jsl
      2008-04-09.
```

接下来，我删除克隆变量（我不想对其重命名），并对剩下的变量按字母顺序排序：

```
drop S*
aorder
```

我用了一个循环来创建文本文件 wf5-sgc2b-rename-dump. doi，该文件里包含了我要编辑的虚拟 rename 命令，在第 2c 步里有这些命令：

```
unab varlist : _all
file open myfile using wf5-sgc2b-rename-dummy.doi, write replace
foreach varname in `varlist' {
    file write myfile "*rename  `varname'" _col(22) "`varname'" _newline
}
file close myfile
```

我用 file write 把命令写入 . doi 文件里。在 . doi 文件里，命令都以 * 开始，这样就能把所有的命令都设为注释。如果我想重新给一个变量命名，就去掉星号 * 并编辑该条命令。输出文件如下所示：

```
*rename   age         age
*rename   atdisease   atdisease
*rename   atgenes     atgenes
```
   （*省略输出结果*）

我把 wf5-sgc2b-rename-dummy. doi 复制到文件 wf5-sgc2b-rename-revised. doi 里，并对转录命令进行编辑。

第 2c 步：给变量重命名

在给变量重命名的 do 文件里，我首先创建一个宏 tag 并检查原始数据（参见文件 wf5-sgc2c-rename. do）：

```
local tag "wf5-sgc2c.do jsl 2008-04-09."
use wf-sgc01, clear
datasignature confirm
notes _dta
```

接下来，我载入已编辑过的 rename 命令：

```
include wf5-sgc2b-rename-revised.doi
```

对于我不想重命名的变量（如 age），我继续保留 ∗，这样这一行就会被当成一条注释。我可以把它们都删掉，但我决定把它们留在数据里，以防后期我会改变想法。下面是改动的名字：

Original		Revised
atgenes	⇒	atgenet
ctxfdoc	⇒	clawdoc
ctxfhos	⇒	clawhosp
ctxfmed	⇒	clawpmed
gvdisben	⇒	gvdisab
gvhous	⇒	gvhouse
opforg	⇒	opforget
oppme	⇒	oppremed
pubfright	⇒	pubfrght
sdlive	⇒	sdneighb
stuncom	⇒	stuncmft
tonpm	⇒	opnomed
tospi	⇒	opspirit

为什么要给这些变量重命名？把 atgenes 改成 atgenet，是因为在其他变量名里，genet 是 genetics 的缩写。ctxf 指的是 coerced treatment forced，和 claw 相比显得很笨拙，claw 表示 coerced by law。把 hos 改成 hosp，是因为对 hospital 而言，hosp 是一个更清楚的缩写。med 被改成了 pmed，以此来表示 psychopharmacological medications。然后，用一个新的名字把数据保存好：

```
. note: wf-sgc02.dta \ rename source variables \ `tag´
. label data "Workflow data for SGC renaming example \ 2008-04-09"
. datasignature set, reset
  200:90(109624):981823927:1981917236        (data signature reset)
. save wf-sgc02, replace
file wf-sgc02.dta saved
```

我用命令 nmlab, summarize 或 codebook, compact 对新的变量名进行了检验。

5.11.3　第 3 步：修改变量标签

基于第 1 步对变量标签的总览，我决定修改一些变量标签。

第 3a 步：创建变量-标签命令

首先，用现有变量标签来创建虚拟 label variable 命令（参见文件 wf5-sgc3a-varlab-dump. do）。如第 2 步中所示，我载入数据，删除克隆变量，对余下变量进行排序，并创建一个包含所有变量名字的局部宏：

```
use wf-sgc02.dta
datasignature confirm
drop S*
aorder
unab varlist : _all
```

接下来，我打开一个文本文件，用它来存储虚拟变量的标签。如前所述，我在 varlist 中做循环并用一个扩展宏函数来索回变量标签。命令 file write 把信息传到文件中：

```
file open myfile using wf5-sgc3a-varlab-dummy.doi, write replace
foreach varname in `varlist´ {
    local varlabel : variable label `varname´
    file write myfile "label var  `varname´ " _col(24) `"""´`varlabel´`"""´ _newline
}
file close myfile
```

唯一一个小技巧就是要给变量标签加上双引号。也就是说，我想要写入的是 "Current employment status" 而不是 Current employment status。这可以用代码 "`varlabel'"来实现。"`varlabel´" 可以在中间插入变量标签，例如"Current employment status"，在这里，双引号是用来把字符封闭起来的标准语法。要写入双引号而不是用双引号来分隔字符的话，用的符号是""""和"""。生成的文件如下所示：

```
label var age        "Age"
label var atdisease  "Q4 Xs situation is caused by: A brain disease or disorder"
label var atgenet    "Q7 Xs situation is caused by: A genetic or inherited problem"
label var atraised   "Q5 Xs situation is caused by: the way X was raised"
label var cause      "Q62 Is Xs situation caused by depression, asthma, schizophrenia, stress, ot
```
（省略输出结果）

我把 wf5-sgc3a-varlab-dummy. doi 复制到 wf5-sgc3a-varlab-revised. doi 里，并在第 3b 步里编辑虚拟命令。

第 3b 步：修改变量标签

接下来，这个 do 文件把改好的变量标签添加到数据中（参见文件 wf5-sgc3b-varlab-revise. do）。我首先创建一个宏 tag，然后载入并检验数据：

```
local tag "wf5-sgc3b.do jsl 2008-04-09."
use wf-sgc02, clear
datasignature confirm
notes _dta
```

虽然我想创建更好的标签，但是我不想丢掉原始标签，所以我利用了 Stata 的语言功能。缺省情况，如果一个数据只用一种语言，那么这种语言就被当作缺省语言。我创建了第二种语言，并将其命名为 original（对原始数据而言，指的是没有修改过的变量标签），在改变语言之前，original 语言是缺省语言的一个副本：

```
label language original, new copy
```

在把原始标签的副本保存好后，我再回到缺省语言中，并在缺省语言状态下修改标签：

```
label language default
```

为记录下这些语言是如何被创建的，我添加了一条注释：

```
note: language original uses the original, unrevised labels; language ///
    default uses revised labels \ `tag´
```

接下来，我把包含变量标签的、修改过的文件写入 do 文件中：

```
include wf5-sgc3a-varlab-revised.doi
```

include 文件里的命令如下所示：

```
label var age          "Age in years"
label var atdiseas     "Q04 Cause is brain disorder"
label var atgenet      "Q07 Cause is genetic"
label var atraised     "Q05 Cause is way X was raised"
label var cause        "Q62 Xs situation cased by what?"
```
（省略输出结果）

在做了这些改动后，我保存了数据：

```
. note: wf-sgc03.dta \ revised var labels for source & default languages \ `tag´
. label data "Workflow data for SGC renaming example \ 2008-04-09"
. datasignature set, reset
  200:90(109624):981823927:1981917236         (data signature reset)
. save wf-sgc03, replace
file wf-sgc03.dta saved
```

为了检查在缺省语言状态下的新标签，我使用了 nmlab 命令：

```
. nmlab tcfam tcfriend vignum

tcfam      Q43 Family help important?
tcfriend   Q44 Friends help important?
vignum     Vignette number
```

如果对这些改动不满意，可以继续修改 include 文件，然后再次运行程序即可。

5.11.4　第 4 步：修改取值标签

修改取值标签更复杂，原因有以下几个：取值标签包含定义标签和分配标签两步；多个变量可以共享一个标签定义；多个变量可以共享一个取值定义；要在新的语言状态下创建取值标签，必须创建新的标签定义，而不仅仅是修改现有定义。因此，接下来的程序，特别是第 4b 步里的一些程序，与前面几步里的程序相比要更难一些。我建议可以先跳过这节，先不要担心具体细节。最好可以在 Stata 里先试试这些程序，把每个程序都做一遍之后再看一遍。

第 4a 步：列出现有标签

载入数据，用 labelbook 列出取值标签，确定哪些变量使用了哪套标签定义（参见文件 wf5-sgc4a-vallab-check. do）：

```
use wf-sgc03, clear
datasignature confirm
notes _dta
labelbook, length(10)
```

下面是标签定义 Ldist 的输出结果：

```
value label Ldist
───────────────────────────────────────────────────────────────────

    values                                    labels
    range:   [1,4]                string length:    [16,20]
        N:   4             unique at full length:    yes
     gaps:   no                unique at length 10:   no
missing .*:  0                        null string:    no
                          leading/trailing blanks:    no
                                  numeric -> numeric:  no

definition
        1   Definitely Willing
        2   Probably Willing
        3   Probably Unwilling
        4   Definitely Unwilling
 in default attached to sdneighb sdsocial sdchild sdfriend sdwork sdmarry
                       Ssdlive Ssdsocial Ssdchild Ssdfriend Ssdwork Ssdmarry
 in original attached to sdneighb sdsocial sdchild sdfriend sdwork sdmarry
                       Ssdlive Ssdsocial Ssdchild Ssdfriend Ssdwork Ssdmarry
```

输出结果的第一部分对标签的相关信息做了一个概括，主要是关于定义取值的数量、取值里是否有空缺（例如，取值 1、2、4 里就缺 3）、标签的长度以及其他一些信息。对我而言最重要的信息就是 unique at length 10，因为选项 length(10) 要求如此。这个选项能够判断出标签的前 10 个字符能否唯一识别与之相关的取值。例如，取值 1 的标签是 Definitely Willing，而取值 4 的标签是 Definitely Unwilling。如果取这两个标签的前 10 个字符，那么取值 1 和 4 的标签就都是 Definitely。由于 Stata 命令经常会只使用取值标签的前 10 个字符，所以输出结果中的这个警告提示 unique at length 10:no 表明这是一个大问题。接下来的 definition 列出了每个取值及其标签。in default attached to 部分列出了在缺省语言状态下使用该标签的所有变量，紧接着就是在 original 语言状态下使用这个标签的变量列表。我仔细查看了输出结果并对将要做的改动做了规划。

第 4b 步：创建 label define 命令进行编辑

为了改变取值标签，我创建了一个文本文件，里面包含的是虚拟 label define 和 label values 命令。第 4c 步里包含这些命令，而在这一步我要编辑这些命令。首先，我载入数据，删除克隆变量（参见文件 wf5-sgc4b-vallab-dump. do）：

```
use wf-sgc03, clear
datasignature confirm
notes _dta
drop S*
```

接下来，我创建了一个名为 valdeflist 的局部宏，这个宏里存储的是被所有变量使用的标签定义的名字，克隆变量除外，而且这些变量已经被删除了。由于我只需要这个列表，不需要输出结果，所以用的是 quietly：

```
quietly labelbook
local valdeflist = r(names)
```

这样，取值标签列表就放在局部宏 valdeflist 里。接下来，我创建了一个包含虚拟 label define 命令的文件。要创建这样一个文件有两种方法。

方法 1：用 label save 命令创建 label define 语句

创建一个包含用于现有标签的 label define 命令的最简单的方法就是用 label save 命令：

```
label save `valdeflist´ using ///
    wf5-sgc4b-vallab-labelsave-dummy.doi, replace
```

这个命令创建了文件 wf5-sgc4b-vallab-labelsave-dummy. doi，该文件里包含了类似标签定义 Ldist 的一些信息：

```
label define Ldist 1 `"Definitely Willing"´, modify
label define Ldist 2 `"Probably Willing"´, modify
label define Ldist 3 `"Probably Unwilling"´, modify
label define Ldist 4 `"Definitely Unwilling"´, modify
```

我把 wf5-sgc4b-vallab-labval-dummy. doi 复制到 wf5-sgc4b-vallab-labval-revised. doi 里并进行修改。我把标签定义名字改成 NLdist，因为我想保留原始标签 Ldist 不变。编辑后的定义如下所示：

```
label define NLdist 1 `"1DefWillng"´, modify
label define NLdist 2 `"2ProbWill"´, modify
label define NLdist 3 `"3ProbUnwil"´, modify
label define NLdist 4 `"4DefUnwill"´, modify
```

在修改完所有的定义后，在第 4c 步里，我把这个编辑过的文件作为一个 include 文件使用。

方法 2：创建自定义的 label define 语句（高级知识）

如果要改动的标签定义数量不大，那么用 label save 命令没问题。但由于我们的项目里有 17 个国家的数据，包含成千上万个变量，所以我写了一个程序，这个程序能够创建一些更易编辑的命令。如果你觉得 label save 创建的命令已够用，那么你可以跳过这一节，但也许你会发现要想学习更多关于工作自动化的知识，这些程序很有用。首先，运行 uselabel 命令：

```
uselabel `valdeflist´, clear
```

这个命令把内存中的数据替换成一个包含取值标签的数据，这些取值标签来自 valdeflist（前面用 labelbook 创建的这个宏）中列出的所有定义。每个观测值里包含的是关于每个取值的标签的信息。例如，下面是前 4 个观测值的信息，它们都是关于标签定义Ldist的信息：

```
. list in 1/4, clean
      lname   value                 label   trunc
  1.   Ldist      1     Definitely Willing      0
  2.   Ldist      2       Probably Willing      0
  3.   Ldist      3     Probably Unwilling      0
  4.   Ldist      4   Definitely Unwilling      0
```

变量 lname 是一个字符型变量，里面包含的是取值标签定义的名字；变量 value 是被用数据里的当前行添加了标签的取值；变量 label 是取值标签；如果变量 trunc 的取值是 1，就意味着截短取值标签来满足变量标签字符数的要求。

接下来，打开一个文件以保存虚拟 label define 命令，通过编辑这个文件创建一个 include 文件，在第 4c 步会用这个 include 文件创建新的取值标签：

```
file open myfile using wf5-sgc4b-vallab-labdef-dummy.doi, write replace
```

在检查用来创建命令的循环之前，看看这个文件的内容会有助于理解：

```
//                            1234567890
label define NLdist     1     "Definitely Willing", modify
label define NLdist     2     "Probably Willing", modify
label define NLdist     3     "Probably Unwilling", modify
label define NLdist     4     "Definitely Unwilling", modify
//                            1234567890
label define NLdummy    1     "Yes", modify
label define NLdummy    2     "No", modify
（省略输出结果）
```

第一行是一条包含了数字 1234567890 的注释，在通过编辑 label define 创建包含 10 个或更少个字符的标签时，这些数字被当作标记使用。与第 1 种方法相比，这些标记数字是这种方法的一大优势。接下来的四行都是 label define 命令，用这些命令可以创建取值标签 NLdist。接下来的 label define 命令之前又有一行标记行，用于创建 NLdummy，以此类推。下面是生成这个输出结果的循环：

```
1>   local rownum = 0
2>   local priorlbl ""
3>   while `rownum´ <= _N {
4>       local ++rownum
5>       local lblnm  = lname[`rownum´]
6>       local lblval = value[`rownum´]
7>       local lbllbl = label[`rownum´]
8>       local startletter = substr("`lblval´",1,1)
9>       if "`priorlbl´"!="`lblnm´" {
10>          file write myfile "//" _col(31) "1234567890" _newline
11>      }
12>      if "`startletter´"!="." {
13>          file write myfile                                  ///
14>              "label define N`lblnm´ " _col(25) "`lblval´"   ///
15>              _col(30) `"""`lbllbl´"""´ ", modify" _newline
16>      }
17>      local priorlbl "`lblnm´"
18>  }
19>  file close myfile
```

尽管这节的代码看起来很复杂，但下面我会对这个程序的工作原理进行讲解。此外，我鼓励你尝试着运行 wf5-sgc4b-vallab-dump. do（它是本书提供的安装包的一部分），并尝试使用其中的代码。

第 1 行和第 2 行：定义局部宏。第 1 行创建局部宏 rownum，用来计数正在读的是数据中的第几行。第 2 行定义局部宏 priorlbl，用的是数据中前一行的标签的名字。例如，如果 rownum 等于 9，那么 priorlbl 里包含的就是 rownum 在第 8 行时的标签的名字。它被用来对比当前读入行的标签和前一行的标签。如果这两个标签不一样，就启动一个新的标签。

第 3、4、18 行：第 3 行开始循环，其中局部宏 rownum 从 1 开始增加，一直到数据中的最后一行（_N 表示数据中包含的行的总数）。第 4 行给计数器 rownum 每循环 1 次加 1。第 18 行结束循环。

第 5～8 行：检索出数据当前行里的信息。用这几行命令检索出的信息都是数据当前行里的标签信息。第 5 行生成局部宏 lblnm，包含的内容是第 rownum 行里的变量 lname（一个字符型变量，指的是此行标签的名字）的内容。例如，在第 1 行，lblnm 就等于 Ldist。第 6 行和第 7 行对变量 value 和 label 做的是同样的事情，这样检索出的就是此行的取值和分配给这个取值的标签。第 8 行生成局部宏 startletter，取的是取值标签的第一个字符（函数 substr 从一个字符中抽取出一个子字符）。如果 startletter 里是一个英文的句号，就知道这个标签是给缺失值的。

第 9～11 行：用标记数字写入一个标题。第 9 行检查当前行的标签名字（在局部宏 lblnm 里）与前一行的标签名字（在局部宏 priorlbl 里）是否一样。第一次循环，前一个标签是一个空字符，与第一行的标签不一致。如果当前的标签与前一个标签不一样，那么当前行就是新标签的第一行。第 10 行加入一条包含标记数字的注释，在编辑标签使其控制在 10 个或更少个字符以内时，这些标记数字发挥了作用。条件 if 在第 11

行结束。

    第 12~16 行：写入 label define 命令。第 12 行检查当前标签的取值的第一个字符是不是一个英文的句号。如果是，那么这个取值就是缺失值，不用写入 label define 命令。这个程序的后面会处理缺失值。第 13~15 行写入一个虚拟 label define 命令，我在上面列出的示例文件中对此做过讲解。取值标签的名字以 N 开头（代表新的标签），随后是原始标签名（例如，标签 age 变成了 Nage）。做出这样的改动是因为我不想改变原始标签。第 16 行结束这个 if 条件。

    第 17 行：更新局部宏 priorlbl。第 17 行把当前标签名分配给局部宏 priorlbl。在第 9 行，我用它来确定当前观测值有没有启动一个新的取值标签。

    第 19 行：关闭文件。第 19 行关闭名为 myfile 的文件。记住：直到关闭这个文件，它才会被写入硬盘。

创建 label values 命令

接下来，我创建把标签分配给变量的命令。现在，你应该能够理解下面这个程序：

```
use wf-sgc03, clear
drop S*
aorder
unab varlist : _all
file open myfile using wf5-sgc4b-vallab-labval-dummy.doi, write replace
foreach varname in `varlist´ {
    local lblnm : value label `varname´
    if "`lblnm´"!="" {
        file write myfile "label values `varname´" _col(27) "N`lblnm´" _newline
    }
}
file close myfile
```

输出结果如下所示：

```
label values   age          Nage
label values   atdisease    NLlikely
label values   atgenet      NLlikely
label values   atraised     NLlikely
label values   cause        Ncause
label values   clawdoc      NLrespons
label values   clawhosp     NLrespons
label values   clawpmed     NLrespons
    （省略输出结果）
```

这一步创建的两个文件将被进行编辑，并在第 4c 步里被用来创建新标签。

第 4c 步：修改标签并把标签加到数据集中

我把 wf5-sgc4b-vallab-labdef-dummy. doi 复制到 wf5-sgc4b-vallab-labdef-revised. doi 里并修改其中的标签定义。例如，下面是 NLdist 的修改命令：

```
//                                1234567890
label define NLdist      1       "1Definite", modify
label define NLdist      2       "2Probably", modify
label define NLdist      3       "3ProbNot", modify
label define NLdist      4       "4DefNot", modify
```

标记数字能够验证新的标签是否过长。同样，我把 wf5-sgc4b-vallab-labval-dummy. doi复制到 wf5-sgc4b-vallab-labval-revised. doi 里并对其进行一定的修改，如下所示：

```
label values   age        Nage
label values   atdiseas   NLlikely
label values   atgenet    NLlikely
label values   atraised   NLlikely
label values   cause      Ncause
label values   clawdoc    NLrespons
    （省略输出结果）
```

现在就可以修改标签了。我载入数据，并确认该数据的签名是正确的（参见文件 wf5-sgc4c-vallab-revise. do）：

```
. use wf-sgc03, clear
(Workflow data for SGC renaming example \ 2008-04-09)
. datasignature confirm
  (data unchanged since 09apr2008 17:59)
```

接下来，我把这些对标签做过改动的文件导入 do 文件里：

```
include wf5-sgc4b-vallab-labdef-revised.doi
include wf5-sgc4b-vallab-labval-revised.doi
```

现在，我要给缺失值添加标签。为此，我需要一个列表，里面包含了所有非克隆变量用过的取值标签。由于我不想丢掉刚刚加入的标签定义，所以先将其保存成一个临时数据，删除克隆变量，用 labelbook 获得一个关于取值定义的列表。然后，我载入刚才临时保存的数据：

```
save x-temp, replace
drop S*
quietly labelbook
local valdeflist = r(names)
use x-temp, clear
```

我依次在取值定义中做循环并给缺失值分配标签：

```
foreach valdef in `valdeflist´ {
    label define `valdef´ .a  `".a_NAP"´     , modify
    label define `valdef´ .b  `".b_Refuse"´  , modify
    label define `valdef´ .c  `".c_DK"´      , modify
    label define `valdef´ .d  `".d_NA_ref"´  , modify
    label define `valdef´ .e  `".e_DK_var"´  , modify
}
```

最后，我给数据添加一条注释用于存档说明，加入一个新的数据签名并保存它：

```
note: wf-sgc04.dta \ revise val labels with source & default languages \ `tag`
label data "Workflow data for SGC renaming example \ 2008-04-09"
datasignature set, reset
save wf-sgc04, replace
```

我通过 tabulate 命令来查看标签：

```
. tabulate marital, missing
```

Marital status	Freq.	Percent	Cum.
1Married	112	56.00	56.00
2Widowed	16	8.00	64.00
3Divorced	10	5.00	69.00
4Separatd	6	3.00	72.00
5Cohabit	21	10.50	82.50
6Single	34	17.00	99.50
.d_NA_ref	1	0.50	100.00
Total	200	100.00	

通过改变语言，我可以把这些标签与原始标签做对比：

```
. label language original
. tabulate marital, missing
```

Marital status	Freq.	Percent	Cum.
Married	112	56.00	56.00
Widowed	16	8.00	64.00
Divorced	10	5.00	69.00
Separated, but married	6	3.00	72.00
Living as a couple/Cohabiting	21	10.50	82.50
Single, never married	34	17.00	99.50
.d	1	0.50	100.00
Total	200	100.00	

5.11.5 第 5 步：检查新的变量名和变量标签

到了这一步，通常我会让所有的事情都先放置一两天。在做完一个像这样需要花费几个小时的项目后，任何名字或标签看起来都比预期的要好。过段时间后，我会系统检查之前做过的工作（参见文件 wf5-sgc5a-check.do）。如果有必要，我还会对第2~4步中的程序进行微调。

5.12 本章小结

　　这一章比较长，涵盖了给文件和数据命名以及添加标签的基本原则和实践技巧。无论你的数据多么简单，我认为在开始分析之前，认真评估名字和标签都是有用的。有了更好的名字和标签，你将发现数据分析会更简单而且复制会更容易。在做了很多项目之后，我确信这章描述的这些艰苦工作是你能做的最好的时间投资。

第 6 章　清理数据

在数据分析中，超过一半的工作是用来准备数据的。即使使用的是精心准备的二手数据，如使用美国综合社会调查（General Social Survey，GSS）或全美青少年健康追踪调查（Add Health）的数据也是如此。如果没有清理数据，你在数据分析时就会有出错的风险，甚至会得出错误的结论。不幸的是，清理数据要花费大量的时间。节省时间的最佳途径就是制订一个计划，密切关注细节，踏实地做好每一步工作。为了避免出错，我会设定一些明确的工作任务，认真完成这些任务，然后把它们暂时搁置几个小时或一天。在数据清理工作慢慢"成熟"的同时，我会记录并保存好已经做完的工作，计划下一步要做的事情，然后做其他事情。当返回到数据清理工作中时，我可能会找到一些错误，发现一些不清楚的注释，又或者会想到一种更好的做事方法。发现的错误必须纠正，而且我几乎总会添加更多的注释。如果我想到了一种更加清楚或更加可靠的方法，我可能会重做。

准备分析所用数据的过程包含五步，本章会讲解其中的四步。

（1）导入数据：第一步是把数据导入 Stata。如果数据是 Stata 格式的，这一步就很简单。如果数据是其他格式的，就必须对其进行格式转换。由于数据格式转换过程中的错误会影响到后续所有的工作，所以必须认真处理这一步。

（2）修改名字和标签：一旦数据变成 Stata 格式，就应该评估其名字和标签，并像第 5 章中讲述的那样做出一定的修改。

（3）检验：接下来就应该确认每个变量都是正确的。检验工作既包括与评估数据内部一致性有关的所有事情（例如，有人回答自己受过 5 年教育，职业是医生），还包括与查找实际不合理分布（例如，有 27％的调查对象回答自己是一个很小的宗教组织的成员）有关的所有事情。

（4）变量的创建：很少会出现一个数据里的所有变量都是分析时所需的变量的情况。数据准备的一部分工作就是添加新变量并检验生成的新变量是否正确。例如，要创建一套代表受教育程度的指标变量，并以受教育年限为基础，或者想要加入年龄的平方。在这一步会用到第 5 章里的很多方法。

（5）数据的抽取：在清理完原始数据并添加上新变量后，就要从一套变量和/或案例里抽取出一个子集用于分析。为了分析，也许还要把几个数据的信息合并到一个数据里。在保存数据时，你会用到第 5 章里的 datasignature 命令及其他命令①。

Stata 里有几十个用于数据清理的命令，通常完成同一件事有多种不同的方法。选择什么样的命令一部分与个人品喜好有关，还有一部分取决于你关注的是变量的哪个

---

① 为了节省空间，datasignature 命令不会在所有的示例中都出现。但按照最佳方法，在载入数据时，这章里的 do 文件都会检查数据签名。

部分。有些用户极度依赖 assert 命令，而另一些用户（比如我）则很少使用这个命令。我经常用统计图，但可能你更倾向于用统计表或取值列表。因此，把本章的示例看作众多方法中的一种，是对这种做事方法的讲解。虽然本章的目标明确，就是要检验数据，但有很多方法可以实现这个目标。

6.1　导入数据

无论是自己收集数据，还是使用二手数据，通常都需要把收到的数据的格式转换成 Stata 的数据格式。虽然有时导入数据很简单，但在另一些情况下，特别是包含缺失数据时，必须非常认真，以确保转换的数据和原始数据能够准确地一一对应。如果在这一步把事情搞砸了，接下来的所有事情都会受到影响，而且修正问题的唯一途径就是重新开始。更糟糕的是，可能需要过上很长一段时间你才能意识到这个问题。本节从评估数据格式开始，然后讨论把数据导入 Stata 里的几种方法，最后是一个扩展示例，讲的是一些有用的命令和潜在的问题。

6.1.1　数据格式

数据可以被保存成成百上千种格式，而且到目前为止，在开发出一种适用于所有程序的通用格式的道路上几乎没有任何进展。在众多格式中，有两种基本格式：ASCII 数据格式和二进制数据格式。

ASCII 数据格式

ASCII 代表 American Standard Code for Information Interchange，始创于 1967 年，是数据文件的一种标准。数据被保存成纯文本格式，任何文本编辑器都可以读取它。虽然很麻烦，但可以通过计算行和列来确定数据中每条观测值里的每个变量的取值。ASCII 数据有两种格式。在固定格式的 ASCII 文件中，每个变量都有固定的（例如，总是一样的）列数。图 6-1 展示的就是这种格式的文件，其中 ID 数字位于第 1~7 列，gender 位于第 10~11 列，age 位于第 13~15 列，以此类推。有时数据里会附有一个代码字典文件，该文件指明了哪个变量位于哪些列。

在自由格式的 ASCII 文件里，取值被分隔符分开，比如被用一个逗号或一个回车符分开，这样就能去掉额外的空格。图 6-2 展示的是图 6-1 中的数据的自由格式版。

在固定格式文件里，变量 Vearnings 占用了 7 列，即使有些人的收入只需要 1 列来记录。在自由格式文件里，不需要的空格都被去掉了。例如，拿变量 Vid 等于 1800001

```
1800001    2  29  1  13   5   8      200  1  1  1  4  4  3
1800002    2  38  1  17   7   1     2500  1  2  3  4  4  2
1800003    2  32  1  14   5   2     3000  4  2  2  4  2  4
1800004    1  20  5  14   6   1     1500  2  3  2  2  2  3
1800005    2  47  2  10   5   1       .a  4  2  3  2  4  1
1800006    1  41  1  11   5   1       .a  1  2  1  4  3  3
1800007    1  47  1  13   5   1       .a  2  1  1  2  2  3
1800008    2  27  1  13   5   1     3000  1  1  2  2  2  3
1800009    2  24  5  15   7   1       .a  2  2  4  4  2  4
1800010    1  24  5  11   5   1     3000  1  1  4  2  4  1
1800011    2  27  1  .b   1   5       .c  1  1  1  1  1  2
1800012    1  79  1  16   7   7     2700  2  2  3  2  .a .a
1800013    1  38  1  11   5   1     6000  1  2  5  2  5  1
1800014    2  20  5  .b   1   6       .c  1  4  1  4  4  1
1800015    1  55  1  15   7   7     1300  4  1  1  1  4  1
1800016    1  70  1  13   5   7     1200  1  1  1  1  2  2
1800017    2  69  2  12   5   7     2000  5  1  1  1  5  5
1800018    1  31  1  10   5   1       .a  2  3  4  4  1  4
1800019    1  41  3  10   5   1       .b  2  3  2  4  4  2
1800020    2  63  2  10   5   7     1200  4  3  3  4  4  4
1800021    2  80  2  11   5   7     2000  2  2  2  4  4  3
```

图 6 - 1　一个固定格式的 ASCII 文件

```
Uid.Usex.Uage.Umarstat.Uedyears.Uedlevel.Uempstat.Uearnings.Umomwarm
1800001.2.29.1.13.5.8.200.1.1.1.4.4.3
1800002.2.38.1.17.7.1.2500.1.2.3.4.4.2
1800003.2.32.1.14.5.2.3000.4.2.2.4.2.4
1800004.1.20.5.14.6.1.1500.2.3.2.2.2.3
1800005.2.47.2.10.5.1..a.4.2.3.2.4.1
1800006.1.41.1.11.5.1..a.1.2.1.4.3.3
1800007.1.47.1.13.5.1..a.2.1.1.2.2.3
1800008.2.27.1.13.5.1.3000.1.1.2.2.2.3
1800009.2.24.5.15.7.1..a.2.2.4.4.2.4
1800010.1.24.5.11.5.1.3000.1.1.4.2.4.1
1800011.2.27.1..b.1.5..c.1.1.1.1.1.2
1800012.1.79.1.16.7.7.2700.2.2.3.2..a..a
1800013.1.38.1.11.5.1.6000.1.2.5.2.5.1
1800014.2.20.5..b.1.6..c.1.4.1.4.4.1
1800015.1.55.1.15.7.7.1300.4.1.1.1.4.1
1800016.1.70.1.13.5.7.1200.1.1.1.1.2.2
1800017.2.69.2.12.5.7.2000.5.1.1.1.5.5
1800018.1.31.1.10.5.1..a.2.3.4.4.1.4
1800019.1.41.3.10.5.1..b.2.3.2.4.4.2
1800020.2.63.2.10.5.7.1200.4.3.3.4.4.4
1800021.2.80.2.11.5.7.2000.2.2.2.4.4.3
```

图 6 - 2　一个包含变量名的自由格式的 ASCII 文件

这条记录来说，变量 Vearnings 的取值是 200，只需要 3 列。由于去掉了额外的空格，与固定格式文件相比，相对应的自由格式的文件通常更小。

　　ASCII 文件的缺点在于这类文件里没有变量标签、取值标签或其他的元数据[①]。你

---

　　① 元数据（metadata）的意思是"关于数据的数据"。描述一个数据的特点的所有资料都属于元数据。

必须加入这样的信息，但这个工作既耗时又容易出错。二进制数据格式就能使你把这类信息加进文件里。

二进制数据格式

二进制数据能够把信息保存成更加复杂的格式，这种格式需要特定的软件才能对其进行编辑。在这种文件中，每 8 个字节为一组（例如，一个包含 8 个 0 或 1 的字符串），每组被翻译成一个字母。有时，这个字母在屏幕上显示成一个可被识别的字母，在另一些情况下，这些字节代表的那个字母无法被看懂或显示成一个□。图 6-3 展示的是 Stata 文件的一部分，这部分对应的是图 6-1 和图 6-2 中的 ASCII 文件。

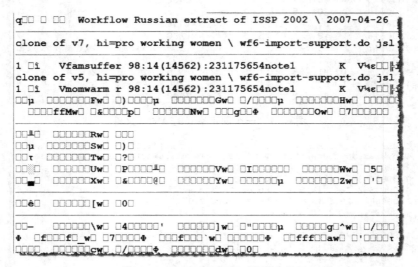

图 6-3　Stata 格式的二进制文件

二进制文件里包含了元数据，如变量标签、取值标签以及注释。大多数二进制格式把数据做了压缩，这样文件所占的物理内存会更小。不幸的是，几乎所有的统计软件包用的都是自己的格式，而且通常发布一个新的程序，就会跟着一个新的格式变体。如果把数据保存成一种过时的二进制格式，就会有这样的风险：虽然有物理文件，但搞不清楚这个文件里的内容。因为你保存的是字节而不是信息。第 8 章会更加深入细致地讨论这个问题。

把数据从一种二进制格式转换成另一种二进制格式会丢掉一些与目标格式不兼容的信息。例如，Stata 10 允许的变量名长度是 32 个字符，但有些程序把名字控制在 8 个字符以内。这就意味着在 Stata 里精心挑选的名字 mom_warm_5point_scale 会被改成含义不清的 mom_w～01。在把 Stata 格式的数据转换成其他格式时，你会丢失与注释及语言有关的元数据。

6.1.2　导入数据的方法

Stata 能够读取 ASCII 格式、SAS XPORT 格式、Stata 格式以及一些不太常见的格式的数据。如果数据是 Stata 格式，你简单地用 use 命令就能读入数据（例如，use binlfp2, clear），也就可以跳过这节的余下部分。如果数据是其他格式，你就需要导入数据。导入数据有三种常见方法。

（1）如果数据的保存格式是 Stata 能够读取的格式（如 SAS 传输、ASCII），可以用 Stata 来读入数据。

（2）用其他读取数据的程序来载入数据，然后用这个程序把数据导出成 Stata 能读取的格式。

（3）用 Stat/Transfer（http：//www.stattransfer.com）或 DBMS/Copy（http：//www.dataflux.com）这样的数据转换程序，这样的程序可以在很多数据格式之间相互转换。

本节的剩下部分讲述的就是这三种方法，同时给出了一些示例以展示如何导入和转换数据。

导入数据的 Stata 命令

Stata 有几个能读取非 Stata 格式数据的命令。由于这些命令在 Stata 的手册中都有详细说明，用 help 命令可以查看，所以这里对其只做简短的论述。

读取 ASCII 格式数据的 Stata 命令

在 Stata 里有三个用来读取 ASCII 格式数据的 in 命令。

（1）insheet[①] 能够读取用制表符分隔或逗号分隔的文件，这类文件通常是电子表格程序创建的。

（2）infile 能够读取用空格-、tab-或逗号分隔的自由格式文件，也能读取包含代码字典的固定格式文件，这个代码字典指定变量的位置。

（3）infix 能够读取不含代码字典的、固定格式的文件。

除非你有一个代码字典文件，否则导入 ASCII 格式数据非常烦琐而且容易出错，因为你必须指定文件中每个变量的位置。而且，你需要添加变量和取值标签。

为了说明这些命令如何运行，这里用 insheet 命令读取图 6 - 2 中的自由格式的 ASCII 文件（参见文件 wf6-import.do）：

```
. insheet using wf6-import-free.txt, clear
(14 vars, 1798 obs)
```

---

① 在 Stata 14 里，insheet 命令被 import 命令取代，但 insheet 命令仍然可用。——译者注

因为 wf6-import-free. txt 的第一行包含了变量名，所以 insheet 命令只需要输入文件的名字。列出前 7 个案例，你会看到数据与图 6-1、图 6-2 里的数据互相匹配：

```
. list vid-vempstat in 1/7, clean
        vid   vsex   vage   vmarstat   vedyears   vedlevel   vempstat
1.   1800001      2     29          1         13          5          8
2.   1800002      2     38          1         17          7          1
3.   1800003      2     32          1         14          5          2
4.   1800004      1     20          5         14          6          1
5.   1800005      2     47          2         10          5          1
6.   1800006      1     41          1         11          5          1
7.   1800007      1     47          1         13          5          1
```

更多有关 in 命令的知识，请用 help 命令查看。关于使用代码字典文件的知识，参见http：//www. stata. com/support/faqs/data/dict. html。

导入 SAS XPORT 文件

如果数据是 SAS XPORT 传输格式，你可以用 fdause 命令导入数据。例如（参见文件 wf6-import. do）：

```
fdause wf6-import-fdause.xpt, clear
```

这个命令被叫作 fdause 是因为它是美国食品和药品管理局（U. S. Food and Drug Administration，FDA）使用的格式，这种格式被用来保存新药品和新仪器设备。fdause 命令也能读取 format. xpt XPORT 文件里的取值标签。

导入 ODBC 文件

Open DataBase Connectivity（ODBC）是不同程序间交换数据的一种标准格式。例如，Microsoft Access 可以把数据保存成 ODBC 格式。odbc 命令可以用来读取 ODBC 格式数据。

导入 XML 数据

命令 xmluse 命令读取的是一种新兴的标准——Extensible Markup Language（XML），它被设计成具有很高的移植性。xmlsave 命令把数据保存成 XML 格式，存档数据有时会用到这种格式。

用其他统计软件导出数据

很多统计软件包能把数据保存成其他格式。例如：SPSS 能写入 Stata 格式的数据。SAS 能读取 SAS XPORT 格式的数据。这是一种转换数据格式的有效方法。

使用数据转换程序

通常，把数据转换成 Stata 格式的最简单的方法就是用数据转换软件，如 Stat/Transfer 或 ODBC/Copy。这些程序可以在几十种数据格式之间做格式转换。虽然这些都是非常棒的程序，但不应该假定它们能准确进行数据转换。几乎所有的统计软件包用的都是自己的格式，而且同一程序的不同版本在格式上也有变化。虽然 Stat/Transfer 和 ODBC/Copy能及时跟进这些最新的变化，但还是有问题出现，特别是较新的格式。

6.1.3　验证数据转换

在把数据从一种格式转换成另一种格式时，可能会出错。如果导入的是固定格式的 ASCII 文件，在指定列数时容易出错。幸运的是，在通常情况下，这种类型的错误在已导入的数据中会导致明显的问题。当用其他方法转换数据时，问题可能会更小一些。因此，建议通过下面这几步来验证数据被正确转换了。

第 1 步：对原始数据和目标数据的描述统计量进行比对

用原始统计软件包和未经转换的原始数据计算每个变量的描述统计量。对分类不多的变量，建议用频数分布表。对分类很多的变量，可以查看其均值、标准差、最小值和最大值。接着，用 Stata 对转换的数据计算同样的统计量，例如，如果原始数据的格式是 SAS，就在 SAS 里计算描述统计量，然后在 Stata 里用转换数据计算出同样的统计量，验证两个数据里的所有信息是否都匹配。即使前几个变量都被正确转换，也不要假定后面的变量就是正确的（如第 198 页所述）。

第 2 步：检查缺失值的分布

比对原始数据和转换数据里的缺失值分布，对原始数据使用原始程序，对转换数据使用 Stata 程序。因为描述统计量把缺失值排除在外，所以应该用 tab1 *variable-list*, missing 做每个取值的频数分布。于我而言，最常见的问题是原始数据里的缺失值有多种编码，但转换之后它们都被合并成一种了。

第 3 步：转换数据的两种方法

例如，用 SPSS 把数据转换成 Stata 格式，然后，用 Stat/Transfer 把同样的数据转换成 Stata 格式。在 Stata 里，用 cf 命令比对这两个转换数据。如果这两个文件完全匹配，你对这次的转换就更有信心。如果不匹配，就要检查哪些地方不一样。比如，如果一个数据用大写名字，而另一个数据用的是小写名字，那么即使数据里的数值取值一样，cf 命令也会显示两个文件不一样。

对 ISSP 2002 里的俄罗斯数据做转换

这里用国际社会调查项目第三轮家庭和性别角色转变调查（International Social Survey Program 2004）中的俄罗斯样本来说明导入数据时会出现的问题。

检查 SPSS 格式的数据

原始文件 04106-0001-Data. por 是一个 SPSS Portable 格式的文件，里面包含了变量标签、取值标签以及与缺失值相关的信息[①]。我用 SPSS 14 打开了这个数据。变量 v3

---

① 在这里感谢泰特·麦迪纳（Tait Medina）建议我使用这个数据。原始数据 24 兆，没有放在本书提供的软件包里，但可以在 ICPSR（http：//www. icpsr. umich. edu）的网站的 Study No. 4106 找到。

代表的是这些数据是在哪些国家收集的。选取 v3 等于 18 的案例，18 是俄罗斯的编码，把选取的数据保存成 wf6-isspru-spss01. sav。

在 SPSS 环境下，计算描述统计量（见图 6 - 4）。

Descriptive Statistics

	N	Minimum	Maximum	Mean	Std. Deviation
ZA Study Number	1798	3880	3880	3880.00	.000
Respondent Number	1798	1800001	1801798	1800900	519.182
Country	1798	18	18	18.00	.000
Workg mom: warm relation child ok	1765	1	5	2.32	1.148
Workg mom: pre school child suffers	1755	1	5	2.37	1.050
Workg woman: family life suffers	1759	1	5	2.40	1.098
What women really want is home & kids	1717	1	5	2.64	1.112
Household satisfies as much as paid job	1680	1	5	2.86	1.102
Work is best for womens independence	1710	1	5	2.07	.952
Both should contribute to hh income	1773	1	5	2.00	.939
Mens job is work,womens job household	1772	1	5	2.40	1.078

图 6 - 4 SPSS 输出的描述统计量

因为这些输出结果里没有显示缺失值，所以我还要计算频数分布。以变量 v4 为例，该题问的是有工作的母亲与孩子之间的关系和无工作的母亲与孩子之间的关系是不是一样充满温情（见图 6 - 5）。

Workg mom: warm relation child ok

		Frequency	Percent	Valid Percent	Cumulative Percent
Valid	Strongly agree	464	25.8	26.3	26.3
	Agree	712	39.6	40.3	66.6
	Neither agree nor disagree	197	11.0	11.2	77.8
	Disagree	336	18.7	19.0	96.8
	Strongly disagree	56	3.1	3.2	100.0
	Total	1765	98.2	100.0	
Missing	Cant choose	26	1.4		
	Na, refused	7	.4		
	Total	33	1.8		
Total		1798	100.0		

图 6 - 5 SPSS 输出的频数分布

把数据转换成 Stata 格式

接下来，用 Stat/Transfer 8.1 做转换，我点击 Transfer 标签，输入选项以创建一个名为 wf6-isspru-sttr01.dta 的 Stata 格式数据（见图 6-6）。

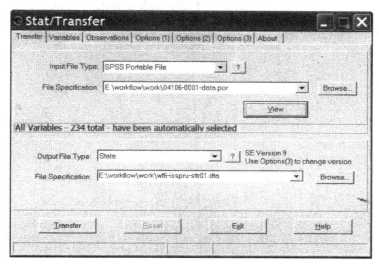

图 6-6　Stat/Transfer 对话框里的 Transfer 标签

File Specification 里是原始数据 04106-0001-Data.por，而不是转换成 SPSS 格式的文件 wf6-isspru-spss01.sav。始终保持尽可能地接近原始数据，而不是转换一个已经被转换过的数据。切换到 Observations 标签，我选择俄罗斯案例（见图 6-7）。

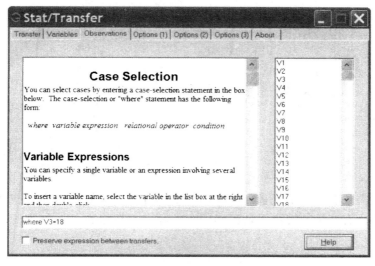

图 6-7　Stat/Transfer 对话框里的 Observations 标签

回到 Transfer 界面，点击 Transfer 按钮以创建 Stata 格式的 wf6-isspru-strr01.dta 文件。如果有人问你想要单倍精度还是双倍精度，请选择单倍精度以确保在转换的过程中不会发生舍入误差。这么做的唯一缺点就是一开始 Stata 文件会很大；但是，只要运行 compress 命令（参见第 249 页），在不丢失数据的前提下，就能让文件变得更小。

检验转换

检查转换的数据，我用的是 codebook 命令（参见文件 wf6-isspru-sttr01.do）：

```
. codebook, compact
Variable  Obs Unique     Mean     Min     Max  Label
V1       1798      1     3880    3880    3880  ZA Study Number
V2       1798   1798  1800900 1800001 1801798  Respondent Number
V3       1798      1       18      18      18  Country
V4       1765      5 2.324267       1       5  Workg mom: warm relation child ok
V5       1755      5 2.373789       1       5  Workg mom: pre school child suffers
V6       1759      5 2.401933       1       5  Workg woman: family life suffers
V7       1717      5 2.639487       1       5  What women really want is home & kids
V8       1680      5 2.855357       1       5  Household satisfies as much as paid job
V9       1710      5 2.071345       1       5  Work is best for womens independence
V10      1773      5 2.003948       1       5  Both should contribute to hh income
V11      1772      5 2.401806       1       5  Mens job is work,womens job household
```
（省略输出结果）

除了转换后的数据把所有的变量名都改成了大写外，转换数据的输出结果和 SPSS 的输出结果能完全对上（例如，是 V4 而不是 v4）。

因为像均值这样的描述统计量会把缺失值排除，所以这里我用 tab1 命令检验缺失值是否被正确转换了。V4 的输出结果与前面显示的 SPSS 的输出结果完全匹配：

```
-> tabulation of V4
   Workg mom: warm relation
                 child ok  |      Freq.     Percent        Cum.
           Strongly agree  |        464       25.81       25.81
                    Agree  |        712       39.60       65.41
Neither agree nor disagree |        197       10.96       76.36
                 Disagree  |        336       18.69       95.05
        Strongly disagree  |         56        3.11       98.16
                      .c   |         26        1.45       99.61
                      .n   |          7        0.39      100.00
                    Total  |      1 798      100.00
```

不幸的是，还有 233 个变量需要检验。永远都不应该假定因为某些变量的转换是正确的，所以所有变量的转换都是正确的。实际上，在检查最后一个变量时，我发现了一个问题：

```
-> tabulation of V239
  R: Current employment
         status            Freq.     Percent     Cum.

  Employed-full time        855       47.55      47.55
  Employed-part time         87        4.84      52.39
      Empl-< part-time       35        1.95      54.34
          Unemployed         69        3.84      58.18
Studt,school,vocat.trng      59        3.28      61.46
             Retired        531       29.53      90.99
  Housewife,home duties      72        4.00      94.99
  Permanently disabled       34        1.89      96.89
Oth,not i labour force       23        1.28      98.16
                   .a        33        1.84     100.00

               Total      1 798      100.00
```

在 SPSS 里，33 个编码是 .a 的案例，对应的是 SPSS 里 3 个 "Dont know" 的案例和 30 个 "Na" 的案例（图 6 - 8）。

R: Current employment status

		Frequency	Percent	Valid Percent	Cumulative Percent
Valid	Employed-full time	855	47.6	48.4	48.4
	Employed-part time	87	4.8	4.9	53.4
	Empl-< part-time	35	1.9	2.0	55.4
	Unemployed	69	3.8	3.9	59.3
	Studt,school,vocat.trng	59	3.3	3.3	62.6
	Retired	531	29.5	30.1	92.7
	Housewife,home duties	72	4.0	4.1	96.8
	Permanently disabled	34	1.9	1.9	98.7
	Oth,not i labour force	23	1.3	1.3	100.0
	Total	1765	98.2	100.0	
Missing	Dont know	3	.2		
	Na	30	1.7		
	Total	33	1.8		
Total		1798	100.0		

图 6 - 8　SPSS 频数表里的组合缺失值

发生了什么事情呢？Stat/Transfer 8 里有几个用来处理缺失值的选项，默认的选项是 *Use all, Map to extended* (a-z) *missing values*。我试了其他的选项，发现 Use None, Map to extended(a-z) missing values 不会合并缺失值。我用这个选项创建了数据 *wf6-isspru-sttr02. dta*。变量 V239 的频数分布表如下所示（参见文件 *wf6-isspru-sttr02. do*）：

```
-> tabulation of V239
```

R: Current employment status	Freq.	Percent	Cum.
Employed-full time	855	47.55	47.55
Employed-part time	87	4.84	52.39
Empl-< part-time	35	1.95	54.34
Unemployed	69	3.84	58.18
Studt,school,vocat.trng	59	3.28	61.46
Retired	531	29.53	90.99
Housewife,home duties	72	4.00	94.99
Permanently disabled	34	1.89	96.89
Oth,not i labour force	23	1.28	98.16
Dont know	3	0.17	98.33
Na	30	1.67	100.00
Total	1 798	100.00	

这 33 个案例被正确地分成了两大类，但是当我在命令 tab1 里加上 nolabel 选项来检查转换数据里的不含标签的取值时，我发现缺失值的编码变成了 98 和 99，而不是 Stata 里的扩展缺失值编码：

```
-> tabulation of V239
```

R: Current employment status	Freq.	Percent	Cum.
1	855	47.55	47.55
2	87	4.84	52.39
3	35	1.95	54.34
5	69	3.84	58.18
6	59	3.28	61.46
7	531	29.53	90.99
8	72	4.00	94.99
9	34	1.89	96.89
10	23	1.28	98.16
98	3	0.17	98.33
99	30	1.67	100.00
Total	1 798	100.00	

因为我需要的是缺失值编码而不是数字，所以我又尝试用 DBMS/Copy 来做转换，但是遇到了同样的问题。接下来，我又用 SPSS 把数据直接保存成 Stata 格式。虽然 SPSS 不能合并分类，但是它也没有使用扩展的缺失值编码。在尝试了各种不同的方法之后，我得出了这个结论：唯一的解决办法就是在 SPSS 里把缺失值转换成数字编码，然后把这些数字编码改成 Stata 里的扩展缺失值（例如，recode V239 98＝.a 99＝.b）。

6.2　检验变量

在开始做统计分析之前，你应该对将要用到的每个变量都进行检验。虽然 6.1 节和第 5 章已经讨论了检验工作的一些方面（6.1 节讲的是对导入数据的检验，第 5 章讲的是关于名字和标签的检验），但是这里提供了一个更加全面的评估，涵盖了数据检验的四个方面，有时这四个方面会有重叠（见图 6 - 9）。

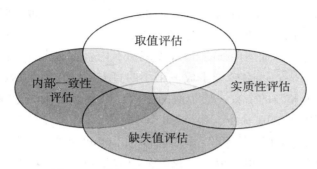

图 6 - 9　数据验证的四个互相重叠的维度

取值评估

取值评估检查的是每个变量的取值是否合理以及所有应该被展示的取值是否都能在数据中找到。例如，如果你预计有些人有博士学位，但教育变量里没有这个类别，这样就可能有问题。

实质性评估

虽然所有的取值都合理，但是取值的分布和实际情况相符吗？某些取值的案例是不是太多或太少了？取值范围和你预计的一致吗？变量之间的关系合理吗？虽然这一步和取值评估有相似之处，但只有真正理解数据方可。

缺失值评估

数据里有你预计的缺失值类型吗？每种类型的案例数量合理吗？调查中的跳转模式在缺失值编码中有体现吗？例如，如果一个调查对象表示她没有上过大学，就应该跳过那些基于上过大学的问题。这就会导致复杂的缺失值模式，你应该对这些缺失值模式进行验证。

内部一致性评估

一个变量的内容与其他变量的取值之间可能会有逻辑蕴涵。例如，在如何支付大学费用这道题上，一个没有上过大学的调查对象的答案就应该是缺失的。在其他情况下，可能有过去的研究提供了强有力的证据证明某两个变量之间的相关性。通过检查变量之间应答的一致性能够发现数据中的一些微小问题。

接下来，我会用各种示例详细讲解每一种评估，这些都是用 Stata 来发现问题的示例。

6.2.1 取值评估

最简单的检查就是确认所有变量的取值范围都是合理的。为此，我更倾向于用命令 codebook, compact，该命令能够显示出非缺失值观测值的个数、唯一值的个数、均值、最小值、最大值以及变量标签。你也可以用 summarize 命令，它包含了标准差，但没有列出变量标签。你如果用 codebook 发现所有内容看起来都没问题，那么检查每个变量的具体取值。inspect 命令能生成一个小的直方图，并能显示负取值、零和正取值的个数，整数和非整数的个数，唯一值的个数，以及缺失值的个数。如果想看看所有取值的分布，可以用 tab1 命令。和 tabulate 相比，tab1 命令的优势在于它允许指定一个变量列表（例如，tab1 V4-V22, missing），而 tabulate 要求每个变量单独用一个独立的命令。如果一个变量有很多取值，我就会用命令 dotplot 或 stem 来创建一个直方图。stem 命令的优势在于它能生成一个文本图，该文本图是 log 文件的一部分，而 dotplot 命令生成的是一个图形文件。

关于科学职业数据的取值评估

这个示例使用的数据是关于 20 世纪 50 年代末和 60 年代初获得学位的生物化学家的就业情况。首先，看看取值范围（参见文件 wf6-review-biochem. do）：

```
. use wf-acjob, clear
(Workflow data on academic biochemists \ 2008-04-02)

. codebook, compact

Variable      Obs Unique      Mean  Min        Max  Label

job           408     80  2.233431    1        4.8  Prestige of first job
fem           408      2  .3897059    0          1  Gender: 1=female 0=male
phd           408     89  3.200564    1        4.8  PhD prestige
ment          408    123  45.47058    0   531.9999  Citations received by mentor
fel           408      2  .6176471    0          1  Fellow: 1=yes 0=no
art           408     14  2.276961    0         18  # of articles published
cit           408     87  21.71569    0        203  # of citations received
```

博士期间发表论文数量的最大值是 18，看起来有些高，但是在其他工作中我得知科学家之间的合作是常见的。变量 job 和 phd 二者匹配，和我预计的一致，因为科学家都是从与生产博士同样的院系里雇佣的。就二分变量 fem 或 fel 而言，最小值、最大值和均值表明这些变量都是合理的，但是我还需要验证这两个变量的取值只有 1 和 0。

接下来我要检查取值的分布。因为变量 art 只有 18 个独立取值，所以我可以用 tab1 命令，并且它的输出结果不会太多：

```
. tab1 art, missing
-> tabulation of art
```

# of articles published	Freq.	Percent	Cum.
0	85	20.83	20.83
1	102	25.00	45.83
2	72	17.65	63.48
3	49	12.01	75.49
4	45	11.03	86.52
5	25	6.13	92.65
6	13	3.19	95.83
7	9	2.21	98.04
8	2	0.49	98.53
9	1	0.25	98.77
10	2	0.49	99.26
12	1	0.25	99.51
15	1	0.25	99.75
18	1	0.25	100.00
Total	408	100.00	

这个结果看起来正常。虽然我可以做 job、phd、ment 和 cit 的频数分布，但是直方图看起来更方便，因为这些变量都有很多唯一取值。stem 命令生成的直方图类型叫作茎叶图：

```
. stem cit
Stem-and-leaf plot for cit (# of citations received)
 0* | 00000000000000000000000000000000000000000000000000000000 ... (212)
 1* | 00000011112222223333333333444444555555567788888888899999
 2* | 000001111122223333334444445566666777789
 3* | 0000122222333444556667789
 4* | 122335566777788888889
 5* | 1144556677789
 6* | 0034555556667
 7* | 01145778
 8* | 012368
 9* |
10* | 0057
11* | 3
12* | 03
13* |
14* | 069
15* | 4
16* | 39
17* |
18* |
19* |
20* | 113
```

左边轴上的数字就是"茎"。例如，数字是 5 * 的茎指的是这一行的取值范围在 50～59 之间。"叶"是茎右边的数字。对茎 5 * 而言，它的叶子是 1144556677789。每个数字或每片叶子对应的都是一个观测值。比如，第一个数字是 1，代表取值为 51 的案例；第二个数字也一样。两个 4 代表的是取值为 54 的两个个案，以此类推。如果你更喜欢图，可以用 dotplot 命令。比如，dotplot cit 的输出结果是：

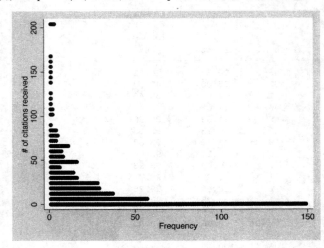

要想给所有非二分变量都创建一个图，我使用了下面这个循环：

```
foreach var in art cit phd job ment {
    dotplot `var´
    graph export wf6-review-biochem-`var´.png, replace
}
```

临时应急图

如果 Stata 要花很长时间才能做出你想要的图，可能是 Stata 在网络运行环境下出了问题，这时你就可以用第 7 版的图形命令。例如，用命令 version 7:dotplot cit 马上就能做出下面这张点阵图，就数据清理而言这样的图没问题：

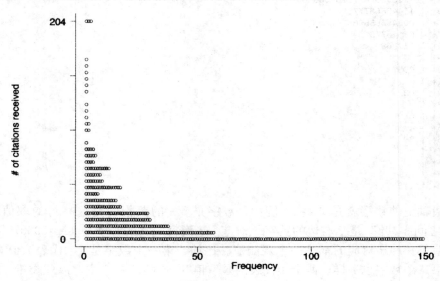

关于家庭价值观数据的取值评估

2002 年的美国综合社会调查里有一个关于家庭价值观的模块。GSS 2002 重复了 1977 年和 1989 年调查中的问题："有工作的母亲也能像无工作的母亲那样与自己的孩子建立起亲密关系，并能维护这样的亲密关系。您在多大程度上同意或不同意这一观点？"（Davis，Smith，Marsden，2007）因为我用 1977 年和 1989 年调查中的这个问题来解释有序 logit 模型（Long，Freese，2006），所以我想知道到了 2002 年人们的观点是否已经发生了变化。首先，我查看了频数分布（参见文件 wf6-review-gss. do）：

```
. use wf-gsswarm, clear
(Workflow data from 2002 GSS on women and work \ 2008-04-02)
. tabulate v4, miss
```

Workg mom: warm relation child ok	Freq.	Percent	Cum.
Strongly agree	468	39.97	39.97
Agree	383	32.71	72.67
Neither agree nor disagree	124	10.59	83.26
Strongly disagree	184	15.71	98.98
Cant choose	11	0.94	99.91
Na, refused	1	0.09	100.00
Total	1 171	100.00	

第一眼看去，一切都正常。随后我意识到 Disagree 这个类缺失了。我对取值和取值标签进行联合检查（这就是我为什么更喜欢用包含取值的取值标签，在第 5 章我对此进行过讨论，参见第 159 页）：

```
. tabulate v4, miss nolabel
```

Workg mom: warm relation child ok	Freq.	Percent	Cum.
1	468	39.97	39.97
2	383	32.71	72.67
3	124	10.59	83.26
5	184	15.71	98.98
8	11	0.94	99.91
9	1	0.09	100.00
Total	1 171	100.00	

确实，取值 4 缺失。因为 ICPSR 的原始数据是 SPSS Portable 文件，用的是 SPSS 做的分布，所以我用 SPSS 来确认问题的产生不是因为数据转换。接下来我查看编码表，发现："在 GSS 2002 的原始问卷中，这类问题的第四个选项被省略掉了。因此，'disagree' 应该被归入第五个选项 'strongly disagree' 中，假定答案 'strongly disagree' 既有 'disagree' 也有 'strongly disagree' 的意思。"这就意味着 2002 年的调查与 1977 年和 1989 年的调查不兼容。

6.2.2 实质性评估

你还应该考虑到变量的真实含义，而不是仅仅考虑取值是否有效。也就是说，案例在取值上的分布有没有实际意义？这句话看起来语意不清，但是就我的经验来看，在评估成千上万行的输出结果时，很容易忘记数据真正的内容是什么。这里给出了几个示例，用命令 tab1、stem、dotplot 以及 graph scatter 来探索变量的实际含义。

测量时间到什么程度？

这个关于评估变量重要性的示例发生在我给美国国家科学院写一篇关于科学职业产出的报告时（Long，2002）。虽然报告中使用的数据尚未公开，但我可以用类似的数据展示发生了什么。关于科学产出的一个标准预测变量是科学家在研究生院的年限，入学时间与随后的产出之间是负相关关系。这个项目的数据分析员发送给我的输出结果显示出一个令人吃惊的、关于入学时间的正效应（参见文件 wf6-review-timetophd.do）：

```
. use wf-acpub, replace
(Workflow data on scientific productivity \ 2008-04-04)
. nbreg pub enrol phd female, nolog irr
Negative binomial regression                    Number of obs   =        278
                                                LR chi2(3)      =      23.54
Dispersion     = mean                           Prob > chi2     =     0.0000
Log likelihood = -606.28466                     Pseudo R2       =     0.0190
```

pub	IRR	Std. Err.	z	P>|z|	[95% Conf. Interval]	
enrol	1.056071	.0156467	3.68	0.000	1.025845	1.087188
phd	1.103679	.0654233	1.66	0.096	.9826206	1.239652
female	.7533	.0968775	-2.20	0.028	.5854637	.9692504
/lnalpha	-.4592692	.1471825			-.7477416	-.1707969
alpha	.6317451	.0929818			.4734346	.8429928

```
Likelihood-ratio test of alpha=0:  chibar2(01) =  172.26 Prob>=chibar2 = 0.000
```

变量 enrol 的相关系数显示：在控制住其他变量不变的情况下，科学家在研究生院的年限每增加 1 年，其生产率就会被预计增加 5.6%（即系数 1.056）。在与数据分析员多次讨论并被要求用另一种规范来理解这个奇怪的结果后，我要来了所有变量的频数分布。以变量 enrol 来说，我发现有很多取值太大了，不可能是入学时间。通过进一步的考察，我确定 enrol 表示的是获得本科学位和获得博士学位之间的时间，对那些本科毕业后就开始工作的科学家来说，他们在这个变量上的取值很大，因为他们是后来才决定完成博士学业的。这些异常值把相关关系由负向转成了正向。使用正确的入学时间，结果变得和预期一样：

```
. nbreg pub enrol_fixed phd female, nolog irr
Negative binomial regression                    Number of obs   =        278
                                                LR chi2(3)      =      26.97
Dispersion      = mean                          Prob > chi2     =     0.0000
Log likelihood = -604.5674                      Pseudo R2       =     0.0218
```

pub	IRR	Std. Err.	z	P>|z|	[95% Conf. Interval]	
enrol_fixed	.82013	.037127	-4.38	0.000	.7504973	.8962233
phd	1.112075	.0666021	1.77	0.076	.9889072	1.250582
female	.7450266	.0964034	-2.27	0.023	.5781357	.960094
/lnalpha	-.4493616	.1428516			-.7293456	-.1693777
alpha	.6380353	.0911444			.4822244	.84419

```
Likelihood-ratio test of alpha=0:  chibar2(01) =  211.39 Prob>=chibar2 = 0.000
```

如果我一开始就对数据做评估，一个简单的直方图就会指出这个问题，这样就会节省几个小时的时间：

```
. label variable enrol_fixed "enroll_fixed: enrolled time"
. label variable enrol_fixed "enroll_fixed: enrolled time"
. label variable enroll "enrol: elapsed time"
. dotplot enrol_fixed enrol, ytitle("Years", size(medium))
> xlabel(, labsize(medium))
```

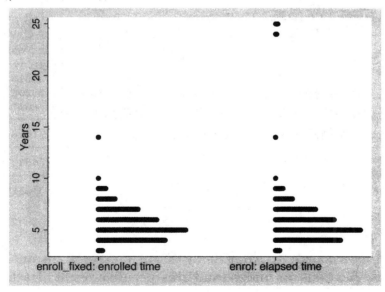

检查高频取值

第二个示例来自我对科学职业的研究工作，所用数据与博士的职业声望有关，是博士院系的一个样本。描述统计量看起来都正常（参见文件 wf6-review-phdspike. do）：

```
. use wf-acjob, clear
(Workflow data on academic biochemists \ 2008-04-02)
. summarize phd
```

Variable	Obs	Mean	Std. Dev.	Min	Max
phd	408	3.200564	.9537509	1	4.8

直方图显示数据中有一些尖峰:

```
. dotplot phd
```

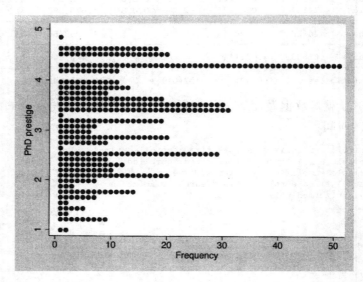

虽然我已预计到数据有问题——因为多个博士学位可能来自同一个院系,所以它们拥有的就是同样的博士声望——但是取值 4 与 5 之间的尖峰看起来很尖。当对取值在 4 和 4.5 之间的案例做频数表时,我发现了下面的问题:

```
. tabulate phd if phd>4 & phd<4.5
```

PhD prestige	Freq.	Percent	Cum.
4.14	3	4.35	4.35
4.16	8	11.59	15.94
4.25	1	1.45	17.39
4.29	37	53.62	71.01
4.32	9	13.04	84.06
4.34	4	5.80	89.86
4.48	7	10.14	100.00
Total	69	100.00	

有 37 个样本来自声望值为 4.29 的学院,几乎占到了样本的 10%。通过进一步的考察,我确定这个学院是威斯康星大学的麦迪逊校区,该校在 1950—1960 年间有几个与生物化学专业相关的大的博士院系。后期的实证分析对这个博士群体的考虑

更加认真。

变量之间的关系

对变量做成对检查是数据清理工作的一个重要部分。这里检查的是某博士所在学院的声望及其第一份学术工作的声望。首先，我考察了描述性统计量（参见文件 wf6-review-jobphd.do）：

```
. use wf-acjob, clear
(Workflow data on academic biochemists \ 2008-04-02)
. codebook phd job, compact

Variable    Obs Unique     Mean  Min  Max  Label

phd         408     89  3.200564   1  4.8  PhD prestige
job         408     80  2.233431   1  4.8  Prestige of first job
```

这些统计量看起来是合理的。我期望的是：变量 phd 和 job 的取值范围一样。但与 phd 相比，job 的均值更小一些，因为声望越高的学院雇佣的教职工人数越少。我用 dotplot 命令来比对二者的分布，在这里我把变量标签改成了包含变量名的标签，并在图中加大了其字号：

```
. label var phd "phd: PhD prestige"
. label var job "job: Prestige of first job"
. dotplot phd job, xlabel(,labsize(medium))
```

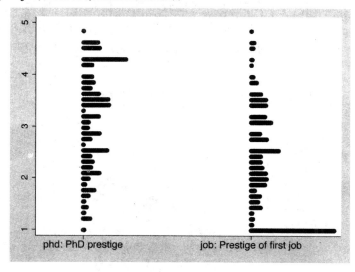

变量 job 的分布显示只有一个尖峰，因为未分级的院系被分配的是最小的声望编码。显然，在实证分析中要考虑到这个尖峰。我还想看看这些变量之间的相关关系。首先，我用缺省选项创建了一个简单的散点图：

```
. scatter job phd
```

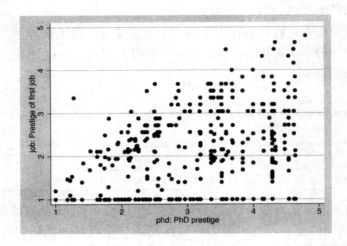

这个图最大的问题在于无法确定是否有很多样本对应着一个给定的点。例如，已知 37 个博士来自声望值为 4.29 的麦迪逊分校，但在这个博士声望值上无法分辨出这 37 个观测值。解决办法就是用选项 jitter()，通过给每个点增加少量的杂音来抖动数据。当很多点离得很近时，为避免出现黑块，图中使用空心圆圈，这可以用选项 msymbol(circle _hollow) 来实现。最后，由于变量 phd 和 job 的声望取值范围完全一样，所以把图做成一个 1∶1 的正方形是有意义的。通过下面这些选项，我生成如下这张散点图：

```
. scatter job phd, msymbol(circle_hollow) jitter(8) ylabel(, grid)
> xlabel(, grid) aspectratio(1)
```

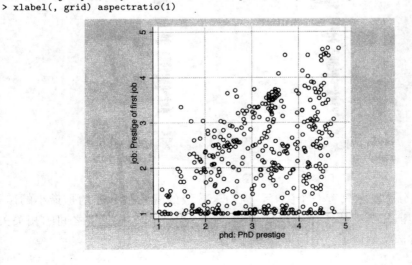

所有的点聚合成了一个非常明显的三角形，这个三角形证明读完博士之后，科学流动性下降了很多。

所有成对变量的散点图

我还想看看其他成对变量的情况。一种方法是用命令 graph matrix：

```
. use wf-acjob, clear
(Workflow data on academic biochemists \ 2008-04-02)
. graph matrix job phd ment art cit fem fel, jitter(3) half
> msymbol(circle_hollow)
```

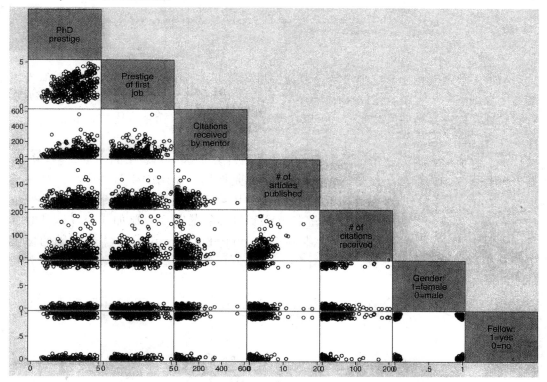

每个单元格对应的是一对变量的散点图。比如，可以把左上角的散点图与前面创建的 phd 和 job 的散点图做对比。

如果在一个散点图矩阵里有很多观测值或有很多变量，这个图就可能变得很密集以致无法使用。如果发生这种情况，就分别给每对变量生成一个独立的图。这可以用一个 foreach 命令来实现：

```
1>  local varlist "phd job ment art cit fem fel"
2>  local nvars : word count `varlist´
3>  forvalues y_varnum = 1/`nvars´ {
4>      local y_var : word `y_varnum´ of `varlist´
5>      local y_lbl : variable label `y_var´
6>      label var `y_var´ "`y_var´: `y_lbl´"
7>      local x_start = `y_varnum´ + 1
8>      forvalues x_varnum = `x_start´/`nvars´ {
9>          local x_var : word `x_varnum´ of `varlist´
10>         local x_lbl : variable label `x_var´
11>         label var `x_var´ "`x_var´: `x_lbl´"
12>         scatter `y_var´ `x_var´, msymbol(circle_hollow) jitter(8) ///
>               ylabel(, grid) xlabel(, grid) aspectratio(1)
13>         graph export wf6-review-jobphd-`y_var´-`x_var´.png, replace
14>         label var `x_var´ "`x_lbl´"
15>     }
16> }
```

　　与大多数示例相比，这个示例更复杂。虽然接下来我会逐行解释其含义，但为了能够完全理解这个程序，建议你用 wf-review-jobphd.do 来试试这个程序。例如，为了看看局域宏的内容是如何改变的，可以在循环里加上 display 命令（比如，display " v_var is:`x_var´"）。

　　第 1 行命令创建了一个变量列表，而第 2 行计算了这个列表中的变量。第 3 行开始一个基于 y 轴的循环，这里的 y_varnum 指的是要用来做图的变量的序号。第 4 行用 y_varnum 从变量列表中选取变量名。第 5 行用第 5 章里讨论过的命令来索回变量标签，第 6 行改变变量标签，把变量名加到变量标签的前面。比如，变量 phd 的变量标签以 PhD prestige 开头，新的变量标签是 phd: PhD prestige。这样，x 轴的标签里既有变量名也有变量标签。要查看我们对变量标签的改动，可以看看变量 job 和 phd 的散点图：

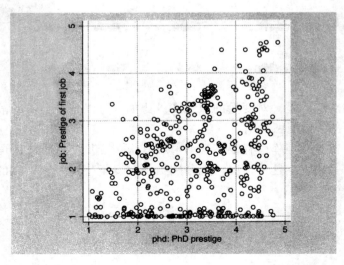

第 7 行确定了 x 轴上的变量的序号。比如，假设 y 轴是第一个变量，但我不想做这个变量本身的散点图。相反，我想做这个变量和列表中第二个变量的图。第 8 行在起始变量和剩下的变量之间做循环。当 y_varnum 等于 1 时，我就拿这个变量和 x 轴上序号为 2-7 的变量交叉做图。当 y_varnum 等于 2 时，我用 x 轴上序号为 3-7 的变量做图。以此类推。第 9～11 行调整 x 轴上变量的标签。第 12、13 行创建和导出统计图。第 14 行重置 x 轴变量的标签，让它变成第 11 行中的取值标签。（作为练习，想想为什么需要这一行命令。如果不确定，可以把这行变成注释，然后再运行这个程序。）第 15、16 行结束循环。当循环结束时，21 张图已经被创建。要查看这些图，可以使用类似 IrfanView（http：//www.irfanview.com）这样的文件阅读器或者是操作系统中用来查看缩略版的双向图阅读器（见图 6 - 10）。

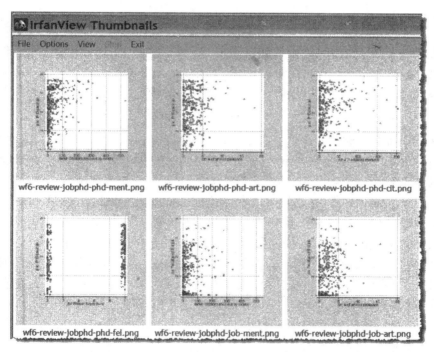

图 6 - 10 双向图的缩略版

如果想更仔细地查看其中的一张图，点击那张图，就会显示全屏版。

调查问题的改变

下一个示例要说明的是要想找到面板数据[①]里的变动和潜在问题，查看单个变量分

[①] 感谢克里斯汀·查维斯（Christine Chavez）让我关注到这个数据。

布的重要性。在一个关于宗教对性行为影响的研究中，查维斯（Chavez，2007）使用了来自全美青少年健康追踪调查的数据。在第 1 轮调查中，她发现有 10.7％的调查对象回答自己的宗教是"基督教会/基督门徒教会"。在第 3 轮调查中，这一百分比降到了 0.5％。虽然其他来源的数据能够证明基督门徒教会的人数确实在下降，但是全美青少年健康追踪调查的这一数字看起来有些出格。在编码表中，她发现不同轮调查在措辞上有变化。在第 1 轮调查中，这一类别的标签是"基督教会（基督门徒教会）"；在第 3 轮调查中，标签只是简单的"基督门徒教会"。查维斯推断在第 1 轮调查中是基督徒的调查对象选择了这个选项，但他们的宗教不一定是基督门徒教会。如果只关注复杂模型的输出结果，而不关注这类基本的描述统计量，这种类型的问题很容易就被忽视了。

6.2.3 缺失值评估

因为与缺失值有关的问题通常会以一种非常微妙的形式表现出来，所以你应该仔细检查缺失值的分布。首先讨论的是 Stata 如何处理缺失值。系统缺失值，有时也被叫作 *sysmiss*，通常用一个英文的句号"."来表示。比如：

```
generate var01 = .
```

这样，给所有观测值在 var01 这个变量上分配的值都是"."。Stata 还有 26 个扩展缺失值，表示方式为：. a，. b，…，. z。当数值型表达式里包含缺失值时，这个表达式的结果就是一个缺失值。比如，假设把 . a 和另一个数字相加，结果就是一个缺失值。由于缺失值不是有效数字，所以诸如 summarize 或 regress 这样的命令在做数值计算时都不包含缺失值。这一点与其他软件，特别是更老一点的软件形成鲜明的对比。在老一点的软件里，任何数字（比如，9 或 99）都可以被当作缺失值来处理，因此用户必须指明哪些数字是缺失值。如果忘记指定哪些数字是缺失值，缺失值就会被包含到计算里，有时这会导致灾难性后果。如果要从一个可以用有效数字表示缺失值的程序里导入数据，一定要注意给这些值重新编码，按照 Stata 的缺失值编码来处理。

比较和缺失值

可以用">"">="">="""<=""以及"="来比较缺失值。在比较时，缺失值被当成数字来处理，它们比所有的非缺失值都大，在缺失值内部，. z > . y > … > . b > . a > . 。比如，比较一个缺失值是否比 1 000 大（如 . > 1 000），答案是肯定的。这就很容易导致错误。例如，我查看文章的分布情况，有 19 个观测值在这个变量上是缺失的（参见文件 wf6-review-missing. do）：

```
. use wf-missing, clear
(Workflow data to illustrate missing values review \ 2008-04-02)
. tabulate art, missing
```

# of articles published	Freq.	Percent	Cum.
0	102	41.98	41.98
1	72	29.63	71.60
2	25	10.29	81.89
3	13	5.35	87.24
4	9	3.70	90.95
9	1	0.41	91.36
12	1	0.41	91.77
15	1	0.41	92.18
.	19	7.82	100.00
Total	243	100.00	

接下来，我生成一个变量，在这个变量里，取值 9、12 和 15 都被缩成 5：

```
. generate art_tr5 = art
(19 missing values generated)
. replace art_tr5 = 5 if art>5
(22 real changes made)
. label var art_tr5 "trunc at 5 # of articles published"
```

generate 命令报告有 19 个缺失值，这是没问题的。replace 命令报告有 22 个变化，但应该只有 3 个取值被改动过。为了查看发生了什么，我用选项 missing 对变量 art 和 art_tr5 做频数分布：

```
. tabulate art art_tr5, missing
```

# of articles published	art_tr5						Total
	0	1	2	3	4	5	
0	102	0	0	0	0	0	102
1	0	72	0	0	0	0	72
2	0	0	25	0	0	0	25
3	0	0	0	13	0	0	13
4	0	0	0	0	9	0	9
9	0	0	0	0	0	1	1
12	0	0	0	0	0	1	1
15	0	0	0	0	0	1	1
.	0	0	0	0	0	19	19
Total	102	72	25	13	9	22	243

在变量 art 里，取值为 9、12 和 15 的观测值在变量 art_tr5 里都被正确地转换成 5，但 art 里另外 19 个缺失值也被改成了 5。之所以会出现这种情况，是因为 replace art_tr5 = 5 if art>5 指明 art 里任何大于 5 的取值都应该被改成 5。因为在做比较的时候，缺失值会被当成非常大的数字，所以缺失值也大于 5。

解决办法就是只有当取值为非缺失值时才这么改。也就是说，只有当两个条件都成立时，才能把 art 的取值改成 5。第一，art 的取值必须比 5 大（也就是 art ＞5）。对取值 19 来说这个条件成立，但是对缺失值来说这个条件也成立。第二，art 必须不缺失。有两种方法可以选出非缺失的样本。第一种方法是，可以选择小于系统缺失值的取值。比如，art＜. 选出的就是取值是有效值的样本，因为在比较时有效值比系统缺失值小，当然也比所有扩展缺失值都小。用 if 条件我能得出正确的结果：

```
. generate art_tr5V2 = art
(19 missing values generated)
. replace art_tr5V2 = 5 if art>5 & art<.
(3 real changes made)
. label var art_tr5V2 "trunc at 5 # of articles published"
. notes art_tr5V2: created using art<.
. tabulate art_tr5V2, missing
```

trunc at 5 # of articles published	Freq.	Percent	Cum.
0	102	41.98	41.98
1	72	29.63	71.60
2	25	10.29	81.89
3	13	5.35	87.24
4	9	3.70	90.95
5	3	1.23	92.18
.	19	7.82	100.00
Total	243	100.00	

我用 art＜. 而不是 art!＝. 来选取样本。后一个条件选取的是取值不等于系统缺失值的样本，这样还会选中扩展缺失值。养成习惯用 art＜.，而不要用 art!＝.，这样当变量包含扩展缺失值时就能避免出错。

第二种选取有效样本的方法是用函数 missing()。例如，如果 art 缺失（可以是系统缺失，也可以是扩展缺失），则函数 missing(art)返回 1，否则返回 0。要创建简短版的 art，可以用下面这些命令：

```
. generate art_tr5V3 = art
(19 missing values generated)
. replace art_tr5V3 = 5 if art>5 & !missing(art)
(3 real changes made)
. label var art_tr5V3 "trunc at 5 # of articles published"
. notes art_tr5V3: created using !missing(art)
```

与 art＜. 相比，我更倾向于使用!missing(art)，因为非程序员更有可能不理解你的程序在干什么。而且，当你指的是 art＞＝. 时，用 missing(art)能避免用 art＞. 产生的错误。

创建表示样本是否缺失的指标

有时我需要一个指标来表示变量是否缺失，当变量缺失时，这个指标的取值为 1，否则为 0。这个指标可以用来检查一个给定的、有缺失值的变量是否与其他变量有关联。我用下面的命令（参见文件 wf6-review-missing.do）给变量 art 创建这样一个指标：

```
generate art_ismiss = missing(art)
label var art_ismiss "art is missing?"
label def Lismiss 0 0_valid 1 1_missing
label val art_ismiss Lismiss
```

要查看新变量和原始变量的关系，输入：

```
. tabulate art art_ismiss, missing
```

# of articles published	art is missing? 0_valid	1_missing	Total
0	102	0	102
1	72	0	72
2	25	0	25
3	13	0	13
4	9	0	9
9	1	0	1
12	1	0	1
15	1	0	1
.	0	19	19
Total	224	19	243

在这个示例中，变量 art 只有系统缺失值，但如果有些样本的取值是扩展缺失值，那么在变量 art_ismiss 里，这些样本的取值都将是 1。

使用扩展缺失值

数据缺失的原因可能很多，扩展缺失值就是用来区分缺失的不同的原因。举例来说，某项回答缺失可能是因为：

● 调查对象拒绝回答这道问题。

● 调查对象不知道答案。

● 这道问题对调查对象来说不适用（比如，对没有上过大学的人来说，问题"你在哪里读大学?"就不适用）。

● 没有问调查对象这道问题（比如，分样本设计）。

在检查缺失值类型时有 3 个命令很有用。命令 tabulate 和 tab1 加上选项 missing 能够同时给出数值和缺失值的频数分布。如果只想了解缺失值的分布（比如，对一个有成千上万个有效取值的变量而言），可以加入 if 条件（参见文件 wf6-review-missing.do）：

```
tab1 phd if missing(phd), miss
```

通过指定条件 missing(phd)，tab1 只给出缺失值的频数分布。不幸的是，在只用一个 tab1 命令来计算多个变量的缺失值分布时，这种方法并不适用。比如下面这个命令：

```
tab1 phd art cit if missing(phd), missing
```

该命令给出的是当变量 phd 为缺失值时变量 phd、art 和 cit 的单个频数分布。解决办法是用一个循环：

```
foreach varname in phd art cit {
    tab1 `varname´ if missing(`varname´), missing
}
```

这个循环的输出结果是：

```
-> tabulation of phd if missing(phd)
```

PhD prestige	Freq.	Percent	Cum.
a_NonUS	7	36.84	36.84
b_Unranked	12	63.16	100.00
Total	19	100.00	

```
-> tabulation of art if missing(art)
```

# of articles published	Freq.	Percent	Cum.
.	19	100.00	100.00
Total	19	100.00	

（省略输出结果）

验证并扩展缺失数据编码

某些数据里有一些取值为缺失值的变量，但没有指明数据缺失的原因。比如，变量 car_type 有缺失值，但你不知道它是由调查对象拒绝回答导致的缺失，还是由调查对象没有汽车导致的缺失。当出现这种情况时，你可以通过检查该变量与其他变量的关系来确定为什么会缺失。为了说明如何实现这种检查，这里用了一个示例，该示例来自金赛研究所（www.kinseyinstitute.org/research/kins.html）的一个关于人类性别的研究。该数据是通过一个标准调查和一个网络调查来收集的。由于研究的主要目的是比对两种数据收集方法，所以理解数据缺失的原因至关重要[①]。

---

① 这个示例中的数据能够反映出原始数据的特征，是原始数据的一个模仿版，原始数据尚未公布。

在原始数据里，如果一道问题被拒答，编码为 .a，如果一道问题不适用，则编码为 .b。但它对于调查对象为什么拒绝回答或一道题为什么不适用，没有给出解释。比如，有时一道题不适用是因为调查对象是男性，而只有女性才会被问到这题。有时一道问题不适用，是因为答案要基于对前面问题的回答。拒答的原因也有很多。也许一个人只是简单地拒绝回答当前这道问题，也可能一个人是因为拒绝回答前面的问题而导致当前这道问题没有被问到。总而言之，答案缺失的原因大概有九种：

缺失值编码	取值标签	含义
.c	catskip	不需要明确的回答[a]
.d	nodebrief	拒绝回答盘问性问题
.f	femskip	女性不会被问到
.m	maleskip	男性不会被问到
.p	priorref	由于前面的问题被拒答而没有被问到的问题
.r	refused	拒绝回答当前这道问题
.s	single	由于调查对象单身，不会被问到
.x	nosxrel	由于调查对象没有性关系，不会被问到
.z	prior_0	由于前面问题的回答是 0，不会被问到

[a]有些题问的是这件事情发生了多少次。如果一个人拒绝给出一个明确的数字，他就会被要求给出一个事件发生频率的档（比如，从来没有发生、有时会发生）。

用下面这个命令来定义这些取值：

```
label def missdat .c "c_catskip"  .d "d_nodebrief"  .f "f_femskip"  ///
                  .m "m_maleskip" .p "p_priorref"   .r "r_refused"  ///
                  .s "s_single"   .x "x_nosxrel"    .z "z_prior_0"
```

把原始的 .a 和 .b 重新编码成改进后的缺失值类型，需要几个步骤。

一开始，我评估调查以确定每个问题中可能出现了哪种类型的缺失值。这个信息被保存在一个电子表格中（参见文件 wf6-review-misstype-registry. xls）（见图 6 - 11）。

有些变量只有当一个人拒绝回答时才会出现缺失，比如 politics。其他变量可能有多种缺失原因。比如，对变量 maryear 来说，该变量缺失可能因为调查对象拒绝说出结婚年份，也可能因为他拒绝回答前面那道问他是否结过婚的问题，又或者因为他单身所以没被问这道问题。我对这些登记信息做了排序，以便需要做相似数据处理的变量能显示在一起（见图 6 - 12）。

Question	Variable	Possible reasons for missing data								
		.c catskip	.d nodebrief	.f femskip	.m maleskip	.p priorrefuse	.r refused	.s single	.x nosexrel	.z priorzero
19	reldevtn						r			
20	politics						r			
21	married						r			
22	maryear					p	r	s		
22	marmth					p	r	s		
23	sxrelin						r			
24	sxrelyear					p	r	s		
24	sxrelmth					p	r	s		
25	des4w						r			
26	des1y4w						r			
27	sxrel4w					p	r		x	
28	sxrelwry					p	r		x	
29	attract1st						r			
30	ownsx4w						r			
31	ownwry4w						r			
32	sxactptn						r			
33	intcrs4w					p	r			z
34	orlgive					p	r			z
35	orlrecv					p	r			z
36	arousal					p	r			z
37	ejack			f		p	r			z
38	erect			f		p	r			z
39	ejackqk			f		p	r			z
40	org4w				m	p	r			z
41	lube				m	p	r			z
42	pain				m	p	r			z
43	sxptn1y									

图 6 - 11　关于数据缺失原因的电子表格

Question	Variable	Possible reasons for missing data								
		.c catskip	.d nodebrief	.f femskip	.m maleskip	.p priorrefuse	.r refused	.s single	.x nosexrel	.z priorzero
43a	sxptn1y_cat	c					r			
44a	femptn18_cat	c					r			
45a	maleptn18_cat	c					r			
46a	sxrellast_cat	c					r			
69	survey		d			p	r			
70	rembrpast		d			p	r			
71	difansr1y		d			p	r			
72	difansr4w		d			p	r			
73	difansrlt		d			p	r			
74	difansr1sx		d			p	r			
75	uncmfqstn		d			p	r			
76	face2face		d			p	r			
37	ejack			f		p	r			z
38	erect			f		p	r			z
39	ejackqk			f		p	r			z
60	erectprbtm			f		p	r			z
59	erectprb1y			f			r			
40	org4w				m	p	r			z

图 6 - 12　需要做相似数据处理的变量在一起的电子表格

我对同一组里的所有变量都用相同的命令来处理，如接下来所示。

简单拒答

要清理的最简单的变量就是编码为.r的只是简单拒答的变量，它的数据缺失的原因很简单。我从复制原始变量开始。比如，变量 acttv 里包含的是对看电视行为这道题的回答（参见文件 wf6-review-misstype. do）：

```
. clonevar acttvV2 = acttv
(1 missing value generated)
```

通过查看频数分布，我发现有一个缺失值，它的标签是 ref，表示拒绝回答：

```
. tab1 acttvV2, missing
-> tabulation of acttvV2
```

Q1, impt: wtch TV or movies	Freq.	Percent	Cum.
Not at all impt1	12	5.50	5.50
2	12	5.50	11.01
（省略输出结果）			
9	5	2.29	91.28
vry impt10	18	8.26	99.54
ref	1	0.46	100.00
Total	218	100.00	

为了查看与标签 ref 相关的取值，我加入选项 nolabel：

```
. tab1 acttvV2, missing nolabel
-> tabulation of acttvV2
```

Q1, impt: wtch TV or movies	Freq.	Percent	Cum.
1	12	5.50	5.50
2	12	5.50	11.01
（省略输出结果）			
9	5	2.29	91.28
10	18	8.26	99.54
.a	1	0.46	100.00
Total	218	100.00	

为了把.a改成.r，我用了 recode 命令：

```
recode acttvV2 .a = .r
```

同样，我也可以用 replace 命令来实现这一改动：

```
replace acttvV2 = .r if acttvV2==.a
```

要检验这次的重新编码是否正确，我做了这两个变量的频数分布：

```
tabulate acttvV2 acttv, missing
```

因为输出结果没问题，所以在这里我就不展示了。

多种缺失值

其他变量缺失有多种原因。想想结婚年份这个问题。这里我想把简单拒答编码为 .r，把单身编码为 .s，把拒答引导性问题的已婚调查对象编码为 .p。所用命令如下：

```
1>  clonevar maryearV2 = maryear
2>  replace  maryearV2 = .r if maryear==.a
3>  replace  maryearV2 = .s if married==2
4>  replace  maryearV2 = .p if married==.a
```

第 1 行和第 2 行用的命令与用在变量 acttv 上的命令很相似。第 3 行把 maryearV2 改成 .s，条件是这个人单身（也就是 married==2）。如果一个调查对象拒绝回答前面那个关于婚姻状况的问题，调查员就不会问他已经结婚了多长时间，分配的缺失值就是 .p。对其他问题使用类似的处理方法。这些问题都需要用多个变量来确定某个答案缺失的具体原因。

不是缺失的缺失值

你还应该查找所有编码为缺失但不应该是缺失的取值。这里有一个例子。一个人结婚的时间取决于两个问题：（1）你结婚了几年？（2）你结婚了几个月？通过把下面这几个问题合在一起可以计算出结婚的总月数：

```
. generate martotal = (maryearV2*12) + marmthV2
(109 missing values generated)
. label var martotal "Total months married"
```

给单身或拒绝回答前面的问题的人添加缺失值编码：

```
. replace martotal = .s if married==2
(86 real changes made, 86 to missing)
. replace martotal = .p if married==.a
(1 real change made, 1 to missing)
```

接下来，把拒绝回答 maryearV2 或 marmthV2 的 maytotal 编码为 .r[①]：

```
. replace martotal = .r if marmthV2==.r | maryearV2==.r
(22 real changes made, 22 to missing)
```

在添加标签后，我查看了缺失值的分布。我发现与调查中的其他问题相比，有更多的调查对象拒绝回答这道题：

---

① 符号"｜"的意思是"或者"，因此 if 语句检查的是对比中的任何一个是否为真。

```
. label val martotal missdat
. tab1 martotal if missing(martotal), missing
-> tabulation of martotal if missing(martotal)
```

Total months married	Freq.	Percent	Cum.
p_priorref	1	0.92	0.92
r_refused	22	20.18	21.10
s_single	86	78.90	100.00
Total	109	100.00	

为了查出为什么会这样，我列出了所有编码为 .r 的观测值：

```
. list martotal maryearV2 marmthV2 if martotal==.r, clean
```

	martotal	maryearV2	marmthV2
12.	r_refused	53	r_refused
34.	r_refused	31	r_refused
37.	r_refused	r_refused	11
38.	r_refused	33	r_refused
40.	r_refused	r_refused	8
45.	r_refused	54	r_refused

（省略输出结果）

	martotal	maryearV2	marmthV2
173.	r_refused	46	r_refused
190.	r_refused	r_refused	4
198.	r_refused	26	r_refused
206.	r_refused	24	r_refused
210.	r_refused	13	r_refused
214.	r_refused	28	r_refused

没有人同时拒绝回答两个问题。考虑到受访者已经回答了与自己婚姻有关的一些非常亲密的问题，最合理的解释是有些人回答的是最接近的年份，而没有回答月份。对那些结婚不到一年的人来说，他们会跳过这道问题，而不会回答 0 年。基于这些假设，我创建了一个新版本的 martotal：

```
. generate martotalV2 = .
(218 missing values generated)
. label var martotalV2 "Total months married"
```

如果同时给出了年份和月份，我就用下面这个公式：

```
. replace martotalV2 = (12*maryearV2) + marmthV2 ///
>     if !missing(maryearV2) & !missing(marmthV2)
(109 real changes made)
```

如果只有月份缺失，我就使用年份这个信息：

```
. replace martotalV2 = 12*maryearV2 if !missing(maryearV2) & marmthV2==.r
(19 real changes made)
```

在原始变量中，这 19 个观测值已经被编为缺失。同样，如果年份被拒答，我就只使用月份：

```
. replace martotalV2 = marmthV2 if maryearV2==.r & !missing(marmthV2)
(3 real changes made)
```

有三个原本为缺失的观测值现在有了有效取值。最后，我给单身和拒绝回答前面的问题的样本添加缺失值编码：

```
. replace martotalV2 = .s if married==2
(86 real changes made, 86 to missing)
. replace martotalV2 = .p if married==.a
(1 real change made, 1 to missing)
. label val martotalV2 missdat
```

修改后的缺失值分布看起来是合理的：

```
. tab1 martotalV2 if missing(martotalV2), miss

-> tabulation of martotalV2 if missing(martotalV2)
```

Total months married	Freq.	Percent	Cum.
p_priorref	1	1.15	1.15
s_single	86	98.85	100.00
Total	87	100.00	

由于创建这个变量要经过几个步骤，所以我要检查我的工作，方法是基于 martotalV2 做排序并列出相关变量：

```
. sort martotalV2
. list martotalV2 maryearV2 marmthV2, clean
```

	martotalV2	maryearV2	marmthV2
1.	2	0	2
2.	4	r_refused	4
3.	8	r_refused	8
4.	11	r_refused	11
5.	16	1	4
6.	16	1	4
7.	16	1	4
8.	24	2	r_refused
9.	25	2	1

（省略输出结果）

	martotalV2	maryearV2	marmthV2
127.	648	54	r_refused
128.	651	54	3
129.	715	59	7
130.	721	60	1
131.	735	61	3
132.	p_priorref	p_priorref	p_priorref
133.	s_single	s_single	s_single
134.	s_single	s_single	s_single

（省略输出结果）

一切看起来都没问题，于是我加入了一条注释来记录做了哪些事情：

```
notes martotalV2: marmthV2+(12*maryearV2) if both parts answered; ///
    marmthV2 if years is missing; maryearV2 if month is missing \ `tag´
```

这里的局部宏 tag 包含了 do 文件的名字、运行人姓名以及运行时间。

使用 include 文件

就这个数据而言，给缺失值重新编码是一个巨大的挑战。为了让工作更简单且更不易出错，我根据缺失的原因对变量做了分组，如前述电子表格所示。然后，我用 include文件来简化程序（参见第 4 章第 102 页关于 include 文件的具体内容）。例如，给拒答编码，就像前面的变量 acttv，我使用了 include 文件 wf6-review-misstype-refused. doi。这个文件假定要处理的变量都用局部宏 varnm 来命名（也就是 local varnm acttv）。这个 include 文件里有两个命令：

```
clonevar `varnm´V2 = `varnm´
recode `varnm´V2 .a = .r
```

为了用这个文件来给 actalk 重新编码，我使用的命令是：

```
local varnm acttalk
include wf6-review-misstype-refused.doi
```

它就等于如下命令：

```
clonevar acttalkV2 = acttalk
recode acttalkV2 .a = .r
```

要对一系列缺失模式相同的变量用这种 include 文件，我用的命令是：

```
local varnm acttalk
include wf6-review-misstype-refused.doi
local varnm actexer
include wf6-review-misstype-refused.doi
local varnm acthby
include wf6-review-misstype-refused.doi
```

对有不同缺失原因的数据，我使用了多个 include 文件。比如，只有当调查对象正处于性关系中时，才会被问到变量 sxre14w。关于这种缺失的 include 文件是 wf6-review-misstype-ifsxrel. doi：

```
replace `varnm´V2 = .x if sxrelinV2==2
replace `varnm´V2 = .p if sxrelinV2==.r
```

为了给 sxre14w 创建缺失值编码，我分别用了关于拒答的 include 文件以及关于非处于性关系的 include 文件：

```
local varnm sxrel4w
include wf6-review-misstype-refused.doi
include wf6-review-misstype-ifsxrel.doi
```

include 文件的优势在于如果我想改变编码规则，只需要改变 include 文件，这些修改就会被应用于所有被重新编码的变量上。它的另一个优势在于只需要输入一次变量名。如果有成百上千个变量要检查,在输入这些变量的名字时就很容易出错。比如:

```
clonevar var01V2 = var01V2
replace var01V2 = .r if var01==.a
replace var01V2 = .x if sxrelinV2==2
replace var01V2 = .p if sxrelinV2==.r
clonevar var02V2 = var02V2
replace var02V2 = .r if var01==.a
replace var01V2 = .x if sxrelinV2==2
replace var02V2 = .p if sxrelinV2==.r
```

在上面这个示例中要找错不难,但如果有成百上千个变量,找错就会变得很难。

6.2.4 内部一致性评估

如果变量之间有逻辑关系,你就应该检验数据的一致性。比如,如果我假定到了 5 岁才开始正规教育,那么一个人的受教育年限比一个人的实际年龄至少要少 5 年。如果不到 5 年,数据中就可能有错误。又如,如果某人不在劳动力市场中,就不应该有工资。在其他情况下,虽然变量之间不一定有逻辑关系,但我预计它们之间有一种特殊的联系。比如,我预计人们在所有有关职业母亲的态度题上的回答是一致的,因为从某种意义上讲如果人们对一个问题的回答是正向的,那么对相关问题的回答也会是正向的。又如,我预计一名科学家的职业声望不会比该科学家读博士时所在院系的声望高。下面我将讲述一些用于查找此类问题的方法。

科学职业数据的一致性

在有关科学职业的数据中,一些变量之间存在着一定的逻辑关系,我期望这些变量之间的关系有一定的模式。比如,如果一个人没有发表文章,那么从逻辑上讲,就不会有引用。为了证明这一关系为真,我使用了 assert 命令(参见文件 wf6-review-consistent. do):

```
. use wf-acjob, clear
(Workflow data on academic biochemists \ 2008-04-02)
. assert cit==0 if art==0
```

我断定如果 art 等于 0,那么 cit 就会等于 0。因为这个判断成立,所以 assert 命令没有产生输出结果。下面是一个判断不成立的示例(逻辑上应该成立):

```
. assert art==0 if cit==0
21 contradictions in 106 observations
assertion is false
r(9);
end of do-file
r(9);
```

第一个 r(9)是 assert 命令返回的代码,表示这个判断为假。由于返回代码不是 0,所以 do 文件以 end of do-file 终止,并返回第二个 r(9)。假设我正在清理多个变量而且预计某些判断为假,我想对假判断有一个记录,但又不希望终止 do 文件。要实现这一点,我加入了选项 rc0，该选项会强迫 assert 命令返回一个 0，即使判断为假。例如：

```
. assert art==0 if cit==0, rc0
21 contradictions in 106 observations
assertion is false
```

我得到了同样的信息——判断为假，但由于返回码是 0，所以该 do 文件没有终止。检查一致性的另一个方法是在 tabulate 命令里用 if 条件：

```
. tabulate cit if art==0, miss

   # of
citations
 received        Freq.      Percent        Cum.

        0           85       100.00      100.00

    Total           85       100.00
```

输出结果正如我所期望的，因此一切都没问题。

我推断一名科学家的职业声望通常会比他读博时所在院系的声望要更低一些，尽管这一关系逻辑上不一定成立。我可以用 compare 命令来检查它：

```
. compare job phd

                                         ——— difference ———
                   count      minimum      average      maximum

job<phd              288        -3.64    -1.462847         -.02
job=phd               48
job>phd               72          .01     .3709723         2.08

jointly defined      408        -3.64     -.9671323         2.08

total                408
```

结果显示，在大多数情况下，与科学家读博时所在院系的声望相比，他的职业声望要更低一些（也就是 job＜phd）。如果需要更详细的信息，我可以创建一个变量，让它等于这两个变量之间的差异：

```
. generate job_phd = job - phd
. label var job_phd "job-phd: >0 if better job"
```

接下来，我用 inspect 命令处理这个新变量：

```
. inspect job_phd
job_phd:   job-phd: >0 if better job          Number of Observations

                                           Total   Integers   Nonintegers
        |         #
        |       # #       Negative           288          3           285
        |     # # #       Zero                48         48             -
        |   # # # #       Positive            72          -            72
        | # # # #
        | # # # #  .      Total              408         51           357
        |                 Missing              -
        |_____
      -3.64       2.08                       408
(More than 99 unique values)
```

要想得到更多详细信息，我可以用 stem 创建一个直方图，或者列出那些职业声望高于读博时所在院系的声望的案例。首先，我对数据做排序，这样列表就会根据差异的不同程度排好序：

```
. sort job_phd
```

接下来，我列出正向的、大的差异：

```
. list job_phd art ment fem cit fel job phd if job_phd>.6, clean
        job_phd   art       ment       fem   cit          fel    job    phd
398.   .6000001     0          9   1_Female     0   0_NotFellow   2.72   2.12
399.   .6200001     3          6   1_Female    15     1_Fellow    2.88   2.26
400.   .6500001     1         36   1_Female    18   0_NotFellow   3.52   2.87
401.        .74     2          6     0_Male    19     1_Fellow    2.49   1.75
402.   .8200002     0         20   1_Female     0     1_Fellow    3.68   2.86
403.   .8899999     0          9     0_Male     0   0_NotFellow   3.04   2.15
404.   .8900001     0         20     0_Male     0     1_Fellow    4.48   3.59
405.       1.07     4        233     0_Male    22     1_Fellow    2.88   1.81
406.       1.13     0          0   1_Female     0   0_NotFellow   3.52   2.39
407.       1.17     4   69.99999     0_Male    41     1_Fellow    3.68   2.51
408.      -2.08     1   3.999999   1_Female    32     1_Fellow    3.36   1.28
```

唯一一个大的差异就是有 1 个人的 1 篇文章被引用了 32 次。也许是因为他在博士论文里的重要贡献给他带来了一份有声望的工作。接下来要看看那些职业声望比读博时所在院系的声望更低的人群：

```
. list job_phd art ment fem cit fel job phd if job_phd<-2, clean
       job_phd   art       ment       fem   cit          fel    job    phd
 1.      -3.64     0          2   1_Female     0     1_Fellow      1   4.64
 2.      -3.64     3         16     0_Male    24     1_Fellow      1   4.64
 3.      -3.62     0   87.99999     0_Male     0     1_Fellow      1   4.62
 4.      -3.54     1         23   1_Female     5   0_NotFellow     1   4.54
 5.      -3.54     5   47.00001     0_Male    27   0_NotFellow     1   4.54
 6.      -3.29     2        204   1_Female     9   0_NotFellow     1   4.29
   (省略输出结果)
```

在开始正式分析之前，我鼓励你查看一下数据。这样做不仅有助于找到错误，而且能提供一些对正式分析有用的信息。

6.2.5 处理数据不一致的基本原则

如果你拿到的数据里的所有编码都是你想要的，而且所有的不一致都已经被修复了，那就太好了。但根据我的经验，这几乎是不可能的。在检查数据时，你会发现一些由调查方法导致的问题，或者在发布数据前数据处理错误导致的问题，又或者调查对象在回答问题时出现前后不一致导致的问题，又或者你自己在处理数据时产生的问题。幸运的话，解决方法是显而易见的。比如，编码表里写到 gender 的编码为 1 和 2，但数据里使用的取值是 0 和 1。给数据提供方发一封电子邮件，告诉其应该解决这个问题。不幸的是，事情通常不会这么简单。在通常情况下，你不会得到一个解释某一异常情况的确定的答复，你必须基于能够获得的最好的信息来做出决定，尽管最好的信息不完美。在结婚月份和年份的示例中（参见第 222 页），我做出了这样的判断：有些缺失值应该是 0。这一决定可能是错误的，但我确定，与把这些取值编为 0 相比，把它们当作缺失处理导致的潜在曲解会更大。在清理数据时，这类问题会经常出现。在一项组织研究中，对问题"你所在的组织有多少收入"的回答是一个正取值，但没有回答问题"你所在的组织有收入吗"。又或者在一项关于组织的调查中，有很多关于资源可获性的"是/否"题，比如电脑或网络接入。假设有 5 种资源的答案是"是"，但另外 4 种资源的答案缺失。答案缺失是无回答还是填问卷的人用的一种缩写[①]？在清理数据时，你经常需要给含义不清的数据或不一致的数据确定解决办法。与把这类案例编为缺失相比，如果对能够获得的所有信息认真评估，并基于此做出一个合理的判断，这样导致的曲解就会更小。虽然这样做你可能会于心不安，但我认为在通常情况下，这种基于信息的计算是合理的。当然，在所有用过这个数据的文章的方法小节中，你都应该声明你处理此类问题的方法。

6.3　为分析创建变量

你很少会得到这样的数据：你需要的所有变量都在其中。通常的情况是，比如，一个数据里包含了受教育年限，但你还需要二分指示变量，表明是否已获得最高受教育程度。又如，一个数据里包含了年龄，但在某些方法中你还需要年龄的平方和年龄的立方。本节从讨论创建变量的基本原则开始，然后回顾一下创建变量的命令，接下来讨论的是检验新变量是否被正确创建的方法，最后是几个示例。

6.3.1　创建新变量的基本原则

创建变量有 4 条基本原则：

（1）如果是新变量，就给它分配新的变量名。
（2）检验新变量是否被正确创建。
（3）用注释和标签给新变量做好文档记录。
（4）保留用于创建新变量的原始变量。

接下来分别看看每条原则（参见文件 wf6-create.do）。

新变量新名字

最基本的原则就是你不要改变既存变量，而要创建一个新的变量。例如，如果你

---

① 感谢柯蒂斯·查尔德（Curtis Child）提出这个问题并给我提供了几个示例。

需要 x 的自然对数（log），就创建一个新变量，假设是 xlog，而不要把现有的 x 的取值换成 x 的自然对数，即不要 replace x = log(x)。你如果要改变一个既存变量，就会有下面这样的风险。我先拟合一个模型，该模型里包含了工资的自然对数 lwg：

```
use wf-lfp, clear
logit lfp k5 k618 age wc hc lwg inc
estimates store model_1
```

要探讨没有取自然对数的工资的影响，我需要给变量 lwg 做替换：

```
replace lwg = exp(lwg)
```

然后，我用修改后的变量再次拟合模型，这次删掉变量 inc：

```
use wf-lfp, clear
logit lfp k5 k618 age wc hc lwg
estimates store model_2
```

为了比对这两个模型，我列出了估计值：

```
. estimates table _all, stats(N bic) eform b(%9.3f) t(%6.2f)
```

Variable	model_1	model_2
k5	0.232	0.237
	-7.43	-7.44
k618	0.937	0.916
	-0.95	-1.31
age	0.939	0.934
	-4.92	-5.49
wc	2.242	1.999
	3.51	3.10
hc	1.118	0.867
	0.54	-0.73
lwg	1.831	1.752
	4.01	3.77
inc	0.966	
	-4.20	
_cons	24.098	18.889
	4.94	4.67
N	753	753
bic	958.258	971.139

legend: b/t

通过查看上表，我很容易就能得出这样的结论：lwg 的重要性和显著性的变化归因于把 inc 从模型中去掉了。实际上，model_2 里的变化缘于对 lwg 做了转换。在类似这样的简单示例中，很容易就能看出发生了什么。但面对复杂模型和经过几周分析得出的好几页输出结果，人很容易会糊涂。最好且最简单的解决办法就是永远不要改动既存变量，而是创建一个新的变量，并给它取新的名字。

验证新变量是正确的

在创建一个变量后，你应该马上检验创建的变量是否正确，特别要注意缺失值。

比如，假设我通过取 income 的对数生成了一个新变量：

```
. generate inclog = log(inc)
(1 missing value generated)
. label var inclog "log(inc)"
```

输出结果显示新变量里有一个缺失的观测值。我可能会错误地认为：这个缺失值的出现是因为原始变量 inc 中有一个缺失值。实际上，出现这个缺失是因为变量 inc 里有一个观测值的取值小于 0，从而导致无法定义 log：

```
. list inc inclog if inc<0, clean
            inc   inclog
373.    -.0290001       .
```

在做探索性数据分析时，工作很容易被卡住，并且你很容易假想后期你会检查前面做过的工作。但根据我的经验，创建完新变量后马上检查它最快且最可靠。

给新变量做好说明文档

一旦创建了一个变量，就应该给它添加变量标签，给它添加注释以记录该变量的出处，如果有的话还要给它加上取值标签。比如：

```
generate inc_log5 = ln(inc+.5) if !missing(inc)
label var inc_log5 "Log(inc+.5)"
notes inc_log5: log(inc+.5) \ wf6-create.do jsl 2008-04-04.
```

如果有注释，后期要检验这个变量是如何被创建的就更容易。如果它是类别变量，还要确保加上取值标签。

保留原始变量

保留数据中的原始变量让你能在后期检验做过的工作，修复新变量中的问题并创建其他的变量。这条规则有两个例外。第一，如果数据的大小是一个很重要的考虑因素，就可能需要删除变量。在这种情况下，非常大的数据就可能成为一个问题。第二，如果原始变量有问题但在新变量中已经纠正了，就需要删除有问题的变量，这样就不会无意中用到那些错误变量。如果确定删除一个变量，建议你加入一条注释，比如：

```
notes: inc was deleted from binlfp3.dta due to a coding error; use incV2 ///
    instead. If you need inc, see binlfp2.dta \ myjob01.do jsl 2007-04-19.
```

另一种方法是保留有问题的变量，但加入一条注释并改变变量标签。比如：

```
notes inc: inc should not be used; incorrect coding of high incomes ///
    Variable incV2 fixes the error \ myjob01.do jsl 2007-04-19.
label var inc: "DO NOT USE; see incV2 \ myjob01.do jsl 2007-04-19."
```

6.3.2　创建变量的核心命令

generate、clonevar 和 replace 是创建变量的三个基本命令。实际上，很多其他命令是用这些命令创建的。让我们通过实例来看看这些命令，这些实例强调的都是与缺失值有关的问题（参见文件 wf6-create. do）。

generate 命令

generate 命令用下面这个语法创建一个新的变量：

generate *newvar* = *exp* [*if*] [*in*]

这里的 exp 代表的是 Stata 里的表达式，例如，generate agesqrt = sqrt(age)。显然，条件 if 和 in 是用来限定在创建变量时使用哪些观测值的，被排除的观测值的编码为缺失。比如，generate agesqrt = sqrt(age) if age>5，对年龄大于 5 的观测值取其平方根，其他观测值在 agesqrt 这个变量上的取值为缺失。由于 generate 命令会被经常用到，所以上面的表达式可以被缩写成 g agesqrt = sqrt(age)，但是我最常用的 generate 的缩写会长些——gen。

clonevar 命令

clonevar 命令能生成现有变量的一个副本，其语法为：

clonevar *newvar* = *sourcevar* [*if*] [*in*]

被复制的变量拥有与原始变量相同的取值、变量标签和取值标签（以及其他一些方面）。为说明 generate 和 clonevar 二者之间的区别，我同时用这两个命令来生成 lfp 的副本：

```
. use wf-lfp, clear
(Workflow data on labor force participation \ 2008-04-02)
. generate lfp_gen = lfp
. clonevar lfp_clone = lfp
```

我没有添加变量标签是因为我想展示 clonevar 是如何从原始变量里复制标签的。三个变量的取值完全一样：

```
. summarize lfp*
```

Variable	Obs	Mean	Std. Dev.	Min	Max
lfp	753	.5683931	.4956295	0	1
lfp_gen	753	.5683931	.4956295	0	1
lfp_clone	753	.5683931	.4956295	0	1

但是，我如果对这些变量做描述，就会发现变量 lfp_gen 的存储类型和标签都与原始变量 lfp 不一样：

```
. describe lfp*
```

variable name	storage type	display format	value label	variable label
lfp	byte	%9.0g	lfp	In paid labor force? 1=yes 0=no
lfp_gen	float	%9.0g		
lfp_clone	byte	%9.0g	lfp	In paid labor force? 1=yes 0=no

replace 命令

replace 命令能够改变现有变量的取值。其语法为：

```
replace newvar = exp [if] [in]
```

举个例子，假设变量 edyears 代表的是受教育年限，我可以用 replace 命令创建一个新的关于教育的类别变量，该变量是基于受教育年限创建的。首先，创建变量 educcat，让它等于 edyears（由于 edyears 是原始变量，所以我没有直接在这个变量上用 replace 命令）。用 generate 命令而不是 clonevar 命令，因为我不想保留原始标签：

```
. use wf-russia01, clear
(Workflow data to illustrate creating variables \ 2008-04-02)
. generate educcat = edyears
(159 missing values generated)
. label var educcat "Categorized years of education"
```

如果 edyears 的取值在 0～8 之间，我就把 educcat 的取值改为 1：

```
. replace educcat = 1 if edyears>=0  & edyears<=8   // no HS
(278 real changes made)
```

同样，我为变量 educcat 生成其他取值：

```
. replace educcat = 2 if edyears>=9  & edyears<=11  // some HS
(501 real changes made)
. replace educcat = 3 if edyears==12                // HS
(205 real changes made)
. replace educcat = 4 if edyears>=13 & edyears<=15  // some college
(517 real changes made)
. replace educcat = 5 if edyears>=16 & edyears<=24  // college plus
(135 real changes made)
```

接下来，我给所有的类别添加标签：

```
. label def educcat 1 1_NoHS 2 2_someHS 3 3_HS 4 4_someCol 5 5_ColPlus
> .b b_Refused .c c_DontKnow .d d_AtSchool .e e_AtCollege
> .f f_NoFrmlSchl
. label val educcat educcat
```

新变量的取值如下：

```
. tab1 educcat, missing
-> tabulation of educcat
```

Categorized years of education	Freq.	Percent	Cum.
1_NoHS	281	15.63	15.63
2_someHS	501	27.86	43.49
3_HS	205	11.40	54.89
4_someCol	517	28.75	83.65
5_ColPlus	135	7.51	91.16
b_Refused	3	0.17	91.32
c_DontKnow	61	3.39	94.72
d_AtSchool	7	0.39	95.11
e_AtCollege	73	4.06	99.17
f_NoFrmlSchl	15	0.83	100.00
Total	1 798	100.00	

6.3.3 创建包含缺失值的变量

在我创建新变量时，最常见的问题是包含缺失值。在创建变量时，我们很容易把原来的非缺失值改成缺失值或者错误地把缺失值改成了看起来有效的取值。下面这个示例要讲的就是犯这类错误有多容易（参见文件 wf6-create.do）。

变量 marstat 把婚姻状况划分为 5 类，其中有 19 条观测值在这个变量上是缺失的。我想创建一个指示变量，如果一个人已婚则取值为 1，如果一个人丧偶、离婚、分居或单身则取值为 0。首先，我用选项 missing 查看 marstat 的分布：

```
. use wf-russia01, clear
(Workflow data to illustrate creating variables \ 2008-04-02)
. tab1 marstat, miss
-> tabulation of marstat
```

Marital status	Freq.	Percent	Cum.
1_married	931	51.78	51.78
2_widowed	321	17.85	69.63
3_divorced	215	11.96	81.59
4_separated	33	1.84	83.43
5_single	279	15.52	98.94
.b	19	1.06	100.00
Total	1 798	100.00	

因为 1 指的是一个人已婚，所以我用了一个等式比较来创建关于婚姻的指示变量：

```
. generate ismar_wrong = (marstat==1)
. label var ismar_wrong "Is married created incorrectly"
. label def Lyesno 0 0_no 1 1_yes
. label val ismar_wrong Lyesno
```

为了检查这个新变量，我给它和原始变量做了一个频数分布表：

```
. tabulate marstat ismar_wrong, miss
```

Marital status	Is married created incorrectly		Total
	0_no	1_yes	
1_married	0	931	931
2_widowed	321	0	321
3_divorced	215	0	215
4_separated	33	0	33
5_single	279	0	279
.b	19	0	19
Total	867	931	1 798

问题是 marstat 里的缺失值在变量 ismar_wrong 中被赋值为 0。这是因为缺失值不等于 1，而任何不等于 1 的取值都被设定等于 0。因为我想让缺失值仍然缺失，所以需

要把缺失值从逻辑比较中去掉，方法是加入 if! missing(marstat) 条件：

```
. generate ismar_right = (marstat==1) if !missing(marstat)
(19 missing values generated)
. label var ismar_right "Is married?"
. label val ismar_right Lyesno
```

这样，我就把缺失值 .b 改成了系统缺失：

```
. tabulate marstat ismar_right, miss
```

Marital status	Is married?			Total
	0_no	1_yes	.	
1_married	0	931	0	931
2_widowed	321	0	0	321
3_divorced	215	0	0	215
4_separated	33	0	0	33
5_single	279	0	0	279
.b	0	0	19	19
Total	848	931	19	1 798

为了保留住扩展缺失值 .b 而不把它变成系统缺失，我可以用一个 replace 命令：

```
. replace ismar_right = .b if marstat==.b
(19 real changes made, 19 to missing)
. tabulate marstat ismar_right, miss
```

Marital status	Is married?			Total
	0_no	1_yes	.b	
1_married	0	931	0	931
2_widowed	321	0	0	321
3_divorced	215	0	0	215
4_separated	33	0	0	33
5_single	279	0	0	279
.b	0	0	19	19
Total	848	931	19	1 798

如果原始变量里包含多种扩展缺失值（比如，.a，.b，.c），那么每一种缺失值类型都需要使用一次 replace 命令。（作为练习，为此写一个循环试试。）

6.3.4　创建变量的其他命令

还有很多能够用来创建变量的其他命令。这里讨论 3 个我认为非常有用的命令（参见文件 wf6-create. do）。

recode 命令

recode 命令是一种对变量取值快速重新编码的方法以及/或把多个取值合并成新类别的方法。要理解这一方法，最简单的途径就是扩展前一个示例，在那个示例中，我创建了一个关于婚姻的指示变量。当原始变量的取值为 1 时，我想让将要创建的指示变量等于 1。用 recode 命令，我只需要用一个简单的表达式 1=1 就能表示。我想把原始变量中 2~5 的取值重新编码为 0，指定其为 2/5=0，则命令如下：

```
recode marstat 1=1 2/5=0, generate(ismar2_right)
```

选项 generate()指明了要创建的变量的名字。下面是我得到的输出结果：

```
. recode marstat 1=1 2/5=0, gen(ismar2_right)
(848 differences between marstat and ismar2_right)
. label var ismar2_right "Is married?"
. tabulate marstat ismar2_right, miss
```

| Marital | Is married? | | | |
status	0	1	.b	Total
1_married	0	931	0	931
2_widowed	321	0	0	321
3_divorced	215	0	0	215
4_separated	33	0	0	33
5_single	279	0	0	279
.b	0	0	19	19
Total	848	931	19	1 798

重要的是，用 recode 命令能让那些没有被重新编码的取值保留其原始取值。因此，在保留缺失值不变的情况下，很容易就能给有效取值重新编码。

recode 命令有很多选项，可以通过 help recode 或手册 [D] recode 来学习相关知识。这里只给出几个关于关键功能的示例。在前面，我用了一系列的 replace 命令来创建变量 educcat，而用一个 recode 命令可以更容易地完成同样的事情：

```
. recode edyears 0/8=1 9/11=2 12=3 13/15=4 16/24=5, generate(educcat2)
(1636 differences between edyears and educcat2)
```

这里我指定把原始取值 0~8 重新编码为 1，取值 9~11 重新编码为 2，以此类推。选项 generate()表示我想创建的变量名是 educcat2。

要想把 1 重新编码为 0，并把其他所有取值，包括缺失值改成 1，我用了一个星号"＊"来表示"所有其他取值"：

```
. recode edyears 1=0 *=1, generate(edtest1)
(1798 differences between edyears and edtest1)
```

如果不想给缺失值重新编码，可以用一个 if 条件把这些案例排除在外：

```
. recode edyears 1=0 *=1 if !missing(edyears), generate(edtest2)
(1639 differences between edyears and edtest2)
```

要想保留取值 1~5 不变并把 6~24 重新编码为 6，如下所示：

```
. recode edyears 6/24=6 if !missing(edyears), generate(edtest3)
(1546 differences between edyears and edtest3)
```

要想把取值 1、3、5、7 和 9 改成－1，同时保持其他取值不变，如下所示：

```
. recode edyears 1 3 5 7 9=-1, generate(edtest4)
(182 differences between edyears and edtest4)
```

要想把从 6 到最大值都重新编码为 6，同时保持其他取值不变，如下所示：

```
. recode edyears 6/max=6, generate(edtest5)
(1546 differences between edyears and edtest5)
```

max 代表最大的非缺失取值，min 代表最小取值。

egen 命令

egen 命令表示 extended generate 命令。在 Stata 里有几十个 egen 命令，用这些命令可以轻松实现复杂的转换。为了激发你对 egen 命令的易用性和强大功能的兴趣，这里给出了一个简单示例。假设我想把变量 age 标准化，用 age 减去均值，然后除以标准差，我可以用 summarize 命令的返回结果来实现：

```
. use wf-lfp, clear
(Workflow data on labor force participation \ 2008-04-02)
. summarize age
    Variable |        Obs        Mean    Std. Dev.        Min        Max
-------------+--------------------------------------------------------
         age |        753    42.53785    8.072574         30         60
. generate agestd = (age - r(mean)) / r(sd)
. label var agestd "Age standardized using generate"
```

我也可以用 egen 命令做同样的事情，而无须运行 summarize 命令：

```
. egen agestdV2 = std(age)
. label var agestdV2 "Age standardized using egen"
```

它的结果同上面是一样的：

```
. summarize agestd agestdV2
    Variable |        Obs        Mean    Std. Dev.        Min        Max
-------------+--------------------------------------------------------
      agestd |        753   -7.05e-09           1   -1.553141   2.163145
    agestdV2 |        753   -7.05e-09           1   -1.553141   2.163145
```

虽然 egen 命令的功能极其强大，但有时要花费一定的时间才能完全理解每个 egen 命令的工作原理。因此，除非我经常做的事情或经常做的转换太难了，用其他方法都不能实现，否则我不会使用 egen 命令。例如，假设我想创建一个变量 count0，用它来计算在变量 lfp、k5、k618、age、wc、hc、lwg 和 inc 中有多少个取值等于 0 的变量，我可以用命令 egen anycount 来实现：

```
. egen count0 = anycount(lfp k5 k618 age wc hc lwg inc), values(0)
. label var count0 "# of 0´s in lfp k5 k618 age wc hc lwg inc"
. tabulate count0, miss
```

# of 0´s in lfp k5 k618 age wc hc lwg inc	Freq.	Percent	Cum.
0	11	1.46	1.46
1	94	12.48	13.94
2	157	20.85	34.79
3	251	33.33	68.13
4	169	22.44	90.57
5	71	9.43	100.00
Total	753	100.00	

输出结果告诉我：有 11 个观测值在这几个变量上的取值同时不为 0，有 94 个观测值在其中一个变量上的取值为 0，以此类推。为了确定我理解了 anycount 命令的功能，我创建了另一个变量来计算 0 的次数，我使用的是一个 foreach 循环：

```
generate count0v2 = 0
label var count0v2 "v2:lfp k5 k618 age wc hc lwg inc == 0"
foreach var in lfp k5 k618 age wc hc lwg inc {
    replace count0v2 = count0v2 + 1 if `var´==0
}
```

我用 compare count0 count0v2 来确认这两个变量是一样的。

如果你做了很多数据管理工作或在创建变量时遇到了一个很难的问题，那么拿出时间来阅读手册［D］egen 非常值得。

tabulate, generate()命令

类别变量经常会需要创建指示变量。实现这个的简单的办法是用包含选项 generate()的 tabulate 命令：

tabulate *varname* $[$ *if* $]$ $[$ *in* $]$, **generate**(*newstub*) $[$ **missing** $]$

选项 generate(*newstub*)要求给 varname 的每个类都创建一个指示变量。每个指示变量的变量名前缀都是 newstub，然后是原始变量的取值。如果加上了选项 missing，还会给缺失值创建指示变量。例如，变量 marstat 有 5 个关于婚姻状况的类别。就回归模型而言，我需要给每种婚姻状况创建一个二分变量（除了被排除的类或参照类）。我可以用一系列的 generate()命令来实现，但用 tabulate 命令会更简单：

```
. use wf-russia01, clear
(Workflow data to illustrate creating variables \ 2008-04-02)
. tabulate marstat, gen(ms_is)
```

`Marital status	Freq.	Percent	Cum.
1_married	931	52.33	52.33
2_widowed	321	18.04	70.38
3_divorced	215	12.09	82.46
4_separated	33	1.85	84.32
5_single	279	15.68	100.00
Total	1 779	100.00	

我创建的 5 个变量如下所示：

```
. codebook ms_is*, compact
```

Variable	Obs	Unique	Mean	Min	Max	Label
ms_is1	1779	2	.5233277	0	1	marstat==1_married
ms_is2	1779	2	.1804384	0	1	marstat==2_widowed
ms_is3	1779	2	.1208544	0	1	marstat==3_divorced
ms_is4	1779	2	.0185497	0	1	marstat==4_separated
ms_is5	1779	2	.1568297	0	1	marstat==5_single

其中，均值和上面 marstat 频数分布表里的百分比对应。变量标签解释了每个变量是如何被创建的。要检验新变量，可以做它们和原始变量的频数分布。例如：

```
. tabulate marstat ms_is1, miss
```

Marital status	marstat==1_married 0	1	.	Total
1_married	0	931	0	931
2_widowed	321	0	0	321
3_divorced	215	0	0	215
4_separated	33	0	0	33
5_single	279	0	0	279
.b	0	0	19	19
Total	848	931	19	1 798

虽然用 tabulate,generate()命令能很快创建出一系列的指标，但在通常情况下，我会改进其所用的名字和标签。例如，我可以给变量 ms_is1 重新命名并加入其他一些细节：

```
label def Lyesno 0 0_no 1 1_yes
rename ms_is1 ms_married
note ms_married: Source var is marstat \ `tag´
label var ms_married "Married?"
label val ms_married Lyesno
```

对其他变量，我也可以如此处理。

6.3.5　给 Stata 创建的变量添加标签

在用诸如 predict 这样的命令创建变量时，通常缺省的标签简短而泛化。为了对这类变量做好文档记录，加上自己的标签和注释是一个不错的选择。如果变量的产生基于复杂的过程，比如插补缺失值的 ice 命令（Royston，2004）或者做事后预测的predict命令，那么这么做尤其重要。下面是一个简单的示例，解释的是缺省标签是如何让人迷惑不解的。我从拟合两个模型和计算预测概率开始（参见文件 wf6-create. do）：

```
. use wf-lfp, clear
(Workflow data on labor force participation \ 2008-04-02)
. * model 1
. logit lfp k5 k618 age wc hc lwg inc
  （省略输出结果）
. predict prm1
(option pr assumed; Pr(lfp))
. * model 2
. logit lfp age wc hc lwg inc
  （省略输出结果）
. predict prm2
(option pr assumed; Pr(lfp))
```

predict 命令生成变量 prm1 和 prm2：

```
. codebook prm*, compact
Variable   Obs Unique     Mean       Min       Max  Label

prm1       753    753  .5683931  .0139875  .9621198  Pr(lfp)
prm2       753    753  .5683931  .1012935  .8985487  Pr(lfp)
```

虽然这些标签很准确，但要区分这两个变量，这些标签是无用的。为了避免这种混乱，我现在加入我自己的标签和一条关于如何计算预测值的注释：

```
. use wf-lfp, clear
(Workflow data on labor force participation \ 2008-04-02)
. logit lfp k5 k618 age wc hc lwg inc
  （省略输出结果）
. predict prm1
(option pr assumed; Pr(lfp))
. label var prm1 "Pr(lfp|m1=k5 k618 age wc hc lwg inc)"
. notes prm1: m1=logit lfp k5 k618 age wc hc lwg inc \ wf6-create.do jsl 2008-04-05.
. logit lfp age wc hc lwg inc
  （省略输出结果）
. predict prm2
(option pr assumed; Pr(lfp))
. label var prm2 "Pr(lfp|m2=age wc hc lwg inc)"
. notes prm2: m2=logit lfp age wc hc lwg inc \ wf6-create.do jsl 2008-04-05.
```

通过查看标签和注释，我很容易就能分清每个变量是什么：

```
. codebook prm*, compact

Variable    Obs Unique      Mean       Min      Max  Label

prm1        753    753   .5683931  .0139875  .9621198  Pr(lfp|m1=k5 k618 age wc...
prm2        753    753   .5683931  .1012935  .8985487  Pr(lfp|m2=age wc hc lwg ...

. notes prm*
prm1:
  1. m1=logit lfp k5 k618 age wc hc lwg inc \ wf6-create.do jsl 2008-04-05.
prm2:
  1. m2=logit age wc hc lwg inc \ wf6-create.do jsl 2008-04-05.
```

6.3.6　检验变量是不是正确的

在创建新变量时，很多方面都可能出错，而且你一定会在某方面犯错误。这不是问题，除非找不到这些错误。因此，创建变量流程中的一个关键部分就是检验做过的事情是否都是正确的。前面的示例已经讲了几种完成这一工作的方法。这里回顾一下验证的那些方法并提供另外一些建议（参见文件 wf6-verify.do）。

检查代码

有时找出错误的最好办法就是检查 do 文件里的命令。对于复杂数据管理的工作流程，我更喜欢的是先写程序，对包含的注释、解释和标签先不关注。后期我再返回到程序中检查代码并添加额外的注释、解释和标签。我经常会发现错误。

列出变量

有时检验变量最简单的方法就是列出原始变量和创建的变量。当你知道有问题但又不确定为什么时，这种方法尤其有用。利用列表中的信息，可以手动做计算，也可以把数据移到一个电子表格阅读器里。假设变量 fincome 把收入分成了类似 70 000～90 000 美元这样的区间。我要创建一个变量 finc_mid，该变量的类别分别是每个区间的中间值：

```
recode finc_mid ///
    1=1.5   2=4    3=6     4=8     5=9.5   6=10.5  7=11.5  8=12.5   ///
    9=13.5 10=14.5 11=16   12=18.5 13=21   14=23.5 15=23.5 16=32.5  ///
    17=37.5 18=42.5 19=47.5 20=55  21=67.5 22=82.5 23=97.5 24=131.25
```

要检验这一转换，可以列出所有观测值在 fincome 和 finc_mid 上的取值。虽然列出前 100 条观测值容易（也就是 list fincome finc_mid in 1/100），但观测值在数据中通常是被有条理地做过排序的。比如，前 100 条观测值在变量 fincome 上的取值可能都是 1。因此，我随机抽取了一个子样本。我首先创建一个随机变量，取值从 1 到要抽取的子样本的数量：

```
set seed 1951
generate xselect = int( (runiform()*_N)+ 1 )
label var xselect "Random numbers from 1 to _N"
```

这里设定种子是为了在下次运行程序的时候能够选出同样的变量。在 generate 命令里，函数 runiform()生成的是 0～1 之间的随机数。要把这个范围转换成观测值的范围，我把随机数乘以"_N"（样本大小），然后加 1，用函数 int()只保留随机数的整数部分。之后，我根据变量 fincome 对数据排序，然后列出前 20 个随机样本：

```
. sort fincome
. list fincome finc_mid if xselect<20, clean
              fincome    finc_mid
     92.        2_3-5K          4
    211.        3_5-7K          6
    242.        4_7-9K          8
    333.       5_9-10K        9.5
    479.      8_12-13K       12.5
    727.     12_17-20K       18.5
    819.     13_20-22K         21
    876.     14_22-25K       23.5
    930.     14_22-25K       23.5
   1105.     15_25-30K       23.5
   1118.     15_25-30K       23.5
   1174.     16_30-35K       32.5
   1236.     16_30-35K       32.5
   1338.     17_35-40K       37.5
```
（省略输出结果）

我用这个列表来检查新变量的取值。

给连续变量做图

对连续变量来说，做图是一种有效的检验转换的方法。比如：

```
generate inc_sqrt = sqrt(inc) if !missing(inc)
label var inc_sqrt "Square root of inc"
scatter inc_sqrt inc, msymbol(circle_hollow)
```

它做出的图是：

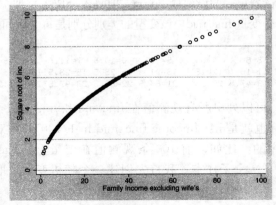

在给定序变量重新编码时，统计图也很有用。比如，变量 fincome 测量的是家庭收入，该变量把收入分成不同区间，取值为 1～24：

```
. tabulate fincome, miss

    Income |      Freq.     Percent        Cum.
-----------+-----------------------------------
     1_<3K |         67        2.69        2.69
    2_3-5K |         70        2.81        5.51
    3_5-7K |         84        3.38        8.89
```
（省略输出结果）
```
  22_75-90K |         85        3.42       86.97
 23_90-105K |         42        1.69       88.66
   24_>105K |         78        3.14       91.80
          . |        202        8.12       99.92
         .a |          2        0.08      100.00
-----------+-----------------------------------
      Total |      2 487      100.00
```

我通过记录取值 1～24 到中点的范围来创建 finc_mid：

```
. generate finc_mid = fincome
(204 missing values generated)
. label var finc_mid "Income coded at the midpoint"
. notes finc_mid: midpoints for fincome; upper range is 1.25X ///
> truncation point \ wf6-verify.do jsl 2008-10-18.
. recode finc_mid ///
>    1=1.5    2=4      3=6      4=8      5=9.5    6=10.5   7=11.5   8=12.5   ///
>    9=13.5  10=14.5  11=16   12=18.5  13=21    14=23.5  15=23.5  16=32.5   ///
>   17=37.5  18=42.5  19=47.5 20=55    21=67.5  22=82.5  23=97.5  24=131.25
(finc_mid: 2283 changes made)
```

要查看重新编码的情况，我可以绘制 finc_mid 和 fincome 的统计图：

```
scatter finc_mid fincome, msymbol(circle_hollow)
```

结果是：

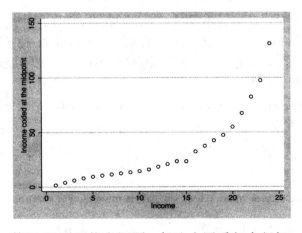

尽管在 fincome 等于 15 时可能有问题，但这个图看起来很好。在用统计图检验变量时，我经常发现同时绘制 x-y 图和 y-x 图很有用。如果我要改变坐标轴，就用 scatter fincome finc_mid, msymbol(circle_hollow)，这样就更容易看出问题：

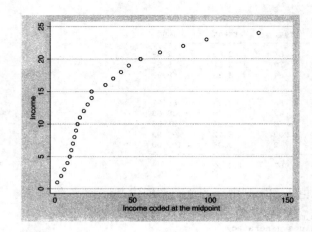

我怀疑很少会有读者注意到 243 页 recode 命令中的问题，这也就是必须检验转换的原因。实际上，我也是在把取值做成图当作示例来用时才注意到这个问题的。

做变量的频数表

如果变量的取值类别相对较少，那么 tabulate 命令是一种检验新变量的快速方法。在使用 tabulate 命令时，要确保使用了 missing 选项（我把这个选项缩写为 miss），这样就可以检验生成的缺失值是否正确。当变量有很多取值时，tabulate 命令的作用就不大，因为做出的表格太大了，很难做检查。比如，假设我要把收入转换成收入的平方根：

```
. generate inc_sqrt = sqrt(inc)
(1764 missing values generated)
. label var inc_sqrt "Square root family income excluding wife's"
```

这个转换这么简单，所以我不想做检验。即使是简单的转换，缺失值也可能出现问题。比如，对变量 inc 来说，负值有效，但对一个负值取平方根就会导致缺失值的出现，而这样的缺失值不是我想要的。为了检查缺失值，用 if 语句选出这两个变量中任何一个为缺失的案例。比如：

```
. tabulate inc inc_sqrt if missing(inc) | missing(inc_sqrt), miss
```

Family income excluding wife's	Square root family income excluding wife's .	Total
-.0290001	1	1
.	1 742	1 742
.a	5	5
.b	16	16
Total	1 764	1 764

变量 inc 的一个负值在变量 inc_sqrt 里成了缺失值。因为这不是我想要的，所以我必须找到另一种创建 inc_sqrt 的方法。

用多种方法创建变量

如果创建一个变量需要的步骤很复杂，又或者我使用的是自己不熟悉的命令，在通常情况下，我会用两种方法创建同一个变量。如前所述，我先用 egen anycount 命令。然后，我用 compare 命令来检验这两个变量是不是完全一样。比如，假设我不常用 recode 命令，我想检验自己是否正确地使用了该命令。我会先创建一个变量，方法是用 recode 命令把受教育年限转换成不同类别：

```
. recode edyears 0/8=1 9/11=2 12=3 13/15=4 16/24=5, gen(educcat)
(1636 differences between edyears and educcat)
```

接下来，我创建同样的变量，但用的命令是 replace：

```
. generate educcatV2 = edyears
(848 missing values generated)
. replace educcatV2 = 1 if edyears>=0  & edyears<=8   // no HS
(278 real changes made)
. replace educcatV2 = 2 if edyears>=9  & edyears<=11  // some HS
(501 real changes made)
. replace educcatV2 = 3 if edyears==12               // HS
(205 real changes made)
. replace educcatV2 = 4 if edyears>=13 & edyears<=15  // some college
(517 real changes made)
. replace educcatV2 = 5 if edyears>=16 & edyears<=24  // college plus
(135 real changes made)
. label var educcat2 "categorize educ using replace"
```

然后，我比对这两个变量：

```
. compare educcat educcatV2
```

	count	——————— difference ———————		
		minimum	average	maximum
educcat=educcatV2	1639			
jointly defined	1639	0	0	0
jointly missing	848			
total	2487			

educcat＝educcatV2 这一行表明有 1 639 条观测值在这两个变量上完全一样。jointly defined 报告的是 1 639 个取值被定义了，后面的三个 0 表示这些取值完全一样。jointly missing 表示两个变量同时有 848 个缺失值。总而言之，两个变量完全匹配。

6.4 保存数据

在收到数据之初，你需要仔细检查它，而且在开始正式分析之前经常需要对它做一些改变，包括给变量重命名、纠正编码上的错误、修改标签、创建新变量、添加注释以及选取样本。正如第 127 页所述，这些都是数据管理工作流程中的一部分。在完成这些工作后，应该创建一个新的数据（这个新数据里包含了上面这些改动），并用这个新数据做统计分析。你不会想在每次做统计分析时都运行相同的数据管理命令。我经常会与有多个 do 文件的人沟通，这些人的每个 do 文件的开头都有很长一段数据管理的命令，之后才是统计分析的命令。虽然所有 do 文件里的数据管理命令都应该一样，但很难确保在调试程序时所做的改变会被统一应用到所有 do 文件里。在这种情况下，创建一个新的数据会更简单且更不易出错，这个新数据会被纳入所有版本的数据管理工作，你可以用这个新数据做统计分析。本节讨论的是在保存这些数据时可能会出现的问题。

保存数据的步骤

虽然保存数据就是使用 save *filename* , replace 这么简单，但在保存数据之前你可能要做下面这几件事情。

（1）删除变量和/或观测值。

（2）创建新变量。

（3）把数据里的变量重新排序。

（4）添加用于解释数据何时创建以及如何创建的说明文档。

（5）把数据压缩到最小。

（6）运行诊断程序来查找数据中的问题。

（7）添加数据签名以防止无意中对数据做了改动。

下面我会依次讲解其中的每一件事，但创建新变量除外，因为在上一节中我已经对它做过讨论。

6.4.1 选取观测值

你可以用命令 keep if 和 drop if 来选取观测值。其语法是：

```
keep if exp
```

```
drop if exp
```

这里的*exp* 是一个表达式，用来选择要保留或要删除的案例。比如，keep if female==1（等于 keep if female，因为 if female 指的就是 if female==1）就会把所有的女性保存在样本中。命令 keep if age>40 &!missing(age)保留的是年龄大于 40 且不为缺失的案例。如果用的是 keep if age>40, age, 为缺失的观测值也会被保留下来，因为缺失值比 40 大。删除变量的原理也是如此。例如，要删除年龄大于 40 岁和年龄缺失的这部分人，我可以运行 drop if age>40。变量 age 缺失的那部分案例也会被删除，是因为缺失值比 40 大。

基于案例在数据中的起始和结束行，也可以用条件 in 来选取案例，但我发现我很少会用到这个条件：

```
keep in start/end [ if exp ]

drop in start/end [ if exp ]
```

删除案例 vs. 创建选择变量

选取观测值会带来这个问题：应不应该给计划要做分析的不同群体创建不同的数据集？比如：应不应该给男性单独建立一个数据集，给女性单独建立一个数据集？把所有的观测值都保存在一个数据集里是不是更好？

如果有些观测值你永远都不会用到，我建议你删除它们。比如，假设我要研究的是在俄罗斯人们对有工作的女性的态度，那么我的数据中就不需要来自其他国家的回答。通过删除非俄罗斯的应答者，我可以让数据变得更小，而且会排除在分析中无意用到非俄罗斯应答者的风险。

如果计划对观测值中的不同子集（比如，男性和女性）分别进行分析，我不会创建独立的数据文件，而会用样本选择变量来定义要用到的样本。举个例子，假设计划对男性和女性单独做分析，我可以创建两个变量：

```
generate sampfem = (female==1)
label var sampfem "Sample: females only"
generate sampmale = (female==0)
label var sampmale "Sample: males only"
label def Lsamp 0 0_Drop 1 1_InSample
label val sampfem Lsamp
label val sampmale Lsamp
```

然后，我就可以轻松载入完整数据并选取想要的样本。比如：

```
use mydata, clear
keep if sampfem  // women only
summarize age inc
use mydata, clear
keep if sampmale // men only
summarize age inc
```

另一种方法是，我在其他命令里使用 if 条件：

```
use mydata, clear
summarize age inc if sampfem  // women only
summarize age inc if sampmale // men only
```

当选取观测值的标准比较复杂时，创建选择变量就特别有用。例如，假设我要经常分析年龄在 20～40 岁之间且居住在大城市的女性，就可以把这个变量加到数据中：

```
generate sampf2040urb = (female==1) & (age>19 & age<41) & (urban==1)
label var sampf2040urb "Is female, 20-40, and urban?"
label val sampf2040urb Lsamp
```

然后，我就可以很方便地选出样本：

```
logit lfp income age wage kid5 if sampf2040urb
```

载入数据后，我可以只保留这些观测值：

```
keep if sampf2040urb
```

6.4.2 删除变量

在保存数据前，你可能要删除一些变量。虽然我不建议删掉用来创建分析变量的原始变量，但也许会有一些永远都不会再用到的变量。可以用下面的命令删除这些变量：

drop *varlist*

或者你也可以指定想保存的变量：

keep *varlist*

你还可以把命令 drop 和 keep 结合起来使用。

从 ISSP 2002 俄罗斯数据中选取变量

ISSP 2002 的完整数据里有 234 个变量，就俄罗斯样本来说，其中很多没有意义。找到不适用于俄罗斯样本的变量的简单方法就是用命令 codebook, problems，该命令会列出取值不变的变量（参见文件 wf6-save.do）：

```
. use wf-isspru01, clear
(Workflow data from Russian ISSP 2002 \ 2008-04-02)
. codebook, problems

  Potential problems in dataset    wf-isspru01.dta
                potential problem   variables
  ─────────────────────────────────────────────────────────────
  constant (or all missing) vars   v1 v3 v206 v207 v208 v209 v210 v211 v212
                                   v213 v214 v215 v216 v217 v218 v219 v220 v221
                                   v222 v223 v224 v225 v226 v227 v228 v229 v230
                                   v231 v233 v234 v235 v236 v237 v238 v248 v280
                                   v287 v290 v291 v337 v358 v359 v360 v362
          incompletely labeled vars v36 v37 v69 v71 v201 v204 v240 v243 v249
                                   v250 v361
  ─────────────────────────────────────────────────────────────
```

要删除取值不变的变量，我首先用 codebook 提供的返回值索回这些变量的名字：

```
. local dropvars = r(cons)
```

我用生成的这个宏删掉取值不变的变量：

```
. drop `dropvars´
```

现在，我就可以把那些只对俄罗斯样本适用的变量保存成一个数据集了。

6.4.3　给变量排序

变量在数据中的顺序显示在变量（Variables）窗口和数据编辑（Data Editor）窗口里。这种排序对某些命令的输出结果有影响。在保存数据前，考虑一下你想让变量在数据中以什么顺序排列是值得的。例如，也许你想让最常被用到的变量排在最前面，这样方便从变量窗口选择它们；也许你还想把几乎不可能用到的变量放在数据的最后面；又或者你只想让所有的变量按字母顺序排列。变量在数据中的顺序可以用命令 order 和 aorder 来指定，这一点在第 148 页讨论过。

6.4.4　内部说明文档

在保存数据前，你应该加入一些用来说明数据的元数据。要做到这一点，可以用在第 133 页讨论过的命令 label data 和 notes。通过给数据加标签来简单回顾一下，所用命令如下（参见文件 wf6-save. do）：

<u>label</u> <u>data</u> "*label*"

比如：

```
label data "Workflow data from Russian ISSP 2002 \ 2008-04-02"
```

要加入其他的内部说明文档，可以用 notes 命令：

<u>notes</u>:　*text*

比如：

```
notes: wf-isspru02.dta \ workflow ch 6 \ wf6-save.do jsl 2008-04-05.
```

标签在下载数据时会自动显示在结果窗口中，用命令 notes _dta 能把注释显示出来。

6.4.5　压缩变量

在保存数据前，我通常都会用下面这个命令来压缩数据：

```
compress
```

这个命令在不丢失信息的前提下，能把数据文件变得更小，有时会把数据文件压缩到特别小。要理解 compress 命令的工作原理，需要了解一些关于数据如何存储的知识。在缺省状态下，新变量都被保存成浮点数字。这种类型的变量可以包含从 $-1.70141173319 * 10^{38}$ 到 $1.70141173319 * 10^{38}$ 之间的浮点数。很多变量不需要这么大的取值范围，可以用其他方式保存，所用的空间比浮点数更少。Stata 有 5 种存储类型，下面会详细讲解，其中每个方框代表一个存储字节：

Byte	Integer	Long	Float	Double

一个 byte 变量的取值范围为 $-127 \sim 100$，使用一个存储字节。一个 integer 变量的取值范围为 $-32\,767 \sim 32\,740$，使用两个字节。一个双精度变量可以包含带很多小数点的非常大和非常小的数字，但其所占的空间比 byte 变量多出 8 倍。更多详细知识，请输入 help data types。compress 命令能够确定把变量的所有信息都包含进来且最紧凑的存储类型，然后将变量改成这种类型。

这个示例来自完整的 ISSP 数据，包含了所有国家的数据。在把数据从 SPSS 格式转换成 Stata 格式时，没有做压缩，因此所有的变量都是双精度变量。这个文件的大小是 83.4M：

```
. use 04106-0001-data, clear
. dir 04106-0001-data.dta
 83.4M 3/11/06 9:42 04106-0001-data.dta
```

当我运行 compress 命令时，就开始评估每个变量，变量的存储类型如果被做了修改，就会在输出结果中显示：

```
. compress
v1 was double now int
v2 was double now long
 （省略输出结果）
v361 was double now long
v362 was double now byte
```

当我在转换数据时，每个变量都被保存成双精度变量。通过压缩，变量被保存成所用空间更小的类型，压缩后的文件只有 11.3M：

```
. save x-temp, replace
file x-temp.dta saved
. dir x-temp.dta
11.3M 4/14/07 11:02 x-temp.dta
```

由于我不必知道变量是如何被压缩的，所以我经常用 quietly compress 来抑制输出。

6.4.6 运行诊断程序

Stata 里有几个能够找出数据中问题的命令。在第一次使用数据时（比如，当把数据从 SPSS 格式转换成 Stata 格式后立即会用这些命令），或创建一个修改版的数据时，我经常会用到这些命令。命令 codebook, problems 可以查出很多潜在的问题，而命令 isid 和 duplicates 可以检查 ID 变量的取值是否唯一。

命令 codebook, problems

命令 codebook, problems 可以寻找三种可能出错的特征。

（1）列出取值没有变化的变量。这不一定就是问题。比如，在一个只有女性的数据里有一个 female 变量。

（2）如果给一个变量分配了一个尚未被定义的取值标签，那么会出现没有取值标签的变量。

（3）出现标签不完整的变量。也就是说，给一个变量分配了一个取值标签，但这个变量还有一个或更多个取值没有标签。要解决这类问题，需要用 label define 命令来改变取值标签。

这里有一个讲解命令如何工作的示例（参见文件 wf6-save.do）：

```
. use wf-diagnostics, clear
(Workflow data to illustrate data diagnostics \ 2008-04-05)
. codebook, problems

    Potential problems in dataset    wf-diagnostics.dta
                  potential problem    variables
   ─────────────────────────────────────────────────────────────
        constant (or all missing) vars    v3 v256 v265 v274 v283 v294 v303 v312
           vars with nonexisting label    v7
            incompletely labeled vars    v36 v37
   ─────────────────────────────────────────────────────────────
```

有 8 个变量被当作常量列出来。对有些变量来说，这不是一个问题。比如，因为样本里只包含了来自俄罗斯的样本，所以国家变量的取值不需要有任何变化：

```
. tab1 v3, miss
-> tabulation of v3
     Country │    Freq.      Percent       Cum.
   ──────────┼─────────────────────────────────
         RUS │     100       100.00      100.00
   ──────────┼─────────────────────────────────
       Total │     100       100.00
```

此外，应该把变量 v256 从数据中删掉，因为这个变量只适用于保加利亚样本：

```
. tab1 v256, miss
-> tabulation of v256
R: Party affiliation:
           Bulgaria │    Freq.      Percent       Cum.
   ─────────────────┼─────────────────────────────────
                NAV │     100       100.00      100.00
   ─────────────────┼─────────────────────────────────
              Total │     100       100.00
```

第二条错误信息表明变量 v7 被分配了一个并不存在的取值定义。用 describe 命令来看看这个变量：

```
. describe v7

              storage   display    value
variable name    type    format    label      variable label
─────────────────────────────────────────────────────────────────
v7               byte    %10.0g    labv7      What women really want is home &
                                              kids
```

我意识到我把 labv7 分配给了变量 v7，但这并不意味着分配的是取值标签 v7。第三条错误信息指出在一个取值标签里有不连续的地方。这种问题可以用变量 v37 来解释：

```
. tab1 v37, miss
-> tabulation of v37
```

How many hrs spouse,partner works on hh	Freq.	Percent	Cum.
NAP,no partner	50	50.00	50.00
1 hour or less than 1 hr	1	1.00	51.00
2 hrs	1	1.00	52.00
	2	2.00	54.00
7	6	6.00	60.00
8	1	1.00	61.00
9	1	1.00	62.00
	4	4.00	66.00
14	3	3.00	69.00

（省略输出结果）

出现这种问题是因为在变量 v37 里只有部分取值被定义了标签。要解决这类问题，需要修改这个变量的 label define。

检查 ID 变量的唯一性

如果有 ID 变量，正常情况下你都希望 ID 的取值唯一。可以用 isid 命令来检查该变量：

isid *varlist*

例如，要检查 id 能否唯一识别出每一条观测值，可以输入（参见文件 wf6-save. do）：

```
. use wf-diagnostics, clear
(Workflow data to illustrate data diagnostics \ 2008-04-05)
. isid id
variable id does not uniquely identify the observations
r(459);
end of do-file
r(459);
```

isid 命令的输出结果告诉我们有多个变量共享同一个变量 id 的同一个取值。这不一定就是问题。举个例子，在面板数据里，每个人可能都有多条记录，每一条记录对应一次面板调查。如果在每一次调查中 id 应该唯一，就可以用下面这个命令来做检查：

isid id panel

如果在同一次面板调查中 id 的任何一个取值出现了多次的话，你就会得到一个错误提示。如果 isid 发现所有观测值都能被唯一确定，该命令就没有输出结果。

命令 duplicates 比 isid 更通用，用它很容易就能找出重复的观测值。比如：

```
. duplicates report id
Duplicates in terms of id
```

copies	observations	surplus
1	98	0
2	2	1

　　输出结果显示有两条观测值在 id 上的取值一样（也就是说，有一个 surplus 值）。要找到更多的信息，可以输入：

```
. duplicates examples id, clean
Duplicates in terms of id
   #  e.g. obs        id
   2         1   1800007
```

　　这个结果告诉我们取值 1800007 重复。

小知识

　　duplicates 命令还能找出这样的观测值：它们在一个变量或多个变量上完全一样，但这种一样是合理的。举个例子，这里我载入了一个关于职业获得的数据，其中自变量是民族、受教育年限和工作年限。duplicates 命令告诉我有一些观测值是相同的：

```
. use nomocc2, clear
(1982 General Social Survey)
. duplicates report
Duplicates in terms of all variables
```

copies	observations	surplus
1	241	0
2	72	36
3	12	8
4	12	9

　　我可以用 duplicates 命令来检查重复的观测值：

```
. duplicates examples, clean
Duplicates in terms of all variables
```

group:	#	e.g. obs	occ	white	ed	exper
1	2	10	Menial	1	12	3
2	2	65	BlueCol	1	6	46
3	2	43	BlueCol	1	10	6
4	2	54	BlueCol	1	11	4
5	4	36	BlueCol	1	12	4
6	2	60	BlueCol	1	12	5

（省略输出结果）

　　这里的数据中有些变量的某些组合重复出现并不令人吃惊。

6.4.7 添加数据签名

datasignature 命令把元数据加进一个保存好的数据里，这样有助于确定当前这个数据是否是正确的且未被改动的。建议你给自己创建的每个数据都加上数据签名。为方便起见，可快速浏览一下 133 页的相关知识。要创建一个数据签名并保存好数据，可用下面这些命令：

```
. datasignature set
  753:8(54146):1899015902:1680634677          (data signature set)
. save wf-datasig02, replace
```

在载入数据后，用下面的命令检验数据签名：

```
. use wf-datasig02, clear
(Workflow dataset for illustrating datasignature \ 2008-03-09)
. datasignature confirm
  (data unchanged since 09mar2008 12:40)
```

如果你载入一个有签名的数据，对其进行改动，并用命令 datasignature set 创建一个新签名，你就会收到如下错误提示：

```
. datasignature set
  data signature already set -- specify option -reset-
r(110);
```

此时你需要添加 reset 选项：

```
. datasignature set, reset
  753:9(85320):1280133433:4173826113          (data signature reset)
```

6.4.8 保存文件

现在，你已经准备好保存数据了，这一步最简单：

save *filename* [, replace]

如果 filename 里有空格，就需要加双引号。如果该文件已经存在，就需要用选项 replace 覆盖之前的数据文件。如果另一个人用的是更老的 Stata 版本，而你想和他分享这个数据，就可以用：

saveold *filename* [, replace]

举个例子，虽然 Stata 9 不能读取 Stata 10 用 save mydata, replace 保存的数据，但可以读取用 saveold mydata, replace 保存的数据。如果试图读取一个比你用的版本高的 Stata 保存的数据，就会收到如下错误提示：

```
. use mydata, clear
file mydata.dta not Stata format
r(610);
```

现在剩下的唯一问题就是如何给数据命名。正如第 5 章所讨论的，如果改动了一个数据，就要给它一个新名字。我更倾向于用两个数字作为文件名的结尾，其中一个表示这是第几次修改数据。比如，如果 wf-russia01.dta 被改动过，我就会创建一个新的数据 wf-russia02.dta。如果数据是暂时的，文件名就以 x-开头（比如，x-job01a.dta）。我的原则是只要我想恢复磁盘空间，就可以随时删除任何以 x-开头的数据。

6.4.9 文件保存之后

文件保存后是检查记录文档的一个好时机（参见第 2 章），确定你是否可以发布数据（参见第 120 页），并备份数据文件（参见第 8 章）。

6.5 为分析准备数据的一个扩展示例

这个示例把前面讲到的方法结合在一起使用，用以解释在一个更加现实的应用中如何创建变量。所用数据为 ISSP 2002 的俄罗斯数据。我分三步来创建分析变量：（1）控制变量；（2）对工作女性的态度的二分测量；（3）对这些态度的顺序测量。

创建控制变量

首先，我载入数据并检查数据签名（参见文件 wf6-create01-controls.do）：

```
. use wf-russia01, replace
(Workflow data to illustrate creating variables \ 2008-04-02)
. datasignature confirm
  (data unchanged since 02apr2008 13:29)
```

因为我计划给创建的每个变量都添加一条注释，所以我用了一个局部宏，这个宏里包含了程序名、程序作者以及程序的创建日期：

```
local tag "wf6-create01.do jsl 2008-04-05."
```

现有变量 gender 等于 1 代表男性，等于 2 代表女性。为了便于分析，我需要一对关于性别的二分变量。如下所示，我创建了变量 female：

```
gen female = gender - 1
label var female "Female?"
label def female 0 0_male 1 1_female
label val female female
notes female: based on gender \ `tag'
```

我用 tabulate 命令来检验新变量：

```
. tabulate gender female, miss
```

Gender: 1=male, 2=female	Female?		Total
	0_male	1_female	
1. Male	695	0	695
2. Female	0	1 103	1 103
Total	695	1 103	1 798

接下来，我输入下面这些命令来创建变量 male：

```
gen male = 1 - female
label var male "Male?"
label def male 1 1_male 0 0_female
label val male male
notes male: based on gender \ `tag´
tabulate gender male, miss
```

要用表示婚姻状况的变量创建一个已婚的指示变量，我用的是本章前面所讲的recode命令：

```
. recode marstat (1 2 3 4=1) (5=0), gen(married)
(848 differences between marstat and married)
. label def married 1 1_married 0 0_never
. label val married married
. label var married "Ever married?"
. notes married: recoding of marstat \ married includes married, ///
> widowed, divorced, separated \ `tag´
. tabulate marstat married, miss
```

Marital status	Ever married?			Total
	0_never	1_married	.b	
1_married	0	931	0	931
2_widowed	0	321	0	321
3_divorced	0	215	0	215
4_separated	0	33	0	33
5_single	279	0	0	279
.b	0	0	19	19
Total	279	1 500	19	1 798

我用同样的方法创建了一个拥有大学及更高学位的指示变量和一个有全职工作的指示变量：

```
recode edlevel (1 2 3 4 5=0)(6 7=1)(99=.n), gen(hidegree)
label var hidegree "Any higher education?"
label def hidegree 0 0_not 1 1_high_ed
label val hidegree hidegree
notes hidegree: recode of edlevel \ `tag´
tabulate edlevel hidegree, miss

recode empstat (1 7=1)(2 3 5 6 8 9 10=0)(98=.d)(99=.n), gen(fulltime)
label def fulltime 1 1_fulltime 0 0_not
label val fulltime fulltime
label var fulltime "Ever worked full time?"
notes fulltime: recoding of empstat; includes fulltime & retired \ `tag´
tabulate empstat fulltime, miss
```

在保存数据前，我对新变量做了检查：

```
. codebook female-fulltime, compact

Variable     Obs Unique     Mean  Min  Max  Label

female      1798      2  .6134594    0    1  Female?
male        1798      2  .3865406    0    1  Male?
married     1779      2  .8431703    0    1  Ever married?
hidegree    1795      2  .2250696    0    1  Any higher education?
fulltime    1765      2  .7852691    0    1  Ever worked full time?
```

然后，我做了一些清理工作并保存数据：

```
. sort id
. quietly compress
. label data "Workflow example of adding analysis variables \ 2008-04-05"
. note: wf-russia02.dta \ `tag´
. datasignature set, reset
  1798:19(15177):591800297:459057199          (data signature reset)
. save wf-russia02, replace
file wf-russia02.dta saved
```

在保存完一个数据后，我喜欢重新载入这个数据并确保一切都正常：

```
. use wf-russia02, clear
(Workflow example of adding analysis variables \ 2008-04-05)
. datasignature confirm
  (data unchanged since 05apr2008 19:50)
. notes
_dta:
  1.  wf-russia01.dta \ wf-isspru01.dta \ wf-russia01-support.do jsl 2008-04-02.
  2.  wf-russia02.dta \ wf6-create01.do jsl 2008-04-05.
id:
  1.  clone of v2 \ wf-russia01-support.do jsl 2008-04-02.
  (省略输出结果)
married:
  1.  recoding of marstat \ married includes married, widowed, divorced,
> separated \ wf6-create01.do jsl 2008-04-05.
hidegree:
  1.  recode of edlevel \ wf6-create01.do jsl 2008-04-05.
fulltime:
  1.  recoding of empstat; includes fulltime & retired \ wf6-create01.do jsl
      2008-04-05.
```

如果是按顺序创建数据，我经常会用 cf 命令来检查新数据中有哪些改变。cf 命令把内存中的数据和已经保存的数据做比对，并指出两个数据中有哪些变量不同。在这里，我把刚才创建的文件与开始用的文件做比对，输入的命令如下：

```
. cf _all using wf-russia01
      female:  does not exist in using
        male:  does not exist in using
     married:  does not exist in using
    hidegree:  does not exist in using
    fulltime:  does not exist in using
r(9);
```

输出结果显示新数据不一样，里面包含了我已经加入的这些变量。因为两个文件不一样，cf 命令返回一个错误代码，所以 do 文件在没有关闭 log 文件的情况下关闭了。因此，我需要在命令行输入 log close，或者把 log close 放在我的下一个 do 文件里。

创建正向态度题的二分指示变量

下一步是创建二分指示变量，用来表示人们对工作女性的态度。我载入并检查数据（参见文件 wf6-create02-binary.do）：

```
. use wf-russia02, replace
(Workflow example of adding analysis variables \ 2008-04-05)
. datasignature confirm
  (data unchanged since 05apr2008 19:50)
```

接下来，我查看与工作女性有关的六道题：

```
. codebook momwarm kidsuffer famsuffer wanthome housesat workbest, compact
```

Variable	Obs	Unique	Mean	Min	Max	Label
momwarm	1765	5	2.324646	1	5	Working mom can have warm relatio...
kidsuffer	1755	5	2.373789	1	5	Pre-school child suffers?
famsuffer	1759	5	2.401933	1	5	Family life suffers?
wanthome	1717	5	2.639487	1	5	Women really want is home & kids?
housesat	1680	5	2.855357	1	5	Housework satisfies like paid job?
workbest	1710	5	2.071345	1	5	Work best for women´s independence?

每个变量都是一个五分测量题。例如：

```
. tab1 momwarm, miss
-> tabulation of momwarm
```

Working mom can have warm relations w kids?	Freq.	Percent	Cum.
1StAgree	464	25.81	25.81
2Agree	712	39.60	65.41
3Neither	197	10.96	76.36
4Disagree	336	18.69	95.05
5StDisagree	56	3.11	98.16
a_Can´t choose	26	1.45	99.61
b_Refused	7	0.39	100.00
Total	1 798	100.00	

变量 momwarm 和 workbest 的编码规则是：同意这道题中的陈述表明对工作女性持正面态度。变量 kidsuffer、famsuffer、wanthome 以及 housesat 的编码规则是：同意这道题中的陈述表明对工作女性持负面态度。当变量的编码规则方向不一致时，很容易把事情搞混。检验自己是否真正理解了每个变量的编码规则的一种方法就是查看变量之间的相关关系。虽然皮尔逊相关不适用于定序变量，但作为一个评估变量之间是正相关还是负相关的粗略指标，它没问题。我使用了选项 obs，它能报告每对变量共有的非缺失值的个数：

```
. pwcorr momwarm kidsuffer famsuffer wanthome housesat workbest, obs
```

	momwarm	kidsuf~r	famsuf~r	wanthome	housesat	workbest
momwarm	1.0000					
	1765					
kidsuffer	-0.2494	1.0000				
	1736	1755				
famsuffer	-0.2517	0.5767	1.0000			
	1737	1738	1759			
wanthome	-0.1069	0.2357	0.2977	1.0000		
	1698	1688	1698	1717		
housesat	-0.0148	0.1465	0.1921	0.4133	1.0000	
	1664	1657	1662	1649	1680	
workbest	0.0624	-0.0220	-0.0717	-0.1369	-0.2019	1.0000
	1691	1684	1690	1659	1636	1710

这一结果证实了我的猜想。需要注意的是 pwcorr 把列名截短至 8 个字符。

我想对每个变量都重新编码，让 1 代表正面态度，0 代表负面态度。首先，我给计划创建的变量定义取值标签。我第一次的尝试是：

```
label def Lagree 1 1_agree 0 0_not .a a_Unsure .b b_Refused .n n_Neutral
```

经过再三考虑后，我确定这样的取值标签容易让人感到迷惑，因为一个人可能会同意一个正面的陈述，同时也同意一个负面的陈述。为了让 1 能够清楚地代表对工作女性的正面态度，我决定用下面的标签：

```
label def Lprowork 1 1_yesPos 0_noNeg .a a_Unsure .b b_Refused .n n_Neutral
```

接下来，我对变量 momwarm 做对分并添加标签和注释。我把中间取值当作缺失值处理（也就是 3=.），并加入一条注释来提醒自己为什么做这样的决定：

```
. * momwarm: 1=SA working mom can have warm relationship
. * Bwarm:    1=agree (not reversed)
. recode momwarm (1/2=1) (4/5=0) (3=.n), gen(Bwarm)
(1301 differences between momwarm and Bwarm)
. label var Bwarm "Working mom can have warm relations?"
. label val Bwarm Lprowork
. notes Bwarm: 3=neutral in source was coded .n \ `tag`
```

要检验这次再编码，我输入：

```
. tabulate Bwarm momwarm, miss
```

Working mom can have warm relations?	Working mom can have warm relations w kids?					Total
	1StAgree	2Agree	3Neither	4Disagree	5StDisagr	
0_noNeg	0	0	0	336	56	392
1_yesPos	464	712	0	0	0	1 176
a_Unsure	0	0	0	0	0	26
b_Refused	0	0	0	0	0	7
n_Neutral	0	0	197	0	0	197
Total	464	712	197	336	56	1 798

Working mom can have warm relations?	Working mom can have warm relations w kids?		Total
	a_Can't c	b_Refused	
0_noNeg	0	0	392
1_yesPos	0	0	1 176
a_Unsure	26	0	26
b_Refused	0	7	7
n_Neutral	0	0	197
Total	26	7	1 798

因为对每个变量的转换用的都是同一种方法，所以我可以用一个局部宏来实现这些工作的自动化。例如：

```
local vin  momwarm
local vout Bwarm
recode `vin' (1/2=1)(4/5=0)(3=.n), gen(`vout')
label var `vout' "Working mom can have warm relations?"
label val `vout' Lprowork
notes `vout': 3=neutral in source was coded .n \ `tag'
tabulate `vout' `vin', miss
```

然后，我给 workbest 重新编码，输入：

```
local vin  workbest
local vout Bindep
recode `vin' (1/2=1)(4/5=0)(3=.n), gen(`vout')
label var `vout' "Agree work creates independence?"
label val `vout' Lprowork
notes `vout': 3=neutral in source was coded .n \ `tag'
tabulate `vout' `vin', miss
```

以此类推，对每个变量都进行了重新编码。在完成这些再编码工作后，我对所有按相同方向重新编码的二分变量做了检查：

```
. pwcorr B*, obs
```

	Bwarm	Bkids	Bfamily	Bnohome	Bjobsat	Bindep
Bwarm	1.0000					
	1568					
Bkids	0.2351	1.0000				
	1311	1483				
Bfamily	0.2289	0.5775	1.0000			
	1314	1312	1481			
Bnohome	0.1382	0.2327	0.2850	1.0000		
	1208	1157	1161	1352		
Bjobsat	0.0396	0.1446	0.1672	0.4659	1.0000	
	1119	1071	1071	1033	1248	
Bindep	0.0345	0.0185	0.0546	0.1048	0.1538	1.0000
	1279	1217	1211	1122	1058	1438

剩下的工作就是清理和把它保存成一个临时数据文件：

```
sort id
quietly compress
label data "Workflow example of adding analysis variables \ 2008-04-05"
notes: x-wf6-create02-binary.dta \ `tag´
datasignature set, reset
save x-wf6-create02-binary, replace
```

创建正向态度题的四分类量表

接下来，我去掉中间选项，创建四分量表，并按同一方向对其做编码。首先，我载入数据，建立一个取值标签（参见文件 wf6-create03-noneutral. do）：

```
. use x-wf6-create02-binary, clear
(Workflow example of adding analysis variables \ 2008-04-05)

. datasignature confirm
  (data unchanged since 05apr2008 19:50)

. label def Lsa_sd 1 1_SA_Pos 2 2_A_Pos 3 3_D_Neg ///
>       4 4_SD_Neg .a a_Unsure .b b_Refused .n n_Neutral
```

先从变量 momwarm 开始，我使用的编码与 wf6-create02-binary. do 的编码类似：

```
. * momwarm: 1=SA working mom can have warm relationship
. * C4warm:  1=SA (not reversed)
. local vin momwarm
. local vout C4warm
. recode `vin´ (1=1) (2=2) (3=.n) (4=3) (5=4), gen(`vout´)
(589 differences between momwarm and C4warm)
. label var `vout´ "Working mom can have warm relations?"
. label val `vout´ Lsa_sd
. notes `vout´: 3=neutral in source was coded .n \ `tag´
. tabulate `vin´ `vout´, m
```

Working mom can have warm relations w kids?	Working mom can have warm relations?				Total
	1_SA_Pos	2_A_Pos	3_D_Neg	4_SD_Neg	
1StAgree	464	0	0	0	464
2Agree	0	712	0	0	712
3Neither	0	0	0	0	197
4Disagree	0	0	336	0	336
5StDisagree	0	0	0	56	56
a_Can´t choose	0	0	0	0	26
b_Refused	0	0	0	0	7
Total	464	712	336	56	1 798

Working mom can have warm relations w kids?	Working mom can have warm relations?			Total
	a_Unsure	b_Refused	n_Neutral	
1StAgree	0	0	0	464
2Agree	0	0	0	712
3Neither	0	0	197	197
4Disagree	0	0	0	336
5StDisagree	0	0	0	56
a_Can´t choose	26	0	0	26
b_Refused	0	7	0	7
Total	26	7	197	1 798

在创建完其他变量后，我用 pwcorr C4 * 命令来检验这些变量是否都是按同一方向做

编码的。作为一个额外的检验，我把每个二分变量都与相应的四分变量一一做了对比。由于我给变量分配的名字具有一定的系统性，所以我可以用一个 foreach 循环来做：

```
. foreach s in warm kids family nohome jobsat indep {
  2.      pwcorr B`s´ C4`s´, obs
  3. }
```

	Bwarm	C4warm
Bwarm	1.0000	
	1568	
C4warm	-0.8239	1.0000
	1568	1568

	Bkids	C4kids
Bkids	1.0000	
	1483	
C4kids	-0.8114	1.0000
	1483	1483

(省略输出结果)

和前面一样，我做了一些档案整理工作，然后保存了新的数据文件。

6.6 合并文件

把变量添加到数据库里的另一种方法就是把这个数据和第二个数据合并在一起。合并数据最常见的原因是两个数据文件针对的是同样的个体（国家、公司等），但每个数据里的变量不一样。例如，我正在做的一个项目，研究的是女性健康和老龄化（Pavalko，Gong，Long，2007），使用的数据来自全美纵向调查（NLS）。NLS 是一个巨大的数据库，里面包含了成千上万个调查对象，有成千上万个变量以及多次面板调查数据。我们花费了几年的时间来创建我们需要的变量。因为有几个人在对数据做相似的工作，所以需要确保对相同的变量每个人都没有做过改动。我们的解决办法是把变量分成几个领域，给每组变量单独创建一个数据库。比如，一个人创建关于人口背景变量和控制变量的数据库，而另一人创建关于健康测量的数据库。对 6 个领域，我们都是这样处理的。在要做数据分析时，我们就从不同的数据文件中选择所需变量，然后把它们合并到一个数据库里。

用 merge 命令可以把数据文件合并在一起。这里我讨论的是这个命令最基本的功能，对很多应用来说这些功能就已经够用了。要了解更多的详细知识，请参见 help merge 或手册 [D] merge。merge 命令把内存中的数据（也叫作 *master dataset*，主数据）和硬盘中的数据（也叫作 *using dataset*，使用数据）合并在一起。对于一对一合并来说，主数据中的第一条观测值和使用数据中的第一条观测值合并在一起，第二条和第二条合并在一起，以此类推，直到其中一个数据中的观测值都被合并完为止。对于匹配合并来说，主数据中的观测值和使用数据中的观测值基于一个 ID 联系在一起。

6.6.1 匹配合并

匹配合并的语法是：

merge *id-variable* using *filename*

这里的 *id-variable* 是一个变量，这个变量在两个数据中都有而且包含唯一 ID。两个数据都必须基于 *id-variable* 做排序。为了解释清楚匹配合并，我把 wf-nls-cntr107.dta 里的控制变量和 wf-nls-flim05.dta 里关于功能限制的变量合并在一起。首先，我检查两个文件的数据签名（参见文件 wf6-merge-match.do）：

```
. use wf-nls-flim05, clear
(Workflow example with NLS FLIM variables \ 2008-04-02)
. datasignature confirm
  (data unchanged since 02apr2008 13:29)
. use wf-nls-cntr107, clear
(Workflow example with NLS control variables \ 2008-04-02)
. datasignature confirm
  (data unchanged since 02apr2008 13:29)
```

数据 wf-nls-cntr107.dta 还在内存里，我把这两个数据合并在一起：

```
. merge id using wf-nls-flim05
```

merge 命令生成变量_merge，该变量表明某个观测值是只能在主数据中找到（_merge==1）、只能在使用数据中找到（_merge==2），还是在两个数据中都有（_merge==3）。对这个示例而言：

```
. tab1 _merge
-> tabulation of _merge
```

_merge	Freq.	Percent	Cum.
1	21	21.00	21.00
3	79	79.00	100.00
Total	100	100.00	

输出结果显示有 21 条观测值只存在于主数据 wf-nls-cntr107.dta 里，但剩下的观测值在两个数据中都有。在继续下一步工作之前，我需要确定为什么有 21 个人没有功能限制方面的信息。我可能会列出这些案例的 ID 来看看，也可能会做其他分析来确定为什么这些人没有功能限制方面的信息。假定这 21 个案例都没有问题，我就用下面的命令删掉变量_merge 并保存好合并后的数据：

```
drop _merge
quietly compress
label data "Workflow merged NLS flim & control variables \ 2008-04-09"
local tag "wf6-merge-match.do jsl 2008-04-09."
notes: wf-nls-combined01.dta \ workflow data for chapter 6 \ `tag´
datasignature set, reset
save wf-nls-combined01, replace
```

给 ID 变量排序

匹配合并假定的是两个数据都已经根据 ID 变量做了排序。如果数据没有被排序，你就会得到一个错误提示：

```
. use wf-nls-cntrl07, clear
(Workflow example with NLS control variables \ 2008-04-02)
. merge id using wf-nls-flim05
master data not sorted
r(5);
```

你可以用选项 sort 对数据自动排序，排序的依据是 *id-variable*。比如：

```
. use wf-nls-cntrl07, clear
(Workflow example with NLS control variables \ 2008-04-02)
. merge id using wf-nls-flim05, sort
```

使用 sort 的唯一一个缺点就是合并可能会需要更长一点的时间。

6.6.2 一对一合并

对于一对一合并来说，你需要把主数据中的第一条观测值和使用数据中的第一条观测值合并在一起，把主数据中的第二条观测值和使用数据中的第二条观测值合并在一起，以此类推。因为没有指定 ID 变量，所以原始数据中的观测值和使用数据中的观测值没有必要一一对应。实际上，用一对一合并，你可以把一个空数据和另一个数据合并在一起。

合并不相关的数据

在这个示例里，我把数据 wf-lfp. dta 和数据 wf-acpub. dta 合并在一起，前者是一个关于劳动力市场参与的数据，后者是一个关于生物化学家科研生产力的数据。在我的教学工作中，我经常用这些数据做示例，而且我认为把这两个数据合并到同一个文件中很方便。我要做的工作都展示在图 6-13 中。

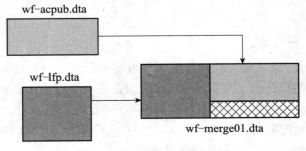

图 6-13　合并不相关的数据

　　我要合并的两个数据互不相干，其中 wf-acpub. dta 里的观测值比 wf-lfp. dta 里的少。一旦合并，数据 wf-acpub. dta "多出的观测值" 里的变量会被当作缺失值处理，也就是图 6 - 13 中带网格的方框。首先，我检查了这两个数据（参见文件 wf6-merge-onetoone. do）：

```
. use wf-lfp, clear
(Workflow data on labor force participation \ 2008-04-02)
. datasignature confirm
  (data unchanged since 02apr2008 13:29)
. summarize
```

Variable	Obs	Mean	Std. Dev.	Min	Max
lfp	753	.5683931	.4956295	0	1
k5	753	.2377158	.523959	0	3
k618	753	1.353254	1.319874	0	8
age	753	42.53785	8.072574	30	60
wc	753	.2815405	.4500494	0	1
hc	753	.3917663	.4884694	0	1
lwg	753	1.097115	.5875564	-2.054124	3.218876
inc	753	20.12897	11.6348	-.0290001	96

```
. use wf-acpub, clear
(Workflow data on scientific productivity \ 2008-04-04)
. datasignature confirm
  (data unchanged since 04apr2008 17:46)
. summarize
```

Variable	Obs	Mean	Std. Dev.	Min	Max
id	308	58654.49	2283.465	57001	62420
enrol	278	5.92446	2.92346	3	25
female	308	.3474026	.4769198	0	1
phd	308	3.177987	1.012738	1	4.77
pub	308	3.185065	3.908752	0	31
enrol_fixed	278	5.564748	1.467253	3	14

现在我对两个数据做一对一合并：

```
. use wf-lfp, clear
(Workflow data on labor force participation \ 2008-04-02)
. merge using wf-acpub
. tabulate _merge
```

_merge	Freq.	Percent	Cum.
1	445	59.10	59.10
3	308	40.90	100.00
Total	753	100.00	

```
. drop _merge
```

频数表告诉我有 308 条观测值在两个数据中都有，但还有 445 条观测值只存在于数据 wf-lfp. dta 里。为什么会这样？因为 wf-acpub. dta 里只有 308 个案例，"超出"的 445 个案例在数据 wf-lfp. dta 里，它们在数据 wf-acpub. dta 中没有对应的观测值。这部分对应的就是图 6 - 13 中带网格的方框。要创建一个数据把两个原始数据中的信息都合并在一起，只需把合并后的数据保存下来即可：

```
. quietly compress
. label data "Workflow example of combining unrelated datasets \ 2008-04-09"
. local tag "wf6-merge-onetoone.do jsl 2008-04-09."
. notes: wf-merge01.dta \ workflow examples from chapter 6 \ `tag´
. datasignature set, reset
  753:14(117189):528693629:719271906          (data signature reset)
. save wf-merge01, replace
file wf-merge01.dta saved
```

有了这个合并数据，我就可以把载入这两个数据的程序：

```
use binlfp2, clear
logit lfp k5 k618 age wc hc lwg inc
use couart2.dta, clear
nbreg art fem mar kid5 phd ment
```

替换成只需载入一个数据的程序：

```
use wf-merge01, clear
logit lfp k5 k618 age wc hc lwg inc
nbreg art fem mar kid5 phd ment
```

6.6.3　忘记要做的是匹配合并

匹配合并与一对一合并的命令非常相似，唯一的不同之处就在于是否需要加入匹配变量的名字。举个例子，下面是匹配合并的命令：

```
merge id using wf-nls-flim05
```

这个是一对一合并的命令：

```
merge using wf-nls-flim05
```

如果你想做匹配合并，但忘记把 ID 变量加到命令中，就可能会导致灾难性的后果。假设我有一个关于著作数据的文件，该数据是一个科学家的样本，第二个著作数据来自同一批科学家。我想把这两个数据合并到同一个数据文件中，让同一名科学家的著作数据与他本人的著作数据匹配。在确定数据签名后，我运行下面的命令（参见文件 wf6-merge-nomatch. do）：

```
. use wf-mergebio, clear
(Workflow biographical data to illustrate merging \ 2008-04-05)
. merge using wf-mergebib
. tab1 _merge
-> tabulation of _merge
```

_merge	Freq.	Percent	Cum.
3	408	100.00	100.00
Total	408	100.00	

```
. drop _merge
```

　　和预计的一样，我有 408 个案例在两个数据里都有。我接着查看频数分布，结果和单独做每个数据的描述统计所得的结果一样：

```
. codebook, compact
```

Variable	Obs	Unique	Mean	Min	Max	Label
job	408	80	2.233431	1	4.8	Prestige of first job
fem	408	2	.3897059	0	1	Gender: 1=female 0=male
phd	408	89	3.200564	0	4.8	PhD prestige
ment	408	123	45.47058	0	531.9999	Citations received by mentor
id	408	408	204.5	1	408	ID number
art	408	14	2.276961	0	18	# of articles published
cit	408	87	21.71569	0	203	# of citations received

接下来，我看看相关关系：

```
. pwcorr job fem phd ment art cit
```

	job	fem	phd	ment	art	cit
job	1.0000					
fem	-0.1076	1.0000				
phd	0.3636	-0.0550	1.0000			
ment	0.2129	-0.0100	0.3253	1.0000		
art	-0.3534	0.0713	-0.9115	-0.2829	1.0000	
cit	-0.2210	0.0850	-0.6700	-0.2126	0.7340	1.0000

　　变量 job、fem、phd 和 ment 之间的关系看起来没问题，但著作信息和著作测量变量之间的关系不对。举个例子，读博时所在院系的声望与后期的产出之间是一种较强的负相关关系（$r = -0.91$）。问题就在于我忘了把 ID 变量加到 merge 命令里。因为两个原始数据都没有基于 id 做排序，所以某一位科学家的著作信息被合并到另一位科学家的著作变量里。如果不查看单个变量的统计量，我就无法检测出这一问题。要修复这个问题，我先基于 id 对两个数据排序，然后依据 id 做匹配合并：

```
use wf-mergebio, clear
merge id using wf-mergebib, sort
```

6.7 小结

  准备分析所用数据的关键性步骤都在这章里。虽然这些步骤很耗时间，但都是基本且必要的。我发现花在清理数据上的时间能够帮助我节省做统计分析的时间。而且，如果数据有问题，分析就一定会出问题。既然数据已经清理好了，我们就可以从数据管理的工作流程转移到统计分析以及结果呈现的工作流程中。也就是说，我们接下来要讨论的是在运行数据分析、拟合模型以及呈现结果时会遇到的问题。

第 7 章　分析数据并展示结果

在准备好数据后，剩下要做的唯一事情就是做统计分析和研究发现的演示。投在命名、贴标签和清理数据上的时间此时有了回报，这些事情能让分析工作更高效且更合意。你虽然可能还需要返回到数据管理的工作中找回某个被忘记的变量或修复某个错误，但你应该很快就能完成这些工作。

基于前几章的思想，这章强调的是统计分析和展示中特别重要的事情。第 7.1 节和第 7.2 节讲述的是规划分析和组织管理 do 文件。第 7.3 节描述的是记录文档，其中包含了关键事件的来源：把报告中的每个数字和生成这个数字的 do 文件联系在一起。第 7.4 节解释的是用 Stata 编程如何提高工作效率。第 7.5 节描述的是简单但重要的事情：记录描述统计量。第 7.6 节对可能限制复制结果能力的问题做了评估。第 7.7 节考虑了几个和报告有关的事情，内容从创建表格到避免在 PPT 里出错。本章最后一节是第 7.8 节，这一节给出了一个清单列表，里面列出了完成一个项目需要做的所有事情。

7.1　计划和组织统计分析

在准备数据的所有工作已经完成后，人很容易就直接跳入分析阶段，而不会先做出一个完整的规划。我承认我曾经这样做过，但很快谨慎就战胜了热情，我会制订一个计划来指导数据分析工作。为统计分析做计划的一个有效思考方式来自软件开发中的一种思想：在开发软件时，工作被分成了大编程、中编程和小编程（Oliveira，Stewart，2006）。总体计划考虑工作的总体目标，中层计划把这些总体目标分成很多可管理的任务，而细节计划的焦点集中在完成每个任务所需的具体细节上。

计划怎么样取决于很多事情：研究问题的具体程度如何？基础文献的完善程度如何？你是在检验具体的假设还是在探索新的可能性？你对数据以及所用统计方法的熟悉程度如何？极端的情况是，你的计划与布劳和邓肯（Blau，Duncan，1967）所做的计划一样精致详尽，他们在拿到数据之前就详细说明了整本书中将要做的所有分析。更常见的情况是，你的计划更加简单。为了让你理解一个计划应该是什么样子的，看看伊莉莎·帕瓦尔科、龚方和我（Pavalko，Gong，Long，2007）合写的一篇文章，这篇文章的内容是不同女性同期群的劳动力参与和健康之间的关系。我并不是说这是唯一一种有效的制订计划的方法。实际上，于我而言，不同项目的计划差异很大。只要你的计划能有效地指导你的分析并有助于可复制性，它就是一个好计划。

7.1.1　总体计划

总体计划把你的研究目标和数据潜力结合在一起以完成这些目标。虽然计划的这个部分不考虑完成目标所需的细节，但要牢记数据的局限性，因为如果制订的计划中要求的是你没有或拿不到的数据，那么这样的计划一点好处都没有。

为关于同期群、工作和健康（CWH）的文章制订的计划从抽象地描述要解决的问题开始[①]：

> 在过去的半个世纪里，关于女性劳动力行为的社会变化已经有了很好的记录。和女性劳动力参与大幅度增加相呼应的是劳动力中有小孩的女性所占的比例在增加……在这章，我们评估的是女性就业的社会变化对女性的身体健康有没有影响……虽然对女性而言，就业带来的健康福利显而易见，但我们几乎不知道这些效应是否和女性劳动力市场经验的改变相呼应。

我们前期的研究发现了几种模式，我们想对这些模式做进一步的探讨：

> *(1) 就业状况和职业类别的同期群变化[②]。*依据就业状况，同期群之间在健康方面几乎没有变化，但依据职业类别，就出现了有意思的变化。
>
> *(2) 职业类别和健康。*职业类别和健康之间的关系很有意思，特别是最年轻和最年老的同期群在这一关系上更有意思。

受这些发现的启发，我们提出了几个研究问题：

> *(1) 就业状况和健康：*就业女性比没有就业的女性更健康吗？这种关系会随着同期群的变化而发生变化吗？
>
> *(2) 职业种类和健康：*没有就业对健康的影响会因为没有就业的原因不同而不同吗？没有就业的女性和就业女性在健康方面有不同吗？这种关系会因为同期群的不同而不同吗？
>
> *(3) 解释健康上的变化：*就业和健康的关系应该归因于
>
> a. 就业对健康影响的变化吗？
>
> b. 女性在职业种类上分布的变化吗？
>
> c. 和 1971 年的样本相比，1991 年的样本有更大的选择性吗？
>
> *(4) 其他控制变量。*在控制其他变量（比如劳动投入、工作时间以及职业类别）后，这些关系仍然存在吗？

接下来我们就开始为探索这些想法来规划统计分析。这就是中层计划。

7.1.2 中层计划

中间层面的计划把宏观目标转换成具体的分析任务，并考虑如何在 do 文件之间分

---

① 关于原始计划的更详细的版本在本书提供的网站上能找到（参见文件 wf7-plan-cwh-large. pdf）。

② 这里用术语"就业状况"把被雇佣的女性和没有被雇佣的女性区分开。术语"职业类别"用来区分就业女性、因家庭原因没有就业的女性、因健康原因没有就业的女性，以及因其他原因没有就业的女性。

配工作。以文章 CWH 为例，我们先从三个任务开始：

(1) 描述样本和变量：计算描述性统计量以描述分析所用的样本和变量。描述不同群体和不同就业状况在健康这个变量上的分布。

(2) 以健康为因变量，以同期群、就业状况和其他控制变量为自变量的模型：控制人口背景变量和其他变量，根据职业类别来估计同期群的健康差异。对比其他的建模方法。

(3) 敏感性分析：检查能否用样本损耗或测量问题来解释研究发现。

数据分析开始后，当初始分析显示问题比预期的要更复杂时，经常需要并入新的任务。合并其他任务是因为这些任务比预期的更简单，又或者是因为前期的工作显示这些任务没有之前想的清晰。拿文章 CWH 来说，我们的初始任务发展成了 16 项，分别缩写为 cwh01～cwh16。我们从计算所有变量的描述统计量开始，这些变量都是我们之前考虑要用到的：

cwh01：Descriptive statistics.

在每个任务里，给 do 文件起的名字都能表明其属于哪个任务及其在该任务里的运行顺序（例如，cwh01a-base-stats. do，cwh01b-base-graphs. do）。第二个任务是拟合计算模型，预测影响一个人的健康的限制因素的数量。

cwh02：Compare count models for number of health limitations（PRM, NBRM, and ZIP）.

由于输出结果中 0 所占的比例很大，所以我们创建了一种二分测量方法，把所有的调查对象划分为健康的人和至少有一种健康问题的人。一个 logit 模型符合这样的输出结果：

cwh03：Logit model for having any limitations.

logit 模型和 ZIP 模型的输出结果引导我们用了一个计算个数的障碍模型：

cwh04：Hurdle model for number of limitations.

在评估完这些研究发现后，我们返回到数据管理中，加入更容易拟合交互模型的变量并把 1971 年的面板数据加入其中：

cwh05：Data management：Add interaction variables.
cwh06：Data management：Add data from the 1971 panel.

这个新的数据包含了 1971 年的面板数据，我们用这个新数据把 cwh02 和 cwh04 任务里的模型又重新运行了一遍：

cwh07：Count models with 1971 data included.

因为障碍模型的拟合度最好且最有实际意义，所以我们尝试用不同的方法来将模型参数化，让其更容易检验我们的假设，然后评估在我们的指标参数里结果变化的敏感性：

cwh08：Hurdle model using alternative parameterizations.

cwh09：Sensitivity analysis of hurdle model.

用这些分析结果，我们写出了第一份草稿。在讨论完这份草稿后，我们计划用一些新的变量做更多的分析。虽然可以把新的分析加到上面的任务里，但我们创建了一些新的任务，根据修改后的文章里的表格来组织管理这些任务。当文章可以被传阅时，我发现加入一些新任务很有用，这些新任务里只包含那些能重复生成文章中的分析结果的 do 文件。通过这种做法，我可以对分析做二次检验，而且后期很容易就能找到文章中用到的分析。修改后的文章里报告的结果都来自这些工作任务，第一项任务属于数据管理工作，它能简化后期的分析：

cwh10：Data management：Add additional variables.

cwh11：Descriptive statistics for tables 1，2，and3.

cwh12：Hurdle models and predictions for figures 1-5.

cwh13：Supplementary analyses with the hurdle model for table 4.

然后我们提交了文章。在收到修改要求后，我们又加入了评阅人建议的变量，改进了其他变量的编码并更新了图和表。由于文章中用到的所有分析都在 cwh01～cwh13 的任务中，因此修改很简单：

cwh14：Data management：Add work and smoking variables；revise some operational
    definitions.

cwh15：Refit models and create plots.

cwh16：Fit additional models for table 4.

在发表之前，我们对这篇文章又做了两次修改。在这个过程中，有一次我们在等待评论时，项目被搁置了几个月。通过把工作分成不同的任务，我们更容易从中断的地方继续工作。

7.1.3 细节计划

细节计划就是实现中层计划里的任务。它包括被奥利韦拉和斯图尔特（Oliveira，Stewart，2006，61）称为"具体细节"的所有事情。在这个层面，你要确定的是：使用哪些变量？如何根据分析需要给变量编码（比如，你想把 2 年大学学位和 2 年职业学校或专业学校学位当成一样的吗)？以及使用哪些命令（例如，障碍模型应该与 logit、ZIP 或/和 hplogit 相符合吗)？细节计划还包括组织管理 do 文件的内部资料，这个在下一节会讨论。

7.2　组织管理 do 文件

　　用来组织工作的任务的数量以及每个任务中的 do 文件数量取决于统计分析的复杂程度和个人偏好。我倾向于用更多的任务和更短的 do 文件，而不是更少的任务和更长的 do 文件。对一篇文章而言，我可能会用到 100 个 do 文件，其中大部分 do 文件里包含的命令不超过 100 行。只有在做诸如复杂的事后估计分析或创建复杂统计图这样的工作时，我才会用到更长的 do 文件。

　　下面是一个真实的例子，它解释了我为什么喜欢用更短的 do 文件。曾经有人向我咨询这样的问题：在使用多项 logit 做分析时，如何调整集群观测值。在看完关于当前研究发现的一些表格后，我向对方要生成这些结果的 do 文件。我收到了一个长达 753 行的文件，里面没有注释，它生成的 Stata log 长达 163 页。随着新分析的加入以及对早先分析的修改，这个 do 文件已经经过了几个月的演变。在演变成 753 行 do 文件的过程中，表格中的结果已经被提取出来了。不幸的是，后期对 do 文件做的改动对这些结果有影响，因此我无法复制出这些表格。在经历了巨大的沮丧失望之后，我们确定最简单的做法就是重做。虽然这是一个极端示例，但它强调了如果 do 文件太长而且没有预料到后期需要复制出研究结果，就会发生什么事情。

　　较短的 do 文件有以下几个优势。

　　● 如果你在某个 do 文件里纠正了一个错误，你需要检验该文件的后续命令会不会受此影响。你可能会不小心对不想改的地方做了改动，又或者在文件前面做的改动会影响到后面。如果是较长的文件，要检验后面的分析有没有受到影响会更加困难。比如，假设你在一个 700 行的 do 文件里，纠正了第 243 行里的一个错误，那么你需要检验剩下的好几百行命令。在较长的 do 文件里修正错误时，更容易把一个错误改成两个错误。

　　● 在较短的 do 文件里，更容易找到修正过的地方。假设有一个长 do 文件，它生成的输出结果有很多页。当你纠正了一个错误后，返回到程序中，应该输出完整的、包含没有改动部分的 log 文件吗？如果在较早的输出结果中有一些注释，就需要将其转移。如果只输出改动过的地方，就很难找到哪个是最新的输出结果。

　　● 在较短的 log 文件中回顾结果更容易，在协同工作中更是如此。试图一次消化理解特别多的输出，结果更有可能是忽略掉其中的错误或漏掉了某个重大研究发现。在协同工作中，长的 Stata log 文件会导致其他人在查找要讨论的输出结果上花费大量的时间。我发现讨论几组较短的输出结果更有效。举个例子，把描述统计量放在第一个组里，把分析测试组差异的放在第二个组里，把回归模型的输出结果放在第三个组里。

我最常听到的反对使用多个较短 do 文件的理由是当需要重新运行 do 文件时，很难找到它们，并且需要输入很多 do *program-name* 命令。如果你使用的是我推荐的命名规则，追踪文件就很容易。要想轻松重新运行所有的 do 文件，你可以用一个master do 文件。

7.2.1　使用 master do 文件

一个 master do 文件就是一个简单的 do 文件，里面包含的是用来运行其他 do 文件的 do 命令（更多内容，请参见第 125 页）。举个例子，在最近一个关于性别福利的种族差异的分析中，我用了 10 个 do 文件。要重新运行这些文件，我只需运行一个名为 swb-all.do 的 master do 文件：

```
capture log close master
log using swb-all, name(master) replace text
//    program:    swb-all.do
//    task:       swb \ may 2007 analyses
//    project:    workflow - chapter 7
//    author:     jsl \ 2007-03-08
//    note:       all programs required swb-00-loaddata.doi
// Task 01: descriptive statistics and data checking
do swb-01a-desc.do
do swb-01b-descmisc.do
do swb-01c-barchart.do
// Task 02: logit - sexual relationships
do swb-02aV2-srlogit.do
do swb-02b-srlogit-checkage.do
do swb-02c-srlogit-ageplot.do
// Task 03: logit - own sexuality
do swb-03a-os2logit.do
do swb-03b-os2Vos1logit.do
// Task 04: logit - self attractiveness
do swb-04a-salogit.do
// Task 05: logit - miscellaneous
do swb-05a-sr-os2-cor.do
log close master
exit
```

要重新运行所有文件，我只需要简单地输入下面这个命令即可：

```
do swb-all.do
```

如果我只想重新运行一部分 do 文件，就把剩下的文件改为注释。比如：

```
capture log close master
log using swb-all, name(master) replace text
//    program:    swb-all.do
//    task:       swb \ may 2007 analyses
//    project:    workflow - chapter 7
//    author:     jsl \ 2008-03-07
//    note:       all programs include swb-00-loaddata.doi
/*
// Task 01: descriptive statistics and data checking
do swb-01a-desc.do
do swb-01b-descmisc.do
do swb-01c-barchart.do

// Task 02: logit - sexual relationships
do swb-02aV2-srlogit.do
do swb-02b-srlogit-checkage.do
do swb-02c-srlogit-ageplot.do
*/
// Task 03: logit - own sexuality
do swb-03a-os2logit.do
do swb-03b-os2Vos1logit.do

// Task 04: logit - self attractiveness
do swb-04a-salogit.do

// Task 05: logit - miscellaneous
do swb-05a-sr-os2-cor.do

log close master
exit
```

如果是经常在做的一个项目，我喜欢把主 do 文件命名为 it.do。要运行所有的文件，我只需输入：

```
do it
```

后期，我再把文件名改成更烦琐但更有说明性的 swb-all.do。

7.2.2 do 文件里包含哪些内容？

第 61 页讲了 do 文件里应该包含哪些内容。就统计分析来说，其中有几点值得强调一下。第一，version 命令对复制输出结果而言至关重要（正如 7.6.2 节中所述）。第二，如果要生成和以前的样式一样的图，就必须有 set scheme 命令。如果没有用同样的 scheme，输出的图看起来就不一样。第三，也许你想要这样的注释：既能解释输出结果，又能强调关键发现。要实现这一点，就需要运行 do 文件并检查生成的 log 文件。基于你的发现，把注释添加到 do 文件里，然后重新运行这个 do 文件。在协同工作中，do 文件里包含解释是非常有用的。第四，加入带序号的注释，这样让其指向一个特定的输出结果就更简单。当我和来自其他三个大学的同事合作时，我首先要做的就是这件事。如果分析很复杂，很快我们的电子邮件就会包含大量的交流内容，这些内容是关于某人对输出结果某部分的讨论的，又或者如果两个人讨论的是同一个 log 文件的不

同部分，就会产生令人糊涂的争论。解决办法就是加入带序号的注释。比如，文件
swb-02b.do包含的是：

```
//  #1
//  load data, select sample and variables
```
（省略输出结果）
```
//  #2
//  compute means to be plotted
```
（省略输出结果）
```
//  #3
//  graph of age by mean number of partners
```
（省略输出结果）

如果某人要添加一条关于不同年龄段父母人数的图的注释，他可以这样写："In-swb-02b♯3，I'm concerned that the minimum age is 23. I thought it was 25."给 do 文件的不同部分添加序号很方便，现在即使我没有和其他人合作，我也会这么做。

7.3 为统计分析做的记录

给统计分析的记录以第 2.4.1 节中讨论的基本原则为基础。第 7.3.1 节会简要回顾一下如何把这些原则应用于记录分析的 do 文件。第 7.3.2 节讲述一个新的、重要的话题，它把报告及文章里用到的统计分析和计算这些统计结果的 do 文件联系在一起。

7.3.1 do 文件里的研究日志和注释

统计分析的研究日志开头可能是分析计划的一个大纲，包含了一系列任务和 do 文件列表，这些 do 文件是我预计在每个任务中都会用到的。随着分析的推进，这个日志文件会变成一个关于每个 do 文件的运行时间及内容的日期记录。我的关于 do 文件的注释通常很短，所以研究日志是一个基本的 do 文件索引。这些 do 文件里包含了关于工作的、更加详细的解释。如果遇到了问题，或后期发现分析里的结论含糊不清，又或者 do 文件生成了一个令人吃惊的结果（比如，"Even thought I did not expect this variable to be significant, it is. I verified that it is coded correctly. Explore this finding later"），此时我的研究日志里也可以包含更加详细的信息。研究日志里还可以包含关于某个结果的简评、来自合作者的想法以及关于未来分析的计划。虽然我的 do 文件会说明已经对数据做过分析（例如，use mydata01, clear），而且说明所用的 Stata 版本（例如，version 10），但通常情况下我还会在研究日志里加入这一信息。下面是一个关于研究日志的外观的示例（见图 7－1）。日志里的有些部分就是简单地把 do 文件里的注释复制过来。

First complete set of analysis for FLIM measures paper

Data: *flim03.dta*

f2alt01a.do - 24May2002

Descriptive information on all rhs, lhs, and flim measures

f2alt01b.do - 25May2002

Compute bic' for each of four outcomes and all flim measures.

```
**  Outcome: Can Work                  global lhs "qcanwrk95"
**  Outcome: Work in three categories  global lhs "dhlthwk95"
**  Outcome: bath trouble              global lhs "bathdif95"
**  Outcome: adlsum95 - sum of adls    global lhs "adlsum95"
```

f2alt01c.do - 25May2002

Compute bic' for each of four outcomes and with only these restricted flim measures.

```
*   1.    ln(x+.5) and ln(x+1)
*   2.    9 counts: >=5=5  >=7=7  (50% and 75%)
*   3.    8 counts: >=4=4  >=6=6  (50% and 75%)
*   4.    18 counts: >=9=9 >=14=14  (50% and 75%)
*   5.    probability splits at .5; these don't work well in prior tests
```

f2alt01d.do - 25May2002

bic' for all four outcomes in models that include all raw flim measures
(fla*p5; fll*p5); pairs of u/l measures; groups of LCA measures

f2alt01e.do - all LCA probabilities - 25May2002

图 7-1　和 do 文件有关的研究日志示例

　　我在 do 文件里用注释来解释为什么要运行这些特定的分析（例如，因为取值 0 占了很大的比例，所以用 ZIP 模型）、要用哪些变量（例如，受限于原始数据，没有年龄小于 6 岁的孩子数）以及为什么要用到这些命令和选项（例如，用聚类来调整同一家庭有多个孩子的情况）。虽然可以把这些信息放在研究日志里，但是我发现把它们放在 do 文件里作用最大，因为这些信息会重复出现在 Stata 的 log 文件里，这样在解释结果时我可以很容易找到它们。

7.3.2　记录结果来源

　　每个结果的来源都应该被记录下来。

　　要想再次复制出自己的研究结果，你需要知道报告的每个数字来自哪里，它是和样本量一样简单，还是和多方程模型一样复杂。虽然从 Stata 的 log 文件里能很容易找到一个数字并将其用在文章中，但在通常情况下，后期要找到生成这个数字的 do 文件会更难一些。如果不知道使用的是哪个 do 文件，后期要再次复制出研究发现，或因为修改而要调整分析就很难，甚至根本不可能。

　　很多方法可以用来记录哪个 do 文件生成了哪些结果。多年以来，我的做法是把标签和解释加到输出结果里。这样做能有效地记录下图和表的来源，但无法记录下文章中使用的某些具体数字。如果想找到一个结果，我就不得不把几页的输出结果都浏览一遍。我还会用研究日志来记录哪个 do 文件生成了哪些结果。两种方法都能节省时间，但都很难做到准确记录。我发现的最优解决办法就是在文章里记录下每个数字的来源。比如，下面是伊莉莎·帕瓦尔科、龚方和我（Pavalko，Gong，Long，2007）合写的一篇文章的摘录（见图 7 - 2），我圈出了两个概率和一个关于平等的检验，它们是由 cwhrr-fig03c-hrmemp4. do 计算出来的：

1922-1926 cohort, employed women have fewer limitations than those who are out for family

reasons, (.48 and .73, respectively (z=2.55, p<.01).) However, this gap has disappeared for the

1943-1947 cohort and, indeed, employed women have slightly more limitations (.76 for non-

图 7 - 2 文章中报告结果的示例

为了记录这些结果的出处，我插入了 do 文件的名字、结果在 do 文件里的位置（如♯4）、运行人以及日期（见图 7 - 3）。

1922-1926 cohort, employed women have fewer limitations than those who are out for family

reasons, (.48 and .73, respectively (z=2.55, p<.01 {cwhrr-fig03c-hrmemp4.do #4 jsl 17May06})

However, this gap has disappeared for the 1943-1947 cohort and, indeed, employed women have

图 7 - 3 用隐藏字体的附加资料来说明结果的来源

我因为不想让这些信息显示在将要传阅的草稿里，所以将其隐藏。在 Word 里，我使用了隐藏字体[①]。根据使用的选项不同，隐藏文字可以被全部隐藏，也可以只在屏幕上显示但不会被打印出来，还可以既在屏幕上显示同时又能被打印出来。在 L^ATEX 里，我把来源信息放在一对命令 \ iffalse 和 \ fi 里，这对命令能让这些信息不被打印出来。大多数的文字处理器有类似的功能。

虽然你可能同意这一原则——记录下研究中所有结果的出处很重要——但你也可能认为需要花费很多时间来记录每个数字。我坚信记录结果出处能够节省时间。第一，一旦你习惯做这件事，就不会花很长时间，因为你可以从 log 文件里直接复制这些信息。隐藏文字只需要点几次鼠标即可。我对 Word 做了自定义设置，这样我只需要选定文字，然后按 Ctrl＋Alt＋H 键即可将其隐藏。第二，让这些信息随时可得，要做修改就非常简单。举个例子，前面讨论过的文章 CWH 曾经收到过一份修改要求，包括改变一个在所有模型中都曾用到的变量的编码。利用隐藏的记录，就能很容易地找到需要修改的 do 文件并算出新的结果。

---

① 关于如何使用 Word 里的隐藏字体的详细内容，请参见本书提供的网站。

图里的说明文字

对文章里的图来说,你可以像上面讨论的那样来添加来源信息。我经常会生成几十张图用于探索数据或发现文章中报告的趋势,但不会让这些图显示出来。由于很容易就找不到哪个程序创建了哪张图,所以我加上了一个说明文字,用来说明生成这个图的 do 文件、该文件的作者以及创作时间。举个例子(参见文件 wf7-caption.do):

```
twoway (line art_root2 art_root3 art_root4 art_root5 articles,      ///
    lwidth(medium)), ytitle(Number of Publications to the k-th Root) ///
    yscale(range(0 8.)) legend(pos(11) rows(4) ring(0))              ///
    caption(wf7-caption.do \ jsl 2008-04-09, size(vsmall))
```

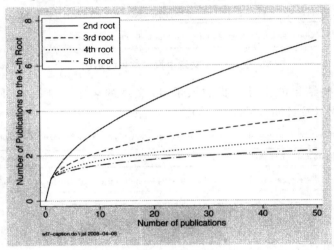

在上面的这张图里,说明文字记录了该图的来源。

如果不想让别人看见说明文字,可以把图的下面一部分裁掉。要生成一张图,将其放在已被接收的文章里,我可以去掉说明文字,再运行一次这个 do 文件。

7.4 利用自动化来分析数据

在第 4 章里讨论过的自动化工具能够在很多方面加快统计分析的速度。局部宏里可以包含很多变量名,这样就更容易指定命令和修改模型。循环让你能轻松运行一组变量名不同但命令相同的命令。矩阵能收集很多命令的输出结果,这样评估结果和创建表格就更容易。而且,可以用 include 文件按照同样的方法在多个 do 文件里载入数据并选择样本。为了讲解这些方法,我在这里用了一个性别差异的数据,该数据是关于学术生物化学家在获得终身教职方面的性别差异的(Long, Allison, McGinnis, 1993)。二分因变量代表的是一个人是否获得了终身教职,预测变量是性别、院系声望、排队时间以及科研能力。每个人都有多条观测值，对应的是在副教授这个职位上的年份。虽然这里不讨论示例中用到的统计方法，但即使你对具体的方法不熟悉，你也应该能理解如何使用这些自动功能。

7.4.1　定义多套变量的局部宏

在通常情况下，我会避免在一个 do 文件里多次列出同样的变量。相反，我会用局部宏来保存多组变量的名字。这样就能避免在修改不同地方的相同变量时出现不一致的情况。举个例子，在一项关于性别差异的研究中，我想要总样本、男性样本和女性样本的描述统计量（参见文件 wf7-locals. do）：

```
// #2
// desc statistics for men & women combined
codebook female male tenure year yearsq select articles prestige, compact
// #3
// desc statistics for women
codebook female male tenure year yearsq select articles prestige ///
    if female, compact
// #4
// desc statistics for men
codebook female male tenure year yearsq select articles prestige ///
    if male, compact
```

使用这些命令时，我如果要删除变量 yearsq，就必须在三个地方都删除它。另一种办法是，我可以定义一个包含这些变量名字的局部宏 varset：

```
local varset "female male tenure year yearsq select articles prestige"
```

这样，程序就变成了：

```
// #5
// desc statistics for men & women combined
codebook `varset´, compact
// #6
// desc statistics for women
codebook `varset´ if female, compact
// #7
// desc statistics for men
codebook `varset´ if male, compact
```

这样，如果我想删掉 yearsq，只需要在一个地方删除它即可。

局部宏也使查看模型之间的关系更容易，因为能防止指定错误。举个例子，假设我想拟合一系列 logit 模型，我可以从控制一个性别变量开始，逐步添加多组控制变量。下面是不用局部宏的做法：

```
// #8a = baseline gender only model
logit tenure female, nolog or
// #8b + time
logit tenure female year yearsq, nolog or
// #8c + department
logit tenure female year yearsq select prestige, nolog or
// #8d + productivity
logit tenure female year yearsq select prestige articles, nolog or
```

虽然在这个简单的示例中，我很容易检查对每个模型的指定是否正确，但需要指定多行的、更复杂的模型就很难。另一种方法是创建一些宏变量，用其定义三组变量：

```
local Vtime "year yearsq"        // time in rank
local Vdept "select prestige"    // characteristics of departments
local Vprod "articles"           // research productivity
```

接下来拟合四个模型：

```
// #9a = baseline gender only model
logit tenure female, nolog or
// #9b + time
logit tenure female `Vtime´, nolog or
// #9c + department
logit tenure female `Vtime´ `Vdept´, nolog or
// #9d + productivity
logit tenure female `Vtime´ `Vdept´ `Vprod´, nolog or
```

用宏很容易就能看出对模型的指定是否正确。如果我想把第三年的效果加在时间变量里，把引用率作为科研能力的一个测量指标，就只需要修改两个宏：

```
local Vtime "year yearsq yearcu" // time in rank
local Vprod "articles citations" // research productivity
```

因为 logit 模型没有改动，所以我知道对模型的指定是正确的。

7.4.2　用于重复分析的循环

在统计分析中，我经常会在多个变量上使用相同的命令或一系列命令。做这类工作的一个高效方法就是用循环，接下来，我将通过计算一系列的 t 检验和拟合多个回归模型来解说这种方法。

用循环做 t 检验

在一个预测终身教职的 logit 模型中，我想检验所有变量在性别上的差异。对结果变量 tenure，我运行如下命令（参见文件 wf7-loops-ttest. do）：

```
. ttest tenure, by(female)
Two-sample t test with equal variances
```

Group	Obs	Mean	Std. Err.	Std. Dev.	[95% Conf. Interval]	
0_Male	1741	.1315336	.0081025	.3380801	.1156419	.1474253
1_Female	1056	.1089015	.0095908	.3116632	.0900824	.1277207
combined	2797	.1229889	.0062111	.3284832	.1108102	.1351677
diff		.0226321	.0128075		-.002481	.0477451

```
    diff = mean(0_Male) - mean(1_Female)                      t =   1.7671
Ho: diff = 0                                  degrees of freedom =     2795

    Ha: diff < 0                 Ha: diff != 0                  Ha: diff > 0
 Pr(T < t) = 0.9613       Pr(|T| > |t|) = 0.0773          Pr(T > t) = 0.0387
```

对其他变量，我运行的命令如下：

```
ttest year, by(female)
ttest select, by(female)
ttest articles, by(female)
ttest prestige, by(female)
```

另一种做法是用 foreach 循环。首先，创建一个包含要检验变量的宏：

```
local varlist "tenure year select articles prestige"
```

然后，我循环这些变量：

```
foreach var in `varlist´ {
    ttest `var´, by(female)
}
```

这样，很快就能生成所有的检验结果。但是有一个问题，如果在循环中使用 ttest，这个命令就不会重复出现在命令窗口，输出结果就不会显示被检验变量的名字。举个例子，第一个循环的输出结果如下所示：

```
Two-sample t test with equal variances
```

Group	Obs	Mean	Std. Err.	Std. Dev.	[95% Conf. Interval]	
0_Male	1741	.1315336	.0081025	.3380801	.1156419	.1474253
1_Female	1056	.1089015	.0095908	.3116632	.0900824	.1277207
combined	2797	.1229889	.0062111	.3284832	.1108102	.1351677
diff		.0226321	.0128075		-.002481	.0477451

```
    diff = mean(0_Male) - mean(1_Female)                      t =   1.7671
Ho: diff = 0                                  degrees of freedom =     2795

    Ha: diff < 0                 Ha: diff != 0                  Ha: diff > 0
 Pr(T < t) = 0.9613       Pr(|T| > |t|) = 0.0773          Pr(T > t) = 0.0387
```

这个问题的解决办法是用 display 来重现命令：

```
foreach var in `varlist' {
    display _new ". ttest `var', by(female)"
    ttest `var', by(female)
}
```

比如，第一次循环是：

```
. ttest tenure, by(female)
Two-sample t test with equal variances
```

Group	Obs	Mean	Std. Err.	Std. Dev.	[95% Conf. Interval]

（省略输出结果）

用于替代模型指定的循环

还可以用循环来估计一系列的回归模型，每个模型因包含一个不同的变量而不同。例如，用循环拟合一系列模型，其从右到左的变量都一样，但结果变量不一样，又或者用循环来改变其中一个预测变量。假设在一个关于 tenure 的 logit 模型里，我想评估预测变量 articles 的不同形式。首先，我根据变量 articles 生成一系列变形变量（参见文件 wf7-loops-arttran.do）：

```
1>  local artvars ""
2>  forvalues root = 1(1)9 {
3>      gen art_root`root' = articles^(1/`root')
4>      label var art_root`root' "articles^(1/`root')"
5>      local artvars "`artvars' art_root`root'"
6>  }
```

第 1 行初始化宏 artvars，用它来保存将要生成的变量的名字。如果数据中已经有这些变量，可以用包含变量名的局部宏 artvars 把这个循环都替换一遍。循环从第 2 行开始到第 6 行结束，其中局部宏 root 从 1 变到 9，每次增加 1 个数。为了解释第 3 行，现假设 root 等于 3。创建变量 art_root3，让它等于 articles 效力的 1/3。第 4 行添加变量标签，第 5 行把新变量的名字加到局部宏 artvars 的后面。

接下来，我在局部宏 artvars 收集到的变量名之间循环拟合关于 tenure 的 logit 模型，每次循环用 art_root# 系列变量中的一个和其他预测变量，用 display 来解释每个模型。比如：

```
foreach avar in `artvars' {
    display _new "== logit with `avar'"
    logit tenure `avar' female year yearsq select prestige, nolog
}
```

7.4.3 用于收集和显示输出结果的矩阵

我经常会在多个变量上运行相似的分析并需要一个表格来归纳总结这些结果。举例来说，我需要一个表格来描述上面那个示例中关于性别差异的 t 检验结果，又或者我想要一个表格来描述回归系数和 BIC（Bayesian information criterion）统计量，它们来自我用 articles 的不同根方做的实验。我可以手动从 Stata 的 log 文件里提取这些信息，但这样做耗时间、烦琐且容易出错。一个更好的解决办法就是从矩阵中收集结果，我可以用这个矩阵来创建所需表格。为此，需要做三步：

(1) 创建一个矩阵，在该矩阵中每套结果占据一行，每种统计量占据一列。

(2) 索回 Stata 命令返回的结果，将其放在矩阵中。

(3) 输出矩阵。

我用一系列越来越复杂的示例来讲解怎么操作。如果你对下面示例中的任何一个有疑问，那么你可能需要再回顾一下第 4 章讲的返回结果（参见第 86 页）和循环（参见第 89 页）。

收集 *t* 检验的结果

在前面，我曾经用循环来计算性别差异的 *t* 检验，现在我想把这些检验结果归纳到一个表格中，这个表格的样子如下所示：

Variable	Women			Men			Test of equal means	
	Mean	Std.	Dev.	Mean	Std.	Dev.	*t* Test	Prob
tenure								
year								
selectivity								
articles								
prestige								

要收集这样的信息，我需要一个五行六列的矩阵（参见文件 wf7-matrix-ttest. do）：

```
matrix stats = J(5,6,-99)
```

函数 J（# *of rows*，# *of columns*，*value*）生成一个包含很多个 -99 的矩阵：

```
. matrix list stats
stats[5,6]
     c1   c2   c3   c4   c5   c6
r1  -99  -99  -99  -99  -99  -99
r2  -99  -99  -99  -99  -99  -99
r3  -99  -99  -99  -99  -99  -99
r4  -99  -99  -99  -99  -99  -99
r5  -99  -99  -99  -99  -99  -99
```

我用 -99 填充这个矩阵，这样做更容易调试程序。当 Stata 命令遇到问题时，经常会返回某些量的缺失值。如果把这些取值放在矩阵中，-99 就会被系统缺失值替换掉。因此，如果在输出矩阵后看到有缺失值，我就知道统计分析出了问题。如果看到的全是－99，我就知道填充矩阵时出错了。接下来，我添加行标签和列标签：

```
. matrix colnames stats = FemMn FemSD MalMn MalSD t_test t_prob
. matrix rownames stats = `varlist´
. matrix list stats

stats[5,6]
            FemMn     FemSD     MalMn     MalSD    t_test    t_prob
  tenure      -99       -99       -99       -99       -99       -99
    year      -99       -99       -99       -99       -99       -99
  select      -99       -99       -99       -99       -99       -99
articles      -99       -99       -99       -99       -99       -99
prestige      -99       -99       -99       -99       -99       -99
```

为了填充矩阵，我使用 ttest 返回的结果。比如：

```
. ttest tenure, by(female)
Two-sample t test with equal variances
```

Group	Obs	Mean	Std. Err.	Std. Dev.	[95% Conf. Interval]	
0_Male	1741	.1315336	.0081025	.3380801	.1156419	.1474253
1_Female	1056	.1089015	.0095908	.3116632	.0900824	.1277207
combined	2797	.1229889	.0062111	.3284832	.1108102	.1351677
diff		.0226321	.0128075		-.002481	.0477451

```
    diff = mean(0_Male) - mean(1_Female)                    t =    1.7671
Ho: diff = 0                                 degrees of freedom =      2795

   Ha: diff < 0              Ha: diff != 0                Ha: diff > 0
 Pr(T < t) = 0.9613      Pr(|T| > |t|) = 0.0773         Pr(T > t) = 0.0387
```

命令 return list 返回如下信息：

```
. return list
scalars:
              r(sd) =  .3284832119751412
            r(sd_2) =  .3116632125613366
            r(sd_1) =  .3380801147013905
              r(se) =  .0128074679461748
             r(p_u) =  .0386602339087719
             r(p_l) =  .9613397660912281
               r(p) =  .0773204678175438
               r(t) =  1.767100751070975
            r(df_t) =  2795
            r(mu_2) =  .1089015151515152
             r(N_2) =  1056
            r(mu_1) =  .1315336013785181
             r(N_1) =  1741
```

要确定每个返回包含哪些内容，我可以查看 help ttest 的 Saved Results 部分。

现在，我可以用 ttest 计算出的值把矩阵里的－99 替换掉。我在变量间做循环并计算出所需检验结果：

```
1>   local irow = 0①
2>   foreach var of varlist `tenvars´ {
3>       local ++irow
4>       quietly ttest `var´, by(female)
5>       matrix stats[`irow´,1] = r(mu_2) // female mean
6>       matrix stats[`irow´,2] = r(sd_2) // female sd
7>       matrix stats[`irow´,3] = r(mu_1) // male mean
8>       matrix stats[`irow´,4] = r(sd_1) // male sd
9>       matrix stats[`irow´,5] = r(t)    // t-value
10>      matrix stats[`irow´,6] = r(p)    // p-value
11>  }
```

第 1 行启动一个计数器，计算我将来把返回结果放在矩阵的哪一行。第 2 行开始通过在局部宏 tenvars 里的变量做循环。每次循环依次使用 tenvars 里的一个变量并将其放在宏 var 里。第 3 行增加行数。第 4 行计算 female 与`var´的 t 检验，这里用 quietly 抑制输出结果。当我确定程序能正常运行后，我在前面加上了 quietly。第 5~10 行提取出 ttest 的返回结果并将其放在矩阵 stats 里。让我们仔细看看第 5 行：

```
matrix stats[`irow´,1] = r(mu_2)
```

在等号的左边，matrix stats［`irow´,1］指定我想改变矩阵中的一个单元格。在等号的右边，r(mu_2)从 ttest 里取出返回的 mu_2，它是女性的均值。第 6~10 行填充矩阵中第 irow 行中剩下的列。在输出矩阵前，我用样本中男性和女性的人数生成了一个矩阵头。首先，我创建包含样本数量的宏：

```
local n_men = r(N_1)
local n_women = r(N_2)
```

然后，我把这些信息合并在一个宏里：

```
local header "t-tests: mean_women (N=`n_women´) = mean_men (N=`n_men´)"
```

现在，我输出矩阵：

```
. matrix list stats, format(%9.3f) title(`header´)

stats[5,6]:  t-tests: mean_women (N=1056) = mean_men (N=1741)
              FemMn    FemSD    MalMn    MalSD    t_test   t_prob
   tenure     0.109    0.312    0.132    0.338    1.767    0.077
     year     3.974    2.380    3.784    2.252   -2.121    0.034
   select     5.001    1.475    4.992    1.365   -0.170    0.865
 articles     7.415    7.430    6.829    5.990   -2.284    0.022
 prestige     2.658    0.765    2.640    0.784   -0.612    0.540
```

这里的选项 format(%9.3f)指定了 3 位小数。

样本量？当我提取样本量创建矩阵头时，我假定所有变量的观测值数量都一样。如果由于缺失值导致变量在样本量上不同，我可以给 stats 再加上两列，分别代表每次检验时男性和女性的有效样本量。我建议你把这当作一次练习试试。

---

① 原书的命令中缺一行 "local tenvars tenure year select articles prestige"。——译者注

保存嵌套回归的结果

前面的一个示例运行了一系列 logit 模型，用不同组预测变量来预测 tenure。现在我想创建一个表格，里面包含每个模型中 female 的 odds ratio、z 值以及 BIC 统计量。我先生成一个矩阵（参见文件 wf7-matrix-nested. do）：

```
. local modelnm "base plustime plusdept plusprod"
. local statsnm "ORfemale zfemale BIC"
. matrix stats = J(4,3,-99)
. matrix rownames stats = `modelnm´
. matrix colnames stats = `statsnm´
. matrix list stats

stats[4,3]
           ORfemale    zfemale        BIC
    base        -99        -99        -99
plustime        -99        -99        -99
plusdept        -99        -99        -99
plusprod        -99        -99        -99
```

我运行第一个 logit 模型：

```
. logit tenure female, or
  (省略输出结果)
```

因为 logit 命令既不能返回 odds ratio 也不能返回 z 值，所以我需要计算这些数值。首先，我检索提取估计系数并将其放入矩阵 b。由于 logit 命令是一个估计命令，所以用 e(b) 而不是 r(b) 返回系数：

```
. matrix b = e(b)
. matrix list b

b[1,2]
        female        _cons
y1  -.21454446   -1.8874666
```

接下来，我提取协方差矩阵：

```
. matrix v = e(V)
. matrix list v

symmetric v[2,2]
            female         _cons
female   .01478639
 _cons  -.00502818     .00502818
```

我用矩阵 b 第一列的 female 系数，取其指数来计算 odds ratio，然后把这个值放在矩阵 stats 的第 [1,1] 格里：

```
. matrix stats[1,1] = exp(b[1,1])
```

接下来，我计算 z 并把这个值放在 stats 的第二列：

```
. matrix stats[1,2] = b[1,1]/sqrt(v[1,1])
```

我用命令 estat 计算 BIC 统计量：

```
. estat ic
```

Model	Obs	ll(null)	ll(model)	df	AIC	BIC
.	2797	-1042.828	-1041.245	2	2086.49	2098.363

Note: N=Obs used in calculating BIC; see [R] BIC note

help estat 的 Saved Results 部分说明 BIC 统计量位于 r(S) 的第一行第六列[①]。首先，我把 r(S) 移到一个临时矩阵中，然后把 BIC 移到矩阵 stats 里：

```
. matrix temp = r(S)
. matrix stats[1,3] = temp[1,6]
```

接下来，我用前面定义的宏：

```
local Vtime "year yearsq"
local Vdept "select prestige"
local Vprod "articles"
```

这里我用的是同样的命令，唯一不同的地方在于用来保存结果的矩阵行不一样：

```
logit tenure female `Vtime´, or
matrix b = e(b)
matrix v = e(V)
matrix stats[2,1] = exp(b[1,1])
matrix stats[2,2] = b[1,1]/sqrt(v[1,1])
estat ic
matrix stats[2,3] = temp[1,6]
```

当拟合完所有模型后，我列出 stats，并归纳总结四个模型的结果：

```
. matrix list stats, format(%9.3f)

stats[4,3]
           ORfemale    zfemale        BIC
    base      0.807     -1.764   2098.363
plustime      0.723     -2.511   1768.675
plusdept      0.721     -2.520   1767.413
plusprod      0.702     -2.678   1732.620
```

---

①　下面是 help estat 里 Saved Result 的部分截图，从中可以看到 r(S) 是一个 1×6 的矩阵，第 6 列就是 BIC。——译者注

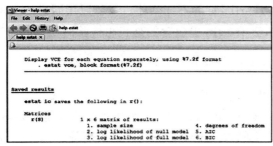

用 include 把结果保存到矩阵里

每做完一个 logit 模型，我就要用相同的命令来提取信息并将其保存在矩阵 stats 里，只是行号有变化。我可以用一个 include 文件实现这个过程的自动化，这样就不需要重复输入这些命令。我创建了一个名为 wf7-matrix-nested-include. doi 的文件，其内容如下所示：

```
local irow = `irow´ + 1
matrix b = e(b)
matrix v = e(V)
matrix stats[`irow´,1] = exp(b[1,1])
matrix stats[`irow´,2] = b[1,1]/sqrt(v[1,1])
qui estat ic
matrix temp = r(S)
matrix stats[`irow´,3] = temp[1,6]
```

有了 include 文件，拟合模型以及保存结果的命令就可以简化成（参见文件 wf7-matrix-nested-include. do）：

```
//  #4
//  nested models predicting tenure
//  #4a - baseline gender only model
logit tenure female, or
include wf7-matrix-nested-include.doi
//  #4b + time
logit tenure female `Vtime´, or
include wf7-matrix-nested-include.doi
//  #4c + department
logit tenure female `Vtime´ `Vdept´, or
include wf7-matrix-nested-include.doi
//  #4d + time
logit tenure female `Vtime´ `Vdept´ `Vprod´, or
include wf7-matrix-nested-include.doi
```

这样就使写这个程序变得更容易，而且当我想改变每个模型中要保留的信息时，只需要修改一次 include 文件。

保存变量 articles 不同变体的结果

前面那个预测 tenure 的模型使用了 articles 的不同变体，我可以用同样的方法收集该示例的结果（参见第 284 页）。局部宏 artvars 里包含的是我想检验的变量的名字：

```
local artvars art_root1 art_root2 art_root3 art_root4 art_root5
```

要归纳结果，我需要一个表格，里面包含了 art_root♯ 的标准差、art_root♯ 的标准化系数、标准偏差变化的 odds ratio 以及 art_root♯ 模型的 BIC 统计量。矩阵 stats 的每一行对应的是变量 articles 的一个不同根方变体。要创建这个矩阵（参见文件 wf7-

matrix-arttran. do)，我用扩展宏函数 local：word count 计算局部宏 artvars 里的变量个数。

```
local nvars : word count `artvars´
matrix stats = J(`nvars´,5,-99)
matrix rownames stats = `artvars´
matrix colnames stats = root sd b_std exp_b_std bic
```

使用扩展宏的优点在于如果后期我想检查从 1 到 15 的根方，矩阵的大小能自动做出调整。接下来要做的几步是：

（1）在变量 articles 的不同变体中循环，局部宏 avar 包含被转换的变量的名字。

（2）用 summarize 命令计算`avar´的标准差并把结果保存在矩阵 stats 里。

（3）拟合包含`avar´和其他预测变量的 logit 模型。

（4）计算`avar´的标准化系数和标准化 odds ratio，并把结果放在矩阵里。

（5）用 estat ic 计算 BIC 统计量，并将其放在矩阵里。

下面是要完成这些工作的命令：

```
1>  local irow = 0
2>  foreach avar in `artvars´ {
3>      local ++irow
4>      * add root number to the matrix
5>      matrix stats[`irow´,1] = `irow´
6>      * sd of avar
7>      summarize `avar´
8>      local sd = r(sd)
9>      matrix stats[`irow´,2] = `sd´
10>     * logit with avar
11>     logit tenure `avar´ female year yearsq select prestige, nolog
12>     * save b*sd and exp(b*sd) for avar
13>     matrix b = e(b)
14>     matrix stats[`irow´,3] = b[1,1]*`sd´
15>     matrix stats[`irow´,4] = exp(b[1,1]*`sd´)
16>     * save bic
17>     estat ic
18>     matrix temp = r(S)
19>     matrix stats[`irow´,5] = temp[1,6]
20> }
```

因为这些命令与前面的命令非常相似，所以我在这里只解释几点。第 5 行把根方的数字加在矩阵里。第 7～9 行用 summarize 命令计算出标准差，并将其放在 stats 里。第 13 行创建包含估计系数的矩阵 b。第 14 行把`avar´的估计系数与第 8 行的标准差相乘。第 15 行取指数来计算标准化的 odds ratio。现在输出结果，里面包含了我想要的所有信息：

```
. local header "Comparing root transformations of articles in logit"
. matrix list stats, format(%9.3f) title(`header´)
stats[9,5]:  Comparing root transformations of articles in logit
                 root        sd     b_std  exp_b_std         bic
art_root1       1.000     6.576     0.361      1.434    1732.620
art_root2       2.000     1.171     0.507      1.661    1716.203
art_root3       3.000     0.646     0.581      1.788    1716.791
art_root4       4.000     0.479     0.638      1.892    1720.605
art_root5       5.000     0.403     0.683      1.979    1725.224
art_root6       6.000     0.360     0.716      2.047    1729.924
art_root7       7.000     0.333     0.738      2.092    1734.431
art_root8       8.000     0.315     0.747      2.112    1738.625
art_root9       9.000     0.303     0.746      2.108    1742.455
```

总的来看，平方根看起来是一个不错的转换，可以拿来使用。关于用 BIC 统计量选择模型的详细知识，参见拉夫特里（Raftery，1995）。

添加 z 和 p

接下来我想强化程序，加入 z 检验和每次检验的 p 值。首先，我创建一个更大一些的矩阵：

```
local nvars : word count `artvars´
matrix stats = J(`nvars´,7,-99)
matrix rownames stats = `artvars´
matrix colnames stats = root sd b_std exp_b_std bic z prob
```

由于 logit 不能返回 z 和 p，所以我需要把下面这些命令添加到上面的循环中来计算它们：

```
19a>   matrix vc = e(V)
19b>   local ztest = b[1,1]/sqrt(vc[1,1])
19c>   local prval = 2*normal(-abs(`ztest´))
19d>   matrix stats2[`irow´,6] = `ztest´
19e>   matrix stats2[`irow´,7] = `prval´
```

第 19a 行检索提取协方差矩阵，第 19b 行计算 z 检验，第 19c 行计算和检验相关的概率。第 19d、19e 行把结果保存到矩阵里。

7.4.4 用矩阵创建图

当把信息都收集到矩阵里后，你很容易把它做成图。比如，在上一个示例中，要画出 BIC 统计值和根方转换的图，我可以先根据矩阵 stats 的列创建变量（参见文件 wf7-matrix-plot. do）：

```
svmat stats, names(col)
```

svmat 命令给矩阵的每一列生成一个变量，选项 names(col) 表明用矩阵的列名称作为新变量的名字。现在我有了代表根方数值的变量 root 和代表 BIC 统计量的变量 bic。我用 twoway 命令做出这些变量的图：

```
twoway (connected bic root, msymbol(circle)), ///
    ytitle(BIC statistic) ylabel(1700(10)1750) ///
    xtitle(Root transformation of articles) xlabel(1(1)9) ///
    caption("wf7-matrix-plot.do \ jsl 2008-04-11",size(vsmall))
```

通过做出的图，我很容易就能看出 BIC 统计量支持使用第二个或第三个根方转换：

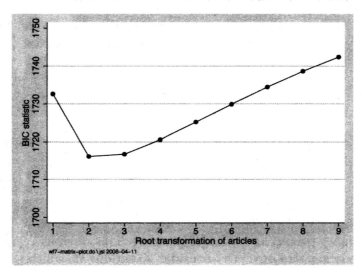

7.4.5　用于下载数据和选择样本的 include 文件

假设我要运行的一系列 do 文件载入的是相同的数据，而且选择的是相同的观测值。每个 do 文件的开头都是这些命令（参见文件 wf7-include-sample. do）：

```
use wf-tenure, clear
datasignature confirm
drop if year>=11   // drop cases with long time in rank
drop if prestige<1 // drop if unrated department
```

如果后期我想去掉这些案例——其在 year 上的取值大于或等于 10，在 prestige 上的取值小于或等于 1——那么我需要对所有的 do 文件都做出同样的修改。在做这样的改动时，我很容易漏掉其中一个 do 文件，又或者做出了错误的改动。相反，我可以用一个 include 文件来实现：

```
// include:    wf7-include-sample.doi
// used by:    wf7-include-sample.do
// task:       define sample for tenure example
// project:    workflow chapter 7
// author:     scott long \ 2008-04-09
// #1
// load data and select sample
```

```
use wf-tenure, clear
datasignature confirm
drop if year>=11 // drop cases with long time in rank
drop if prestige<1 // drop if unrated department
```

然后，每个 do 文件里都要有这个命令：

```
include wf7-include-sample.doi
```

如果我想改变样本，只需修改 wf7-include-sample.doi，就会把改动应用到所有包含这个文件的 do 文件里（如果我已经发布了这些 do 文件，就需要生成这些文件的新版本）。

7.5 基础统计

在拟合复杂模型时，你会很容易忘记数据最基本的特性。这样往往事倍功半，甚至会导致错误的结果。举个例子，去年我做了一个预测一个人有多少个性伴侣的计数模型。因为泊松和负二项回归模型不适用，所以我考虑用零膨胀计数模型（Long，Freese，2006，394 - 396）。这个模型也不合适。此时我又回头查看结果分布，发现了之前就知道的信息：大多数人只有一个性伴侣。这个明显的提示指向一个完全不同的建模测量。再比如，假设多个人在分析同样的数据，而且你需要让每个人使用的样本和变量相同。确保大家都这样做的一个最简单的方法就是比对描述统计量，包括样本量。如果不这么做，你可能就要花上几个小时的时间来讨论结果中不一致的地方，直到你意识到在所用样本上有不同的做法。

在开始新分析之前，我喜欢对描述统计量做双重检验，包括位于我项目日记本前面的这些统计量。想想上面描述的 tenure 数据。我先载入数据，并选择在后期分析中会用到的样本（参见文件 wf7-baseline.do）：

```
. // #1
. // load data and select sample
. use wf-tenure, clear
(Workflow data for gender differences in tenure \ 2008-04-02)
. datasignature confirm
  (data unchanged since 02apr2008 13:29)
. tabulate sampleis
```

Sample for tenure analysis	Freq.	Percent	Cum.
0_Not	148	5.03	5.03
1_InSample	2 797	94.97	100.00
Total	2 945	100.00	

```
. keep if sampleis
(148 observations deleted)
```

接下来，我计算男性和女性合在一起的描述统计量：

```
. //  #2
. //  desc statistics for men & women combined
. codebook female male tenure year yearsq select articles prestige, compact

Variable     Obs Unique      Mean  Min  Max  Label

female      2797     2  .3775474    0    1  Scientist is female?
male        2797     2  .6224526    0    1  Is male?
tenure      2797     2  .1229889    0    1  Is tenured?
year        2797    10  3.855917    1   10  Years in rank
yearsq      2797    10  20.16911    1  100  Years in rank squared
select      2797     8  4.995048    1    7  Baccalaureate selectivity
articles    2797    48  7.050411    0   73  Total number of articles
prestige    2797    98  2.646591  .65  4.8  Prestige of department
```

因为我想检验的是性别差异，所以我还要分别计算男性和女性的描述统计量：

```
. //  #3
. //  desc statistics for women
. codebook female male tenure year yearsq select articles prestige ///
> if female, compact
```
　（省略输出结果）
```
. //  #4
. //  desc statistics for men
. codebook female male tenure year yearsq select articles prestige ///
> if male, compact
```
　（省略输出结果）

　　如果你对一个数据的分析很频繁，对变量名及其含义就会非常熟悉。但对从来没有用过这个数据的合作者而言，变量名经常是混乱不清的。给每个人一个包含描述统计量和变量标签的 log 文件，会让结果更加清晰，而且会让讨论更容易进行。

7.6　可复制性

　　无论你的工作流程是什么，都应该能够复制出分析结果。有很多事情会让复制结果变得很困难，甚至不可能。

7.6.1　丢失或忘记的文件

　　如果找不到分析所用的数据或 do 文件，或者再也无法读取数据，就无法复制研究结果。如果数据被毁坏——比如沃尔夫冈、菲戈利奥、塞林（Wolfgang，Figlio，Sellin）的文章《出生队列研究：不良行为》（Delinquency in a Birth Cohort Study，1972）里用到的数据就被一场大火烧掉了——就可能发生无法复制的情况。更常见的是，实际有这个数据但无法读取它，可能因为读取媒介过时（如 80 列卡纸），也可能因为现在的软件不支持该数据的格式（如 OSIRIS、多次穿孔卡片），还可能有很多版本的数据，但它们之间的差异非常小，如果没有记录下在数据分析中用的是哪一个版本，就很难获得完全一样的结果，这就很令人抓狂了。又或者是，知道使用的是哪个版本，而且也有需要的 do 文件，但是找不到数据保存在哪里。要防止这类问题的出现，做好数据和记录的存档工作是关键。第 8 章将会详细讨论这些问题。

7.6.2 软件和版本控制

即使运行的命令完全相同，后来版本生成的结果也不一定与早期版本的结果完全一样。比如，在过去的时间里，Stata 就改变了 xtgee 估计某些值的方法。虽然这些改变是提高，但如果用同样的模型来分析相同的数据，就会导致结果上的细微不同。解决办法就是在 do 文件的开始加上 version 命令（详细内容，请参见第 51 页）。比如，假设你用的是 Stata 9.2，但 do 文件里如果有命令 version 5，Stata 就会生成相应的 Stata 5.0 的结果。

7.6.3 随机数中不可知的种子

在很多统计分析中会用到随机数，比如自举标准错误、模拟估计、把数据分成训练样本和确认样本。要复制出基于随机数的结果，必须使用与原始分析中一样的随机数。要理解这是什么意思以及如何实现这一点，你需要知道随机数从何而来。统计软件包用到的随机数都不是真正的随机数。相反，它们是用一个方程生成的伪随机数（pseudorandom numbers，PRN）。这个方程用初始数字，也就是种子，生成第一个 PRN。然后这个方程用第一个 PRN 来生成第二个 PRN，以此类推。如果用同一个种子开始，就会得到完全一样的 PRN 序列。因此，要复制出使用了随机数的分析结果，就需要知道其所用的种子。为此，最简单的方法就是在 do 文件里加入命令 set seed ♯。比如，set seed 17022 表示在生成随机数时应该用 17022 作为种子。下面这些示例说明了保存种子的重要性。

自举标准错误

自举是一种估计样本分布的方法，从用于拟合模型的样本中重复提取随机样本做估计。这些自举样本是用伪随机数来选取的。下面这个示例讲的是如果用不同的种子，结果会如何不同（参见文件 wf7-replicate-bootstrap.do）。我从拟合一个关于劳动力参与的 logit 模型开始：

```
. use wf-lfp, clear
(Workflow data on labor force participation \ 2008-04-02)
. datasignature confirm
  (data unchanged since 02apr2008 13:29)
. logit lfp k5 k618 age wc hc lwg inc

Iteration 0:   log likelihood =  -514.8732
Iteration 1:   log likelihood = -454.32339
Iteration 2:   log likelihood = -452.64187
Iteration 3:   log likelihood = -452.63296
Iteration 4:   log likelihood = -452.63296

Logistic regression                             Number of obs   =        753
                                                LR chi2(7)      =     124.48
                                                Prob > chi2     =     0.0000
Log likelihood = -452.63296                     Pseudo R2       =     0.1209
  （省略输出结果）
```

我用 prvalue[①] 来计算参与劳动力市场的预测概率，并重复了 100 次来计算自举置信区间：

```
. set seed 11020
. prvalue, bootstrap reps(100)
logit: Predictions for lfp
Bootstrap confidence intervals using percentile method
(100 of 100 replications completed)
                              95% Conf. Interval
  Pr(y=1_InLF|x):      0.5778   [ 0.5242,    0.6110]
  Pr(y=0_NotInL|x):    0.4222   [ 0.3890,    0.4758]
            k5        k618        age        wc         hc         lwg         inc
x=    .2377158   1.3532537   42.537849    .2815405   .39176627   1.0971148   20.128965
```

现在，如果我不设定种子再运行一次 prvalue，得到的结果如下所示：

```
. prvalue, bootstrap reps(100)
logit: Predictions for lfp
Bootstrap confidence intervals using percentile method
(100 of 100 replications completed)
                              95% Conf. Interval
  Pr(y=1_InLF|x):      0.5778   [ 0.5361,    0.6318]
  Pr(y=0_NotInL|x):    0.4222   [ 0.3682,    0.4639]
            k5        k618        age        wc         hc         lwg         inc
x=    .2377158   1.3532537   42.537849    .2815405   .39176627   1.0971148   20.128965
```

结果的预测概率完全一样，但置信区间略有不同。如果是更大的重复（建议 1 000 次），那么即使是用不同的种子，通常结果也会非常接近。

让 Stata 设定种子

当打开 Stata 时，Stata 总是从相同的种子开始（参见 help random number functions）。因此，如果一个使用了随机数的 do 文件是打开 Stata 后运行的第一个程序，那么应该每次都能得到相同的结果。但是，如果在一个 Stata 运行周期里，还有其他使用随机数的程序，那么在这种情况下你运行自己的 do 文件，得到的结果可能会不一样，这取决于哪个程序先运行。因此，我更倾向于设定种子。如果不这么做，就应该记住 Stata 使用的种子，以便能够复制出分析结果。Stata 把当下的种子返回在 c(return) 里。要显示种子，可以使用：

```
. local seedis = c(seed)
. display "`seedis'"
X98ec336832edcfba325ca86f7001068b308a
```

要在后期的程序中使用这个种子，你可以用命令：

```
set seed X98ec336832edcfba325ca86f7001068b308a
```

训练样本和确认样本

建模的过程经常需要尝试各种不同的设定，在这个过程中，经常会根据一个模型

---

①　prvalue 是用户写的命令，在使用前需要安装，输入 findit prvalue 可以找到安装包。——译者注

里的估计值来提出另一个模型。如果把这个过程自动化，指的就是逐步回归。在对同一个数据反复分析的基础上选择出的模型可能在很大程度上基于样本的某一特性（比如，无法推广到总体）。检查这一点的一个方法是把样本随机分组。一半样本叫作训练样本，可以用来探索数据和选择模型。另一半样本叫作确认样本，可以用来确认用训练样本选择出的模型。在这个示例中，我会展示如何选择样本取决于划分样本时使用的种子（参见文件 wf7-replicate-stepwise. do）。设定种子后，我生成一个二分随机变量 train1 来划分样本。要生成这个变量，用命令 runiform() 来得到 0 到 1 之间的均匀随机数。如果随机数小于 0.5，train1 的取值为 1，否则 train1 的取值为 0：

```
. use wf-articles, clear
(Workflow data on scientific productivity \ 2008-04-11)
. datasignature confirm
  (data unchanged since 11apr2008 10:35)
. set seed X57c74068e0f7a3200d5b8463f279bb82065a
. generate train1 = (runiform() < .5)
. label var train1 "Training sample?"
. label def trainlbl 0 "0Confirm" 1 "1Train"
. label val train1 trainlbl
```

接下来我用 stepwise 命令和训练样本（例如，if train1==1）选择模型，并把结果保存好，用于后期输出：

```
. stepwise, pr(.05): nbreg art fem mar kid5 phd ment if train1==1
  (省略输出结果)
. estimates store train1trim
```

只有变量 fem、ment 和 kid5 被保留在模型里。当我用确认样本拟合模型时，结果和训练样本的结果很接近：

```
. quietly nbreg art fem kid5 ment if train1==0
. estimates store confirm1trim
. estimates table train1trim confirm1trim, stats(N chi2) b(%9.3f) star
```

Variable	train1trim	confirm1trim
art		
fem	-0.207*	-0.249*
ment	0.019***	0.038***
kid5	-0.138*	-0.138*
_cons	0.438***	0.340***
lnalpha		
_cons	-1.014***	-0.723***
Statistics		
N	478	437
chi2	24.417	71.336

    legend: * p<0.05; ** p<0.01; *** p<0.001

这里通过逐步回归的过程选择出的模型可以被推广到另一半样本中。但是，我在不得不把数据随机分组超过 50 次后才找到在两个样本中都大致相当的结果。下面是我第一次实验时得到的结果：

```
. set seed 11051951
. generate train2 = (runiform() < .5)
. label var train2 "Training sample?"
. label val train2 trainlbl
. quietly stepwise, pr(.05): ///
> nbreg art fem mar kid5 phd ment if train2==1
. estimates store train2trim
. quietly nbreg art fem mar kid5 ment if train2==0
. estimates store confirm2trim
. estimates table train2trim confirm2trim, stats(N chi2) b(%9.3f) star
```

Variable	train2trim	confirm2trim
art		
fem	-0.304**	-0.132
mar	0.273*	0.015
kid5	-0.211**	-0.130
ment	0.033***	0.024***
_cons	0.259*	0.361**
lnalpha		
_cons	-0.722***	-1.001***
Statistics		
N	456	459
chi2	69.155	29.522

```
legend: * p<0.05; ** p<0.01; *** p<0.001
```

这个示例阐明了两件非常重要的事情。第一，用来生成随机数的种子对结果有很大的影响。第二，慎用逐步回归法。

7.6.4　使用 do 文件里没有的全局宏

在 Stata 里，有些数值被保存成了全局宏，另一些则被保存成了局部宏。当运行完 do 文件后，全局宏仍然存在，但局部宏就没有了。例如，假设 step1.do 创建了一个名为 rhs 的全局宏，里面包含的是自变量的名字（有关全局宏的内容，请参见第 81 页）：

```
global rhs "k5 k618 age wc hc lwg inc"
```

在 step2.do 里有这个命令：

```
logit lfp $rhs
```

这个命令拟合 lfp 在 k5 k618 age wc hc lwg inc 上的 logit 模型。如果后期我在没有运行 step1.do 的情况下运行 step2.do，全局宏可能不会被定义。因此，命令 logit lfp

$ rhs 就会被转换成 logit lfp ，因为 $ rhs 是一个空字符。在一般情况下，不要让 do 文件对 Stata 内存里的信息有依赖。这就是我建议在每个 do 文件的开头都要加上 clear all 和 macro drop _all 的原因①。

7.7 展示结果

在做完分析后，就进入了迈克尔·法拉第著名的成功指南——工作、完成、发表（*work，finish，publish*）的第三阶段。要解决展示和出版结果的过程中包含的各种挑战，需要用一本和本书一样厚的书。的确，有很多关于科学写作的书籍。我特别喜欢埃贝尔、布里费特、拉西（Ebel，Bliefert，Russey，2004）合著的《科学写作的艺术》（*The Art of Scientific Writing*）这本书，该书一开始就提醒："在整个自然科学中，最重要的不是引人注意的认识，而是这样一个几乎没有吸引力的情况——借科学之名测量、考察、发明或理论上取得的所有东西，包括所有的细节，都必须被尽快公之于众。"剩下的 500 页都在告诉你为此你该如何做·解决以下这些问题，比如写作方法、语法、做有效的表格、复制粘贴等。虽然这是一本化学家写给化学家的书，但我认为任何一个写作的人都会从中受益。在这一节，我的目标更有限。我关注的是一些技术，有了它们你就更容易收集你想要展示的结果，更容易评估一些想法，这些想法将会让你的展示图更有效果。同时，我将提供一些关于 PPT 报告的建议，并提供一份清单，上面列出了当完成了一篇文章的草稿后，需要做哪些事情。

7.7.1 创建表格

要有效表达你的研究结果，好的表格是关键。不幸的是，要创建好的表格需要做大量烦琐且容易出错的工作。表格的格式很多，根据学科和期刊要求的不同而不同。要确定如何创建一个表格，通常我的做法是先看看我打算投稿的期刊上的文章，找到一种和我的需要类似的表格并用它做模板。你可以从《美国心理学会出版手册》（*The Publication Manual of the American Psychological Association*，American Psychological Association，2001）、《芝加哥写作风格手册》（*Chicago Manual of Style*，University of Chicago Press，2003）或《科学写作的艺术》（*The Art of Scientific Writing*，Ebel，Bliefert，Russey，2004）中找到关于创建表格的指导。除考虑选用的格式外，创建表格还有一些重要的基本原则。第一，表格要独立。如果读者需要查找信息才能理解一个表格，那么这个表格的有效性会大打折扣。第二，你用的小数点位数要前后

---

① 命令 clear all 不能清除宏，所以需要命令 macro drop _all。在 Stata 9 里，必须用 clear，不能用 clear all。

一致。第三，要避免出现大量空格，因为这样很难理解一行数字。第四，使用不经常参与到研究中的人也能看明白的表格。

在选定表格格式后，我有三种技术能让创建表格变得更容易。第一，把收集到的结果放在矩阵中，这个矩阵和你想要的表格要呼应。我在 7.4.3 节中讨论过这一点。第二，把 Stata 的输出结果复制到一个电子表格里，在电子表格里调整表格格式；如果你把收集到的结果放在矩阵中，这种做法效果会更好。第三，对回归结果而言，用詹恩（Jann，2007）的命令 esstab。

使用电子表格

电子表格可以在很大程度上简化表格的创建，因为你能用它计算 Stata 的 log 文件（比如，计算估计系数的 odds ratio）中没有的统计量，而且很容易修改格式。在写作前期，我经常把表格保存在电子表格里，只有当第一轮草稿完成后，才会把它们移到文字编辑器里。表格一旦移到了文字编辑器里，就可以根据需要来优化了。

把结果从 Stata 的 log 文件移到电子表格里的方法取决于所用软件。下面的示例用的是 Excel——它在 Windows 和 Mac OS 操作系统下都有。我先列出一个矩阵，这个矩阵对性别差异 t 检验的结果做了概括总结：

```
. matrix list stats, format(%9.3f)
stats[5,6]
            FemMn    FemSD    MalMn    MalSD   t_test   t_prob
   tenure   0.109    0.312    0.132    0.338    1.767    0.077
     year   3.974    2.380    3.784    2.252   -2.121    0.034
   select   5.001    1.475    4.992    1.365   -0.170    0.865
 articles   7.415    7.430    6.829    5.990   -2.284    0.022
 prestige   2.658    0.765    2.640    0.784   -0.612    0.540
```

我在我的文本编辑器里选择这个表格，并把它复制粘贴到电子表格里。此时，图 7-4 左边方框里的每个单元格里包含的是整行的文字和数字（也就是说，取值没有被单独放在一个单元格里）。

	FemMn	FemSD	MalMn	MalSD	t_test	t_prob
tenure	0.109	0.312	0.132	0.338	1.767	0.077
year	3.974	2.380	3.784	2.252	-2.121	0.034
select	5.001	1.475	4.992	1.365	-0.170	0.865
articles	7.415	7.430	6.829	5.990	-2.284	0.022
prestige	2.658	0.765	2.640	0.784	-0.612	0.540

图 7-4　粘贴文本的电子表格

要想把粘贴的文本转换成单元格里的数字，可以用 Convert Text to Columns

Wizard（如何调用它取决于你用的 Excel 版本[①]）（见图 7－5）。

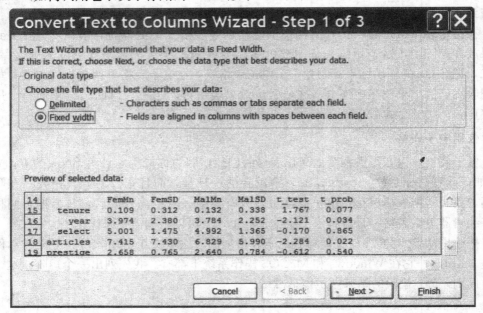

图 7－5 文本分列向导

下一步，加入标题信息，这样我就会知道表格中的结果来自哪里（见图 7－6）：

图 7－6 加入标题信息的电子表格

① 在 Excel 2013 里，点击“数据”→“分列”就能调用。——译者注

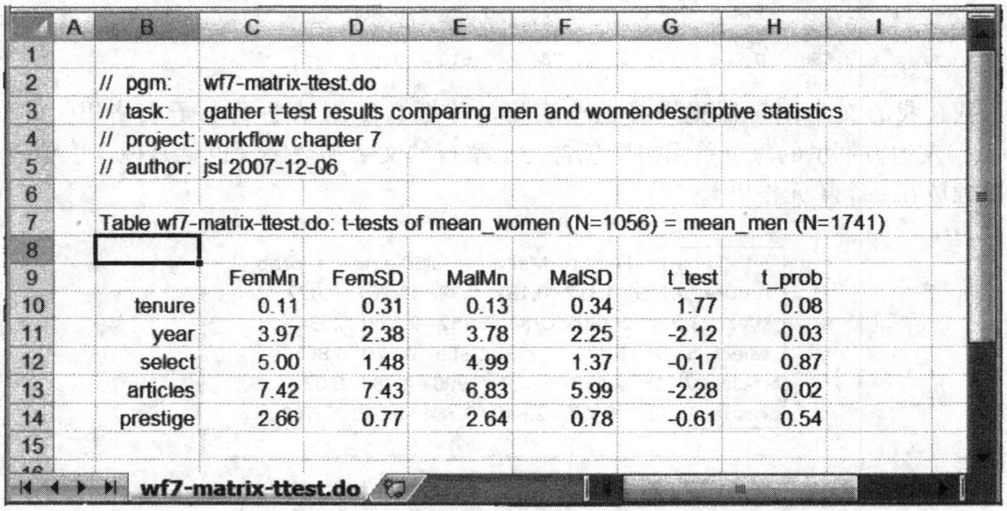

现在，我就可以用 Excel 的格式工具来修改这个表格了。

esttab 命令和回归表格

詹恩（Jann，2007）已经编写了几个用于创建回归结果表格的命令，这几个命令极其好用。他写的命令 estout 功能强大且灵活好用，但正如詹恩所言："estout 的语法不那么直观，对用户也不够友好。"除非要创建大量表格，否则用于掌握这个命令的时间可能不是很值得。令人庆幸的是，詹恩（Jann，2007）后来又编写了一对新的命令：esttab 和 eststo，它们很好用，但没有保留住 estout 的灵活性。例如，可以用这两个命令给前面那个示例中的嵌套回归创建一个表格。当每个 logit 运行完后，命令 eststo 都会保存估计值用于后期制作表格（参见文件 wf7-tables-esttab. do）：

```
// #3a - baseline gender only model
logit tenure female, nolog or
eststo
// #3b + time
logit tenure female `Vtime´, nolog or
eststo
// #3c + department
logit tenure female `Vtime´ `Vdept´, nolog or
eststo
```

用 esttab 命令的默认选项，我就能轻松创建一个基本的表格：

```
. esttab
```

	(1) tenure	(2) tenure	(3) tenure
female	-0.215	-0.324*	-0.327*
	(-1.76)	(-2.51)	(-2.52)
year		1.805***	1.818***
		(11.21)	(11.23)
yearsq		-0.129***	-0.130***
		(-9.35)	(-9.35)
select			0.141**
			(3.12)
prestige			-0.262**
			(-3.15)
_cons	-1.887***	-6.927***	-7.002***
	(-26.62)	(-15.59)	(-13.30)
N	2797	2797	2797

```
t statistics in parentheses
* p<0.05, ** p<0.01, *** p<0.001
```

加入几个简单的选项，我就可以调整格式：

```
. esttab, eform nostar bic label varwidth(33) ///
>     title("Table 7.1: Workflow Example of Jann´s esttab Command.") ///
>     mtitles("Model A" "Model B" "Model C") ///
>     addnote("Source: wf7-tables-esttab.do")
Table 7.1: Workflow Example of Jann´s esttab Command.
```

	(1) Model A	(2) Model B	(3) Model C
Scientist is female?	0.807 (-1.76)	0.723 (-2.51)	0.721 (-2.52)
Years in rank		6.079 (11.21)	6.161 (11.23)
Years in rank squared		0.879 (-9.35)	0.878 (-9.35)
Baccalaureate selectivity			1.151 (3.12)
Prestige of department			0.770 (-3.15)
Observations	2797	2797	2797
BIC	2098.4	1768.7	1767.4

```
Exponentiated coefficients; t statistics in parentheses
Source: wf7-tables-esttab.do
```

更棒的是，esttab 命令保存的表格格式既可以导入电子表格，又可以导入文本处理器。比如，我可以用下面的命令创建 L^ATEX 表格：

```
esttab using wf7-estout.tex, eform nostar bic label varwidth(33) ///
    mtitles("Model A" "Model B" "Model C") ///
    addnote("Source: wf7-tables-esttab.do")
```

生成的表格如表 7 - 1 所示。

表 7 - 1   **用 esttab 命令生成的 L^ATEX 表格示例**

	(1) Model A	(2) Model B	(3) Model C
Scientist is female?	0.807 (−1.76)	0.723 (−2.51)	0.721 (−2.52)
Years in rank.		6.079 (11.21)	6.161 (11.23)
Years in rank squared.		0.879 (−9.35)	0.878 (−9.35)
Baccalaureate selectivity.			1.151 (3.12)
Prestige of department.			0.770 (−3.15)
Observations	2797	2797	2797
BIC	2098.4	1768.7	1767.4

Exponentiated coefficients; *t* statistics in parentheses
Source：wf7-tables-esttb.do

要想把表格导入 Word，就把它的后缀保存成 .rtf 而不是 .tex。要想把表格导入 Excel，把它的后缀保存成 .csv 即可。要了解更全面详细的内容，我推荐詹恩的个人网站：http：//repec. org/bocode/e/estout/。

7.7.2　创建图

关于如何让图有效和无效的书籍有很多。虽然这个话题超出了本书的写作范畴，但我强烈推荐大家看看塔夫特（Tufte，2001）、克利夫兰（Cleveland，1993，1994）和沃尔格伦（Wallgren，1996）的著作。如果你知道自己想要的图的样式，但需要一些帮助来找到 Stata 里用于创建这种图的命令，我推荐米切尔（Mitchell，2008），他的书里包含了成百上千个示例。在这一小节，我假定你知道自己想要什么样的图并知道用于创建这种图的命令。我专注于评估：如果把你的图放在不同的媒介中（比如，投影出来、打印出来、放在网站上），它看起来如何。展示图最重要的原则很简单：

展示之前多试试。

如果你打算用图做投影，那么检查一下图像投影效果如何；如果你打算把它黑白打印出来，就先打印出来看看；如果你要把图挂在网上，就看看它们在网上效果如何；等等。不要假定屏幕上显示出的图是一个很好的关于打印或投影的效果的参考。如果你已经参与了很多讲座，那么肯定听说过类似的评论："在屏幕上颜色看起来一样，但不幸的是，左边的条形图是红色的，而右边的条形图是蓝色的。"又或者是："虽然发放的材料中有这个图，但不幸的是很难区分图中的线条，因为它们是黑白的而不是彩色的。"①

有两个常见但很容易解决的问题。第一，屏幕上看起来很好的图，把它黑白打印出来或投影到屏幕上，却发现丢失了关键性的细节内容。第二，按实际大小打印出来清楚的标签，在被缩小尺寸打印出来或投影出来后，却变得难以辨认。

彩色、黑色和白色

颜色在传递信息时的作用很大。但是，即使图在显示器上看起来是完美的，还是需要检查一下打印出来的效果如何。下面是可能发生的情况。你创建了一张彩色的图，该图在显示器上看起来很好（参见文件 wf7-graphs-colors. do）：

```
graph bar (mean) Mbg (mean) Wbg, over(Vbg) ///
  legend(label(1 Men) label(2 Women)) ytitle("Percent Tenured") ///
  ylabel(0(3)15) legend(label(1 Men) label(2 Women)) ///
  bar(1,fcolor(red)) bar(2,fcolor(green))
```

然后，你把这个图发给出版人或黑白打印出来作为资料发放。令你气愤的是，图形看起来是这样的（见图 7-7）：

在显示器上清晰可辨的颜色被黑白打印出来后，看起来几乎是一样的。如果你想

---

①　很多图都难免会有这种问题。如果你投影的是打印出来很清楚的表格，那么经常会发生这种情况：表格中的数字太小了，以致在屏幕上根本看不清楚。这里还是那个原则：展示之前多试试。

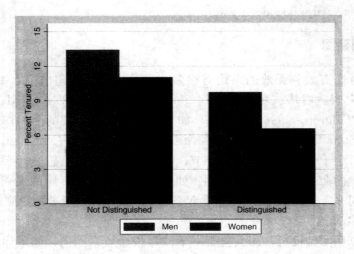

图 7 - 7　黑白打印出来的彩色图

看看这张图的彩色版，可以在本书提供的网站上找到。

　　你还要考虑到显示器上的颜色被投影出来后会被转换成什么颜色。投影仪中的颜色空间如何被设定，用来投影的电脑如何管理颜色，这些都取决于投影仪的品牌，在屏幕上看起来很好的颜色投影出来可能很糟糕，也可能变得无法区分。例如，假设有一个彩色的背景，其中字体的颜色和背景颜色相反，在屏幕上显示效果非常好，但被投影出来后，颜色合在一起了。再比如，你精心挑选不同的颜色来区分不同的小组，但被投影出来后，所有的颜色看起来都一样。在做报告时，如果你无法确定用的是什么投影仪，不要创建只依赖于颜色的表格。例如，你可以用彩色线条来区分两个组，但其中一组是实线，而另一组是虚线。还要注意阴影的不同程度。在屏幕上看起来清晰可辨的阴影，被打印出来或投影后可能看起来都一样。归根到底，如果在图中使用了颜色和阴影，就要检查一下该图在最终输出时看起来如何[①]。

　　字体

　　你应该检查一下图在报告中显示的大小。例如，在发表的论文中把图缩小到 2 英寸×3 英寸[②]，不要根据完整页面输出的图来评估把它缩小时的样子。假设创建了一张图形，将其草稿打印出来是 5 英寸宽。期刊认为这图应该做成 2 英寸宽。在 5 英寸宽时，印刷字体看起来很清楚，但缩小到 2 英寸宽时，字体就变得很小，很难看清楚。图 7 - 8 里的两个图形就是证明（参见文件 wf7-graphs-fontsize.do）：

---

① 关于为什么在不同的媒介中颜色看起来会不一样的详细内容，请参见弗雷泽、邦廷、墨菲（Fraser，Buntin，Murphy，2003）的著作。

② 1 英寸约为 25.4 毫米。——译者注

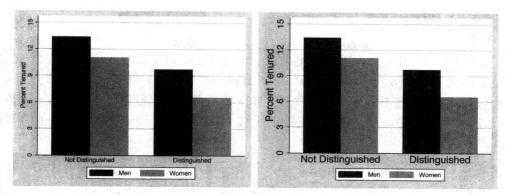

图 7-8　小到难以辨认文本的图和看得清文本的图

　　左边的图用的是默认字体，而右边的图用的是 Stata 里的 vlarge 字体。下面是一个新的程序：

```
graph bar (mean) Mbg (mean) Wbg, over(Vbg, label(labsize(vlarge))) ///
    legend(label(1 Men) label(2 Women)) ytitle("Percent Tenured", size(vlarge)) ///
    ylabel(0(3)15, labsize(large)) legend(label(1 Men) label(2 Women)) ///
    bar(1,fcolor(gs4)) bar(2,fcolor(gs13)) legend(size(vlarge))
```

　　要确定用哪种字体，你需要做出不同的尝试。要查看字体列表，输入 help textsizestyle。在打印字体小的图时，使用更大一些的字体非常重要。同样重要的是在投影一张图时，可能也需要更大一些的字体。

7.7.3　给文章和报告的小建议

　　下面我给出了一些建议，我发现它们在准备、分享和展示结果时很有用。

文章

　　在传阅文章草稿时，有几件简单的事情有助于你避免一些问题。第一，在每份草稿的封面页都要加上日期、文件名以及掌握该文件的人名。这样做有助于防止出现同一篇文章的多个不一致的版本，而且有助于避免某位合作者修改的是文章的错误版本。第二，如果你发放的是电子版的文章，要发送 PDF 版而不是文档处理文件（除非你让某人修改这篇文章）。对很多文档处理器来说，不同的打印机把文档打印出来或不同版本的软件把文档显示出来的效果是不一样的。第三，不要把大文件作为附件发送，这样做可能会超出别人邮箱的额定大小。反之，可以把文件放在网上，发送 URL；还可以把文件放在 LAN 上，发送地址。第四，如果让别人发送评论，请他把行号加到文章里。这样就能指定某一具体的行（例如，"在第 426 行，你漏掉了一个引用 Mitroff (2003)"），而不是某页中的一个位置（例如，"在第 16 页，你漏掉了一个引用 Mitroff (2003)"）。在 Word 里，你可以搜索关于"行号"的帮助。在 L^A^TEX 里，可以用

lineno这个软件包。

报告

最近这几年，用投影做报告在很大程度上取代了用讲义做报告，做投影用到的软件很多，比如 Microsoft 的 PowerPoint、Apple 的 Keynote 以及 L^{A}TEX 的 Beamer（Tautau，2001）。我不是第一个注意到这样做并不必然能把报告做得更好的人。被投影出的报告可能非常有效，也可能是极不好的。塔夫特（Tufte，2006）曾经直言不讳地批评道：

> 假设有一种被广泛使用且价格昂贵的处方药，声称能让我们变得漂亮，但实际上它并不能，相反，这种药有一种常见且严重的副作用：会让我们变傻，会降低我们沟通的质量和信誉，把我们变成讨厌的人，浪费我们同事的时间。这些副作用以及结果让人不满的效益比率将会引致在全世界召回这种产品。

我发现了几个资源，它们能让投影报告变得更有效。塔夫特（Tufte，2006）的《PPT 的认知类型》（*The Cognitive Style of PowerPoint*）能帮助你避免一些棘手的问题，虽然塔夫特看起来对这个软件不抱任何希望。彼得·诺维格（Peter Norvig）——谷歌的研究总监——在他的《葛底斯堡 PPT 演示》（Gettysburg PowerPoint Presentation）一文里让很多相同的观点变得更幽默（http：//www. norvig. com/Gettysburg）。关于如何做高效报告的具体建议，我推荐第 5 章中提到的塔图（Tautau，2001）的《Beamer 类用户指南》（*User's Guide to the Beamer Class*），即使你不用 Beamer。下面是他的五个非常重要的建议：

（1）根据自己的时间来制作报告。

（2）永远不要为了在一页纸上放更多的内容而使用很小的字体。

（3）永远不要包含你不会讨论的内容。

（4）谨慎使用颜色，尽可能地强化色彩差异，避免用带阴影的背景。

（5）测试做好的报告。

这些建议中暗示了几件事情。第一，不要在投影的表格中放非常详细的信息。如果需要人们看到表格中的小细节，可以发放表格的复印件。第二，由于投影仪显示出的颜色和你的电脑屏幕上显示的颜色可能不一样，而且人们经常会在明亮的房间做报告，所以避免使用浅阴影，要使用高对比度。

虽然高射作用于任何高射投影仪，但并不适用于所有要投影的报告。如果你用的是 PowerPoint 2007，在一个用 PowerPoint 2003 的机器上，报告就不好用了。我建议把报告保存成更低的版本，除非你确定用于做报告的电脑里装的是最新版的软件。我还建议你把报告保存成 PDF 文件，因为你几乎在所有的电脑上都能使用这种文件。作为备份，我喜欢把报告放到网上，保存成 PDF 版本。这样就能提供展示的一个备份，我可以用 Acrobat Reader 或大多数浏览器来做这个展示。

7.8　一个项目的备忘录

在项目或项目里的一个主要阶段（比如，文章草稿）完成后，此时是解决一些记录琐事的好时机：检验工作、组织管理文件以及做备份。如果我在做项目时一直遵守我自己的那些建议，做这些事就不会花费很长时间。下面是一个要做的事情的清单。

（1）检验研究日志是否完整且清楚。如果现在就发现有不清楚的地方，当你真正需要信息的时候可能会更不清楚。

（2）验证你能够复制出研究结果。把 do 文件移到一个新的目录中并运行 master 文件。不要覆盖当前的 Stata log 文件，因为这些文件将来还有用——当你试图重新运行 do 文件时，如果遇到了问题，就会用到 log 文件。我经常会发现一些很容易就能被解决的小问题。

（3）检验文章、书或报告中所有与 do 文件有关的结果，包括文章中的隐藏文本。

（4）把辅助分析发布到网上。很容易推迟做这件事，而且越到后期这件事越难做。

（5）清理散落的文件。我总是会累积很多文件，既包括文章的很多 PDF 文件，也包括图像的多种不同形式。删除无用的文件，把剩下的文件放在该放的地方。

（6）把 do 文件、log 文件、数据、文档记录以及文章的草稿都存档。下章会讲到这一点。

7.9　小结

本章讨论的工作流程中的事情发生在数据清理完毕、准备做统计分析时。第一，在这个环节规划、组织管理和记录这些工作，与准备分析所用数据一样重要。第二，对你要展示的每个数字的出处做好记录是根本。没有这些记录，即使能够复制，复制起来也可能非常困难。第三，Stata 里的自动化方法能让数据分析更高效，而且能简化把结果转成图表的过程。第四，数据分析的目标是把结果展示给其他人看。报告的关键原则就是在相同的演示报告的格式和条件下测试你的报告。第五，完成报告或完成草稿后，是验证已经被记录、组织且保存好的所有东西的理想时机。此时的存档和备份工作要考虑得更加周全。

第 8 章　保护文件

《纽约时报》的一篇报告（Schwartz，2008）开头是："听！你听到了吗？信息快要死了。"同一天，在美国国家自然科学基金，一个评委会评估了价值 10 亿美元的数据网络项目的申请报告，这个项目旨在开发下一代保存和获取科学数据的工具。随着电子数据的不断累积，人们气恼地发现电子数据比纸质数据更脆弱，更容易被忘记保存位置。10 年前的老照片仍然在相册中，但存有去年暑假 JPG 格式照片的硬盘已经崩溃了，而且照片也没了。我能清楚地记得哪个活页夹里保存着 1978 年发表的那篇文章的分析资料，但是我需要搜索几块硬盘才能找到 2 年前发表的一篇文章的 log 文件。在未来的 30 年里，获取这些电子版的 log 文件和读取 1978 年打印出来的文章的结果会一样容易吗？即使我把一份打印件放在书架上长达 30 年之久，人们仍然有可能会用它来验证我的研究发现。我的电子版 log 文件也能做到这一点吗？到那时人们可能还会用 U 盘吗？文件会因为硬件崩溃或被病毒感染而毁坏吗？更新的软件能读取老版格式的文件吗？类似的事情对电子存储的一切东西都有影响。

文件保存是数据分析流程的一个重要环节。你想防止正在做的文件丢失，想要保留已经完成但后期可能会用到的文件，想要为未来的科学家保存关键性的数据和分析资料。我的目标是帮助你做出一个能够保存文件的、切实可行的计划。一个成功的计划既要考虑到丢失文件的风险，又要考虑到遵循计划的可能性：

$$\text{Pr (File loss)} = \{\text{Pr (File loss using plan)} \times \text{Pr (Follow the plan)}\}$$
$$+ \{\text{Pr (File loss without using plan)} \times \text{Pr (Ignore the plan)}\}$$

与更复杂但不能一以贯之的计划相比，更简单但能严格执行的计划，更有可能保护数据。因此，我建议的工作流程平衡了易用性和保护程度。工作步骤要够简单，适用于日常工作，同时又要够强健，降低数据丢失的可能性。这个工作流程阐述的是通用原则并提供了一个工作框架，你可以根据自己的需要和自己备份的意愿对其进行改编。幸运的是，有了现在的技术，你可以有一个非常有效的、包含文件的工作流程，而且这个工作流程仅需要极小的努力。关键在于要有一个全面的计划，保持文件整齐并实现这个过程的自动化。

本章先区分不同层次的保护，从简单地做副本到为 100 年后保存好一个重要的数据。确定需要哪种形式的保护需要在丢失文件的代价和保存文件的成本之间做平衡。保存文件最基本的方法就是保留多份副本，但最好是一开始就没有丢文件。因此，接下来我会讨论文件是如何丢失的以及最小化风险的几种方法。为什么任何一个数据保护的工作流程都必须包含重复冗余的东西而且要预见不可能的事情？为理解这个问题，这里提供了一个语境，讨论墨菲定律以及它对保护文件的意义何在。接下来，我描述了一个给"典型"数据分析员设计的基本工作流程，与数据保存相比，他们对实证分析更感兴趣。虽然这个工作流程可能不会满足你的所有需求，但它提供了一个基本框架，你可以根据需要调整这个框架。本章最后讨论的是长期的、档案化的保存。

在继续之前，必须先提出三个警告。第一，我犹豫要不要建议你应该如何保护你的文件，因为这些文件很有价值，而且即使丢失我也不能负这个责任，但是在数据分析的工作流程中文件保存太重要了，不能忽视它。虽然本章给出的建议对我有用，但我不能保证它们能帮助你防止丢失文件。第二，在你确定用某种方法来保护你的文件之前，应该先用不重要的文件来检验这种方法。不要放弃用老办法，直到你确定新方法有效。第三，数据保存的技术在快速发展。当你看到这本书时，可能已经有了保护文件的更好的方法。只要新知识可获得，我们就会把它添加到本书提供的网站上，让读者能够找到。

8.1 保护层级和文件类型

我提出的工作流程包括三个保护层次（见图 8-1）。短期保护强调要确保今天正在用的文件明天还会在。这种保护要持续不断地给文件做副本，也就是镜像。短期保护防止硬盘崩溃、电脑病毒和意外删除。中期保护保护的是已经完成且未来几年可能会用到的工作文件。我把这种保护叫作备份。随着科技的发展，你将需要把这些文件用于新的媒介和新的数据格式，但是对你不感兴趣的文件，就不用担心对它们的保护。长期保护，指的就是存档，设法永久保留信息。存档非常困难，需要持续的关注：在把文件转移到新的媒介中和转换成新的数据格式时，要注意文档的可获性——对文件感兴趣的任何人都能获取该文档。

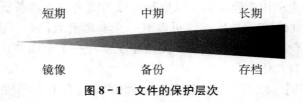

图 8-1　文件的保护层次

给文件保存确定一个工作流程需要评估一下丢失文件的代价和保存文件的成本。如果不小心删掉了一个文件，需要花费多少时间和多少费用来替换这个文件？如果不能替换它，结果会怎样？虽然你永远都不想丢掉文件，但你能投入多少时间和费用来保护它们？对这些问题的答案会因文件和工作的类型不同而不同。表 8-1 总结了保护四大类主要文件的代价。

表 8 - 1   从数据分析员的角度看与备份有关的问题

	文件类型			
	系统	工作文件	发布文件	档案
如何恢复一份丢失文件？	重做最近的工作	重做过去的工作	下载文件	重新安装软件
恢复文件的代价是什么？	微小的延期	潜在的大量工作	微小的不便之处	微小的不便之处
保存文件需要多少时间？	1～3 年	3～10 年	100 年以上	1～3 年
保存文件的难度有多大？	需要做些工作	需要做更多工作	（大量实质性工作）	琐碎工作
需要考虑媒介 & 格式吗？	几乎不需要	有些需要	（非常需要）	几乎不需要

注：如果关注的是档案保存，那么括号里的项目适用。

工作文件包含记录文档、do 文件、log 文件、数据、副本以及与当下分析有关的其他文件。由于当下你会经常用到这些文件，所以如果这些文件丢失了，你可能就需要重做一遍。你如果不想冒着浪费时间的风险来重做，就要保护好这些文件。由于每天工作，这些文件经常有变动，所以需要经常给这些文件做副本。但是，因为你只关心短期保护，所以不需要担心存储介质过时或文件格式变得不可读。

发布文件是你已经完成的工作文件，而且将来也不会有变动。例如，在创建完一个数据并验证数据准确之后，你就要公布数据和 do 文件。如果后期发现了问题，就要创建新的 do 文件，但是老的文件仍然要放在那里。因为发布文件是复制工作的根本，所以这些文件的保存时间要比工作文件的保存时间更长一些。因此，可能你最终还是需要把发布文件移到更新的存储介质里并转换成新的文件格式。就关键文件而言，你可能需要把它保存成多种不同的格式。比如，可以把数据保存成 Stata 格式、ASCII 格式以及 SAS XPORT 格式，最后一种格式是美国食品和药品管理局的标准格式。可以用 Stata 的 fdasave 命令创建 SAS XPORT 文件，也可以用 fdause 命令读取这种格式的数据。我还会把安装到 PLUS 和 PERSONAL 目录（参见第 328 页）中的第三方 ado 文件当作发布文件。这些文件不是 Stata 的官方文件，但我们需要它们来复制工作。

存档文件包括数据、编码表、文章和其他由负责保存及发布数字信息的组织机构收集的文件。举个例子，ICPSR 发布和保存社会科学领域中的数据，而 JSTOR 保存和分发已经发布的研究。当你丢掉了一个存档文件时，应该很容易拿到另一个副本。虽然你可能想把这些文件和你的发布文件一起做备份，但这只是方不方便的问题，而不是必须做的。

系统文件包括操作系统（如 Mac OS、Windows）和软件（如 Stata、Stat/Transfer）。可以通过重装原始的 DVD 或下载文件来替换这些文件。如果一个文件被毁坏或删除了，重装程序会有一点不方便。如果电脑的引导驱动失效了，代价就更大一些。如果你想从坏掉的引导驱动中迅速恢复数据，可以给驱动做备份，驱动里包含了使用工具的隐藏文件，比如 *Norton Ghost for Windows* 或者 *Carbon Copy Cloner for Mac OS*。除非你的工作期限很死，否则备份系统所花的时间可能不值得。我唯一做过备份的系统文件就是软件，要读取关键文件或复制分析，软件是关键。

8.2 数据缺失的原因以及恢复数据时的问题

虽然下面展示的工作流程通过做副本来保存文件，但要避免一开始就丢文件，现在需要认真考虑一个问题。

删除和丢失文件

如果误删文件，你就会丢掉这些文件。大多数操作系统能恢复删除文件，在 Windows 操作系统下这个功能叫作回收站（Recycle Bin），在 Mac OS 操作系统下这个功能叫作垃圾（Trash）。只要该数据的原始位置没有被更新的文件占用，文件就能实现恢复。第 2 章建议的 \-Hold then delete 目录也有这个功能，但更可靠，因为你能完全控制文件消失的时间。更复杂的是，Mac OS X 10.5 里有 Time Machine，它以天为单位备份文件，这样你就能"即时回去"恢复那个被删掉的文件。只要你的备份适用于某个驱动而且这个驱动没有发生故障，那么这样做就很有效。

还有一种情况是，文件就是丢了——不是被删掉了，但你就是找不到它。这就像大海捞针一样，新出现的一个问题是：人们在容量更大和更便宜的硬盘上积累了越来越多的文件。避免忘记把文件放在哪里的方法就是让所有的文件都井然有序，认真选择文件名，选用一个能够根据名字和内容进行搜索的工具。

如果你以为已经给文件做了备份，但实际上没有做备份，也可能会丢失文件。在依靠网络管理员做的备份之前，需要检验这些备份会被保留多久以及恢复这些文件需要哪些步骤。只有在备份后不久发生了灾难性的硬盘故障后，这些备份才可能被用来恢复文件，而不是被用来恢复单个文件。而且，有些组织机构会销毁备份，因为备份里可能包含了敏感信息，有人可能会用这些来盗取身份信息。如果依赖的是别人做的备份，那么你要核实备份被保留的时间长短以及要恢复这些文件需要哪些步骤。

损坏的文件

如果文件里保存的信息不准确，这个文件就被损坏了。导致信息没有被准确保存的原因是：在给数据重新编码时有拼写错误，介质老化（比如，磁盘坏了），或者电脑遭遇病毒。即使在 100 兆的一个文件里只有一个不正确的比特，也会导致无法读取该文件。有几种方法可以防止这个问题。第一，在复制文件时，做比特对比，验证原始文件和副本完全一样（更多信息参见第 316 页）。如果无法读取 USB 接口的硬盘或闪存盘（比如，一个外接的移动硬盘、一个记忆棒），根据操作系统的提示弹出它（比如，用鼠标右键点击硬盘标识并选择弹出），而不要直接把接口拔出。本地 IT 人员告诉过我，直接把接口拔出是他们碰到的人们丢失文件最常见的原因。经常更新杀毒软件。一旦介质老化，文件也可能被损坏。保存在 CD 上的文件如果放在阳光下，只能维持几个星期。你应该五年更换一次硬盘。由功率起伏导致的写入错误也会破坏文件，所以如果你居住在一个经常有用电管制或经常停电的地方，就需要使用不间断电源（UPS）。

硬盘故障

如果硬盘出故障，那么数据也可能会丢失，有时还会被损坏。故障率是一条 U 形曲线：首先是早期故障的高点，接着是较低点，直到硬盘开始磨损，然后故障率上升。制造缺陷可能会导致硬盘故障，最近我的一个用了 3 个月的电脑的启动驱动坏了，我才知道这一点。老硬盘失灵是因为磨损。虽然硬盘的平均失效时间（a mean time to failure，MTTF）超过了一百亿小时（114 年），但施罗德和吉布森（Schroeder，Gibson，2007）发现，硬盘故障的观测率每年在 2%～4% 之间。

有几件简单的事情有助于防止硬盘故障。第一，在关闭电脑前要退出所有程序，要根据操作系统的提示来关闭电脑，而不是简单地关闭电源。第二，使用脉冲电压保护器。如果电源不稳定，要用 UPS。第三，确保你的电脑有足够的通风而且要去掉风扇上的灰尘。但是，谷歌的一项研究（Pinheiro，Weber，Barroso，2007）发现与前面提到的那些问题相比，散热不是一个大问题。第四，当硬盘读取或写入东西时，不要移动电脑。虽然硬盘非常稳健，但如果你在错误的时间碰了硬盘，就可能会丢失文件，也可能会丢失整个磁盘。第五，如果硬盘发出嗡嗡声或尖锐的声音，要立即更换硬盘。

过时的介质和格式

过时的介质和格式很容易导致无法获取文件。虽然工作文件不用担心这个问题，但是已经被用了几年的文件会有这方面的风险。我最近的一个经历能很好地说明这个问题。在分析数据时，该数据来自一项关于病人的十年研究，我发现数据中有一个关键变量是缺失的。经过很长一段时间的研究，我确定有缺失值的文件在一个备份磁带里。由于我没有能读取这个磁带的驱动（也就是过时的媒介），所以我求助于一家专门解决这个问题的公司。他们恢复这个文件的收费是 1 000 美元。那时，我们才发现现在的软件都不支持这种格式的文件（也就是过时的格式）。整个工作花费了 1 000 美元的人力成本、延迟了几个月来重装这个老的操作系统以及读取这个文件的软件。

如果无法获得用来读取存储媒介的设备，这些媒介上的文件实际上就等于丢了。曾经常见的媒介，比如压缩磁盘，很快就消失了。为防止这种损失，随着科技的变化，需要把文件从更老的存储器里转移到新的存储器里。当你拿到一台新电脑时，要确保你还能读取老电脑里使用的媒介。如果不能，就要在淘汰老电脑之前，找到一种转移文件的方法。要想更好地理解媒介如何快速出现和快速过时，可以看看在线的《恐怖密室：过时和濒危的媒体》（*Chamber of Horrors：Obsolete and Endangered Media*）（Kenny，McGovern，2003－2007）。

即使你可以从电脑里的备份媒介中复制文件，也仍然需要能破解文件的软件。如果已经没有软件能读取内容，那么"保存位元"就没有任何好处。举例来说，如果一个数据的格式是一种曾经很常见的 OSIRIS 格式，但你的软件无法读取 OSIRIS，那么这个数据就相当于丢了，直到你找到一个能够破解该文件的程序为止。为了说明这个问题的重要性，2007 年，一则来自 BBC 新闻的报道写道：大英博物馆现在有丢失508 000本百科全书的风险，这些百科全书都被保存成商业上再也不支持的一些格式。要解决这个问题没有简单的方法，因为尚未建立起全面的档案格式。为防止这种类型的丢失，应把重要文件保存成多种格式。对数据而言，把它们同时保存成 Stata 格式、ASCII 格式，用 fdasave（因为现在它是 FDA 的标准格式）保存成 SAS Transport 格式，以及其他一些格式；对文本文件而言，把文件保存成你正在使用的格式（比如，Word 的 .doc 格式），也把它们保存成其他格式，比如 Rich Text 格式或 PDF 格式。

恢复丢失的文件

即使很认真，你有时还是有可能丢失文件。当丢失发生时，希望你有备份。但有时你会在没有备份的情况下删掉或毁坏一个文件。当这种情况发生时，一定要慢慢来，以防忙中出错，在恢复文件时删掉更多的文件，又或者让恢复丢失文件变得更加困难。如果已经删掉了一个没有备份的文件，不要在硬盘里写入新的文件，直到你已经尽力恢复文件了。添加新的文件有可能导致无法恢复被删除的文件。如果是因为电脑问题或一种可能的病毒丢掉了一份文件，不要连接备份硬盘、磁盘或磁带，直到你确定了问题是什么。我的一位同事曾经就因为软件故障丢失了一份文件，当同样的软件把备份也损坏了时，连备份也没了。除非你能确定问题是什么，否则一定要向 IT 支持人员寻求帮助。如果其他所有的方法都不行，那么你可以使用商业数据恢复服务（在网上搜索"数据恢复"）。这些商业机构专门从事从受损磁盘中恢复数据的业务，但费用非常昂贵，而且即使他们最终还是没有恢复你的文件，大多数也还是要收费的。

8.3 墨菲定律和复制文件的规则

任何一个保护文件的工作流程都必须非常认真地对待墨菲定律。墨菲定律是指"如果某件事情可能会出错，它就会出错"。从这个著名定律产生的背景中能学到太多的东西[①]。1949 年，在爱德华兹空军基地，墨菲定律被以上尉爱德华·A. 的名义命名。墨菲是一名工程师，他做了一个项目，观察在一次空难中一个人能挺住多少次突然减速。约翰·保罗·斯塔普（John Paul Stapp）博士曾在滑雪橇时达到了 40Gs 的减

---

① 我的定律学习史来自 http://www.murphys-laws.com/murphy/murphy-true.html，该网站上复制了 1978年 3 月第 3 期《沙漠之翼》（*Desert Wings*）杂志的《墨菲定律》（Murphy's Law）这篇文章。

速并活了下来，他注意到项目中好的安全记录都归因于对墨菲定律的深信不疑以及尽最大努力去避免它。他提出了斯塔普讽刺悖论："无能的通用能力让任何人类成绩都变成了令人难以置信的奇迹。"当墨菲定律被用到保存工作上时，就是预计事情会出错，预计会在最错误的时间删掉错误的文件，预计会有一根水管被落在房间的电脑上（导致电脑进水）。如果你做了最坏的打算，就可能会防止错误的出现。基于这种想法以及其他人的痛苦经历，不管你采用何种方法来保存文件，都应该遵守下面这些规则。

规则 1：至少有两份副本

除原始文件外，至少要有两份所有原始文件的副本。

规则 2：把副本保存在不同的地方

很多灾难会影响到一个地方的所有东西，因此要把副本保存在不同的楼里。外部硬盘可能会被偷走，因此把所有的备份放在同一个房间里不是一个好主意。同样，火和水经常会对一个房间里的所有东西都产生影响[①]。

规则 3：验证副本是准确的复件

在复制文件时，用软件对原始文件和副本做比特对比。大多数复制程序不能检验原始文件和副本是否完全一样。不做比特对比，你可能会认为你的副本就是原始文件的精确副本，但实际上它可能是原始文件的一个损坏版。

8.4　文件保护的工作流程

为保护文件，我提供的是一个包含两部分的工作流程，如图 8－2 所示。

图中每个圆角矩形都是一个存储设备。为简单起见，我把这些都当作硬盘，但是它们也可以是其他存储设备。每个硬盘的直角矩形里展示的是我想保护的文件类型。有阴影的矩形代表我的动态存储盘。这些都是我已经创建和今天正在使用的文件。工作流程的第一部分生成了动态存储盘的副本以提供短期保护（指的就是镜像）。第二部分提供的是对发布和投影文件的中期保护（指的就是备份），通过给文件做两份副本来实现。

第一部分：镜像动态存储

对动态文件来说，最大的风险就是硬件故障或意外删除导致所有文件的灾难性丢失。为防止这种丢失，我每天都把文件至少保存两份副本。副本文件指的就是镜像副

[①]　在看起来保护得很好的地方经常会发生火灾。ICPSR 最近就遭受了一次损失，因为维修人员把一根流水的水管落在了服务器机房的地面上（M. Gutmann，2005，私人通信）。

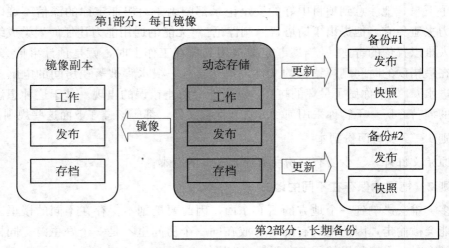

图 8 - 2 数据分析中用来保护文件的两部分工作流程

本，因为在活动存储设备中对文件的所有改动都被镜像反映出来了。要创建镜像副本有两种基本的方法。做连续镜像，就能把对活动存储设备中文件的修改即时转移到镜像中。连续镜像的缺点是：如果我不小心删除了一个文件，这个文件在镜像中也会被马上删除，因此不能用镜像来恢复文件。更复杂的镜像文件程序把改过的文件副本移到一个独立的文件夹中，作为错误保护。只有当你选择周期性镜像时，才能做周期性镜像。在退出之前，更新镜像可能是你每天做的最后一件事情。由于你只能周期性地修改镜像，所以你只能恢复到上一次更新镜像时的修改文件。周期性镜像的不足之处在于如果活动存储硬盘崩溃了，镜像中就没有上次更新镜像之后的改动文件副本了。如果连续镜像和周期性镜像的优点你都想要，可以创建两种镜像，虽然这样做会增加工作流程的复杂性。

镜像动态存储设备的设置

镜像动态存储的具体方法取决于你使用了多少台电脑，用什么存储设备方便，以及所用软件是什么。这里给出了一些设置选择，都能提供很棒的保护。

单机镜像：如果你一直都用同一台电脑工作，那么把常用文件保存在内部硬盘上是最容易的，而且把文件镜像到外部硬盘、局域网或连接到电脑上的其他存储设备上也是最容易的。

用局域网的多机镜像：如果你使用了两台或更多台电脑工作，而且这些电脑都连到了相同的局域网中，你就可以把常用文件保存在局域网中，用每台电脑中的内置硬盘来保存局域网的所有常用文件的镜像副本。因为使用了多台电脑，所以当文件被镜像到多个不同地方后，就有了额外的保护。如果你用的电脑不能把文件保存在内部内置硬盘中（比如，在公共计算机实验室中），你可以在随身携带的外部硬盘或便携硬盘中创建一个镜像。另一种做法是使用下面要讲的配置。

用便携驱动的多机镜像：在我的工作中最好的解决办法就是用移动硬盘作为动态存储设备，当我在不同的电脑上工作时，随身携带移动硬盘。多年来，我在不同的电脑中用压缩盘或记忆棒来移动新文件或改动过的文件，但经常忘记转移我需要的文件，而且不知道哪台电脑中有某个文件的最新版本。用移动硬盘来保存常用文件，同时用每台电脑中的内置硬盘来保存镜像，这样，我总是能找到最新版的文件（除非我忘记带移动硬盘）。在每台电脑的内置硬盘中，都有这样一个目录 \ -Portable mirror，如果把移动硬盘连到电脑上，就用它来保存连续镜像。如果我要离开工作单位，就弹出移动硬盘，把它放在我的公文包里，采取必要的措施以防丢失公文包。回到家里，插上移动硬盘，然后按照同样的步骤继续工作。如果要旅行，我就会带上移动硬盘，然后做一个镜像保存到笔记本电脑的内置硬盘里。如果旅行时没带笔记本电脑，我就会带上移动硬盘，然后用一个记忆棒来给我创建的新文件做备份。

用互联网的多机镜像：如果你使用的多台电脑联网，可以用 Microsoft 的 Foldershare 或相似的程序来通过网络镜像文件。如果你在单位用的是一台电脑，在家里用的是另一台电脑。那么当你在单位使用电脑工作时，Foldershare 会连续不断地把你正在用的文件同步到你家里的电脑上。如果你在家里，用电脑中的文件作为动态存储，Foldershare 就能把你所做的改动镜像到你单位的电脑中。我试用过 Foldershare，它使用方便且很有效，除了少数例外情况：第一，测试版程序有一些限制——最多 10 个实验室，每个实验室不能超过 10 000 个文件。第二，如果网络连接崩溃，或另一台电脑被关闭了，又或者软件有问题，那么你要在没有镜像的情况下工作，直到这些问题被解决。第三，如果你用的是笔记本电脑，并且不经常连接网络，你就必须记着在使用前把文件更新到笔记本电脑中。第四，如果你的工作电脑中没有安装 Foldershare，你就无法获取你的文件。

其他配置同样有效，使用哪种取决于你的工作方式以及你能获得何种技术支持。

第二部分：离线备份

工作流程的第二部分是为活动项目中的发布文件和快照文件（下面有定义）做备份副本。

发布文件

被发布的文件包括 do 文件、log 文件、数据、文本文件以及你在写作或与他人分享时用过的文件，这些文件应该再也不能被改动。对发布文件来说，规则很简单：一旦文件被发布了，就应该永远不改动它。关于发布文件的更多内容，请参见第 2 章（第 21 页）和第 5 章（第 120 页）。当我继续做我的项目时，我会把项目中发布的文件保存到我的动态存储设备中，但是因为这些文件都是我已经发布或与合作者分享的结果的一部分，所以我想给它们加上一层额外的保护，以防硬件故障、病毒或误删。大概每月一次，或当我完成主要工作时，我会把动态存储设备中最新发布的文件复制到备份硬盘中。如果我的存档文件不是很大，我经常会把它们和发布文件一起做备份。

备份发布文件的关键是实现过程的自动化，这样备份软件就能确定需要复制哪些文件。如果你必须手动确定复制哪些文件，那么除非你很有耐心而且考虑极其周到，否则你的工作流程就不起作用了。我发现的最简单的方法就是把发布文件放在一个名为 \ Posted的次级目录中。假设在我的电脑里有下面这些目录（这里为简单起见，我用了一个简单的目录结构）：

```
\Projects
    \COGA
        \Posted
        \Work
    \EPSL
        \Posted
        \Work
\Workflow
    \Posted
    \Work
```

我的备份程序只复制 \ Posted 里的文件，而且会自动复制活动存储中的目录结构：

```
\Posted files
    \Projects
        \COGA
            \Posted
        \EPSL
            \Posted
    \Workflow
        \Posted
```

如果我在我的动态存储设备中添加了另一个 \ Posted 文件夹，当下一次我运行备份程序时，就会在 \ Posted 里生成一个相同的文件夹，并能复制最新的发布文件[①]。

只有当你的备份程序能自动选取位于目录 \ Posted 里的所有文件时，这个备份发布文件的计划才有效。在我的电脑里，用我的备份软件从 4 000 个文件夹里搜索需要备份的文件只需要花费 1 分钟左右的时间。如果你的软件不能用这种方式来选择需要备份的文件（不是所有的备份文件都能被选择），你就要按照某种方式来组织管理你的文件，以便容易找到那些需要备份的文件。比如，你可以创建一个文件夹 \ Posted，然后给每个项目都创建一个次级目录。我发现这种方法不方便，但你可能会觉得方便。

在继续之前，我想强调的是，只有坚持发布原则——一旦文件被发布，就不能对其做任何改动——这个计划才有效。多年以来，我犯过改动错误、重命名错误、把

---

① 我用的软件只能复制包含特定词语的目录，比如"posted"。因此，它会复制来自 \ Posted、\ Text-posted等目录下的文件，但不能复制 \ Work 目录下的文件。我的另一个原则是：如果目录名以"＋"结尾（比如，\ Data＋），就把它当作发布文件处理。关于软件的详细内容请参见本书提供的网站。

"Posted files"放错位置的错误，因此我需要再次备份文件。对已经备份的文件来说，如果没有给它们分配不同的名字，会怎样呢？如果我删除了这些文件，那么老的 do 文件就不能运行了，我的研究日志就会指向一个并不存在的文件。如果我没有删除它们，我就会有几个文件都包含同样的信息，但其文件名不一样。这个过程浪费时间，而且不可靠。解决办法就是遵循发布文件的那个简单原则：文件一旦被发布，就再也不能被修改。如果我在已发布的文件中发现了一个错误，就用新的名字创建一个新的文件，但我不会改动原始文件。如果我确定再也不需要某个已发布的文件，我就会删除它，但不会修改它。

快照

无论发布与否，我都会周期性地给与项目有关的所有文件做"快照"。举个例子，当我在 2007 年 1 月 14 日完成本书的第一稿时，我把所有的文件都备份在 \ Workflow to \ Snapshots \ Workflow \ 2007 - 01 - 14 中。如果后期我需要第一稿中用到的某个文件，但是它不是一个已发布的文件而且后期会被删掉（比如，我不用的一张图），我就会到这个目录中查找。在一个项目结束时，在开始清理文件之前，我也会做快照。这样我如果犯了错误，很容易就能恢复文件。我的快照文件看起来是这样的：

```
\Snapshots
    \Workflow
        \2006-12-12
            (copy of all workflow files on this day)
        \2007-01-14
            (copy of all workflow files on this day)
    \EPSL
        \2004-06-02
            (copy of all epsl files on this day)
    . . . . . .
```

我可能会把快照保存很长一段时间，也可能过了几个星期就会删除这些文件。

虽然我会至少保存两份副本并把这两份副本保存在不同的设备里，把这两个设备保存在不同的地方，但我并不担心不同设备间的持续同步问题。虽然保持所有设备间的同步会更好，但我发现这样做是不切实际的。相反，每隔几个月我就会把所有的设备同步一次。当备份硬盘满了，我会买一个新的硬盘。随着硬盘容量的快速增加，在通常情况下，新的硬盘容量至少是我所需容量的两倍，这样它才能把我当前所有的文件都保存进去。通过比特对比，我把当前设备中的所有文件都复制到新设备里。这时，老设备就被存为"深备份"。

备份存储的配置

对保存在不同物理位置的媒介中的每个文件，你都应该至少有两个备份，以防当地发生灾难，比如水灾或盗窃。只有在做备份或恢复文件时，你才能插入硬盘，这样硬盘才不容易受到电涌或病毒的损害。下面给出了一些配置，供你在做备份存储时参考。

用外部硬盘做备份：我更喜欢的方法是用多个外部硬盘来保存文件的两个备份。这些硬盘不贵，读/写速度都很快，而且很容易移动。我如果想同步这些硬盘，就把保存在家里的硬盘拿到工作单位，在硬盘做好同步后，再把它们带回家。

用局域网做备份：如果你的局域网里有足够的空间，你可以把一个备份保存在局域网里，把另一个备份保存在一个外部硬盘中或内置硬盘中（假设这个硬盘没有被用来做活动存储）。

用企业大容量存储做备份：如果你所在的单位提供企业大容量存储，比如磁带备份，你就可以把其中一个备份保存在这里，把另一个备份保存在另一个硬盘中。

在网上做备份：你可以把其中一个备份副本保存在网络上，这种服务由出售存储服务的公司提供。截至 2008 年年中，"无限制"存储的费用每月不到 5 美元。但隐藏的问题是受转移速度限制，你每天最多只能复制大约 7GB 左右的文件（也就是说，两周只能复制 100GB，一年只能复制 2.5TB）。在做好最初的备份后，你只需要转移做过改动的文件。如果出现磁盘故障，你可能要花上几周的时间来恢复网络上的文件。你还可以花钱制作 DVD，然后寄出。这些网站上的软件只提供简单的选择文件的标准，因此只选择位于 \ Posted 文件夹里的文件几乎是不可能的。要查找出售网络存储的公司，在网上搜索 "internet storage" "online backup" 或 "online storage"。记住，如果出售存储服务的公司已经不营业了，你的备份就可能丢了。

用 DVD 做备份：DVD 的优势在于一旦把文件写入，就不能删除它（假定你避免多次写入 DVD，因为它使存储更贵且更不稳定）。但是 DVD 很慢，而且只能保存大约 5GB 的信息，所以最终你会有大量 DVD 需要管理，而且和硬盘相比，高质量的 DVD 每 GB 的费用更贵。

8.5　存档保存

重要的文件会丢，有时会令人惊讶[1]。在 1963 年 11 月 22 日，约翰·F. 肯尼迪总统被暗杀。几天之后，国家民意调查中心（NORC）做了一个全美范围的民意调查，也就是众所周知的肯尼迪暗杀研究（Kennedy Assassination Study，KAS）。2001 年 "9·11" 事件后，NORC 决定重做一次 KAS，这样就能对两次悲剧做比较。研究员在 NORC 图书馆找到了 KAS 的编码表，这样一个新的调查就被构建出来了，访问从 9 月 13 日正式开始。但是，研究员在 NORC 档案馆中找不到原始的 KAS 数据，在其他数

---

[1]　这个示例来自史密斯和福斯特罗姆（Smith，Forstrom，2001）。

据库（比如罗珀中心和 ICPSR）里也找不到。至于原始的 80 列打孔卡，研究员一开始还抱着这样的希望：在 NORC 的 24 000 立方英尺[①]的存储空间中能够找到它们。3 669 盒卡片被列在存储清单上，但是 KAS 不在其中。有人注意到：虽然清单中列出了 3 669 盒卡片的内容，但在仓库中有 8 348 盒卡片。一位退休的工作人员记得在 1978 年有一个备忘录，里面包含了 KAS 卡片的卡片编码。令人吃惊的是，这 11 盒卡片被找到了。接下来，NORC 必须找到一个读卡器。研究员求助于一家位于纽约的公司，亲手把这些卡片送到这个公司。读卡器有些生锈，导致了更长的延期。当这些卡片最终被读取后，卡片上的多孔数据没有被正确翻译出来[②]。在两个月后，这个数据被破译了。不幸的是，变量名只能简单地显示出卡片编号和列位置（比如，c3c14），没有可用的取值标签或变量标签。于是，加入这些信息导致又延误了一段时间。史密斯和福斯特罗姆（Smith，Forstrom，2001，14）对这段经历做了总结：

> KAS 经历的教训很简单但很重要。调查数据必须送到像罗珀中心和 ICPSR 这样的调查档案馆中，在这里，记录文档和数据都会被保存起来，会被做好备份，随着技术的改变还会被做阶段性的更新，被做检索，而且让研究者按照一定的规则很容易就能拿到它们。没有给研究做存档是非常不科学的，而且对同时代和未来的其他研究者来说也不利。

丢失数据的另一个示例中也包含了一个现代历史中的典型事件[③]。1969 年 1 月 20 日，一亿人观看了尼尔·阿姆斯特朗在月球上漫步。梅西（Macey，2006）对该事件总结道："当尼尔·阿姆斯特朗登上另一个世界并迈出第一步时，这一惊心动魄的时刻定义了 20 世纪的形象：粒状的、模糊的、难忘的。"实际上，这些图像的质量很差，是通过电视摄像机对准显示器获取的，该显示器接收来自月球上的传输信号。原始图像的分辨率太高了，以致在电视上无法显示。在接下来的 30 年里，这些月球登陆磁带被搬来搬去，但是无法确定被安放在哪里。到了 2002 年，一名来自澳大利亚金银花溪地面站的技术人员在他家的车库里找到了一盘磁带，看起来是有关月球登陆的。虽然他的磁带不是关于在月球上漫步的，但它激起了他对月球登陆磁带（它们曾经被保存在美国国家档案中心）的搜索。找到的记录文档显示：在 1970 年到 1980 年间，戈达德（Goddard）申请过 26 000 盒磁带，但是戈达德没有找到磁带的踪迹（Kaufman，2007）。到了 2006 年，美国宇航局承认磁带丢了。指导这次失败搜索的多利·珀金斯（Dolly Perkins）解释道（Kaufman，2007）："也许某人没有这样的智慧意识到原始磁

　　[①]　约合 679.6 立方米。——译者注

　　[②]　多孔是这样一种方法：一张卡片的一列可以记录多个变量的信息。这样一张卡片就能保存更多的信息，但需要特殊处理来解读这类信息。

　　[③]　这里的示例基于梅西（Macey，2006）、伊根（Egan，2006）、阿马尔菲（Amalfi，2006）和考夫曼（Kaufman，2007）的文章。

带在将来的某个时候会非常有价值。当然，现在我们可以回过头去看看并思考为什么我们对此没有远见。"紧随美国宇航局的承认，全世界对此都有新闻报道，讨论为什么美国宇航局会把这种具有非常高的历史价值和科学价值的数据弄丢了。梅西（Macey，2006）在《悉尼先驱晨报》上写了一篇题为"One giant blunder for mankind：how NASA lost moon pictures"的报道。神奇的是，澳大利亚电视制片人彼得·克利夫顿（Peter Clifton）在电视上看到有关磁带的事情时，想起来在 1979 年他买过 2 盘月球登陆磁带，用于一部摇滚电影，这部电影是关于平克·弗洛伊德的专辑《月之暗面》（*The Dark Side of the Moon*）的（Egan，2006）。他的两盘磁带从悉尼的一个地下仓库中被找到了。2006 年 10 月，在西澳大利亚佩斯市科廷理工大学的一个报告厅的地下室里找到了接近 100 盘月球登陆磁带（Amalfi，2006）。此事尚待分晓：这些磁带是不是丢失的磁带？戈达德现存的磁带驱动还能不能用？

我发现大多数的数据分析员对存档数据保存工作考虑得不多。直到我在 ICPSR 委员会工作了四年之后，我才对此有所考虑（ICPSR 是一家致力于保存数据的非营利组织）。当我加入委员会时，我把备份和存档当成了同样的事情。我给文件做了两个备份，一个保存在磁带里，另一个保存在磁盘里，然后我认为我已经对我的文件做好存档工作了。后来我知道存档保存极其复杂，正如上面的两个示例所示。存档文件最难的一个部分就是预计文件格式和物理存储介质可能发生的变化，而且要确定对与原始工作无关的人来说，文件的记录也是清楚的。到了要存档时，由于删除而丢失了一个文件和不知道文件里包含了什么，这二者之间没有区别。关于这类问题的一个好的信息来源就是《人类的一个重大错误：美国宇航局怎么把月球照片丢失了》（*The Guide to Social Data Preparation and Archiving*）（ICPSR，2005，http：//www. icpsr. edu/access/dataprep. pdf）和《社会数据准备和存档指南：数字保存管理指导》（*Digital Preservation Management Tutorial*）（http：//icpsr. unich. edu/dpm/）。

数据存档最好的方法就是让其他人做这件事！我极力推荐把原始数据保存在一个专门做数据保存的组织机构里，比如为社会科学提供数据保存的 ICPSR。对来自发表的文章中的分析文件，你应该考虑把它们放到期刊档案库里，如果期刊有这样的档案库的话（Freese，2007）。这样做不仅能保证数据被保存下来，而且让其他研究者能够获取数据用于复制和做进一步的研究。

在开始一个项目时，你就应该从考虑数据存档开始，而不是在项目结束时才考虑这个问题。我有一些项目，在确定哪些数据需要存档之前，我就开始进行存档工作了。我对用过的文档都认真做了记录保存工作，但这些信息的格式不是其他人能用的格式。我有一些想存档于 ICPSR 的数据，但是把它们转成让其他人能用的数据格式和文档格式需要花费大量的时间。如果在一开始我就仔细考虑好保存这件事，数据存档工作就会简单很多。

8.6　小结

保存文件的步骤在数据清理、数据分析和数据展示中都用过，是数据分析工作流程的一个重要组成部分。就像报税、把牙刷干净、把你的车油换掉、把水沟里的树叶清理掉一样，保存好文件是你需要做的一件事。大多数人意识到了这一点，但是很少有人会系统地做这些事。避免数据丢失的最好方法就是有一个全面的计划来保护你的文件，并要有意识地遵守这个计划。希望本章能帮你找到一个可控的保护文件的工作流程，能够促使你优先考虑这件事。如果你能把本章里的建议应用到自己的需求中，你应该就能够用最小的努力，做好文件保护工作。如果在收集数据时，你就开始计划如何做数据存档工作，那么在将来保存数据时，你会节省大量的时间而且会增加可能性。

最后，本章关注的是把文件复制到多个地方的步骤。本章假定你知道文件里的内容是什么！这一点看起来容易，但很快文件的不同版本就会失控，特别在协同工作的项目中更是如此。在一篇关于数据保存的文章中（Schwartz，2008），玛格丽特·赫德斯托姆（Margaret Hedstrom）博士重复了我在前面章节中讨论过的组织问题和出处问题："在一个项目中有很多版本的建筑绘图，最终到底用哪一个来建造建筑物？导致实体结果的决策链是什么？"如果你让文件保持井然有序且认真给这些文件命名，文件保存工作就会更简单也更有效。

第 9 章   总结

　　本书制定出了清晰明确的工作流程，该工作流程是我从自己犯的各种错误中总结的，是我从同事、教师和合作者身上学到的，是阅读了很多资料学到的——这些资料的范围从唐纳德·E. 克纳斯（Donald E. Knuth）经典的《计算机编程的艺术》（*Art of Computer Programming*，1997，1998a，1998b）到彼得·克罗（Peter Krogh）的《DAM 手册：摄影师的数码资产管理》（*The DAM Book：Digital Asset Management for Photographers*，2005）。虽然有很多讨论统计分析的书籍，但我不知道哪一本书致力于讨论数据分析的工作流程：从导入数据到结果的展示。更常见的情况是，人们在第一次犯错后才开始认识到工作流程的重要性，然后寻找避免将来出错的各种方法。我希望这本书能帮助你避免这些错误，其中绝大部分错误我已经至少犯过一次了。

　　本书中的很多主题，比如给变量命名和贴标签，看起来与你的实际研究目标大相径庭。研究者通常从一个已有的想法入手，并希望这个想法将来能对世界知识有所贡献。在想法和发布结果之间有大量未分化的提升工作。在讨论成立一家创业公司有哪些挑战时（Steinberg，2006），亚马逊的创始人杰夫·贝佐斯（Jeff Bezos）用到了"未分化的提升工作"这个词："未分化的提升工作包括所有为了把产品推到市场上所必须做的工作，但这些工作和产品本身没有关系。"本书就是关于数据分析以及如何用最少的时间提升工作的著作。但是，在一项研究项目中，即使你用了最好的工作流程，更有可能的情况仍然是，超过一半的工作是关于准备数据的。一个有效的工作流程可以减少用于数据管理的时间，而且能够生成更容易做分析的数据。有了精心挑选的名字、有效的标签和干净的数据，你在进行统计和图表分析的时候就会更有效率，而且会更愉快。

　　你很容易把开发工作流程的目标定得过于远大，在做的过程中，随着重复性工作的增加，也很容易放弃提高研究生产力的目标。你如果把所有的研究时间都用于完善准备数据或组织管理文件的方法，就会一事无成。一方面，对于已经多次修改过的名字和标签，再次花费时间对其进行优化就不值得了，把这些时间用于分析数据和撰写结论更有价值。另一方面，如果用于开发有效工作流程的时间太少，将来的效率就会很低，而且会有得到错误结果或无法再次复制出结果的风险。一个有效的工作流程关乎提高效率和得到能被复制的正确结果。一个有效的工作流程需要平衡相互矛盾的各种需求。

　　如果你也像我一样，你将冒违背一个好的工作流程的基本原则的险。我真的需要记录每一步吗？为什么不能等到下周再备份文件呢？我只在一个 do 文件中用过这个数据集，那么我能把错误改过来并使用相同的名字吗？对一个简单的研究笔记来说，我需要把每个数字的来源都记录下来吗？有时例外也没问题。但更经常出现的情况是，走捷径要花费更长的时间，你没有方法能够预测出哪种捷径真的会更快一些。最简单的做法就是坚持按照一个好的工作流程做事，而且不要有例外。一个有效的工作流程不会增加你的工作时间，而且从长远来看，它能节省你的时间。关键是要确定好一个工作流程并一以贯之地坚持下去。

你必须遵循我推荐的工作流程吗？当然不是。有很多工作流程可供选择，而且有很多很棒的方法能用来做数据管理和统计分析。准确、可复制性和效率是基本目标，只要能满足这几个基本目标，你对自己开发出的步骤和标准就应该有信心。但是，使用书中的工作流程有两大优势。第一，一个被完整记录下来的工作流程极其有用。在撰写本书时，让我吃惊的是，我经常会查阅工作草案来提醒自己做事情的标准方法，或提醒自己有一系列命令，这些命令虽然我很少会用到，但会让有难度的工作变得更容易。书面标准会让我的工作更一致，也更容易。在协同工作中，特别是在与两个以上的人一起工作时，标准化和书面步骤有着巨大的优势。第二，在撰写本书时，我被迫对工作流程的所有步骤进行系统的思考，被迫创建前后一致的标准，被迫让我的工作流程清楚明了。这些工作花费了我大量的时间，事实上，这些工作所花的时间比我预计的要多很多，但也让我的工作流程变得更好。但是，与我展示的相比，如果你有更好的方法或不同的标准，那么你一定要用它。我希望你也能告诉我，这样我也可以改进我自己的工作。

最后，写这本书是因为我作为社会统计学家的这份工作，而不是因为对如何给事情命名和贴标签感兴趣。我发现，与数据准备相比，数据分析更有吸引力也更有挑战性。但是，我也发现如果数据中的命名贴切、标签完整、记录完好且被清理干净，那么数据分析会更有效也更有意思。即使没有这些障碍——数据难用或数据中包含了与你的研究目标无关的问题——数据分析也很难。由于计算能力和存储能力的提高，越来越大且越来越复杂的数据的可获取性越来越高，越来越有挑战性的分析方法越来越多，数据分析员面临的问题变得越来越复杂。要想掌握这些复杂的数据和方法，我认为最基本的是要开发出一个更有效率、能确保准确度以及有助于实现可复制性的工作流程。我希望在这个方向上，本书迈出了一步。

附录 A　Stata 的工作原理

理解了 Stata 的某些工作原理的优势后，Stata 用得越多，你从中获益就越多。这种理解能够帮你安装一些用户编写的程序，解决在网络环境下运行 Stata 时遇到的问题，更轻松地使用界面，增加数据可用内存，等等。鉴于此，第 A.1 节讲述了 Stata 用到的文件以及这些文件在哪里。第 A.3 节回顾了自定义 Stata 的各种方法，自定义的范围从所用字体到可用内存量。第 A.4 节讲的是学习 Stata 的其他资源。

A.1　Stata 的工作原理

Stata 程序包含了两种主要文件类型。第一种是 Stata 的执行文件。这种文件包含的是 Stata 的核心编译程序。这种文件的名字可能是 wstata.exe、wsestata.exe 或 wmpstata.exe。当你点击 Stata 的图标或通过其他途径启动 Stata 时，操作系统就会运行这些文件。在第二种文件中，很多是 Stata 内置的 ado 文件，这些程序会执行文件中的某些功能，把新的命令加入 Stata 里。例如，nbreg 命令拟合负二项回归模型。这个命令不是执行文件的一部分，但包含在 nbreg.ado 文件中，在写这个 ado 文件时不仅用到了执行文件中的命令，还用到了其他 ado 文件中的一些命令。Stata 10 包含近 2 000 个 ado 文件。执行文件里的命令和 Stata 公司写的 ado 文件合在一起就是 Stata 的官方文件，它区别于用户写的命令。

Stata 的一个巧妙功能是：当你运行一个命令时，假设用 summarize 命令来计算描述统计量，你无法区分出这个命令是执行文件的一部分还是一个 ado 文件。这就意味着用户可以编写自己的命令，像使用 Stata 官方命令那样使用自己编写的命令。事实上，Stata 的用户已经写了很多非常棒的程序，《Stata 杂志》（*Stata Journal*）和 Statalist 网站（http：//www.stata.com/statalist/）里对这些程序有所讨论。比如，第 7 章讨论的命令 esttab 和 eststo 就不是 Stata 的官方文件，而是本·詹恩（Ben Jann）写的（参见 Jann［2007］）。

Stata 目录

在大多数情况下，你不需要知道 Stata 的执行文件和 ado 文件在哪里。但是，有时这个信息非常重要，特别是当发生错误或编写自己的 ado 文件时。sysdir 命令能告诉我们 Stata 把文件保存在哪里了：

```
. sysdir
    STATA:  D:\Stata10\
  UPDATES:  D:\Stata10\ado\updates\
     BASE:  D:\Stata10\ado\base\
     SITE:  D:\Stata10\ado\site\
     PLUS:  D:\Stata10\plus\
 PERSONAL:  D:\Stata10\personal\
 OLDPLACE:  D:\Stata10\personal\
```

目录 STATA 里有执行文件。剩下的目录是给 ado 文件设定的；作为一个整体，这些目录就是 *ado-path*。目录 BASE 里是 Stata 公司写的 ado 文件，在最初安装 Stata 时这些文件就被放在了这个目录里。每隔一段时间，Stata 公司就会更新这些文件以解决一些问题或增加一些功能。这些更新被放在目录 UPDATES 里。如果不在，Stata 就会检查目录 BASE。如果还不在，Stata 就会检查其他有关 ado-path 的系统目录。在网络环境下，目录 SITE 里可能有网站管理员安装的文件。如果你安装的是非官方的 ado 文件（比如，不是 Stata 公司发布的那些文件），这些文件就会被保存在目录 PLUS 里。例如，本书提供的安装包里的 ado 文件就被保存在这里。目录 OLDPLACE 是存放 Stata 早期版本里的个人文件的地方。更多相关内容，包括如何安装更新，请参阅 [U] 17 Ado-files。

工作目录

当启动 Stata 时，你会被分配一个工作目录。为了理解工作目录这个概念，想一下你用过的文本处理器。当你想打开一个文件时，就会出现一个对话框，里面展示了缺省目录里的所有文件。在 Windows 系统中，这个目录可能是"我的文档"。这个目录就是工作目录——读取和写入文件的缺省位置。Stata 的工作原理也是一样：工作目录就是 Stata 寻找 do 文件和数据的地方，是保存创建文件（比如一个新的数据或 log 文件）的地方。如果你通过输入命令来载入数据而且没有指定目录，Stata 就会在工作目录中查找。举个例子，用命令：

```
use wf-lfp, clear
```

Stata 在工作目录中寻找 wf-lfp. dta。如果你在命令里指定了一个目录，Stata 就会在指定的目录而不是工作目录中寻找。例如，用命令：

```
use d:\data\wf-lfp, clear
```

这样，Stata 就会到目录 d:\data 里寻找这个数据。同样，如果输入命令 do mypgm. do，Stata 就会在工作目录中查找这个 do 文件；如果输入路径 do d:\workflow\work\mygpm. do，Stata 就会到 d:\workflow\work 里查找这个 do 文件。在第 3 章里，我解释过为什么我建议要一直把文件读入并写入工作目录，而不要把目录名字硬编到命令中。

要确定你的工作目录是什么，在 Windows 系统中，你可以用 cd 命令：

```
. cd
e:\data
```

在 Mac OS X 或 Unix 系统里，你可以用命令：

```
. pwd
~:data
```

你可以用 cd 命令改变工作目录。例如，在给这本书写 do 文件时，我用的是目录 e:\workflow\work。要让这个目录成为我的工作目录，我用的命令是：

```
cd e:\workflow\work
```

要把工作目录改成项目 CWH 的，我输入命令：

```
.cd e:\cwh\work
```

ls 命令和 dir 命令一样。

A.2 在线工作

如果你在网络环境下运行 Stata，通常情况是你在一个计算机实验室里工作，我建议你从运行命令 cd 或 pwd 开始，以便确定你的工作目录。在某些网络环境下，工作目录是与用户名字相关的私人目录。又或者，工作目录是本地电脑上的一个目录，比如 d:\data。如果工作目录是一个公共目录，你就有丢失工作成果的风险，因为其他用户可能会删掉你的文件。而且当你关闭计算机时，缺省工作目录中的所有文件都可能被删掉。你如果想保住自己的工作成果，就要确定工作目录是你能控制的目录，比如网络中你的私人目录或连到电脑上的一个 USB 接口的硬盘。如果不是，就要用 cd 命令把它改成你能控制的目录。

另一个问题是：你可能会考虑如何安装 ado 文件，比如作为本书提供的安装包的一部分的 ado 文件。在很多网络环境中，你没有把文件写入 Stata 系统目录里的权限，因为这些目录已经被保护起来了，以避免用户有意或无意地把 Stata 正常运行的基本设定给修改了。虽然这么做是合理的，但这样做，你就无法安装他人编写的程序或更新官方的 ado 文件了。举个例子，如果我在网络环境下运行 Stata 并试图安装本书提供的安装包，我就会得到如下所示的错误提示：

```
cannot write in directory Y:\Stata10\plus\n
```

出现这样的错误是因为 Stata 试图把文件 nmlab.ado 复制到一个被写保护的目录中。解决办法是告诉 Stata 把文件安装到一个不受限制的文件夹里。一种方法是根据下面这些步骤创建一个新的目录 PLUS：

（1）用 sysdir 命令检查当前的目录 PLUS 是什么。如果遇到了问题，你就可能需要知道这一点：

```
. sysdir
    STATA:  Y:\STATA10\
  UPDATES:  Y:\STATA10\ado\updates\
     BASE:  Y:\STATA10\ado\base\
     SITE:  Y:\STATA10\ado\site\
     PLUS:  Y:\Stata10\ado\plus\
PERSONAL:  L:\
OLDPLACE:  C:\ado\
```

目录 PLUS 是 Y:\Stata10\ado\plus\，这是一个受限制的目录，位于盘符 Y:里。

（2）创建一个将来会变成新的目录 PLUS 的目录。你可以用文件管理器或用 Stata 里的 mkdir 命令来实现。例如，要创建 L:\adoplus，用命令：

```
mkdir L:\adoplus
```

这里的 L:是我在网络中的个人硬盘（比如，我可以从这里读取文件或把文件写入这里）。

（3）当你确定文件夹被正确创建后，用 sysdir 命令和选项 set 来重新定义目录 PLUS 的位置：

```
sysdir set PLUS L:\adoplus
```

（4）现在，再次运行 sysdir 命令来验证你已经把目录 PLUS 改了。

```
. sysdir
     STATA:   Y:\STATA10\
   UPDATES:   Y:\STATA10\ado\updates\
      BASE:   Y:\STATA10\ado\base\
      SITE:   Y:\STATA10\ado\site\
      PLUS:   L:\adoplus\
  PERSONAL:   L:\
  OLDPLACE:   C:\ado\
```

在做完这些改动后，你就应该能运行命令 findit workflow 并根据提示安装这个软件包了。每次在网络环境下打开 Stata，你都需要执行这几个步骤。因此，一个简便的办法就是创建一个包含这些目录的 do 文件。

由于可以用很多不同的方式来设置网络环境，所以这几步可能对你来说没有用。如果是这样的话，你应该向当地的顾问咨询一下。

A.3　自定义 Stata

如果你经常用 Stata，可能会想自定义 Stata 以便工作更有效率。这里我给出了我发现的最有用的一些自定义。你如果在网络中工作，可能就无法改变某些选项。

A.3.1　字体和窗口位置

我发现，对绝大多数屏幕来说，Stata 用的缺省字体太小了。你可以在窗口点击鼠标右键来修改字体——选中 Font 选项，选择你喜欢的字体、样式和大小。在 Windows 系统中，我更喜欢 Fixedsys 或 Lucida 控制台字体。你还可以通过点击和拖拉来改变窗口的大小和位置。当所有的项目都改成你喜欢的后，你可以通过选择 Edit＞Preferences＞

Manage Preferences＞Save Preferences……把你自己的选择变成缺省设置。

A.3.2 改变设置的命令

有些设置只能通过运行 set 命令来改变。有些命令可以永久改变你的设置，这就意味着你只需要改变一次设置，这个设置就会在 Stata 里永久存在。其他的一些设置，在每次使用 Stata 时你都需要对其做设置。幸运的是，正如下节要讨论的，你可以把这些命令加到 profile.do 文件里，这样 Stata 在每次打开时都会运行这些命令。

这里有很多你可以改变的选项。要看看这些选项是什么、你电脑上的设定是什么，你可以用 query 命令。这些设定会被用蓝色的字列出来，这就意味着你可以点击蓝色的字，这样就能打开一个 Viewer 窗口，在这个窗口里有关于那个选项的详细信息。这里给出了一些我发现对一个有效的工作流程来说最重要的选项。要了解更多详细知识，请参见 help set、［R］query 和 ［R］set。

可以被永久设置的选项

对某些 set 命令来说，你可以指定 permanently 这个选项，这样下次你运行 Stata 时，这些改变也能被记住。

log 文件使用的格式

log 文件可以是文本格式，也可以是 SMCL 格式。要设置选项，输入：

```
set logtype {text|smcl} [, permanently]
```

因为我更喜欢文本格式，所以我运行的命令是：

```
set logtype text, permanently
```

结果窗口中的滚动缓冲区

输出结果的行数可以通过下面的命令来控制（这里的输出结果指的是通过滚动输出结果窗口找回的）：

```
set scrollbufsize #
```

这里的"＃"大于等于 10 000，小于等于 500 000。

除非你的电脑内存非常小，否则我建议用：

```
set scrollbufsize 500000
```

虽然这个命令没有 permanently 这个选项，但它是永久性设置。

最大化矩阵

下面这个命令控制着 Stata 所用的最大矩阵：

```
set matsize #  [, permanently]
```

对 Stata/MP 和 Stata/SE 来说，这里的"♯"大于等于 10，小于等于 11 000；对于 Stata/IC 来说，"♯"大于等于 10，小于等于 800。

Stata/MP 和 Stata/SE 的缺省值是 400，Stata/IC 的缺省值是 200。

如果你要拟合复杂的模型，缺省的 matsize 可能就太小了。如果你有足够的内存，我建议把 matsize 设置为最大。对 Stata/MP 和 Stata/SE 来说，我建议：

```
set matsize 11000, permanently
```

对 Stata/IC 来说，我建议：

```
set matsize 800, permanently
```

内存

Stata 把所有数据都放在内存里，而不是每次需要信息时再从硬盘中读取数据。如果你的数据很大，可能会用完内存。下面这个命令可以控制着 Stata 能用的内存量：

```
set memory #[b|k|m|g]  [, permanently]
```

这里用字节（bytes）、千字节（kilobytes）、兆字节（megabytes）和吉字节（gigabytes）来设置"♯"。你如果经常收到"内存用完"的错误提示，那么运行 query 命令找出设置了多大的内存，然后，把内存增加到不再出现"内存用完"的错误提示为止。你一旦确定了所需的内存大小，就可以永久设定这个内存大小。例如：

```
set memory 10m, perm
```

每次打开 Stata 时都需要设置的选项

每次启动 Stata 时都需要运行下面这些 set 命令。你可以把它们放在 profile. do 或 myprofile. do 文件里（在第 A. 3. 3 节中会讨论）。

行大小

下面这个命令能够控制不被折叠的行长度：

```
set linesize #
```

我更喜欢把行长度设置成：

```
set linesize 80
```

A. 3. 3　profile. do

当启动 Stata 时，Stata 会寻找一个名为 profile. do 的 do 文件。如果 profile. do 在

某个系统目录中被找到了，Stata 就会运行它。你可以把每次启动 Stata 时都要运行的命令加到profile. do里，这样就能实现对 Stata 的自定义。要了解更全面的信息，可以参见［GS］*Getting Started with Stata* 或输入 help profile，但下面这个示例展示了一些我发现有用的事情：

```
//   these settings must be run each time Stata is loaded
     set linesize 80
//   function key definitions (discussed below)
     global F3 "codebook, compact"
//   change to the working directory I want to use
     cd d:\stata_start
     exit
```

网络中的 myprofile. do

如果你工作用的是网络版的 Stata，那么你可能无法修改 profile. do。作为一个替代办法，你可以创建一个私人 profile 文件（如 myprofile. do），然后把它保存在你的缺省工作目录里。当你载入 Stata 时，在工作目录中输入 do myprofile。

功能键

Stata 允许把文本中的字符与功能键 F2～F9 联系起来。当你按这些键中的任何一个时，那个字符就会被插入命令窗口中。要做这样的设置，可以创建名为 F2～F9 的全局宏。当你按一个功能键时，Stata 就会检查是否定义了一个全局宏。如果是，全局宏的内容就会被复制到命令窗口中。举个例子，要把 codebook, compact 分配给 F3 这个键，我可以创建下面这个全局宏：

```
global F3 "codebook, compact"
```

这个全局宏被定义好后，如果按 F3，命令 codebook, compact 就会被写入命令窗口。如果我想每次载入 Stata 后都能让 F3 保持这个功能，可以把这个命令加到 profile. do 里（如果用的是网络版的 Stata，则加到 myprofile. do 里）。

如果每个项目都用了一个不同的工作目录，那么功能键是一个改变目录的简单方法。比如：

```
global F4 "cd e:\workflow\work"
global F5 "cd e:\analysis\coga\work"
global F6 "cd e:\teaching\s650\work"
```

A. 4　其他资源

对于你能在 Stata 里做的事情，我所讲到的都还只是表面上的一些。如果你想学习更多的知识，我推荐下面这些资源：

（1）Stata 的官网 http：//www. stata. com/support/有很多信息和很多学习 Stata 资源的链接，包括书籍、课程、Statalist 的目录服务器、会议以及其他包含 Stata 信息的网站。如果你正在寻找更多的资源，这个网站是最好的起点。

（2）Statalist 是一个非常活跃的目录服务器，托管在哈佛大学的公共卫生学院。更多内容，请参见 http：//www. stata. com/statalist/。如果你有问题或不知道怎么做一些事情，这是获取帮助的一个非常好的方法。

（3）充分利用 Stata 公司提供的网络课程。我强烈推荐的是网络课程 151：*Introduction to Stata Programming*。我已经给很多用户推荐过这门课程，无论他们是不是专家，他们都认为这个课程极其有用。即使你不是程序员，你也能从中受益。

（4）要学习更多有关 Stata 工作原理的内容，Stata 手册的其他部分也特别有用——［U］*User's Guide* 里既有入门性的知识也有高级知识。把目录浏览一遍，阅读那些看起来有用的部分。［P］*Programming Reference Mannual* 里有很多关于编写 ado 文件的更高级的知识。

参 考 文 献

Amalfi，C. 2006. Lost Moon landing tapes discovered. *Cosmos online*，November 1. http：//www. coamosmagazine. com/features/online/818/lost-moon-landing-tapes-discovered.

American Psychological Association. 2001. *Publication Mannual of the American Psychological Association.* Washington，DC：American Psychological Association.

BBC News. 2007. Warning of data ticking time bomb. *BBC News*，July 3. http：//news. bbc. co. uk/1/hi/technology/6265976. stm.

Blau，P. M. ，and O. D. Duncan. 1967. *The American Occupational Structure*. New York：Wiley.

Chavez，C. 2007. *Religious switchers and their sexual behavior：Examining the role of religious affiliation.* Master's thesis，Indiana University.

Cleveland，W. S. 1993. *Visualizing Data.* Summit，NJ：Hobart Press.

————. 1994. *The Elements of Graphing Data.* Summit，NJ：Hobart Press.

Cragg，R. H. 1967. Work，finish，and publish's the chemistry of Michael Faraday 1791-1867. *Chemistry in Britain* 3：482-486.

Davis，J. A. ，T. W. Smith，and P. V. Marsden. 2007. General Social Surveys，1972-2006. File ICPSR04697-v2. Chicago，IL：National Opinion Research Center [producer]；Ann Arbor，MI：Inter-university Consortium for Political and Social Research [distributors] .

Ebel，H. F. ，C. Bliefert，and W. E. Russey. 2004. *The Art of Scientific Writing：From Student Reports to Professional Publications in Chemistry and Related Fileds.* New York：Wiley.

Egan，C. 2006. One Small Step in Hunt for Moon Film World Didn's See. *Sydney Morning Herald*，August 20，2006. http：//www. smh. com. au/news/national/one-small-step/2006/08/19/1155408073519. html.

Fraser，B. 2005. *Real World Camera Raw with Adobe Photoshop CS2.* Berkeley，CA：Peachpit Press.

Fraser，B. ，F. Buntin，and C. Murphy. 2003. *Real World Color Management*，Berkeley，CA：Peachpit Press.

Freese，J. 2007. *Replication standards for quatitatives social science：Why not sociology?* Sociological Methods & Research 36：153-172.

ICPSR. 2005. *Guide to Social Science Data Preparation and Archiving：Best Practice Throughout the Data Life Cycle.* 3rd ed. Ann Arbor，MI：Inter-university Consortium for Political and Social Research. http：//www. icpsr. umich. edu/access/dataprep. pdf.

International Social Survey Program. 2004. International Social Survey Program：Family and Changing Gender Roles III，2002. Computer file. ICPSR version. Cologne，Germany：Zentralarchiv fur Empirische Sozialforschung [producer], 2004. Cologne, Germany: Zentralarchiv fur Empirische Sozialforschung/ Ann Arbor, MI: Inter-university Consortium for Political and Social Research [distributors], 2004.

Jann, B. 2007. Making regression tables simplified. *Stata Journal* 7: 227-244.

Kanare, H. M. 1985. *Writing the Laboratory Notebook*. Washington, DC: American Chemical Society.

Kaufman, M. 2007. The Saga of the Lost Space Tapes: NASA Is Stumped in Search for Videos of 1969 Moonwalk. *The Washington Post*, January 31, 2007. http: //www. washingtonpost. com/wp-dyn/ content/article/2007/01/30/AR2007013002065. html.

Kenny, A. R. , and N. Y. McGovern. 2003-2007. Digital Preservation Management: Implementing Short-term Strategies for Long-term Problems. Online tutorial developed for the DPM workshop series by Anne R. Kenney and Nancy Y. McGovern, et al. , at Cornell University Library (2003-2006) with funding from the National Endowment for the Humanities (NEH) and hosted by the Inter-university Consortium for Political and Social Research (ICPSR) . Available at http: //www. icpsr. umich. edu/dpm/ dpm-eng/eng_index. html.

Knuth, D. E. 1997. *The Art of Computer Programming. Volume: 1: Fundamental Algorithms*. 3rd ed. Reading, MA: Addison-Wesley.

---------. 1998a. *The Art of Computer Programming. Volume: 2: Seminumerical Algorithms*. 3rd ed. Reading, MA: Addison-Wesley.

---------. 1998b. *The Art of Computer Programming. Volume: 3: Sorting and Searchings*. 2nd ed. Reading, MA: Addison-Wesley.

Krogh, P. 2005. *The DAM Book: Digital Asset Management for Photographers*. Sebastopol, CA: O'Reilly Media.

Long, J. S. 2002. *From Scarcity to Visibility: Gender Differences in the Careers of Doctoral Scientists and Engineers*. Washington, DC: National Academy Press.

Long, J. S. , P. D. Allison, and R. McGinnis. 1993. Rank advancement in academic careers: Sex differences and the effects of productivity. *American Sociological Review* 58: 703-722.

Long J. S. , and J. Freese. 2006. *Regression Models for·Categorical Dependent Variables Using Stata*. 2nd ed. College Station, TX: Stata Press.

Long J. S. , and E. K. Pavalko. 2004. Comparing alternative measures of functional limitations. *Medical Care* 2: 19-27.

Macey, R. 2006. One giant blunder for mankind: how NASA lost moon pictures. Sydney Morning Herald, August 5, 2006. http: //www. smh. com. au/news/national/one-giant-blunder-for-mankind-how-nasa-lost-moon-pictures/2006/08/04/1154198328978. html.

Mackenzie, D. 2008. Cryptologists Cook Up Some Hash for New 'Bake-Off' . *Science*, vol. 319, March.

Mitchell, M. 2008. *A Visual Guide to Stata Graphics*. 2nd ed. College Station, TX: Stata Press.

Oliveira, S. , and D. Stewart. 2006. *Writing Scientific Software-A Guide to Good Style*. New York: Cambridge University Press.

Pavalko, E. K., F. Gong, and J. S. Long. 2007. Women's work, cohort change, and health. *Journal of Health and Social Behavior* 48: 352-368.

Pescosolido, B., J. K. Martin, J. S. Long, and T. W. Smith. 2003. Stigma and Mental Illness in Cross-National Perspective. NIH Grant Number R01TW006374 from the Fogarty International Center, the National Institute of Mental Health and the Office of Behavioral and Social Science Research to Indiana University-Bloomington. July 10, 2003-June 30, 2008.

Pinheiro, E., W. -D. Weber, and L. A. Barroso. 2007. Failure trends in a large disk drive population. *In Proceedings of the 5*th *USENIX Conference on File and Storage Technologies* (*FAST '07*). San Joe, CA: USENIX.

Raftery, A. E. 1995. Bayesian model selection in social research. *Sociological Methodology* 25: 111-163.

Royston, P. 2004. Multiple imputation of missing values. *Stata Journal* 4: 227-241.

Schroeder, B., and G. A. Gibson. 2007. Disk failures in the real world: What does an MTTP of 1 000 000 hours mean to you? Presentation to FAST'07: 5th USENiX Conference on File and Storage Technologies, San Joe, CA, February 14-16, 2007. Pittsburgh, PA: Carnegie Mellon University. Downloadable from http: //www. sagecertification. org/events/fast07/tech/schroeder/schroeder_html/index. html.

Schwartz, J. 2008. In storing 1's and 0's, the question is $. *The New York Times*, April 9, 2008. http: //www. nytimes. com/2008/04/09/technology/techspecial/09store. html.

Smith, T., and M. Forstrom. 2001. In praise of data archives: Findings and recovering the 1963 Kennedy assassination study. *IASSIST Quarterly* Winter: 12-14.

Steinberg, D. H. 2006. Web 2.0 podcast: A conversation with Jeff Bezos. December 20, 2006. http: //www. oreillynet. com/pub/a/network/2006/12/20/web-20-bezos. html.

Tantau, T. 2001. *User Guide to the Beamer Class*, Version 3.07. http: //latex-beamer. sourceforge. net (accessed March 11, 2007).

Tufte, E. R. 2001. *The Visual Display of Quantitative Information*. 2nd ed. Cheshire, CT: Graphics Press.

————. 2006. *The Cognitive Style of PowerPoint: Pitching Out Corrupts Within*. 2nd ed. Cheshire, CT: Graphics Press.

University of Chicago Press. 2003. *The Chicago Manual of Style*. 15th ed. Chicago: University of Chicago Press.

Wallgren, A. 1996. *Graphing statistics and data: Creating better charts*. Thousand Oaks, CA: Sage.

Wolfgang, M. E., R. M. Figlio, and T. Sellin. 1972. *Delinquency in a Birth Cohort*. Chicago: University of Chicago Press.

The Workflow of Data Analysis Using Stata
by J. Scott Long
Copyright © 2009 by StataCorp LLC
All rights reserved. First edition 2009
Published by Stata Press

ISBN-10：1-59718-047-5
ISBN-13：978-1-59718-047-4

图书在版编目（CIP）数据

基于 Stata 的数据分析流程/（美）斯考特·隆恩（J. Scott Long）著；唐丽娜，王卫东译．—北京：中国人民大学出版社，2019.5

（数据管理实务译丛）

ISBN 978-7-300-26876-7

Ⅰ.①基…　Ⅱ.①斯…②唐…③王…　Ⅲ.①统计分析-应用软件　Ⅳ.①C819

中国版本图书馆 CIP 数据核字（2019）第 066305 号

数据管理实务译丛

基于 Stata 的数据分析流程

[美] 斯考特·隆恩　著

唐丽娜　王卫东　译

Jiyu Stata de Shuju Fenxi Liucheng

出版发行	中国人民大学出版社			
社　　址	北京中关村大街 31 号		**邮政编码**	100080
电　　话	010 - 62511242（总编室）		010 - 62511770（质管部）	
	010 - 82501766（邮购部）		010 - 62514148（门市部）	
	010 - 62515195（发行公司）		010 - 62515275（盗版举报）	
网　　址	http://www.crup.com.cn			
经　　销	新华书店			
印　　刷	北京东君印刷有限公司			
规　　格	185 mm×235 mm　16 开本		**版　　次**	2019 年 5 月第 1 版
印　　张	22 插页 1		**印　　次**	2019 年 5 月第 1 次印刷
字　　数	435 000		**定　　价**	75.00 元